Pratique du contentieux administratif

ISBN : 2-281-12376-6

GUIDES JURIDIQUES

Jean-Jacques Thouroude

Deuxième édition

Pratique du contentieux administratif

PRÉVENTION DES LITIGES – ACTION EN JUSTICE

VOIES DE RECOURS – PROCÉDURES D'URGENCE

EXEMPLES DE LETTRES ET MODÈLES DE RECOURS

LE MONITEUR
17, rue d'Uzès – 75002 Paris

Dans la même collection

Les aides des collectivités locales aux entreprises
Les attribuer et les percevoir – Mobiliser les fonds – Droit national – Droit communautaire
Guillaume Aujaleu

La déontologie dans la fonction publique territoriale
Statut – Responsabilité – Risques – Obligations
Vincent Potier, Vincent Péguy

Maîtrise des risques dans la gestion locale
Responsabilité pénale, financière, administrative – Contrôle interne – Assurances
Vincent Potier, Philippe Harang

Gestion financière des collectivités locales, 3e édition
Analyse financière et fiscale – Intercommunalité – Gestions externes – Dette et trésorerie – Organisation budgétaire
Michel Klopfer

Droit de cité pour le cirque
Accueil des cirques dans les communes – Partenariats avec les collectivités locales
Antoine Billaud, Alexandra Echkénazi, Michel Léon

Le protocole dans les collectivités locales
Mode d'emploi – Usages et pratiques
Nathalie Loux

Accueil et stationnement des gens du voyage, 2e édition
Organisation – Autorisations – Interdictions – Expulsions
Daniel Merchat

Dans la collection codes

Code pratique de la voirie et des réseaux divers
Domaine public routier – Statuts particuliers – Voies privées
Marie-Odile Avril

Code de justice administrative
Annoté et commenté
Daniel Chabanol

Code des juridictions financières
Annoté et commenté
Alain Doyelle, Matthieu Conan, Jean-Philippe Vachia, Bernard Poujade

Code pratique de l'intercommunalité
Compétence – Financement – Fonctionnement
Michel Degoffe

Dans la collection moniteur référence

Code général des collectivités territoriales annoté et commenté
Sous la direction scientifique d'Hélène Pauliat
(4 classeurs, 3 600 pages, 4 mises à jour par an)

Du même auteur

Pratique de la responsabilité hospitalière publique
L'Harmattan, 2000

PRÉFACE

La justice administrative vient de connaître une mutation importante due principalement à l'accroissement du nombre des requêtes portées devant elle. Depuis 1977, le nombre de requêtes enregistrées dans les tribunaux administratifs a été multiplié environ par cinq, passant de 28 500 à 134 560 en 2001.

Cet accroissement du volume du contentieux a généré la création de nouveaux tribunaux administratifs, l'augmentation du nombre de magistrats administratifs, la création des cours administratives d'appel, puis l'accroissement progressif de leur nombre. Il a aussi contribué à l'évolution des règles de procédure : place accrue du juge unique statuant avec ou sans conclusions du commissaire du gouvernement, développement des procédures d'urgence (référés provision, suspension, liberté, référés précontractuels, reconduite à la frontière...), modification du mode de règlement des problèmes de compétence *ratione loci*, élargissement du pouvoir d'injonction et d'astreinte...

Ces efforts ont permis de réduire le délai de jugement devant les tribunaux administratifs : celui-ci reste toutefois en 2001 de l'ordre de 1 an et 9 mois, et de plus de 2 ans devant les cours administratives d'appel. Ces moyennes recouvrent des écarts sensibles entre les juridictions et, au sein de celles-ci, entre les types de contentieux. Ainsi, les 7 168 référés suspensions enregistrés en 2001 ont-ils été jugés dans le délai moyen de 26 jours.

La deuxième édition de l'ouvrage de Jean-Jacques Thouroude intègre ces données nouvelles. Son auteur, en sa double qualité d'universitaire et d'avocat spécialisé en droit administratif, était particulièrement qualifié pour rédiger un tel ouvrage pratique de vulgarisation du contentieux administratif à destination notamment des justiciables ou de conseils non spécialisés. La qualité de l'ouvrage, l'ampleur des novations traitées sont des gages du succès de cette deuxième édition.

Qu'il me soit permis de souhaiter que son influence auprès d'un nombre accru d'usagers du contentieux administratif facilite aussi la tâche de la justice administrative. Une bonne connaissance des règles de procédure peut en effet éviter de déposer des requêtes manifestement vouées à l'échec à raison, par exemple, du défaut d'intérêt de son auteur, de la nature de l'acte attaqué, du délai écoulé, ou faciliter l'instruction de requêtes en incitant le demandeur à énoncer précisément ses conclusions, à développer clairement les moyens au soutien de celles-ci et à respecter les délais d'instruction impartis.

Guy Pichard
Président du Tribunal administratif de Versailles.

SOMMAIRE GÉNÉRAL

SIGLES ET ABRÉVIATIONS

AJDA	*L'Actualité juridique – Droit administratif*
assoc.	association
Bull. civ.	*Bulletin des arrêts de la Cour de cassation : chambre civile*
CAA	Cour administrative d'appel
CADA	Commission d'accès aux documents administratifs
Cass.	Cour de cassation
C. assurances	Code des assurances
CCH	Code de la construction et de l'habitation
C. civil	Code civil
CE	Conseil d'État
CE ass.	Conseil d'État, assemblée du contentieux
C. élect.	Code électoral
C. env.	Code de l'environnement
CE sect.	Conseil d'État, section
CGCT	Code général des collectivités territoriales
CGI	Code général des impôts
chr.	chronique
CJA	Code de justice administrative
CJCE	Cour de justice des Communautés européennes
C. mutualité	Code de la mutualité
Cons. constit.	Conseil constitutionnel
C. P. et T.	Code de la poste et des télécommunications
CPP	Code de procédure pénale
C. rural	Code rural
C. santé publ.	Code de la santé publique
C. sécurité soc.	Code de la sécurité sociale
C. trav.	Code du travail
C. urb.	Code de l'urbanisme
D.	*Recueil Dalloz* (IR : Informations rapides)
Dr. adm.	*Droit administratif*
EDCE	Études et documents du Conseil d'État

JO	*Journal officiel des lois et décrets*
JONC	*Journal officiel, numéro complémentaire*
Lebon	*Recueil des décisions du Conseil d'État, du Tribunal des conflits et des jugements des tribunaux administratifs* (T : Tables)
LPF	Livre des procédures fiscales
LRAR	lettre recommandée avec avis de réception
NCPC	Nouveau code de procédure civile
PLU	plan local d'urbanisme
POS	plan d'occupation des sols
RDP	*Revue de droit public*
Rev. adm.	*Revue administrative*
RFDA	*Revue française de droit administratif*
TA	tribunal administratif
TC	Tribunal des conflits

INTRODUCTION

L'objet du présent ouvrage est de décrire et d'analyser les principales règles régissant le contentieux administratif. Son objectif est de permettre au lecteur de pouvoir entamer lui-même les premières démarches et de suivre les phases ultérieures de la procédure, dans l'hypothèse où il se trouverait en situation conflictuelle avec l'administration.

Un tel objectif explique que seront écartées des développements les discussions doctrinales sur les mérites ou les inconvénients des règles de procédure adoptées par les juridictions administratives. De même, les références jurisprudentielles ne serviront qu'à illustrer, de façon concrète, telle ou telle règle de procédure et non à compliquer ou rendre plus savant l'exposé du contentieux administratif.

L'administré pourra trouver dans cet ouvrage l'énoncé et l'explication des principes élémentaires du contentieux administratif, tandis que le praticien du droit disposera d'un condensé des règles de procédure à respecter devant les juridictions administratives. L'utilité d'un tel mode d'emploi de la procédure contentieuse administrative est manifeste lorsque l'on sait que celle-ci s'est beaucoup développée au cours des dernières années et qu'elle repose en partie sur des règles non écrites posées par le juge administratif lui-même. En tant que « guide » du contentieux, cet ouvrage vise à exposer les règles essentielles du débat de forme et de fond qui va s'instaurer devant l'administration, puis devant le juge.

Mais qu'entend-on précisément par contentieux administratif ?

Contrairement à son appellation, le contentieux administratif ne concerne pas nécessairement et exclusivement les rapports entre l'administration et les administrés.

Après avoir défini la place de l'administration dans le contentieux administratif, il nous faudra décrire sommairement l'organisation juridictionnelle administrative, c'est-à-dire les tribunaux chargés de ce contentieux, ainsi que les différentes branches du contentieux administratif et la procédure administrative générale.

La place de l'administration dans le contentieux administratif

La notion de « contentieux »

L'utilisation de l'expression « contentieux » est réservée aux litiges qui n'ont pu se résoudre à l'amiable entre l'administration et l'administré. Contrairement au juge judiciaire qui peut exercer une juridiction « gracieuse » (exemple : homologation d'un changement de régime matrimonial), le juge administratif n'intervient que pour rendre une décision à la suite d'un litige né.

Rien n'interdit cependant au juge administratif, saisi d'un contentieux, de tenter une conciliation entre les parties dès lors que l'article. L. 211-4 du code de justice administrative prévoit expressément que les tribunaux administratif peuvent, dans le cadre de leurs attributions contentieuses, « exercer une mission de conciliation ».

Limitée aux seules juridictions de premier degré (voir par exemple CAA Nantes 13 mai 1998, M. Brancher, req. n° 96NT01556), cette conciliation suppose naturellement que l'objet du litige relève de la compétence administrative (CE 22 mars 1995, M. Dadillon, *Lebon* p. 138) et le refus du juge d'opérer une telle conciliation entre les parties ne peut faire l'objet d'aucun recours « eu égard à la nature » de cette mission de conciliation (CE 27 février 1998, M. Bidalou, req. n° 146858).

L'un des soucis des pouvoirs publics est d'ailleurs de limiter le développement de ce contentieux administratif en instituant des procédures de règlement amiable des litiges, à la suite d'un recours préalable de l'administré auprès de l'administration ou d'un organisme spécialement habilité à régler ce litige.

Le contentieux administratif peut donc se définir comme concernant tout litige donnant lieu à l'application du droit administratif devant une juridiction administrative.

Les parties au contentieux administratif

Le plus souvent, ce contentieux opposera l'une des collectivités ou l'un des établissements publics à un administré, et mettra en balance l'intérêt général et l'intérêt privé. Il faut écarter sur ce point l'idée couramment admise selon laquelle le simple fait d'avoir comme adversaire l'administration interdit à l'administré d'obtenir gain de cause.

Les tribunaux administratifs peuvent au contraire tout aussi bien annuler les actes de l'administration que condamner celle-ci à verser à une victime des dommages-intérêts

À l'inverse, l'administration ne sera pas nécessairement toujours en situation d'« accusée » devant le juge administratif. Il existe un contentieux spécifique, dans lequel l'administration poursuit les particuliers coupables d'atteintes à l'intégrité matérielle du domaine public autre que la voirie routière.

Il arrive aussi que deux personnes morales et (ou) physiques de droit privé s'opposent devant les juridictions administratives lorsque l'une d'elles est chargée – par délégation d'une personne publique – de gérer un service public et met en œuvre l'une des prérogatives de puissance publique qui lui a été confiée (exemple : recours d'un chasseur contre la décision du président d'une fédération départementale de chasse fixant le prix du timbre fédéral à 275 F ; le tribunal des conflits a considéré que cet organisme privé était chargé d'une mission de service public et disposait de prérogatives de puissance publique à raison du caractère obligatoire de l'adhésion à une fédération départementale de chasse et du paiement des cotisations statutaires pour obtenir le visa du permis de chasser, TC 24 septembre 2001, M. Bouchot-Plainchant c/ Fédération départementale des chasseurs de l'Allier, req. n° 3190).

À l'inverse, la société privée « La Française des Jeux », chargée de l'organisation et de l'exploitation des jeux de hasard par un décret du 9 novembre 1978, n'a pas été considérée comme investie d'une mission de service public (CE 27 octobre 1999, M. Rolin, *AJDA* 1999, p. 1043).

Il convient également de souligner que certains organismes formellement privés, constitués sous forme d'association de 1901, ne disposent en réalité d'aucune réelle autonomie et ne sont que le moyen d'action d'une personne publique qui en assure à la fois la direction et le financement ; il s'agit alors d'« ectoplasmes juridiques », et le juge considère que seule la personne publique qui se dissimule – très mal – derrière cette façade privée peut être mise en cause. C'est ainsi, par exemple, que dans une affaire jugée le 11 mai 1987 (CE 11 mai 1987, M. Divier, *Lebon* p. 167), l'association pour l'information municipale de la Ville de Paris était statutairement présidée par le maire de Paris, son bureau était composé de deux élus et de deux hauts fonctionnaires de la Ville de Paris et elle ne percevait aucune cotisation, l'essentiel de ses ressources provenait de subventions municipales. Le Conseil d'État en a déduit que les demandes de M. Divier, tendant à l'annulation de prétendues décisions verbales du président de l'association, « doivent être regardées comme dirigées en réalité contre les décisions du maire de Paris » et relèvent en conséquence de la compétence du juge administratif.

En définitive, l'administration se trouve soit l'initiatrice active ou passive, soit l'inspiratrice du contentieux administratif.

L'unité de ce contentieux réside dans l'application de règles de droit dérogatoires par rapport au droit commun applicable aux particuliers et qualifiées en ce sens d'exorbitantes du droit commun. Le droit administratif formé de principes jurisprudentiels et de quelques règles écrites constitue le corps du contentieux administratif.

Le partage juridictionnel du contentieux administratif

Il faut préciser que le contentieux de l'administration se trouve cependant partagé, y compris en matière fiscale, entre le juge administratif et le juge judiciaire.

Le juge judiciaire applique alors des règles de droit privé identiques à celles concernant les litiges entre particuliers. Il peut exceptionnellement appliquer des règles de droit public pour certains litiges relatifs à l'activité de l'administration (contentieux de l'enregistrement, des contributions indirectes et des douanes).

Seul sera examiné ici le contentieux administratif de l'administration, tout en sachant que certains litiges opposant l'administré à des organismes publics devront être soumis au juge judiciaire.

L'organisation juridictionnelle administrative

Le Conseil d'État

Le Conseil d'État, institué par la Constitution du 22 frimaire an VIII (15 décembre 1799), est resté depuis cette époque la juridiction suprême de l'ordre administratif. Cependant, le « Conseil » d'État, comme son appellation l'indique, a également pour fonction de donner des avis au gouvernement sur les projets de loi et certains décrets.

Pour bien distinguer ces deux fonctions, juridictionnelle et « administrative », le Conseil d'État est composé, d'une part, d'une section du contentieux et, d'autre part, de cinq sections administratives : section de l'intérieur, section des finances, section des travaux publics, section sociale, section du rapport et des études.
Pour les affaires les plus importantes, le Conseil d'État se réunit soit en assemblée générale pour les affaires administratives, soit en assemblée du contentieux pour les affaires juridictionnelles.
Pour gérer l'ensemble de ces fonctions, le Conseil d'État est composé statutairement d'un vice-président, de 6 présidents de section, de 82 conseillers d'État en service ordinaire, de 12 conseillers d'État en service extraordinaire, de 80 maîtres des requêtes, de 24 auditeurs de première classe et de 10 auditeurs de seconde classe.
En pratique, l'administré ne devra s'adresser directement au Conseil d'État que dans des cas limitativement énumérés, qui représentent un peu plus de 20 % de l'ensemble des affaires jugées par le Conseil d'État en une année (voir en ce sens le rapport public 2001 du Conseil d'État ; le pourcentage de ces affaires était de 21,7 % pour l'année 2001 contre 26,8 % pour l'année 2000, rapport précité, p. 59)

Les tribunaux administratifs et les cours administratives d'appel

Le plus souvent, l'interlocuteur direct du requérant sera l'un des 36 tribunaux administratifs de métropole ou d'outre-mer auxquels un décret-loi du 30 septembre 1953 a confié la qualité de juge de droit commun, c'est-à-dire juge de principe en premier ressort du contentieux administratif.
Par exception à cette compétence de principe, le conseil du contentieux administratif de Wallis-et-Futuna n'est compétent en premier ressort que pour connaître du contentieux local et ne peut intervenir pour des litiges intéressant l'État que si des textes le prévoient expressément, à propos par exemple de la gestion du domaine public de l'État, des marchés ou travaux publics exécutés pour le compte de l'État. À défaut de texte, le Conseil d'État devra être saisi directement d'un tel litige.
S'il n'est pas satisfait du jugement rendu en premier ressort par l'un des tribunaux administratifs, le justiciable devra porter appel soit devant le Conseil d'État, soit, depuis le 1er janvier 1989, devant l'une des sept cours administratives d'appel instituées par la loi du 31 décembre 1987 portant réforme du contentieux administratif.
Les membres de ces juridictions sont des fonctionnaires, recrutés par la voie soit de l'École nationale d'administration, soit de concours exceptionnels et accessoirement par « le tour extérieur ». À ce titre, ils sont soumis au statut général de la fonction publique. Ils bénéficient en outre des dispositions particulières garantissant leur indépendance. La loi n° 86-14 du 6 janvier 1986 prévoit ainsi en son article premier que, lorsque les membres des tribunaux administratifs exercent leurs fonctions de magistrats dans une juridiction administrative, ils ne peuvent recevoir, sans leur consentement, une affectation nouvelle, même en avancement. Il s'agit là d'une traduction de la règle dite de l'inamovibilité.

Cette indépendance de la juridiction administrative est d'ailleurs considérée comme un principe général de droit s'imposant au législateur (Cons. Constit. 22 juillet 1980, *RDP* 1980, p. 1691).

Les juridictions spéciales

En dehors du Conseil d'État, des cours administratives d'appel et des tribunaux administratifs, existe toute une série de juridictions spéciales amenées également à trancher des litiges de nature administrative ou financière. Leur diversité quant à leur composition et leurs fonctions interdit de toutes les citer. Mentionnons, par exemple, la Cour des comptes ou les organismes disciplinaires de certains ordres professionnels relevant de la juridiction administrative (exemple : Ordre des architectes, des médecins, des pharmaciens, des experts-comptables, des vétérinaires).

Le Conseil d'État exerce à l'égard de ces organismes un rôle de juge de cassation, chargé de veiller principalement au respect des règles de procédure.

Le Tribunal des conflits

Compte tenu des difficultés éventuelles de partage des compétences entre la juridiction administrative et la juridiction judiciaire, le Tribunal des conflits, juridiction présidée officiellement par le garde des Sceaux (qui ne siège en réalité qu'en cas de départage nécessaire des voix entre les membres de cette juridiction : par exemple TC 12 mai 1997, Préfet de police de Paris c/ TGI de Paris, *Lebon* p. 528) et composée de quatre membres du Conseil d'État et de quatre membres de la Cour de cassation (qui est la juridiction civile suprême), interviendra à la demande de l'administration ou de l'une des juridictions saisies pour déterminer le juge compétent.

Exceptionnellement, cette juridiction peut être saisie directement par un particulier, pour un problème de fond et non plus de compétence, lorsqu'il estime avoir été la victime d'un déni de justice en raison de deux jugements contraires rendus dans une même affaire par un tribunal judiciaire et un tribunal administratif qui, l'un et l'autre, ont rejeté ses prétentions (voir par exemple TC 14 février 2000, M. Ratiner, *RFDA* 2000, p. 1232, note J. Pouyaud)

Les branches du contentieux administratif

Le juge administratif peut intervenir, directement ou indirectement, à l'occasion ou à l'origine d'un contentieux pour se prononcer sur la légalité ou l'interprétation d'un acte administratif, pour évaluer le montant d'un dommage subi par une personne privée ou d'une imposition mise à sa charge, pour apprécier la régularité d'opérations électorales.

Il peut être saisi pour constater l'inexistence d'une décision administrative ou pour prononcer lui-même une sanction à l'encontre d'un particulier ou apprécier la régularité d'une sanction professionnelle décidée par une juridiction soumise à son contrôle.

Schématiquement, l'arbre du contentieux comporte trois branches principales :

sens juridique du terme et relèvent du contrôle du Conseil d'État par la voie du recours en cassation.

Il en est de même des juridictions disciplinaires des ordres professionnels relevant du contrôle du juge administratif, à savoir les ordres des architectes, des experts-comptables, des chirurgiens-dentistes, des médecins, des pharmaciens ou encore de divers organismes, tels le Conseil supérieur de la magistrature statuant en matière disciplinaire, la Commission de contrôle des banques ou les conseils de discipline universitaires.

La procédure administrative générale

Au sein de cette procédure, il convient de distinguer deux grands types de recours soumis à des règles très différentes de présentation et de contenu, dont le respect commande le plus souvent la recevabilité et parfois le bien-fondé de la demande de l'administré :

– les recours administratifs ;
– les recours juridictionnels ou contentieux.

Les recours administratifs

Les recours administratifs permettent à une personne de saisir l'administration de sa demande. Le terme « administratif » tend à souligner que le particulier souhaite ainsi, dans un premier temps tout au moins, limiter le cadre du litige qui l'oppose à l'administration à un dialogue avec cette dernière dans l'espoir d'arriver à une solution favorable sans engager de procès devant un juge.

Malgré leur qualification, ces recours administratifs désignent l'ensemble des demandes adressées à un organisme public ou privé susceptible d'avoir une activité juridique ou matérielle de nature administrative.

Exercer un recours administratif, c'est décider, parfois sous la contrainte d'un texte, de saisir une autorité qui dispose d'un pouvoir administratif au lieu de, ou avant de, saisir le juge administratif.

Les recours juridictionnels ou contentieux

À partir du moment où le juge administratif est saisi par un particulier qui n'a pas obtenu satisfaction devant l'administration ou qui a pu le saisir directement compte tenu de la nature du litige en cause, on qualifie cette réclamation de recours juridictionnel ou contentieux dont le déroulement obéit à des règles très précises. Si ce recours n'aboutit pas à un jugement favorable au requérant, ce dernier disposera, le plus souvent, de voies de recours lui permettant de contester la décision rendue par le juge.

Les administrés disposent aussi de procédures juridictionnelles d'urgence dont la nature spécifique et l'importance pratique justifient des règles dérogatoires au droit commun des recours contentieux.

Précisons enfin que le présent ouvrage est consacré à la seule procédure administrative générale, à l'exclusion du contentieux fiscal.

1

La phase préalable à l'action juridictionnelle

Avant de saisir le juge administratif, il est en principe nécessaire de disposer d'une décision administrative que l'on demandera précisément au juge d'annuler en vue d'obtenir la disparition juridique de cet acte et, le cas échéant, l'indemnisation du préjudice injustement refusée.

Il est également possible, et parfois obligatoire, de tenter une démarche amiable auprès de l'administration malgré l'obtention de cette décision préalable par hypothèse défavorable ; il s'agit alors d'exercer un recours administratif préalable facultatif ou obligatoire.

1.1 La décision administrative préalable

En principe, à l'origine de toute action administrative, amiable ou contentieuse, l'existence d'une décision administrative s'impose. Elle est en quelque sorte la « matière » des différents recours existants.

En effet, « sauf en matière de travaux publics, la juridiction administrative ne peut être saisie que par voie de recours formé contre une décision » (CJA, art. R. 421-1).

1.1.1 L'obligation de décision préalable

Pour fixer l'étendue de cette règle, il convient de préciser la nature des demandes faites à l'administration et le domaine concerné par l'obligation de décision préalable.

L'objet de la demande de décision préalable

Quelles sont les principales demandes faites par une personne physique ou morale à l'administration dans la phase précontentieuse d'un différend ?

Ces demandes visent soit à l'annulation d'un acte, soit à l'obtention d'une indemnité en raison d'un dommage résultant d'un agissement de l'administration.

La règle de la décision préalable sera satisfaite assez facilement dans le cas de l'excès de pouvoir où l'administration a, par hypothèse, pris une décision soit spontanément, soit à la demande de l'administré.

Elle le sera beaucoup moins dans le cas de sa responsabilité où elle s'est alors « contentée » d'avoir une activité dommageable sans se prononcer, par une décision, sur l'octroi d'éventuelles indemnités aux victimes. Dans cette dernière hypothèse, le requérant participera réellement à la prise d'une décision préalable, inexistante à l'origine.

Décision préalable et excès de pouvoir

Le recours pour excès de pouvoir est, selon la formule de E. Laferrière, un « procès fait à un acte » (*Traité de la juridiction administrative*, LGDJ 2e édition 1896, tome 2, p. 561).

En matière d'excès de pouvoir, la demande préalable n'a d'intérêt que pour obtenir une décision qui n'existe pas encore – par exemple l'octroi d'un permis de construire ou d'un permis de stationnement – ou pour faire modifier ou disparaître pour l'avenir une décision qui ne paraît plus conforme aux circonstances actuelles de fait ou de droit. Il s'agira, dans ce dernier cas, d'une demande d'abrogation.

Il est en effet impossible de contester un refus administratif, de prendre, de modifier ou d'abroger une décision (les trois objets possibles d'une demande préalable dans ce domaine) si une demande tendant à concrétiser ce refus n'a pas été préalablement formulée.

Il appartient donc au requérant, avant de saisir le juge, de demander à l'administration de modifier le règlement considéré comme inadapté aux nouvelles circonstances de droit ou de fait, voire comme illégal dès l'origine (décret du 28 novembre 1983, art. 3). Une décision préalable existe en pareille circonstance, mais il appartient à l'administré de demander à l'autorité administrative de modifier ce règlement, pour déférer ensuite au juge le refus éventuel de procéder à la modification requise.

L'importance de la décision préalable se confirme même si le délai de recours contentieux contre le règlement est expiré. La demande de l'administré aura alors pour effet de donner naissance à une nouvelle décision administrative qui s'analysera comme un refus de modifier ou d'abroger l'acte administratif initial. Ce refus pourra être ultérieurement soumis au juge dans le cadre d'un recours pour excès de pouvoir.

Le plus souvent, la condition de la décision préalable est remplie puisqu'il s'agit d'annuler ou de modifier un acte que l'administration a précisément eu le « tort » d'édicter !

L'absence de décision préalable

Le justiciable ne peut demander au juge administratif d'annuler une décision qui n'a jamais été prise.

Ainsi, des requêtes dirigées contre des délibérations de conseils municipaux ont été rejetées par le juge : les requérants savaient que la question qui les intéressait avait été évoquée en séance et en avaient conclu, à tort, qu'une délibération avait été prise sur ce point alors que seule une « discussion » était intervenue sans prise de décision par les conseillers municipaux. (CE 5 janvier 1966, Syndicat CGT-FO des employés communaux de la ville de Morez, *Lebon*, p. 5 – CE 22 juillet 1977, Union des coopérateurs de l'Hérault, du Gard et de l'Aude, *Lebon*, p. 345).

En pareille hypothèse, le rejet du recours n'aggrave pas la situation puisque la décision critiquée n'existait pas et ne pouvait donc nuire au requérant. Il est seulement regrettable d'engager une procédure contre une décision inexistante.

Le respect de la règle de la décision préalable impose donc au futur requérant de faire naître une véritable décision, grâce à une demande préalable, pour éviter d'encourir l'irrecevabilité liée à l'inexistence matérielle de la décision attaquée.

Inexistence matérielle et inexistence juridique de la décision préalable

Il est important de distinguer l'inexistence matérielle d'une décision de l'inexistence juridique d'une décision matériellement existante. Dans ce dernier cas, la décision préalable contient un vice juridique tel que le juge va se borner à la déclarer « nulle et non avenue » sans toutefois l'annuler (CE 13 juillet 1966, Guigon, *Lebon* p. 476).

Cependant, à la différence de l'inexistence matérielle, l'inexistence juridique n'entraîne pas l'irrecevabilité du recours pour excès de pouvoir ; celui-ci se transforme alors en recours en inexistence en raison de l'illégalité flagrante de la décision contestée (cf. par exemple CE 4 février 1991, Commune de Tarascon-sur-Ariège c/ MM. Liorca et autres, req. n° 68137 à 68150 : le Conseil d'État confirme le caractère « nul et de nul effet » de quatorze « délibérations » rédigées par le seul maire en dehors de toute réunion du conseil municipal).

Décision préalable et recours de plein contentieux

En principe, il est impossible de mettre en jeu la responsabilité de l'administration et d'obtenir une indemnité sans lui demander préalablement cette indemnisation. Le requérant devra produire la réponse de refus d'indemnisation qui lui aura été faite par l'administration.

Quel est l'intérêt d'une telle décision préalable ? La décision préalable permet d'éviter un litige si elle est favorable au requérant et, dans tous les cas, de déterminer les prétentions des parties. À cet égard, la détermination de leur volonté apparaît plus précise quand la décision est défavorable et explicite que lorsqu'elle est implicite, la position de l'administration n'étant pas développée dans ce dernier cas.

L'intérêt de la règle de la décision préalable est donc soit de permettre de régler à l'amiable un litige, soit de fixer préalablement le cadre du litige.

Si le demandeur ne prend pas la précaution de susciter une décision préalable, le sort de son recours contentieux dépendra de l'attitude de l'administration :

– ou bien l'administration se bornera à opposer l'absence de décision préalable à la requête indemnitaire. Dans ce cas, elle ne discutera pas au fond, c'est-à-dire la réalité de la faute et du préjudice invoqués ou du lien de causalité entre son agissement non fautif et le préjudice, et la requête sera déclarée irrecevable par le juge ;

– ou bien l'administration ne présentera ses observations au fond qu'à titre subsidiaire, après avoir soulevé l'irrecevabilité de la requête pour absence de décision préalable ou pour toute autre cause d'irrecevabilité (CE 21 février 1997, Quille, *Lebon* p. 57), ce qui entraînera également le rejet de la requête ;

– ou bien l'administration contestera au fond les prétentions du requérant sans invoquer le défaut de décision préalable. Dans ce cas, l'absence de décision préalable sera considérée comme « couverte » et le juge acceptera d'examiner la requête. L'administration régularisera ainsi la situation.

En outre, le défaut de décision préalable peut être régularisé spontanément en cours d'instance par une demande adressée par le requérant à l'administration qui donnera naissance à une décision préalable avant que le juge ne se prononce ; cette régularisation n'est cependant pas admise si la personne publique défenderesse a expressément soulevé cette irrecevabilité (CE 4 juillet 1997, Congar, req. n° 186.204).

L'objet de la demande défini, il convient d'examiner les domaines d'intervention de l'administration pour lesquels le requérant n'a pas à susciter de décision administrative préalable.

1.1.2 La dispense de décision préalable

Certains domaines échappent à l'obligation de la décision préalable. Le plus important d'entre eux concerne les litiges en matière de travaux publics (CJA, art. R. 421-1). La doctrine évoque également, au titre des dispenses de décision préalable, le contentieux des élections aux conseils municipaux et généraux, position qui peut être jugée contestable.

La dispense de décision préalable en matière de travaux publics

Le requérant peut saisir directement la juridiction administrative d'un recours dans le domaine des travaux publics. Pour mesurer la portée de cette exception, il convient de préciser la notion de litige en la matière et d'examiner les conséquences pratiques de cette dispense.

La notion de litige en matière de travaux publics

Constitue un litige de cette nature toute action se rattachant directement ou indirectement à des ouvrages, travaux ou équipements publics. Par exemple, un accident causé par une excavation sur la chaussée non signalée est un dommage de travaux publics.

Relèvent également de ce contentieux les préjudices résultant pour des riverains de la modification ou de la création d'une voie publique routière ou autoroutière, tels que la diminution ou la perte de clientèle pour un commerçant.

Le Conseil d'État a étendu la notion de litige de travaux publics à des cas où l'opération matérielle des travaux n'était pas la source directe du dommage dont se plaignait le requérant. Des participations financières imposées aux lotisseurs ou constructeurs par les communes, en vue de financer des équipements publics ont, par exemple, été dispensées de réclamation préalable à l'administration (CE sect. 13 novembre 1981, Plunian, *Lebon* p. 413 – CE sect. 11 février 1988, Ministre de l'Urbanisme et du Logement c/ Société des automobiles Citroën, *Lebon* p. 65). De même, peut être présenté directement au juge un recours contentieux contestant la charge des frais de nettoiement des marchés sur les voies communales (CE 18 mai 1988, Commune de Décines-Charpieu, *Lebon* p. 194).

Dans tous ces cas, il appartient au requérant d'évaluer son préjudice et de soumettre directement au juge sa réclamation, sauf s'il estime avoir une chance d'obtenir gain de cause devant l'administration en adressant à cette dernière une demande d'indemnisation. En cas de rejet de sa demande, le requérant soumettra alors ce refus au juge.

Les conséquences de l'intervention d'une décision préalable

En raison de son caractère non obligatoire, l'intervention d'une décision préalable en matière de travaux publics n'aura aucun effet négatif sur le contenu du recours contentieux ultérieur. Ainsi, la victime d'un dommage de cette nature peut fonder sa réclamation préalable, si elle choisit d'en faire une, sur une cause juridique déterminée (par exemple, sur la théorie du risque) et son recours contentieux sur une cause juridique différente (tel le défaut d'entretien normal de la chaussée). Tout se passe comme si la demande préalable n'avait pas été formulée. Son caractère facultatif a pour conséquence de neutraliser juridiquement toute décision administrative défavorable au requérant ; celle-ci ne pourra définir le cadre du litige.

De même, en cas de refus explicite comportant la mention d'un délai de recours de deux mois pour saisir le juge, ce délai ne sera pas opposable puisque la réclamation préalable n'était pas obligatoire.

Finalement, le seul « risque » de présenter une telle réclamation est d'obtenir gain de cause sans avoir à saisir le juge.

Une exception contestable à l'obligation de décision préalable en matière électorale

Les élections concernées sont les élections municipales, cantonales et régionales.

Le code électoral permet aux électeurs, aux candidats et au préfet de déférer directement le résultat de ces élections au tribunal administratif pour les deux premières et au Conseil d'État pour les élections régionales (C. élect., art. L. 248 pour les élections municipales, L. 222 pour les élections cantonales et L. 161 pour les élections régionales).

La plupart des auteurs de droit administratif s'accordent à reconnaître qu'il s'agit là d'une seconde exception à la règle de la décision administrative préalable.

Cette thèse ne peut cependant être approuvée. S'il est vrai qu'un requérant n'a pas à s'adresser à l'administration avant de saisir le juge dans ce domaine, une décision préalable d'une nature particulière reste soumise à la censure du juge administratif.

L'élection est, en effet, selon la définition de M. Hauriou, « une opération administrative par laquelle une majorité de votants, parmi les électeurs inscrits dans un collège électoral, nomme un ou plusieurs représentants par voie de scrutin » (*Précis de droit administratif et de droit public*, Sirey 1919, p. 209-210).

Cette décision est d'une nature juridique particulière ; l'auteur en est le corps électoral investi d'un pouvoir de nomination à la place d'une autorité administrative. Elle prend forme avec la proclamation des résultats. On ne déroge donc pas à la règle de la décision préalable en autorisant les citoyens à porter un recours en annulation de cet acte directement devant le juge (voir en ce sens J. Roche, « Les exceptions à la règle de la décision préalable devant les juridictions administratives », *Mélanges Waline*, LGDJ 1994, tome 2, p. 733).

Toutes les décisions juridiques qualifiées d'administratives susceptibles de recours contentieux n'émanent donc pas nécessairement de l'administration. Le terme d'exception ne peut véritablement s'appliquer qu'aux conditions particulières de la formation de cette décision électorale. Lorsque les décisions contestées émanent d'organismes privés chargés d'une mission de service public, qui peuvent prendre des décisions traduisant l'exercice de prérogatives de puissance publique, la règle de la décision préalable est également respectée.

1.1.3 La formation de la décision préalable

Les conditions de présentation de la demande préalable

Le requérant doit savoir à quelle autorité administrative adresser sa demande et les éléments qui doivent y figurer.

Le destinataire de la demande

En matière d'excès de pouvoir, si la décision n'a pas été prise avant l'introduction du recours, il convient d'adresser sa demande à l'autorité administrative compétente pour prendre ou modifier une décision. Ainsi, l'agent public doit s'adresser à son supérieur hiérarchique, l'administré à son maire pour une mesure de police municipale ou à un représentant de l'État pour une mesure de portée nationale.

Dans l'hypothèse où le requérant souhaite la modification ou l'abrogation d'un texte réglementaire qu'il considère inadapté aux circonstances ou illégal dès l'origine, il doit saisir l'autorité administrative qui l'a édicté initialement.

En matière d'action en responsabilité d'un service public, la victime doit présenter sa demande indemnitaire à l'autorité responsable de ce service. Cependant, il n'est pas toujours évident d'identifier l'autorité compétente. La réglementation est donc venue au secours du requérant. Elle a d'abord imposé à toute autorité de l'État ou d'un établissement public administratif de l'État saisie, à tort, d'une demande de la transmettre à l'autorité compétente, quelle qu'elle soit (décret du 28 novembre 1983 relatif aux relations entre l'administration et les usagers, art. 7, alinéa 1).

Plus récemment, l'article 20 de la loi du 12 avril 2000 relative aux droits des citoyens dans leurs relations avec les administrations a généralisé cette obligation en prévoyant que « lorsqu'une demande est adressée à une autorité administrative incompétente, cette dernière la transmet à l'autorité administrative compétente et en avise l'intéressé ».

Le contenu et le délai de la demande

Pour être valable, la demande préalable doit contenir l'énoncé précis des conclusions, c'est-à-dire les prétentions du requérant. Le silence de l'administration peut, en effet, valoir décision implicite, d'où l'importance du contenu et de la précision de la demande. Celle-ci fixe, à elle seule, le champ du litige dans l'hypothèse d'un recours ultérieur devant le juge.

Dans le cadre d'un recours pour excès de pouvoir, il convient de formuler sa demande avec précision. S'il s'agit de susciter une décision, celle-ci doit être clairement définie ; si le requérant exige l'abrogation d'un règlement, il doit justifier sa demande soit par l'inadéquation de l'acte administratif aux circonstances de droit et de fait, soit par son illégalité originelle. À titre d'exemple, la simple « protestation » d'administrés contre l'attitude de certains fonctionnaires ne peut donner naissance à une décision préalable.

En matière de responsabilité, il ne suffit pas de se plaindre d'un agissement administratif ou de demander la mise à l'étude de mesures propres à réparer son préjudice. Il faut aussi, dans sa demande préalable, solliciter une indemnité pour le préjudice que l'on dit avoir subi du fait de l'administration.

Dans tous les cas de recours, le requérant doit exposer, même sommairement, l'argumentation juridique de sa demande, c'est-à-dire l'illégalité dont lui paraît entachée la décision ou la faute commise par l'administration afin de définir la nature du litige si cette dernière ne répond pas.

Dans l'hypothèse d'une demande non motivée et d'une absence de réponse de l'administration, aucun argument juridique ne pourrait s'échanger avant la saisine du juge.

Par ailleurs, si l'objet et le motif de la demande sont définis et connus de l'administration, cette dernière sera en mesure de prendre une décision préalable en connaissance de cause.

En tant que « préalable » à une éventuelle action contentieuse, la demande doit naturellement être présentée dans le délai de cette action. Dans le domaine de l'excès de pouvoir, cette exigence n'a guère de portée si la demande préalable vise à susciter la création d'une décision administrative : le requérant ne risque donc pas de laisser passer le délai de recours à l'encontre d'une décision inexistante. S'il s'agit d'annuler ou de modifier une décision individuelle, le délai de l'action contentieuse s'impose, même si le juge ne pourra, le plus souvent, qu'annuler totalement l'acte individuel, sans le modifier, ou rejeter la requête. En revanche, la modification ou l'abrogation d'un acte réglementaire peut être sollicitée au-delà de ce délai.

À l'inverse, s'agissant d'action en responsabilité, cette règle se révèle fondamentale. En effet, faute d'être présentée dans le délai de principe de la prescription quadriennale (ou décennale pour les dommages liés à des actes de soins, prévention ou diagnostic dans les hôpitaux publics), cette décision préalable ne pourra jamais être suivie d'une action contentieuse (voir annexe 2.1 pour un modèle de demande préalable).

1.1.4 Les formes de la décision préalable

La décision administrative préalable peut être explicite ou implicite.

La décision explicite

Une décision explicite de l'administration signifie que celle-ci fournit une réponse véritable à la demande ou formule spontanément sa position. Le requérant sait alors à quoi s'en tenir. Cependant une décision explicite ne se concrétise pas toujours en un acte matériel.

Lorsqu'elle est écrite, la décision préalable n'est pas nécessairement soumise à un formalisme rigoureux. Elle ne comporte pas toujours les visas, les motifs et le dispositif, structure juridique type des décisions et des jugements administratifs. Il n'existe pas non plus de « label officiel » identifiant l'acte susceptible de recours. En effet, s'il est vrai que, le plus souvent, un décret ou un arrêté constituent une décision administrative, celle-ci peut également être contenue dans un acte dénommé avis, dans une circulaire, voire dans un simple télex (CE 30 juin 1978, Syndicat national de l'enseignement supérieur, *Lebon* T p. 838).

Le juge s'intéressera essentiellement au contenu de la décision.

Si un élément nouveau est introduit dans l'ensemble des règles juridiques – qui est qualifié d'ordonnancement juridique –, une décision naît. Comme le montre l'exemple des circulaires dans lesquelles les ministres n'hésitent pas à intégrer des mesures décisoires qu'ils ne sont pas habilités à prendre sous forme d'arrêtés, l'enveloppe formelle d'un acte apparaît secondaire.

Mais, même explicite, la décision préalable est parfois encore moins assujettie au formalisme juridique. Elle peut, en effet, être simplement verbale. Ainsi, un requérant a pu déférer au juge le refus verbal du maire de sa commune de lui délivrer copie de la comptabilité du service des eaux, à condition que l'existence de cette décision ne soit pas contestée (CE 10 février 1978, Garnotel, *AJDA* 1978, p. 451). Il a pu aussi lui déférer la décision verbale par laquelle le gouvernement a transféré le chef-lieu du département du Var de Draguignan à Toulon (CE ass. 26 novembre 1976, Soldani et autres, *Lebon* p. 508). Dans cette affaire, le Conseil d'État a rejeté la demande car aucun acte de transfert avec effet juridique n'était intervenu à la date de la requête.

De même, la décision verbale d'un directeur de ministère de modifier l'affectation d'un agent peut être contestée dès lors que sa réalité résulte du remplacement de l'agent en cause (CE 29 décembre 1995, Mme Laviolle, req. n° 157501).

La meilleure illustration de cette « indifférence » du juge à la forme de la décision préalable reste la décision implicite.

La décision implicite

Le silence de l'administration, d'où naît la décision implicite, a fait couler beaucoup d'encre. Le gouvernement et le législateur y ont consacré une partie de leurs réflexions depuis de nombreuses années (voir notamment l'article 3 de la loi du 17 juillet 1900 modifié cent ans plus tard par la loi du 12 avril 2000 qui réduit de quatre à deux mois le délai de principe valant décision implicite – voir également G. Benezra, « Le silence de l'administration. Vicissitudes de la réglementation française », *Rev. adm.* 1977 p. 540 – par ailleurs, deux thèses ont été consacrées au silence de l'administration, l'une à Paris en 1932 par M. Gouttenoire, l'autre à Bordeaux en 1979 par J. Laveissière.). Cet intérêt s'explique sans doute parce que le silence de l'administration peut avoir une double signification, de refus ou d'acceptation.

La décision implicite de refus

En principe, le silence de l'administration suite à une demande de décision préalable vaut refus de donner satisfaction au requérant. L'administration ne peut donc échapper au recours contre ses actes en s'abstenant de répondre aux demandes préalables. En effet, si seules les décisions administratives explicites étaient soumises au juge, peu d'actions en justice verraient le jour.

Les principes

Depuis l'entrée en vigueur de la loi du 12 avril 2000, au 1er novembre 2000, le silence de l'autorité compétente à la suite d'une demande vaut décision implicite de rejet à l'expiration d'un délai de deux mois, décompté à partir du jour où l'administration accuse réception de la demande du requérant. Ainsi, une demande dont l'accusé de réception postal est signé par le représentant de l'administration le 4 août donne naissance à une décision implicite de rejet le 4 octobre suivant à minuit.

Il faut cependant souligner que le délai de recours contre cette décision implicite ne commencera à courir qu'à compter du jour où l'autorité administrative aura adressé au demandeur un accusé de réception mentionnant, outre les délais et voies de recours, le service chargé de l'instruction de la demande, étant précisé que cette obligation ne s'impose pas aux demandes formées par les agents de l'administration à leurs supérieurs.

Les exceptions

Les exceptions au principe selon lequel une décision implicite de refus naît à l'issue des deux mois de silence de l'administration ne peuvent être instituées que par un décret en Conseil d'État « lorsque la complexité ou l'urgence de la procédure le justifie » (loi du 12 avril 2000, art. 21 alinéa 2). C'est dire que depuis le 1er novembre 2000, les textes fixant un délai plus bref ou plus long que deux mois ne sont applicables que s'il s'agit d'un décret en Conseil d'État ou d'une loi. Il en est ainsi par exemple du refus implicite de communication d'un document administratif qui intervient au terme d'un délai d'un mois (décret n° 88-465 du 28 avril 1988, art. 2).

À l'inverse, un décret du 20 juin 2001 (*JO* du 22 juin 2001) et un décret du 3 mai 2002 (*JO* du 5 mai 2002), pris pour l'application des articles 21 et 22 de la loi précitée, ont institué un délai de quatre mois, voire six mois, valant refus dans une série de très nombreuses hypothèses. C'est ainsi par exemple que la demande d'autorisation des lieux de recherches biomédicales sans bénéfice individuel direct sera considérée comme rejetée en cas de silence pendant quatre mois du ministre chargé de la santé publique ou du directeur général de l'Agence française de sécurité sanitaire des produits de santé (C. santé publ., art. R. 2025). Le silence gardé pendant plus de six mois par l'organisme ou service débiteur des prestations familiales sur une demande d'allocation d'éducation spéciale pour un enfant handicapé vaut décision de rejet (C. sécurité soc., art. R. 541-6).

Sont soumises au délai implicite de rejet de quatre mois, en application du décret précité du 3 mai 2002, les demandes d'autorisation préalable à l'installation d'un système dé vidéo-surveillance sur la voie publique ou dans les établissements ouverts au public (décret du 17 octobre 1996), les demandes d'agrément des personnes physiques ou morales qui fabriquent, importent, vendent ou assurent la maintenance de certains appareils de jeux, agrément prévu à l'article 2 de la loi du 12 juillet 1983 ou encore les demandes de titre de séjour présentées par des étrangers dans le cadre du décret du 30 juin 1946 réglementant l'entrée et le séjour des étrangers en France.

Le demandeur doit retenir que les tiers ne peuvent exercer de recours à l'encontre d'une décision implicite de rejet, il sera seul à pouvoir le faire. En revanche, le principe inverse s'applique en cas de décision implicite d'acceptation.

La décision implicite d'acceptation

« Qui ne dit mot consent. » Cet adage s'applique parfois en matière administrative et déroge ainsi, favorablement au requérant, à la règle précitée du refus implicite.

L'article 22 de la loi précitée du 12 avril 2000 prévoit que le silence gardé pendant deux mois par l'autorité administrative vaut décision d'acceptation dans les cas prévus par décret en Conseil d'État. Cette décision peut, à la demande de l'intéressé, faire l'objet d'une attestation délivrée par l'autorité administrative.

Ce même texte précise que lorsque la complexité ou l'urgence de la procédure le justifie, un délai différent du délai de deux mois de principe peut être institué.

Par ailleurs, il est prévu à l'alinéa 2 de cet article que les décrets en cause ne peuvent instituer un régime de décision implicite d'acceptation lorsque les engagements internationaux de la France, l'ordre public, la protection des libertés ou la sauvegarde des autres principes de valeur constitutionnelle s'y opposent. De même, sauf dans le domaine de la sécurité sociale, ils ne peuvent instituer aucun régime d'acceptation implicite d'une demande présentant un caractère financier.

La demande doit cependant être complète afin que l'administration sache à quoi elle s'engage en gardant le silence, c'est-à-dire quelle décision elle accepte de prendre.

Cette règle de l'acceptation implicite s'applique notamment :
– aux autorisations d'exploitations agricoles. La loi du 9 juillet 1999 distingue les opérations d'agrandissement ou de cumul d'exploitations agricoles soumises à autorisation préalable du préfet (C. rural, art. L. 331-2) et celles pour lesquelles une simple information du préfet suffit (C. rural, art. L. 331-2 dernier alinéa). L'autorisation préalable, quant à elle, est réputée accordée si aucune décision n'a été notifiée au demandeur dans les quatre mois qui suivent la réception de la demande d'autorisation, sauf si le préfet a décidé de prolonger le délai d'examen de la demande jusqu'à six mois (C. rural, art. R. 331-6 et R. 331-5) ;
– aux renouvellements d'autorisations de création ou d'extension d'établissements sanitaires privés. Le délai d'acceptation implicite est de six mois à compter du dépôt de la demande de renouvellement (C. santé publ., art. L. 6122-10 ; ce même article prévoit au contraire, pour les demandes initiales d'autorisation, que le silence pendant 6 mois vaut rejet implicite de la demande) ;
– aux permis de démolir (C. urb., art. L. 430-4). Le délai de gestation est de quatre mois à compter de la réception de la demande de permis de démolir ;
– aux permis de construire (C. urb., art. R. 421-12 et suiv.). Les délais sont indiqués par l'autorité compétente dans les quinze jours de la réception de la demande.

Si le demandeur n'a pas reçu, dans les quinze jours du dépôt de sa demande, la lettre lui précisant ce délai valant autorisation tacite, il peut saisir l'autorité compétente par LRAR pour requérir l'instruction de sa demande de permis de construire, en prenant soin d'adresser copie de cette mise en demeure au préfet ; si aucune réponse ne lui est adressée dans les huit jours, le délai d'instruction de sa demande commencera à courir dès réception de sa mise en demeure.

Le délai de principe est de deux mois, mais il est porté à trois mois si la demande concerne les constructions suivantes : un ensemble de plus de 200 logements, des locaux à usage industriel ou commercial ou à usage de bureaux dont la superficie de planchers hors œuvre est égale ou supérieure à 2 000 m^2.

Le délai d'instruction est majoré d'un mois dans les cas suivants :
– lorsqu'il y a lieu de consulter un ou plusieurs services ou autorités dépendant de ministres ou de personnes publiques autres que ceux chargés de l'instruction ou de la prise de décision ;
– lorsqu'il faut consulter une commission départementale ou régionale ;
– lorsqu'une dérogation ou une adaptation mineure par rapport aux dispositions d'un plan d'occupation des sols, devenu plan local d'urbanisme depuis le 1er janvier 2001, doit être instruite.

Le délai d'instruction est porté à cinq mois :
– lorsque le projet est soumis à enquête publique ;
– ou lorsqu'il y a lieu de consulter une commission nationale ;
– ou lorsque la demande concerne la construction de locaux à usage commercial assujettis à l'autorisation de la commission départementale d'urbanisme commercial.

En cas de recours formé contre la décision de cette commission, ce délai est majoré de quatre mois (C. urb., art. R. 421-18).

Ce mécanisme d'autorisation tacite de construire ne joue pas dans une série de cas énumérés à l'article R. 421-19 du code de l'urbanisme :
– lorsque les travaux ont pour effet de changer la destination d'une construction existante et que cette modification est soumise à l'autorisation du préfet ;
– lorsque le permis de construire intéresse un immeuble inscrit ou un immeuble adossé à un immeuble classé ;
– lorsque la construction est située dans le champ de visibilité d'un édifice classé ou inscrit ;
– lorsque la construction se trouve soit dans un site classé, inscrit ou en instance de classement, soit dans une zone de protection créée par décret en application des articles 17 ou 28 de la loi du 2 mai 1930 ;
– lorsque le projet est situé dans une zone de protection du patrimoine architectural et urbain ;
– lorsque la construction est située dans un territoire en instance de classement ou classé en réserve naturelle ;
– lorsque la construction fait partie des catégories d'aménagements, d'ouvrages ou de travaux soumis à enquête publique en application du décret n° 85-453 du 23 avril 1985.

Le décret du 20 juin 2001 a ajouté à cette liste quelques cas de décisions implicites d'acceptation, notamment en matière d'accord préalable au remboursement d'un acte de biologie médicale par un organisme de sécurité sociale, le silence gardé pendant plus de quinze jours par cet organisme sur une demande de prise en charge valant décision d'acceptation (C. sécurité soc., art. R. 162-18) ou encore en matière de formation professionnelle pour l'acceptation d'un contrat d'orientation ou d'un contrat d'adaptation pour les jeunes rencontrant des difficultés d'accès à l'emploi. Pour ces contrats, l'absence d'observations de l'administration respectivement dans les quinze jours ou le mois qui suit le dépôt de ces contrats à la direction départementale du travail vaut conformité de ces contrats (C. trav., art. R. 981-7-1 et R. 981-9-1).

Le requérant doit être prudent car, dans tous ces cas, il bénéficie d'une décision que les tiers sont en droit de contester devant le juge ou devant l'administration.

Par ailleurs, lorsque l'autorité saisie de la demande initiale n'était pas l'autorité compétente, l'article 20 de la loi du 12 avril 2000 distingue selon que le silence vaut décision d'acceptation ou de rejet pour le calcul du délai. Une décision implicite d'acceptation ne peut naître qu'à compter de la date de réception de la demande par l'autorité compétente. Une décision implicite de rejet intervient à l'expiration du délai de saisine de l'autorité incompétente.

La « décision » résultant de la notification ou de l'exécution tardive d'une précédente décision

Il s'agit là de cas de « dématérialisation » totale de la décision préalable résultant d'un phénomène de génération, très peu « spontanée », d'un acte administratif sous la forme de la notification ou de l'exécution d'un acte administratif antérieur.

Le Conseil d'État considère en effet que lorsqu'il s'écoule un délai « anormalement long » entre la prise de décision et sa notification à l'intéressé ou son exécution, la décision en cause n'est plus susceptible d'être notifiée ou de produire des effets.

En notifiant tardivement à l'administré sa décision, l'administration est « regardée » comme notifiant une nouvelle décision. Tel a été le cas par exemple d'un décret d'opposition à l'acquisition de la nationalité française, pris le 6 décembre 1977, qui n'a été notifié à l'intéressé que le 3 octobre 1995 ! (CE 26 mars 1999, M. Villegas, req. n° 174113).

En procédant tardivement à l'exécution d'office d'un arrêté, tel un arrêté de reconduite à la frontière, l'administration doit être regardée comme se fondant non sur son arrêté initial mais sur un nouvel arrêté dont l'existence est « révélée » par la mise en œuvre de l'exécution d'office elle-même. Il en a été ainsi notamment pour un arrêté de reconduite à la frontière en date du 13 mars 1992, notifié à l'intéressée le 18 avril suivant, mais dont l'exécution d'office n'a été ordonnée que le 27 mars 1995 sous forme de placment de l'intéressée en rétention administrative (CE 1er avril 1998, Préfet des Yvelines c/ Mme Nsonde, *Lebon* p. 120).

Dans tous les cas, la « décision » révélée par le comportement tardif de l'administration a été annulée, la première fois au motif que le délai d'opposition à l'acquisition de la nationalité française était depuis longtemps expiré, la seconde parce que la destinataire de l'arrêté de reconduite à la frontière avait, entre-temps, donné naissance à un enfant de nationalité française.

Dans tous les cas, le juge vérifie si l'administré destinataire de l'arrêté n'est pas lui-même à l'origine de l'impossibilité pour l'administration de notifier ou d'exécuter l'acte dans un délai raisonnable ; dans l'affirmative, l'arrêté initial est considéré comme toujours exécutoire. Il en a été décidé ainsi dans une affaire jugée le 18 février 1998 (CE 18 février 1998, Préfet des Alpes-Maritimes, req. n° 168745) où un arrêté de reconduite à la frontière n'avait pu être mis en œuvre avant un délai de deux ans à raison du comportement du destinataire de l'arrêté qui s'était délibérément soustrait à son application.

Une fois que l'on se trouve en possession d'une décision défavorable, qu'elle ait été spontanée ou suscitée, on peut souhaiter tenter une « conciliation » avec l'administration pour éviter de porter l'affaire devant le juge.

phique et militaire, la délivrance des certificats de domicile ou de concubinage ou encore l'octroi – ou le refus – d'un certificat de bonne vie et mœurs à toute personne se rendant à l'étranger (cf. en se sens CE 4 février 1991, Commune de Millas c/ M. Casanovas, req. n° 72171-72643), la légalisation (authentification) des signatures, et l'exécution des mesures de sûreté générale.

L'administré local peut saisir le préfet en sa qualité de supérieur hiérarchique pour lui demander d'annuler l'acte du maire intervenu dans ces domaines.

Le recours hiérarchique est justifié en matière d'excès de pouvoir, mais présente peu d'intérêt dans le domaine du contentieux indemnitaire. Dans ce dernier cas, la première préoccupation du demandeur est d'identifier la collectivité ou l'organisme dont le patrimoine supportera la charge de l'indemnisation. Il n'est donc pas utile d'exercer un recours hiérarchique à la suite d'une demande préalable ou d'un éventuel recours gracieux, puisque l'autorité compétente dans ces hypothèses sera celle sur le patrimoine duquel est prélevée l'indemnité de la victime. Ainsi, la réparation d'un préjudice dû à un acte ou agissement d'un représentant local du pouvoir central est toujours transmise au ministre compétent, compte tenu de l'unité de patrimoine de l'État. Un recours hiérarchique ferait donc double emploi avec la demande préalable.

De même, lorsque le maire agit exceptionnellement dans sa commune au nom de l'État et qu'il provoque un dommage, la seule collectivité publique responsable est l'État, bien que deux personnes morales distinctes, la commune et l'État, soient ici impliquées. Tout recours gracieux ne peut alors être adressé qu'au préfet, retirant ainsi toute utilité au recours hiérarchique. En effet, si la loi de décentralisation a supprimé tout contrôle préfectoral a priori sur les arrêtés du maire pris au nom de sa commune qui sont donc exécutoires dès leur transmission au préfet et leur publication ou notification, le préfet conserve la possibilité, après mise en demeure, de se substituer au maire lorsque ce dernier agit dans sa commune au nom de l'État, voire, en matière de police administrative, au nom de la commune. C'est le cas notamment lorsque l'ordre public est menacé dans une ou plusieurs communes du département, sans que le ou les maires concernés prennent les mesures nécessaires.

Aucun recours hiérarchique ne peut être exercé à l'encontre des actes ou activités des établissements publics nationaux ou locaux. L'autonomie, caractéristique des établissements publics, les place sous la simple tutelle et non sous l'autorité de l'administration de rattachement. Il est seulement possible d'adresser un recours à l'autorité qui, en vertu d'un texte spécifique, est chargée d'approuver ou, le cas échéant, d'annuler les délibérations des conseils d'administration de ces établissements publics. Il peut s'agir, par exemple, d'un recours contre les délibérations des conseils d'administration des hôpitaux publics présenté devant le préfet ou le directeur de l'agence régionale d'hospitalisation, ou d'un recours contre les délibérations des conseils d'université devant le recteur d'académie.

Les recours devant des organismes administratifs particuliers

Il existe des organismes destinés à concilier les parties avant toute saisine du juge. La volonté d'éviter des procédures contentieuses a été réaffirmée par l'article 12 de la loi du 31 décembre 1987 qui prévoit la mise en place, par décret, d'une procédure préalable soit de recours administratifs, soit de conciliation avant toute instance arbitrale ou contentieuse pour les litiges concernant l'État, les collectivités territoriales et leurs établissements publics.

En vertu de la nullité des clauses compromissoires prévue par l'article 2060, alinéa 1, du code civil pour les contestations intéressant les collectivités publiques et les établissements publics, l'arbitrage est en principe interdit aux personnes publiques. Par dérogation à ce principe, le code des marchés publics autorise l'État, les départements et les communes à recourir à l'arbitrage, pour les litiges déjà nés (cette solution ne doit pas être prévue dans le contrat), pour la liquidation de leurs dépenses de travaux publics et de fournitures.

Force est cependant de reconnaître qu'aucune des procédures existant actuellement en matière de marchés publics, de règlement des dommages ou même de médiation ne répond exactement à la définition d'un recours « préalable ».

Les comités consultatifs de règlement amiable des marchés publics

Depuis un décret du 25 février 1991 relatif au règlement amiable des litiges (*JO* 27 février 1991), il convient de distinguer le Comité consultatif national et les comités consultatifs régionaux ou interrégionaux de règlement amiable des différends ou litiges relatifs aux marchés publics.

Les dispositions de ce décret avaient été reprises dans le code des marchés publics qui réglementait en détail la procédure suivie devant ces comités. Depuis l'entrée en vigueur, en septembre 2001, du nouveau code des marchés publics résultant du décret n° 2001-210 du 7 mars 2001, une seule disposition de ce code, l'article 131, définit la mission générale de ces comités et renvoie aux textes des décrets la composition, l'organisation et les modalités de fonctionnement de ces comités.

Le Comité consultatif national de règlement amiable

Rattaché aux services du Premier ministre en raison de ses attributions interministérielles, le Comité consultatif national de règlement amiable des différends et litiges relatifs aux marchés passés par les services centraux de l'État et de ses établissements publics non industriels ou commerciaux est présidé par un conseiller d'État ou un conseiller maître à la Cour des comptes.

Il comporte au total six membres représentant à parité les magistrats, l'administration concernée par l'affaire soumise au comité et des professionnels appartenant au même secteur d'activité que le titulaire du marché.

Il a pour mission de rechercher les éléments de droit ou de fait pouvant être équitablement adoptés en vue d'une solution amiable. L'avis donné par le Comité porte sur le principal et les intérêts de l'indemnité pouvant être accordée pour le règlement du différend ou litige.

Le comité peut être saisi à tout moment par le ministre ou le représentant légal de l'établissement public, tandis que le titulaire du marché national, c'est-à-dire le cocontractant public ou privé de l'État, doit établir que le responsable du marché a rejeté sa demande préalable.

Pour cela, il doit rédiger un mémoire adressé au secrétariat du Comité national (placé auprès du secrétaire général de la Commission centrale des marchés), mémoire qui doit contenir :
– la justification et l'évaluation chiffrée du préjudice, principal et intérêts ;
– la lettre de rejet du responsable du marché ou, à défaut, tout document attestant le point de départ du délai à l'issue duquel la décision du responsable est réputée acquise implicitement.

Ce recours facultatif est donc subordonné à l'exercice obligatoire d'un recours préalable.

Il doit aboutir, après une instruction contradictoire, à un avis du Comité notifié à chacune des parties dans un délai de six mois à compter de la saisine du Comité, délai pouvant être prolongé par période de trois mois par décision motivée du président.

Puis, dans les trois mois de la notification de l'avis du Comité, le ministre ou le représentant légal de l'établissement public concerné par le litige doit notifier sa décision au titulaire du marché et au secrétariat du comité.

À défaut d'une telle décision, la demande du titulaire du marché est réputée rejetée.

Les comités consultatifs régionaux ou interrégionaux de règlement amiable

Si leur mission de recherche d'une solution amiable équitable est identique à celle du Comité national, leur compétence est triple. Présidés par un magistrat de l'ordre administratif, ces comités régionaux ou interrégionaux connaissent en effet des différends ou litiges relatifs :
– aux marchés passés par les services extérieurs de l'État, tels que les directions départementales ou régionales de ministères ;
– aux établissements publics de l'État non industriels ou commerciaux lorsque, du fait de la localisation ou des attributions de ces établissements, la compétence du Comité consultatif national ne se justifie pas ;
– aux marchés des collectivités locales ou de leurs établissements publics. Dans ce dernier cas, l'avis de ces comités est notifié au représentant légal de la collectivité ou de l'établissement public concerné et au titulaire du marché.

Précisons que la saisine de l'un de ces comités consultatifs – national, régional ou interrégional – interrompt toujours le cours des différentes prescriptions et déchéances jusqu'à la décision prise par la personne responsable du marché après avis du comité.

Les comités consultatifs de règlement des dommages

On saisit l'un des cinq comités consultatifs de règlement des dommages, institués par le décret du 4 décembre 1980, lorsque l'on entend mettre en jeu la responsabilité de l'État ou de ses établissements publics administratifs et qu'une réclamation préalable auprès de l'administration a été explicitement ou implicitement rejetée.

Il faut adresser sa demande au comité du département où s'est produit le fait générateur du dommage.

Le nombre de ces comités initialement fixé, à titre expérimental, à cinq devait être étendu à d'autres départements : il n'en a rien été. Les cinq départements concernés sont les Hautes-Alpes, le Cher, la Haute-Marne, la Moselle et le Val-d'Oise. Ces comités comportent cinq membres dont un conseiller des tribunaux administratifs et un magistrat de l'ordre judiciaire.

Il existe trois restrictions à l'exercice de ce recours résultant expressément de l'article premier du décret du 4 décembre 1980, tandis que l'article 9 du même décret explique l'effet limité de l'avis de ces comités.

Ainsi, le dommage ne doit en aucun cas avoir été causé :
- ni à un cocontractant ;
- ni à un agent public ;
- ni dans le cadre des vaccinations obligatoires des personnes.

Il existe pour ces types de dommages des procédures de règlement spécifiques, régies soit par la loi (par exemple, pour le forfait de pension attribué après avis d'une commission de réforme en cas de préjudice subi par un agent public et pour les dommages causés par les vaccinations obligatoires relevant du régime de la responsabilité sans faute de l'État expressément prévu à l'article L. 3111-9 du code de la santé publique) soit par le contrat en cause qui prévoit la saisine préalable d'une autorité ou d'un organisme.

Dans un délai de trois mois à compter du jour de sa saisine, le comité fait connaître son avis au demandeur et à l'autorité compétente.

Quel est l'effet de cet avis ? S'il est différent de la décision initiale de l'administration, il oblige celle-ci à prendre une nouvelle décision et à la notifier à la victime dans le mois qui suit la réception de l'avis.

Le Médiateur de la République ou le faux recours préalable

La fonction de médiateur a été créée par la loi du 3 janvier 1973. Le Médiateur est nommé par décret en Conseil des ministres pour une durée de six ans.

La saisine du Médiateur, par une personne physique ou morale, peut intervenir en cas de réclamations concernant les relations des administrés avec :
- les administrations de l'État ;
- les collectivités publiques territoriales ;
- les établissements publics ;
- tout autre organisme investi d'une mission de service public.

Toutefois il existe des restrictions à l'exercice de ce recours. Il est, en effet, impossible de porter devant le Médiateur :
– les litiges entre l'un des organismes précités et l'un de ses agents. Cependant, en pratique, le Médiateur ou l'un de ses cent délégués départementaux sont très souvent saisis de litiges opposant les agents publics à leur administration, par exemple en cas de refus de réintégration après annulation par le juge d'un licenciement ;
– les litiges déjà portés devant une juridiction administrative ou judiciaire.

Pour pouvoir recourir au Médiateur, il faut préalablement mettre en évidence la carence administrative, après avoir effectué, sans succès, les démarches nécessaires. La réclamation doit ensuite être adressée à un député ou à un sénateur qui ne la transmet au Médiateur que s'il lui attribue un caractère sérieux.

Depuis une loi du 12 avril 2000, le Médiateur de la République peut en outre être saisi d'une réclamation par le Médiateur européen ou un homologue étranger du Médiateur de la République saisi lui-même d'une réclamation qui lui paraît entrer dans sa compétence.

En pratique, il ne s'agit pas d'un véritable recours préalable pour différentes raisons :
– il suppose l'existence d'un litige né, sans que pour autant le Médiateur puisse intervenir dans le cadre d'une procédure juridictionnelle engagée devant les tribunaux ;
– la réponse du Médiateur aux parlementaires n'est pas susceptible de recours (CE 10 juillet 1981, Retail, *Lebon* p. 303) ;
– enfin, la saisine du Médiateur n'interrompt pas les délais de recours contentieux.

1.2.2 L'objet des recours administratifs facultatifs

L'exercice d'un recours administratif facultatif est organisé le plus souvent par les textes afin de trouver une solution amiable à un litige.

Ce recours implique une attitude particulière de l'administration. En formant un recours gracieux ou hiérarchique devant l'administration, le requérant choisit d'inciter celle-ci à prendre une décision d'annulation ou de réformation de son acte initial.

L'appel à la bienveillance de l'administration

La position de l'administration se traduit différemment selon la nature du contentieux.

En matière de plein contentieux

L'administration procède à un examen de l'opportunité de la décision à prendre. Par exemple, le Comité consultatif national de règlement amiable des marchés publics a pour mission de rechercher les éléments de droit et de fait en vue d'une solution « amiable et équitable » (CMP, art. 131).

De même, les victimes de dommages peuvent en appeler à la bienveillance de l'un des cinq comités concernés et à celle de l'administration si elle suit leur avis favorable.

Dans ces deux cas, l'opportunité de la décision de l'administration se traduira par la prise en compte dans le principe ou le montant de l'indemnisation contractuelle ou extra-contractuelle d'éléments de pure équité contenus dans les avis des organismes cités.

En matière d'excès de pouvoir

Dans le contrôle de la légalité des actes administratifs, l'exercice d'un recours gracieux ou hiérarchique permet au demandeur de faire valoir non seulement des arguments tirés de la non-conformité de l'acte concerné aux textes supérieurs, mais aussi de l'inopportunité d'un acte légal compte tenu des circonstances de fait et de droit.

En effet, lorsque l'administration dispose d'un pouvoir discrétionnaire, elle choisit seule les conditions d'édiction d'un acte et/ou le contenu de celui-ci.

L'opportunité de son action relève de sa souveraine appréciation sous réserve d'un contrôle du juge à l'occasion d'un recours ultérieur, contrôle dit « contrôle restreint » parce qu'il ne peut porter que sur une erreur de fait ou de droit (telle une fausse interprétation d'un texte), sur une erreur manifeste d'appréciation ou un éventuel détournement de pouvoir.

Or, cette limite ne s'impose pas au requérant dans le cadre d'un recours administratif. En effet, il peut faire observer à l'administration qu'elle a, par exemple, omis de considérer un élément particulier avant d'arrêter sa décision. Il peut s'agir d'aspects sociaux, moraux, philosophiques, voire politiques.

Ainsi un agent public pourrait faire valoir auprès de l'administration les conséquences familiales « difficiles » d'une mutation disciplinaire dans une autre ville, alors que le juge ne pourra, à la différence de l'administration, prendre en considération de tels éléments.

Même si un argument juridique permet d'entraîner la conviction, voire le revirement de l'autorité administrative, celle-ci peut faire intervenir des considérations plus prosaïques dans sa décision et penser à ses conséquences pratiques. Cet argument peut particulièrement jouer dans le cas d'autorités dont la nomination dépend, directement ou non, des suffrages populaires (par exemple le maire d'une commune).

L'administration peut également faire droit à un recours gracieux ou hiérarchique pour des motifs d'équité sous réserve de respecter le principe d'égalité entre administrés. En effet, l'application stricte des règles de droit a parfois des conséquences rigoureuses pour le requérant dont le seul tort peut être d'avoir ignoré le délai de dépôt d'une demande de prime ou d'un avantage financier ou fiscal. Si l'administration ne fait pas intervenir l'équité, cette « négligence » conduit au rejet de sa demande même si les autres conditions exigées sont remplies.

Cependant, l'administré doit savoir qu'un refus de l'administration de statuer en opportunité ou en équité ne peut être contesté devant le juge. Seul le respect des règles de légalité fait, sauf exception, l'objet d'un débat contentieux.

Il existe des exceptions à cette sorte d'« immunité » de l'opportunité administrative. Le juge accepte, en effet, de contrôler l'opportunité de certaines décisions, notamment :
- en matière de décisions de police ;
- lorsque la condition légale de l'action administrative est exprimée en termes généraux laissant place à l'appréciation subjective de certains faits ou situations. C'est le cas, par exemple, de l'appréciation de l'atteinte au site par un permis de construire ou de la gravité de la sanction prononcée par rapport à la faute disciplinaire commise par un agent public.

La réformation éventuelle de la décision administrative

On peut parfois souhaiter qu'une décision, même favorable, soit modifiée sur un point particulier. Or, un recours juridictionnel direct en excès de pouvoir ne permet en principe d'obtenir que son annulation, même s'il s'agit d'une décision partiellement défavorable au requérant.

Par ailleurs, en supposant que l'administration édicte un nouvel acte semblable à celui souhaité par le demandeur – ce qu'elle n'est pas tenue de faire –, le résultat envisagé ne sera obtenu qu'après une longue procédure, sauf si l'on prend soin de demander au juge d'enjoindre l'administration de prendre la décision en cause après annulation de la décision contestée.

Exceptionnellement, le juge acceptera de ne prononcer que l'annulation partielle d'un acte administratif, qui aboutira donc à une réformation si celle-ci est demandée par le requérant et si les dispositions critiquées sont « divisibles » du reste de l'acte attaqué. Il en ira ainsi des participations financières figurant dans un permis de construire (CE sect. 12 février 1988, Ministre de l'Urbanisme et du Logement c/ Société des automobiles Citroën, *Lebon* p. 64 – CAA Nancy 18 novembre 1999, Syndicat intercommunal des eaux Rougemont-le-Château, req. n°96NC02953).

Il en sera de même chaque fois que le juge acceptera d'annuler un acte en tant que cet acte a telle portée ou tel contenu. L'exemple le plus fréquent est celui où le juge annule un acte du fait qu'il a une portée rétroactive illégale (CE 9 mai 2001, Mme Gloriod et autres, req ; n° 219863 : annulation de plusieurs décrets et arrêtés en date du 13 mars 2000 « en tant qu'ils prévoient qu'ils prennent effet le 1er janvier 2000 »). Une circulaire ministérielle peut également être annulée en tant qu'elle ajoute aux textes existants des dispositions nouvelles (CE 16 novembre 2001, M. Grondin, req. n° 223283 : annulation du 9e alinéa d'une circulaire du 26 juin 2000 du ministre de l'Économie et des Finances « en tant qu'il dispose que les périodes de cessation concertée du travail ne devront plus être prises en compte pour l'avancement des fonctionnaires »).

Là encore, le requérant ne peut solliciter du juge une telle annulation-réformation que si la décision attaquée est « divisible ». Est ainsi irrecevable la requête tendant à l'annulation d'une délibération d'une commission de spécialité d'un établissement universitaire proposant au conseil de l'université un des quatre candidats à un poste de professeur, en tant qu'elle a écarté la candidature du requérant dès lors que cette délibération « fondée sur une appréciation des aptitudes présentées par les candidats a un caractère indivisible » (CE 20 juin 1990, M. de Carvalho, *Dr. adm.* 1990 n° 407).

En dehors de ces hypothèses, la réformation de la décision par l'administration peut se révéler utile, faute de pouvoir obtenir le même résultat devant le juge.

Les demandes indemnitaires ne sont pas concernées par la réformation, sauf si l'on considère que la contestation de la somme offerte par l'administration équivaut à une demande de « réformation » à la hausse. Seules celles formulées dans le cadre d'un excès de pouvoir peuvent être véritablement « réformées ».

Ainsi, un exploitant de débit de boissons qui a obtenu une autorisation d'ouverture tardive de son établissement peut souhaiter prolonger cette ouverture d'une ou deux heures. Un pétitionnaire auquel a été accordé un permis de construire peut vouloir supprimer une modification imposée à son projet.

Si l'administration décide de rejeter la demande d'annulation ou de réformation malgré le bien-fondé de l'argumentation du requérant, celui-ci doit alors saisir le juge administratif. L'essentiel est d'avoir conservé la possibilité de ce recours contentieux, alors même qu'un recours administratif a été tenté auparavant, grâce à la prorogation du délai.

1.2.3 L'effet des recours administratifs facultatifs : la prorogation du délai de recours contentieux

La jurisprudence administrative et les textes confèrent cet effet aux recours administratifs facultatifs ; ainsi l'article 131 du nouveau code des marchés publics prévoit expressément que la saisine d'un comité consultatif de règlement amiable interrompt le cours des différentes prescriptions.

Pour bénéficier d'une telle prorogation des délais de recours contentieux, deux conditions sont à respecter.

L'exercice du recours administratif dans le délai de recours contentieux

Pour qu'un recours administratif puisse « proroger » le délai de recours contentieux, il importe que ce recours soit lui-même présenté à l'administration, en langue française exclusivement (CE sect. 5 janvier 2000, Commune de Macot-La Plagne, *AJDA* 2000 p. 179 ; ce même arrêt précise qu'on ne peut davantage bénéficier des délais de distance prévus par le code de justice administrative lorsque l'auteur du recours gracieux demeure, comme en l'espèce, à l'étranger), dans le délai du recours contentieux.

On ne saurait en effet « proroger » un délai déjà expiré. Si le recours administratif est présenté après l'expiration du délai de recours contentieux, il ne sera plus possible de contester en justice le rejet de ce recours administratif.

Le non-cumul des recours administratifs facultatifs

Si le requérant veut profiter de la prorogation du délai de recours contentieux, il ne faut pas qu'il ait cumulé les deux types de recours administratifs facultatifs : gracieux et hiérarchique. Selon une règle jurisprudentielle bien établie, un recours hiérarchique faisant suite à un recours gracieux, ou vice versa, ne conserve pas le délai de recours contentieux, même si le recours hiérarchique est un préalable obligatoire au recours contentieux (CE 16 mai 1980, SA Clinique Sainte-Croix, *Lebon* p. 231). Ainsi, une demande adressée au préfet dans les délais du recours contentieux doit être suivie dans les deux mois de sa réponse d'un recours juridictionnel et non d'un recours hiérarchique au ministre compétent.

En cas de double recours administratif, le justiciable doit retenir que le délai de recours contentieux commence à courir dès la réponse explicite ou implicite au premier recours administratif.

Les recours administratifs facultatifs ne constituent pas la voie unique par laquelle le requérant s'adresse directement à l'administration avant tout recours contentieux. Le demandeur peut être parfois tenu de former un recours administratif préalable.

1.3 Les recours administratifs obligatoires

Les textes imposent parfois au requérant d'adresser, préalablement au recours contentieux, sa demande à une commission ou à une autorité administrative. Il existe trois types de recours administratifs obligatoires :
- les recours en vue de faire naître une décision ;
- les recours en vue de connaître une décision ;
- les recours en vue de contester une décision.

1.3.1 Les recours en vue de faire naître une décision administrative

À l'exception du domaine des travaux publics et du contentieux électoral, le justiciable sait qu'il ne peut saisir le juge administratif que s'il dispose d'une décision administrative. En outre, le Conseil d'État impose parfois d'exercer un recours auprès de l'administration. La demande préalable tendait à obtenir une nouvelle décision ou une indemnisation ; cette requête conteste, préalablement à la phase contentieuse, le rejet administratif de cette première demande.

Cette obligation de recours prend tout son sens en matière indemnitaire. Il a, en effet, été dit qu'en matière d'excès de pouvoir, la demande préalable vise le plus souvent non pas à faire naître une décision qui existe déjà mais plutôt à la modifier.

Cependant, le requérant doit savoir que ce recours administratif en vue de faire naître une nouvelle décision s'impose dans le contentieux de l'excès de pouvoir chaque fois qu'un texte oblige l'administré à saisir une autorité administrative avant tout recours contentieux. C'est le cas, notamment, en matière de contentieux de remembrement rural ou pour les décisions préfectorales suspendant ou retirant l'autorisation d'exercer en secteur privé dans un hôpital public ; ces dernières décisions doivent impérativement faire l'objet d'un recours hiérarchique devant le ministre chargé de la santé (décret du 25 novembre 1987, art. 20).

Le Conseil d'État a parfois déduit de textes autorisant un recours administratif préalable l'obligation d'exercer celui-ci. Il en est ainsi des décisions préfectorales visant à autoriser la création ou l'extension d'installations sanitaires privées qui « peuvent » faire l'objet d'un recours devant le ministre chargé de la santé (C. santé publ., art. L. 6122-10).

Le Conseil d'État a transformé cette faculté en obligation de recours préalable (CE sect. 1er février 1980, Clinique Ambroise-Paré, *Lebon* p. 62 – CE 3 octobre 1990, Ministre des Affaires sociales et de la Solidarité nationale c/ Institut de cardiopédiatrie sociale d'Aix-en-Provence, req. n° 70718).

De même, les décisions des commissions départementales d'urbanisme commercial, qui « pouvaient » faire l'objet d'un recours auprès du ministre chargé du commerce selon la loi d'orientation du commerce et de l'artisanat ont été considérées par le Conseil d'État comme « devant » obligatoirement être soumises à l'autorité administrative avant toute saisine contentieuse (CE 20 juillet 1988, Société GBM, *Lebon* p. 944).

La même solution doit donc s'appliquer pour les « possibilités » de recours instituées par la loi du 29 janvier 1993 à l'encontre des décisions des commissions départementales d'équipement commercial devant la Commission nationale d'équipement commercial.

Malgré l'existence de ces cas limitatifs, l'obligation de recours préalable concerne essentiellement le plein contentieux et, plus précisément, le domaine contractuel et électoral. La décision de l'autorité « supérieure » se substitue à la décision initialement contestée et l'intéressé doit déférer cette dernière décision au juge administratif.

Les recours en matière contractuelle

Il existe certaines procédures facultatives de conciliation pour le règlement amiable de litiges nés de l'exécution de marchés publics. Mais lorsque le contrat prescrit l'obligation pour le contractant d'adresser, avant toute action en justice, une réclamation à son cocontractant, toute requête contentieuse ultérieure sera déclarée irrecevable par le juge administratif si ce recours administratif n'a pas eu lieu. C'est le refus de faire droit à cette réclamation, opposé à la suite de ce recours, que le justiciable soumettra alors à la juridiction compétente.

Cette obligation contractuelle de recours préalable s'applique également dans le domaine des marchés de travaux publics dont le contentieux échappe, en principe, à la règle de la décision préalable. Cette exigence est soumise à certaines conditions de forme en vertu des divers cahiers des clauses administratives générales, relatives à la conclusion et à l'exécution de ces contrats.

Ainsi, le cocontractant doit déposer son mémoire adressé à l'administration dans le délai fixé par le contrat. Si ce délai n'est pas respecté, le recours contentieux ne pourra être favorablement accueilli par le juge. Encore faut-il que l'administration cocontractante invoque ce moyen devant le juge qui n'a pas le pouvoir de le soulever d'office (CE 29 janvier 1988, SA Montenay, *RDP* 1988 p. 1455).

En l'absence de précision d'un délai par le juge, le cocontractant se voit appliquer la prescription quadriennale pour saisir l'administration d'une demande de décision préalable.

L'article 50 du cahier des clauses administratives générales applicables aux marchés publics de travaux révèle les obstacles de procédure que l'entrepreneur doit franchir avant de pouvoir saisir le juge. Cette procédure s'applique à toute demande ou réclamation, qu'il s'agisse de réserves faites à un ordre de service, d'une sanction ou d'une demande d'indemnité.

La phase initiale de la procédure fait intervenir la personne responsable du marché, c'est-à-dire la personne physique représentant le maître de l'ouvrage pour le compte duquel les travaux sont effectués. Ce responsable peut être un ministre pour un marché de l'État, le maire pour un marché local.

Si le différend oppose l'entrepreneur et le maître d'œuvre chargé de surveiller l'exécution des travaux et leur conformité aux documents contractuels, le premier remet au second un mémoire exposant les motifs et indiquant le montant de ses réclamations. Après transmission de ce mémoire à la personne responsable du marché, celle-ci notifie ou fait notifier à l'entrepreneur sa proposition pour le règlement du différend dans un délai de deux mois à compter de la date de réception par le maître d'œuvre du mémoire de réclamation. L'absence de proposition dans ce délai vaut rejet de la demande de l'entrepreneur. Si celui-ci refuse la proposition ou le rejet implicite de sa demande, il doit le faire savoir au responsable du marché, par écrit, dans les trois mois qui suivent la notification de cette proposition ou l'expiration du délai de deux mois valant rejet implicite.

Si le différend survient directement entre le responsable du marché et l'entrepreneur, celui-ci adresse un mémoire de réclamation au premier afin qu'il le transmette au maître de l'ouvrage. C'est à lui qu'il appartiendra de prendre la décision dans le cadre de ces différends.

La seconde phase de la procédure se déroule donc devant le maître de l'ouvrage, représenté par la personne responsable du marché.

Si, dans un délai de trois mois à compter de la réception de la réclamation par le responsable du marché, aucune proposition n'a été notifiée à l'entrepreneur ou si celui-ci refuse la décision qui a été prise, il peut saisir le tribunal administratif. Cependant, il ne peut soumettre au juge que les éléments juridiques et chiffrés figurant dans le mémoire remis au responsable du marché.

Si, dans les six mois de la notification de la décision administrative à l'entrepreneur, celui-ci n'a pas porté le différend en justice, il est considéré comme acceptant la proposition qui lui a été faite ; toute réclamation sera alors impossible. Ce délai de six mois entraînant forclusion est toutefois suspendu en cas de saisine du Comité consultatif national de règlement amiable des marchés publics.

L'entrepreneur, cocontractant de l'administration, doit retenir qu'il ne peut pas :
– saisir directement le tribunal administratif de sa réclamation ;
– saisir le tribunal avant un délai de trois mois, décompté à partir de la réception de sa réclamation préalable par le responsable du marché, sauf décision explicite intervenant avant expiration de ce délai ;
– saisir le tribunal administratif plus de six mois après la notification de la décision du maître de l'ouvrage relative au décompte général du marché.

Si l'entrepreneur ne respecte pas les délais particuliers de saisine du responsable du marché, il perd définitivement ses droits indemnitaires (CE 4 mai 1988, OPHLM de la Ville de Paris, *Lebon* T p. 892 – CE 21 janvier 1991, Entreprise Grandi, req. n° 60.127).

Les recours en matière électorale

Les recours en matière électorale relèvent de la compétence des tribunaux administratifs en vertu du décret du 28 novembre 1953. Cependant, selon des textes réglementaires plus récents, certains contentieux électoraux sont soumis à l'obligation de recours administratif préalable.

Il en est ainsi pour :
– les contestations sur la validité des opérations électorales relatives aux commissions administratives paritaires de la fonction publique d'État qui doivent être portées devant le ministre intéressé. Le délai imparti est de cinq jours à compter de la proclamation des résultats (décret du 28 mai 1982, art. 24) ;

– différentes élections dans l'enseignement du second degré et supérieur. Ainsi, le contentieux des élections aux conseils d'administration des établissements d'enseignement public du second degré est soumis au recteur (cf. en ce sens le décret n° 90-978 du 31 octobre 1990 : délai de cinq jours pour saisir le recteur), tandis que les contestations portant sur les élections aux conseils d'unités de formation et de recherche et aux conseils d'université sont soumises à l'examen préalable d'une commission de contrôle des opérations électorales.

L'objet de ce recours administratif obligatoire imposé aux électeurs n'est pas de faire naître une décision, mais de la contester puisque la décision préalable existe ; elle résulte du vote et est proclamée par un organisme administratif constitué sous forme de bureau de vote.

Tous les contentieux en matière d'élections politiques, tels ceux des élections municipales ou cantonales, échappent à cette obligation de recours préalable, même s'ils sont enfermés dans des délais très brefs.

Lorsque ce recours administratif préalable s'impose, il faut être vigilant en raison des délais souvent très brefs exigés. Compte tenu de cette brièveté, l'erreur consistant à saisir directement le juge équivaut à l'impossibilité juridique définitive d'obtenir satisfaction. En effet, il sera ensuite trop tard pour saisir le ministre, le recteur ou la commission de contrôle dès lors que le juge se sera prononcé. La précipitation du requérant est dans ce domaine d'autant plus fatale à son recours qu'un délai également très bref est généralement imposé pour saisir le juge de la réponse négative donnée par l'autorité ou la commission administrative compétente. À titre d'exemple, ce délai n'est que de six jours pour contester la décision de la commission en matière d'élections aux conseils d'université.

En revanche, l'exercice de ce recours administratif obligatoire proroge naturellement le délai de recours contentieux, de même que le recours administratif en vue de la communication d'un acte administratif.

1.3.2 Les recours en vue de connaître un acte administratif

La « liberté d'accès aux documents administratifs » a été consacrée par la loi du 17 juillet 1978 relative aux mesures d'amélioration des relations entre l'administration et le public, modifiée par les lois du 11 juillet 1979 et du 12 avril 2000. Elle reste une liberté très réglementée tant par sa définition elle-même que par ses conditions d'exercice.

La définition de la liberté d'accès aux documents administratifs

Pour saisir la signification de cette liberté, il convient de définir deux de ses composantes essentielles : la notion relativement extensive de « document administratif » et la réglementation précise des conditions dans lesquelles l'administration prend sa décision d'accepter ou de refuser la communication.

La notion de document administratif

En principe, toute personne peut avoir accès aux documents administratifs en demandant à consulter sur place ou à obtenir une copie « facilement intelligible sur un support identique à celui utilisé par l'administration ou sur papier, au choix du demandeur dans la limite des possibilités techniques de l'administration et aux frais du demandeur sans que ces frais puissent excéder le coût de cette reproduction, dans des conditions prévues par décret » (loi du 17 juillet 1978, art. 4-*a* et *b* dans sa rédaction résultant de la loi du 12 avril 2000).

Selon l'article 7 de la loi du 12 avril 2000, qui synthétise en la matière la jurisprudence antérieure du Conseil d'État, sont considérés comme documents administratifs tous dossiers, rapports, études, comptes rendus, procès-verbaux, statistiques, directives, instructions, circulaires, notes et réponses ministérielles qui comportent une interprétation du droit positif ou une description des procédures administratives, les avis, prévisions et décisions qui émanent de l'État, des collectivités territoriales, des établissements publics ou des organismes de droit privé chargés de la gestion d'un service public.

La forme des documents ainsi énumérés importe peu. Ces documents peuvent en effet revêtir la forme d'écrits, d'enregistrements sonores ou visuels, de documents existant sur support informatique ou pouvant être obtenus par un traitement automatisé d'usage courant.

La loi restreint quelque peu cependant la notion de document administratif communicable. En effet, le droit à communication ne s'applique qu'à des documents achevés. Un document en cours de préparation, dont l'administration ne détiendrait que la première « version », n'est pas communicable.

De même, un document, même achevé, n'est pas communicable s'il s'agit d'un document préparatoire à une décision administrative tant que cette décision n'est pas encore intervenue ; ainsi l'avis d'un conseil municipal relatif à un projet d'arrêté municipal n'est pas communicable immédiatement, en revanche, la communication sera de droit lorsque l'arrêté aura été édicté.

À l'inverse de cette incommunicabilité provisoire, qui cessera avec l'élaboration de l'acte sur la base de ce document, existe une « communicabilité » provisoire pour les documents qui font ensuite l'objet d'une diffusion publique, sous forme par exemple de plaquettes d'information ; une fois cette diffusion réalisée, les documents en cause ne peuvent plus donner lieu à communication « individuelle ».

L'administration n'est pas tenue de donner suite aux demandes abusives de communication, en particulier par leur nombre, leur caractère répétitif ou systématique.

Les documents non administratifs au sens de la loi du 12 avril 2000

Ne sont pas considérés comme documents administratifs et ne sont pas communicables :
– les actes des assemblées parlementaires (Assemblée nationale et Sénat) ;

– les avis du Conseil d'État et des juridictions administratives ;
– les documents de la Cour des comptes mentionnés à l'article L. 140-9 du code des juridictions financières et les documents des chambres régionales des comptes mentionnés à l'article L. 241-6 du même code ; il s'agit des mesures d'instruction, des rapports et diverses communications de la Cour des comptes, des rapports de vérification et avis des comités régionaux ou départementaux d'examen des comptes de sécurité sociale ainsi que des propositions, travaux et rapports des chambres régionales des comptes ;
– les documents d'instruction des réclamations adressées au Médiateur de la République ;
– les documents préalables à l'élaboration du rapport d'accréditation des établissements de santé visés à l'article L. 6113-3 et suivants du code de la santé : il s'agit d'un rapport destiné à permettre à l'Agence nationale d'accréditation et d'évaluation en santé de porter une appréciation sur la qualité de ces établissements de santé, publics ou privés, à l'aide d'indicateurs, de critères et référentiels portant sur les procédures, les bonnes pratiques cliniques et les résultats des différents services et activités de l'établissement.

Les documents administratifs non communicables

L'article 6-1 de la loi du 17 juillet 1978, dans sa rédaction résultant de la loi du 12 avril 2000, précise que ne sont pas communicables les documents administratifs dont la consultation ou la communication porterait atteinte :
– au secret des délibérations du gouvernement et des autorités responsables relevant du pouvoir exécutif ;
– au secret de la défense nationale ;
– à la conduite de la politique extérieure de la France ;
– à la sûreté de l'État, à la sécurité publique ou à la sécurité des personnes ;
– à la monnaie et au crédit public ;
– au déroulement des procédures engagées devant les juridictions ou d'opérations préliminaires à de telles procédures, sauf autorisation donnée par l'autorité compétente.

La décision de l'administration

Lorsqu'elle est saisie d'une demande, l'autorité compétente doit communiquer le document sous les réserves suivantes.

Le document doit être désigné de façon précise par le demandeur. Ainsi, on ne peut se borner à réclamer les procès-verbaux des réunions du conseil d'administration d'une société chargée de la gestion d'un service public sans préciser les dates des réunions ou, à défaut, l'objet des délibérations (CE 18 janvier 1985, Association Atelier libre d'urbanisme de la région lyonnaise, *Dr. adm.* 1985 n° 72).

L'administration n'est pas tenue de faire des recherches en vue de fournir au demandeur une documentation sur un sujet donné. Le Conseil d'État en a décidé ainsi dans le cas d'une association qui demandait la communication de « toutes les circulaires » relatives à l'aide judiciaire ; il s'agissait d'un cas de recours abusif pour lequel le requérant s'est vu condamné à une amende (CE 9 mars 1983, Association SOS Défense, *AJDA* 1983 p. 431).

Un refus de communication doit être notifié au demandeur sous forme de décision écrite motivée. Le défaut de réponse au-delà d'un mois vaut décision implicite de refus. Le droit commun des deux mois nécessaires à la naissance d'une décision implicite ne s'applique donc pas dans ce domaine.

Qu'il s'agisse d'un refus explicite ou implicite, il faut alors saisir la Commission d'accès aux documents administratifs.

L'intervention de la Commission d'accès aux documents administratifs (CADA)

Si l'administration refuse de communiquer un document, il faut obligatoirement saisir la CADA avant de s'adresser au juge. La saisine de la CADA peut soit s'inscrire dans une simple procédure de conciliation, soit constituer le préambule d'une procédure contentieuse.

La CADA, instrument de conciliation

La CADA est composée de dix membres titulaires et de dix membres suppléants. Elle comprend notamment un conseiller d'État, un conseiller maître à la Cour des comptes, un conseiller à la Cour de cassation, deux parlementaires, un professeur de l'enseignement supérieur.

La CADA est considérée comme une autorité administrative indépendante, même si les crédits nécessaires à son fonctionnement sont inscrits au budget des services du Premier ministre (en vertu de l'article 4 du décret du 7 décembre 1978 relatif à cette commission).

Elle est chargée de veiller au respect de la liberté d'accès aux documents administratifs, notamment en émettant des avis lorsqu'elle est saisie par quelqu'un qui se heurte à un refus de communication d'un document. Dans un premier temps, avant toute procédure contentieuse, la CADA joue ainsi un rôle de conciliation afin de réduire le nombre de litiges soumis au juge sur le seul point de la « communicabilité » d'un document.

Elle doit émettre un avis, en principe dans le mois de sa saisine par le demandeur, mais le Conseil d'État a jugé que ce délai n'était pas impératif (CE 9 mars 1983, Association SOS Défense, *AJDA* 1983 p. 431).

L'avis de la CADA indique si le document litigieux est ou non communicable au sens des dispositions précitées de la loi du 12 avril 2000. Il est adressé au demandeur et à l'autorité compétente. Cette dernière dispose à son tour d'un délai d'un mois, à compter de la réception de l'avis de la CADA, pour informer la commission et le demandeur des suites données à cet avis.

Le législateur de 1978 n'avait prévu que l'hypothèse d'une réponse explicite de l'administration. L'article 7 précise, en effet, que « le délai du recours contentieux est prorogé jusqu'à la notification à l'administré de la réponse de l'autorité compétente ».

Or, en réalité, l'administration ne suit pas toujours les avis de la CADA et il lui arrive même de ne pas y répondre. Dans ces deux cas, le défaut de conciliation oblige le demandeur à saisir le juge, et la CADA devient alors un instrument contentieux.

Un modèle de saisine de la CADA figure en annexe 2.3.

La CADA, instrument d'une procédure contentieuse

L'intérêt de cette saisine de la CADA réside dans la possibilité de soumettre ultérieurement au juge le refus de l'autorité administrative de suivre l'avis favorable de la CADA.

La saisine obligatoire de la CADA

Le Conseil d'État avait affirmé avec force le caractère obligatoire de la saisine de la CADA préalablement à tout recours pour excès de pouvoir. Cette jurisprudence a été consacrée par un décret du 28 avril 1988. Ainsi, ce recours est immanquablement rejeté si l'on conteste directement devant le juge le refus de l'administration de communiquer un document.

Cependant il y a plus grave : si la CADA n'est pas saisie dans les deux mois du refus de l'administration, tout recours devant le juge sera par la suite interdit. L'obligation de saisine de la CADA se double donc d'une obligation de saisine dans un délai précis.

La saisine du juge administratif

En cas de saisine de la CADA, le délai de recours contentieux contre un refus administratif de communication de document est prorogé. Cette prorogation va jusqu'à la notification au demandeur de la réponse de l'autorité administrative à l'avis de la CADA (loi du 17 juillet 1978, art. 7).

En cas de décision explicite de refus, il est possible de saisir le juge dans les deux mois qui suivent la notification du refus.

Si l'administration garde le silence pendant plus d'un mois à partir de la saisine de la CADA, ce silence vaut décision implicite de refus de communication. Ce refus de communication peut être déféré au juge de l'excès de pouvoir. Le délai de recours contentieux est prorogé jusqu'à ce qu'une réponse explicite de l'administration soit notifiée à l'intéressé.

Le tribunal administratif doit, en principe, se prononcer dans les six mois de l'enregistrement de la requête, mais il ne s'agit pas d'un délai impératif. Si le juge annule le refus de communication, il pourra ordonner à l'autorité administrative, à la demande du requérant, de mettre le document à disposition du demandeur.

La fin du « secret administratif » se fait donc au prix d'une procédure qui peut paraître plus compliquée qu'elle ne l'est en réalité. En revanche, la contrainte consistant en la saisine préalable obligatoire de l'administration peut s'avérer plus forte lorsqu'il s'agit de passer par elle pour contester un acte administratif, objet même du recours juridictionnel.

Il est des cas où l'on connaît l'acte administratif mais pour lesquels il faut cependant saisir obligatoirement une autorité administrative avant de s'adresser au juge.

1.3.3 Les recours en vue de contester un acte administratif

Les recours administratifs en matière d'aménagement foncier et de remembrement

Les commissions communales d'aménagement foncier sont chargées d'émettre des avis et de proposer des décisions relatives au choix du mode de réorganisation foncière, à la délimitation du périmètre du remembrement et à l'échange des parcelles. Elles sont considérées comme des autorités administratives susceptibles à ce titre d'émettre des actes administratifs, mais sont tout de même soumises au contrôle hiérarchique d'une commission départementale d'aménagement foncier. Cette commission peut substituer ses propres décisions à celles des commissions communales.

Ainsi, si l'on s'estime lésé par un projet de remembrement arrêté par une commission communale publié à la mairie, on doit saisir la commission départementale avant tout recours au juge. Cette saisine de la commission départementale doit se faire dans le mois qui suit la publication de la décision de la commission communale.

En revanche, si l'on saisit directement la juridiction administrative de la décision de la commission communale et que l'on prend la précaution de présenter parallèlement, dans le délai d'un mois, une réclamation auprès de la commission départementale, le recours juridictionnel sera recevable. Il sera, en effet, considéré comme dirigé contre la décision de la commission départementale qui interviendra en cours d'instance.

Les recours administratifs contre les états exécutoires

L'état exécutoire est l'une des manifestations financières des prérogatives des personnes publiques. Il leur permet de se procurer un titre destiné à obtenir le recouvrement de leurs créances à l'encontre de leurs débiteurs, privés ou publics.

L'émission d'un titre exécutoire est même une obligation pour l'État ou une collectivité publique. Ceux-ci ne peuvent demander au juge de condamner un particulier ou un agent public au paiement d'une somme dont le recouvrement peut s'effectuer par la technique de l'état exécutoire.

Est ainsi irrecevable l'action d'une commune tendant à faire fixer par le tribunal administratif le montant de la dette d'un agent public qui a engagé sa responsabilité personnelle et donc pécuniaire vis-à-vis de son employeur public (CE 13 juin 1980, Commune d'Entrange, req. n° 19377 – CAA Nantes 2 novembre 2001, M. Turlais, req. n° 98NT00717). En effet, l'administration est tenue d'exercer elle-même ce privilège financier qui l'autorise à engager toute poursuite à l'encontre du débiteur sur la base de son titre exécutoire. Le juge admet en revanche que les personnes publiques renoncent à cette technique et le saisissent de conclusions tendant à la condamnation de leurs cocontractants au paiement d'une indemnité (CE 3 février 1988, Commune de Saint-Étienne-de-Tinée, *RDP* 1988 p. 1459). Il en est de même pour les créances des établissements publics nationaux (CE 13 février 1991, M. Thomas, *Dr. adm.* 1991 n° 178).

Or, l'administré débiteur, destinataire de ce document, a le droit de faire opposition à l'action de l'administration en contestant l'existence de la créance, son montant ou son exigibilité (décret du 29 décembre 1992). L'intérêt de cette opposition est de suspendre le recouvrement de la somme tant que le tribunal ne s'est pas prononcé.

Pour faire opposition à l'état exécutoire émis par l'État ou l'un de ses établissements publics, il faut adresser sa réclamation au comptable chargé du recouvrement dans les deux mois qui suivent la notification de l'état exécutoire ou à défaut le premier acte procédant de cet état (décret du 29 décembre 1992, art. 7).

La réclamation est adressée :
– soit à l'agent judiciaire du Trésor si celui-ci est chargé du recouvrement de l'état exécutoire ;
– soit au trésorier-payeur général qui a pris en charge l'état exécutoire dans les autres cas.

L'autorité compétente délivre reçu de la réclamation et statue dans un délai de six mois. À défaut de réponse dans ce délai, la réclamation est considérée comme rejetée.

En cas de rejet de l'opposition par l'administration, il convient alors de saisir le juge administratif si la créance contestée est elle-même de nature administrative.

Cette procédure préalable ne concerne que le recouvrement des créances de l'État autres que celles relatives :
– aux impôts et recettes assimilées ;
– au domaine ;
– aux amendes (décret du 19 août 1966, modifié par le décret du 13 avril 1981).

La réclamation préalable auprès du directeur d'un établissement public national n'a pas, contrairement à celle présentée au trésorier-payeur général ou à l'agent judiciaire du Trésor pour les titres exécutoires de l'État, d'effet suspensif ; seule l'opposition devant la juridiction compétente suspend le recouvrement forcé (CE 15 mars 2002, Office des migrations internationales, req. n° 221.020).

Le Conseil d'État rappelle en outre dans ce dernier arrêt que les titres de recouvrement émis par l'État et les autres personnes publiques ont pour effet de constater l'exigibilité de la créance et d'autoriser la personne publique à recourir aux voies d'exécution forcée pour en obtenir le recouvrement ; en conséquence, l'opposition ne vaut qu'à l'égard de la procédure de recouvrement forcé si bien que les intérêts de retard pourront être mis à la charge du débiteur si son opposition est rejetée.

La contestation des titres de recettes émis par les collectivités territoriales ou leurs établissements publics n'est pas soumise à cette obligation de recours préalable, mais la saisine de la juridiction compétente pour contester le bien fondé ou la régularité en la forme du titre suspend la force exécutoire de ce titre (CGCT, art. L. 1617-5).

Autres cas de recours administratifs obligatoires

Parmi les autres hypothèses de recours administratifs obligatoires, l'on peut citer, sans prétendre être exhaustif :
– les recours administratifs préalables formés par les agents publics soumis au statut de la fonction publique civile et militaire à l'encontre d'actes relatifs à leur situation personnelle, à l'exception de ceux concernant leur recrutement ou l'exercice du pouvoir disciplinaire. L'article 23 de la loi du 30 juin 2000 prévoit qu'un décret en Conseil d'État définira les conditions d'exercice de ces recours. Un premier décret est d'ores et déjà intervenu le 7 mai 2001 afin d'instituer une telle procédure pour les militaires qui doivent faire précéder leur recours contentieux d'un recours préalable devant une commission instituée auprès du ministre de la Défense qui se prononce au plus tard dans un délai de quatre mois, faute de quoi elle est réputée avoir rejeté le recours administratif préalable. D'autres décrets devraient donc voir le jour pour l'ensemble des fonctionnaires civils de l'État, des collectivités territoriales ou de la fonction publique hospitalière :
– la contestation des décisions de refus de visa d'entrée en France qui doit préalablement être présentée devant une commission de recours instituée auprès du ministre des Affaires étrangères par un décret du 10 novembre 2000 (*JO* 11 novembre 2000) ;
– la contestation des décisions relatives à l'inscription au tableau d'un ordre professionnel qui doit faire l'objet d'un recours préalable obligatoire devant l'instance ordinale supérieure, notamment pour les médecins, les chirurgiens-dentistes et les sages-femmes (C. santé publ., art. L. 4112-4) ;
– la contestation des décisions prises sur les demandes d'autorisation ou de renouvellement d'autorisation concernant les établissements de santé, les installations et activités de soins, qui doit être présentée devant le ministre chargé de la santé qui statue après avis du Comité national de l'organisation sanitaire et sociale (C. santé publ., art. L. 6122-10) ;
– la contestation des décisions de refus ou d'exclusion du bénéfice du revenu de remplacement qui doivent faire l'objet d'un recours gracieux, soumis pour avis à une commission départementale (C. trav., art. R. 351-34) ;

– les décisions des organismes chargés du paiement de l'aide personnalisée au logement qui doivent faire l'objet d'un recours devant la section des aides publiques au logement des conseils départementaux de l'habitat (CCH, art. L. 351-14 et R. 351-47) ;
– les décisions des conseils de discipline des établissements publics d'enseignement qui doivent faire l'objet d'un recours devant le recteur d'académie, statuant après avis d'une commission académique (décret du 30 août 1985 relatif aux établissements publics locaux d'enseignement, art. 31).

2

L'action juridictionnelle

Lorsqu'il est impossible de trouver une solution amiable à un différend avec l'administration, il faut saisir le juge. On entre alors dans la phase juridictionnelle du contentieux administratif.

Cependant, il est parfois difficile d'identifier le juge concerné par la nature du litige et de connaître les formes de ce recours et son délai.

Dans le maquis des règles de procédure, il convient d'être attentif afin d'éviter de commettre des erreurs telles que le choix d'un juge incompétent ou la mauvaise formulation d'une requête entraînant son irrecevabilité. Par ailleurs, une grande rigueur s'impose si l'on souhaite non seulement que le juge accepte d'examiner la requête, mais encore qu'il la déclare fondée. L'examen de ces règles relatives à la recevabilité des requêtes permettra de déjouer les principaux pièges de l'accès à la voie contentieuse.

Le déroulement de l'instance obéit lui aussi à des règles très précises, qu'il s'agisse de l'instruction ou du jugement. En étant vigilant dans leur application, le requérant contribue à une bonne administration de la justice et consolide sa « victoire » à l'issue du procès. En effet, quel intérêt aurait-il à obtenir gain de cause en méconnaissance des règles de procédure ? La solution du jugement pourrait alors être reconsidérée en appel.

2.1 Les conditions de recevabilité des requêtes

Il s'agit de déterminer le juge compétent et de préciser les conditions auxquelles celui-ci acceptera d'examiner le recours, qu'il s'agisse des actes susceptibles de recours, des délais, de l'intérêt ou de la capacité pour agir ou encore de la forme et du contenu des requêtes, sans omettre certains recours particuliers.

2.1.1 La juridiction compétente

Une alternative s'offre au requérant lorsqu'il décide de soumettre son cas à la justice : la voie administrative ou la voie judiciaire.

Le choix d'une orientation ne dépend cependant pas uniquement de la qualité publique ou privée de son adversaire. D'importants textes de lois jouent parfois le rôle de panneaux indicateurs de compétence. Le Tribunal des conflits, juridiction chargée de régler l'orientation entre ces deux voies juridictionnelles, pourra également intervenir pour aider le requérant.

Sans prétendre donner ici un tableau exhaustif des itinéraires contentieux, le développement qui suit doit permettre de s'assurer que la juridiction administrative est compétente et, si tel est le cas, de savoir quel juge administratif choisir.

La détermination de la compétence de la juridiction administrative

Deux critères interviennent pour choisir entre la compétence de la juridiction judiciaire ou administrative.

L'objet du litige doit relever du droit interne

Le juge administratif français ne peut s'immiscer dans les affaires internationales de la France, d'autres pays, voire d'organisations européennes ou mondiales.

D'une façon générale, il est impossible de demander au juge administratif de condamner l'État pour un dommage résultant de la conduite par la France de ses relations internationales. L'irrégularité d'un traité ou son insuffisance ne peuvent être invoquées.

Exceptionnellement, un traité régulièrement intégré à notre ordre juridique interne peut engager la responsabilité de l'État devant les tribunaux administratifs si son application rompt l'égalité des citoyens devant les charges publiques en provoquant un préjudice anormal au détriment d'un administré.

En outre, depuis 1990, le Conseil d'État se reconnaît compétent pour interpréter lui-même des conventions internationales, sans renvoyer la question au ministre des Affaires étrangères (CE ass. 29 juin 1990, Groupe d'information et de soutien des travailleurs immigrés, *AJDA* 1990 p. 621).

Sous ces réserves, les actes pris dans le cadre des relations internationales de la France relèvent de la catégorie des « actes de gouvernement ». Cette formule ancienne est encore utilisée aujourd'hui par la doctrine et certains membres du Conseil d'État pour désigner des actes de nature souvent politique bénéficiant d'une immunité contentieuse. Mais elle peut aussi bien désigner des actes émanant du président de la République que des décisions prises par le gouvernement lui-même. Les actes relatifs aux relations entre les pouvoirs exécutif et législatif échappent, à ce titre, au contrôle du juge administratif, bien qu'ils concernent le droit interne.

Ainsi, il serait inutile de saisir le juge administratif pour obtenir l'annulation du refus du chef de l'État d'engager des relations internationales avec un pays. Le motif selon lequel le requérant serait privé de la possibilité de développer son propre commerce avec cet État ne peut être invoqué.

De même, a échoué le recours d'un ressortissant français qui se plaignait devant la juridiction administrative du fait que les autorités françaises n'avaient pas suffisamment soutenu sa candidature à un poste de fonctionnaire dans une organisation internationale (CE sect. 20 février 1953, Weiss, *Lebon* p. 87).

Cette non-compétence du juge administratif en matière de droit international ne doit pas faire oublier que les traités internationaux régulièrement ratifiés ou approuvés s'imposent aux pouvoirs publics, dès leur publication, comme norme supérieure au droit interne (Constitution de 1958, art. 55). Le Conseil d'État a consacré cette autorité supérieure à la loi en s'autorisant à écarter l'application d'une loi contraire à un traité (CE 20 octobre 1989, Nicolo, *RFDA.* 1989, p. 813 – CE ass. 21 décembre 1990, Confédération nationale des associations familiales catholiques et autres – CE 21 décembre 1990, Association pour l'objection de conscience à toute participation à l'avortement et autres, *Revue universelle des droits de l'homme,* 1991, volume 3, p. 13 et 15, note H. Ruiz Fabri, p. 1 et suiv.).

Mais la compétence du juge administratif se définit essentiellement de façon négative.

L'objet du litige ne doit pas relever du juge judiciaire

La jurisprudence a distingué les principaux cas de compétence judiciaire sous le nom de « blocs de compétence judiciaire ». Le requérant doit retenir qu'il ne faut pas se laisser abuser par le critère de l'intervention d'une personne publique ou privée.

La nature du service concerné

Relèvent du juge judiciaire :
– les litiges relatifs au fonctionnement de la justice judiciaire et qui concernent, d'une part, les mesures visant à constater, réprimer, juger

une infraction en matière pénale, d'autre part, tous les actes relatifs au fonctionnement de la justice civile, commerciale ou prud'homale ;
– les litiges relatifs aux personnels des services publics à caractère industriel et commercial gérés par une personne publique, à l'exception du directeur et de l'agent comptable. En effet, le directeur chargé de l'ensemble des services et le comptable, s'il a qualité de comptable public, sont considérés comme des agents publics et les litiges les opposant au service relèvent donc du juge administratif. Il s'agit de services dont l'objet, les conditions d'organisation et de fonctionnement se rapprochent de ceux d'entreprises similaires du secteur privé. Naturellement, lorsque ces services publics sont gérés par une personne privée, l'ensemble du personnel relève du juge judiciaire ;
– les litiges concernant les relations de ces services publics industriels et commerciaux gérés par des personnes publiques et leurs usagers ou candidats-usagers.

Ce titre de compétence suppose résolue préalablement la qualification du service. En dehors des qualifications légales ou réglementaires, telles que la SNCF, EDF-GDF ou les services d'eau et d'assainissement des collectivités locales, cette qualification est souvent délicate.

L'on doit ainsi citer le cas du service d'enlèvement des ordures ménagères des communes dont la qualification « industrielle et commerciale » ou « administrative » dépend du mode de financement choisi par la collectivité ; si le service est financé par une « redevance » perçue sur les usagers du service et calculée en fonction du service rendu, ce service sera qualifié d'industriel et commercial. À l'inverse, si la commune décide de financer ce service au moyen d'une « taxe » d'enlèvement des ordures ménagères, ce service sera considéré comme « administratif » et les litiges l'opposant aux administrés relèveront de la compétence administrative (voir encadré ci-après).

Ce titre de compétence suppose également que l'on détermine de manière précise si le requérant avait bien la qualité d'usager ou de candidat-usager du service.

L'exemple classique en la matière résulte de la décision du Tribunal des conflits du 19 octobre 1966, Dame Veuve Canasse c/ SNCF (*Lebon* p. 834) : M. Canasse avait été retrouvé mort au pied d'un escalier d'accès à un bâtiment SNCF avec, à ses côtés, un colis qu'il se disposait à expédier par le service marchandises de la SNCF. Le juge a logiquement déduit de ces circonstances que l'intéressé avait vocation à utiliser le service public en cause et qu'il avait donc la qualité de candidat-usager du service industriel et commercial. Sa veuve a donc été invitée à présenter sa réclamation à l'encontre de la SNCF devant le juge judiciaire.

Il en sera de même pour les administrés se voyant refuser l'accès à un service public industriel et commercial tel le service d'eau d'une commune ou d'un groupement de communes (voir par exemple CE 1er juillet 1998, M. Daniau et autres, req. n° 149207 : compétence judiciaire pour connaître du rejet de demandes d'adduction d'eau concernant plusieurs chemins opposé par un syndicat intercommunal d'alimentation en eau potable : ce litige opposant au syndicat des « personnes qui demandaient à devenir usagers du service public industriel et commercial de distribution d'eau » relève du juge judiciaire).

Importance du mode de financement du service d'enlèvement des ordures ménagères sur la compétence juridictionnelle

■ *TC 28 septembre 1998 : M. Roussin c/ Cne de Pierre-Chatel, req. n° 3099*

M. Roussin demandait à être déchargé de la somme de 600 F mise à sa charge au titre de la redevance d'enlèvement des ordures ménagères. Le tribunal des conflits a rappelé qu'en vertu des articles L. 2333-76 et L. 2333-79 du code général des collectivités territoriales, les communes et leurs groupements qui assurent l'enlèvement des ordures et déchets ménagers peuvent instituer une « redevance calculée en fonction de l'importance du service rendu dont la création entraîne la suppression de la taxe d'enlèvement des ordures ménagères et qu'ainsi la loi a entendu permettre à ces collectivités publiques de gérer ce service comme une activité industrielle et commerciale », ce qui était le cas en l'espèce.

■ *TC 21 mai 2001, M. Erredir c/ Cne de Manosque, req. n° 3249*

Il s'agissait en l'espèce d'un agent auxiliaire du service blessé au cours des opérations de ramassage. Le Tribunal des conflits a considéré que la rémunération de ce service par l'usager lui conférait la qualité de service public industriel et commercial et impliquait la compétence judiciaire pour connaître de l'action de l'agent contre la commune.

Cette notion de candidat à l'usage d'un service public industriel et commercial doit être principalement recherchée lorsque la victime d'un accident se trouvait, comme dans l'affaire Canasse précitée, usager d'un ouvrage public exploité par le service ; en effet si la victime n'était là que pour utiliser l'ouvrage et non le service, la compétence redevient naturellement administrative ; il en est ainsi par exemple d'une personne victime d'un accident dans une gare alors qu'elle n'était là que pour assister à une manifestation destinée à célébrer le centenaire d'une ligne de chemin de fer (CE 27 novembre 1967, Demoiselle Labat, *Lebon* p. 444 ; en l'espèce la verrière surplombant le quai s'était effondrée sous le poids de spectateurs qui s'étaient juchés sur cette « marquise » ; la victime n'était alors qu'usager de l'ouvrage public).

Il en serait de même d'une personne victime d'une chute dans une gare alors qu'elle ne fait qu'accompagner un proche qui prend le train ou ne vient dans cette gare qu'à seule fin d'acheter un journal au kiosque. Il en est également de même d'un enfant qui pénètre dans l'enceinte d'une gare de triage et se trouve blessé lors du démarrage d'un convoi (CE 26 juin 1989, Centre de transits familiaux, req. n° 65678).

La même distinction doit être opérée lorsqu'un dommage résulte d'une fuite de gaz. Pour savoir si la victime de l'explosion ou de l'intoxication doit diriger son action devant le juge judiciaire à raison de la nature industrielle et commerciale du service géré par GDF ou devant le juge administratif à raison de la qualification d'ouvrage public des canalisations de gaz, il faut rechercher l'origine précise de la « fuite » ; seule une « fuite » provenant du « branchement particulier » donnera à la victime la qualité d'usager de ce service public industriel et commercial.

Une décision du Tribunal des conflits du 1er juillet 2002 (Mlle Labrosse c/ Gaz de France, req. n° 3289) permet d'illustrer cette distinction. Dans cette affaire, l'intéressée avait été victime d'une intoxication au monoxyde de carbone provenant de la combustion lente d'un joint d'isolation séparant l'immeuble où elle résidait de l'immeuble voisin. Après avoir rappelé que les travaux réalisés par GDF, pour raccorder la colonne de gaz de l'immeuble habité par Mlle Labrosse à la canalisation provenant du poste de détente installé dans l'immeuble voisin, avaient la qualité de travaux publics et que ces travaux avaient pour objet d'assurer la fourniture en gaz de l'immeuble où se trouvait l'appartement de la victime, elle-même abonnée au gaz, le Tribunal des conflits précise que le dommage dont elle a été victime a été causé par combustion d'un joint d'isolation situé entre les deux immeubles mitoyens, « ouvrage distinct de son branchement particulier ». Le dommage en cause n'est donc pas survenu à l'occasion de la fourniture de gaz, ce qui aurait impliquer la compétence judiciaire, mais de travaux publics à l'égard desquels elle avait la qualité de tiers.

Il faut enfin, pour se convaincre tout à fait du caractère redoutable de ce titre de compétence, faire un sort à part à la catégorie des « faux usagers » du service industriel et commercial qui semble résulter d'une décision du Tribunal des conflits en date du 22 octobre 2001, Sté BNP Paribas c/ Union des groupements d'achats publics (req. n° 3254). Il s'agissait en l'espèce d'un litige opposant la société BNP Paribas à l'UGAP au sujet du non-règlement d'une somme de 420 600 F en application d'un contrat de fournitures de matériels de déneigement à des personnes publiques. Bien que l'UGAP soit un établissement public à caractère industriel et commercial et que la BNP soit un usager de ce service, le Tribunal des conflits a considéré qu'en l'espèce l'UGAP agissait expressément pour le compte de personnes publiques et que le contrat de commande en cause devait être regardé comme conclu directement entre ces personnes publiques et la BNP Paribas qui n'avait donc pas la qualité d'usager d'un service public industriel et commercial. Ce contrat a été qualifié d'administratif par application du critère de la clause exorbitante du droit commun.

La compétence traditionnelle de la juridiction judiciaire

Ce critère concerne des situations où sont impliquées non seulement des personnes privées, mais aussi des personnes publiques.

L'intervention de personnes privées

La compétence des tribunaux judiciaires doit logiquement être réservée aux litiges relatifs aux actes ou agissements des organismes privés, même si ceux-ci gèrent un service public dès lors qu'il n'y a pas exercice d'une prérogative de puissance publique, c'est-à-dire un pouvoir habituellement détenu par une personne publique. Ces pouvoirs exorbitants justifient, en effet, que celui qui en conteste l'exercice ou les conséquences saisisse le juge administratif. Il faut donc rechercher si l'activité concernée fait intervenir une telle prérogative.

Il peut s'agir par exemple du recouvrement de cotisations ou de taxes dans les mêmes conditions qu'une imposition directe (CE sect. 13 janvier 1961, Magnier, *Lebon* p. 32), ou du bénéfice d'un monopole de droit dans un cadre géographique déterminé. Un simple monopole de fait ne permet pas de reconnaître une prérogative de puissance publique. À titre d'exemple, le Consuel, organisme privé agréé par EDF pour vérifier la conformité des installations électriques privées aux normes de sécurité, bénéficie d'un simple monopole de fait dans le cadre départemental (TC 25 janvier 1982, Mme Cailloux, *Lebon* p. 449).

En matière contractuelle, un contrat conclu entre un organisme privé et une autre personne privée ne peut être soumis le cas échéant au juge administratif que lorsque l'une des deux personnes privées a agi, explicitement ou implicitement, pour le compte d'une personne publique.

L'intervention de personnes publiques

Les questions relatives à la gestion du domaine privé des personnes publiques sont également de la compétence des tribunaux judiciaires. Le comportement de l'État ou de la commune est alors assimilé à celui de propriétaires privés, sauf pour les décisions détachables de cette gestion, telles les délibérations de conseils municipaux relatives à la gestion de ce domaine, ou le contentieux de la vente des immeubles de l'État.

Le juge judiciaire peut connaître des litiges concernant l'état et les droits fondamentaux des personnes – c'est-à-dire les libertés publiques et le droit de propriété – en sa qualité de « gardien » des libertés publiques. Ainsi, lorsqu'une personne publique porte une atteinte irrégulière à une propriété immobilière privée et réalise par là une « emprise », seul un tribunal judiciaire peut ordonner la réparation des dommages subis.

Une solution identique s'applique dans le cadre de la théorie jurisprudentielle de « la voie de fait » qui est constituée lorsque l'administration soit a procédé à l'exécution forcée, dans des conditions irrégulières d'une décision même régulière, portant une atteinte grave au droit de propriété ou à une liberté fondamentale, soit a pris une décision ayant l'un ou l'autre de ces effets si cette décision est manifestement insusceptible de se rattacher à un pouvoir appartenant à l'autorité administrative (voir en ce sens TC 19 novembre 2001, Préfet de police c/ TGI de Paris, req. n° 3272, à propos d'une rétention, d'une durée manifestement excessive, du passeport d'une personne invoquant la qualité de Français par la police de l'air et des frontières, à défaut d'engagement de poursuites pénales pour usage de faux documents et usurpation d'identité ; alors que la rétention provisoire de ce document est autorisée par les textes, le Tribunal des conflits considère que le comportement de l'autorité administrative en l'espèce cesse de se rattacher à l'exercice par l'administration de ses pouvoirs et est constitutif, en raison de l'atteinte délibérée ainsi portée sans justification à la liberté fondamentale d'aller et venir, d'une voie de fait).

Dans tous ces cas, la présence « active » d'une personne publique devrait logiquement impliquer la compétence du juge administratif, mais des raisons historiques ou pratiques justifient celle de la juridiction judiciaire.

Pour s'orienter, le requérant peut s'appuyer sur une liste des cas de compétence judiciaire en matière indemnitaire alors même qu'une personne publique est impliquée.

Les accidents causés par des véhicules

Le juge judiciaire est compétent pour toutes les actions en responsabilité tendant à la réparation des dommages provoqués par des véhicules (loi du 31 décembre 1957). L'intérêt de ce texte se trouve cependant réduit dans la mesure où la jurisprudence tant administrative que judiciaire a eu à interpréter la notion de « véhicule ». Ainsi, un cheval ne constitue certes pas un véhicule (CE 16 octobre 1987, De Viguerie, *Lebon* p. 637), mais une charrette à bras poussée par un employé communal répond à la définition de « véhicule » (CE 25 juin 1986, Mme Curtol, *Lebon* p. 177). En réalité, le critère de la notion de véhicule est la faculté pour un engin de se déplacer au moyen d'un dispositif propre. Il en est ainsi des bacs, des engins de travaux publics ou de dragues.

Les préjudices subis ou causés par des enfants confiés à des membres de l'enseignement public

La loi du 5 avril 1937, qui figure aujourd'hui à l'article L. 911-4 du code de l'éducation prévoit que « dans tous les cas où la responsabilité des membres de l'enseignement public est engagée à la suite ou à l'occasion d'un fait dommageable commis, soit par les enfants ou jeunes gens qui leur sont confiés à raison de leur fonction, soit à ces enfants ou jeunes gens dans les mêmes conditions, la responsabilité de l'État sera substituée à celle desdits membres de l'enseignement qui ne pourront jamais être mis en cause devant les tribunaux civils par la victime ou ses représentants. Il en sera ainsi toutes les fois que pendant la scolarité ou en dehors de la scolarité dans un but d'éducation morale ou physique, non interdits par les règlements, les enfants ou les jeunes gens confiés ainsi aux membres de l'enseignement public se trouveront sous la surveillance de ces derniers ».

Cette compétence judiciaire s'impose ainsi, par exemple, pour l'action engagée par les parents d'un jeune enfant d'une école primaire victime d'un accident lors d'une séance d'initiation à l'activité d'escalade organisée pendant le temps scolaire bien que l'enfant se trouvait alors dans un groupe sous la surveillance non de l'instituteur mais d'un moniteur, intervenant extérieur agréé pour encadrer les élèves lors de cette activité sportive (TC 19 novembre 2001, M. et Mme Garcia, M. Nicolas Garcia, req. n° 3266). Cette substitution de responsabilité s'applique également aux dommages survenus dans un établissement privé lié à l'État par un contrat d'association.

La compétence administrative réapparaît en la matière si le dommage est dû à un défaut d'entretien du bâtiment scolaire, auquel cas l'adversaire sera soit la commune, s'il s'agit d'une école maternelle ou primaire, soit le département si l'accident est survenu dans un collège, soit la région si la victime est lycéenne, soit enfin l'État si le bâtiment universitaire en cause appartient à l'État. De même, la compétence redevient administrative si l'accident est imputable à un défaut d'organisation du service public de l'enseignement : il en sera ainsi, par exemple, si l'accident résulte d'une absence de surveillance des élèves lors d'une permanence.

Les dégâts occasionnés par l'armée en temps de paix (loi du 3 juillet 1877)

Il s'agit des dommages causés aux logements ou cantonnements militaires, aux propriétés privées occupées par les troupes ou interdites aux habitants à l'occasion d'exercices de tir. La réparation des dégâts matériels commis dans les propriétés par le passage ou le stationnement des troupes lors de marches ou de manœuvres relève également du juge judiciaire.

Les accidents d'origine nucléaire (loi du 11 novembre 1965 et loi du 30 octobre 1968)

L'action engagée contre l'État à cause d'une installation ou d'un navire nucléaire doit être portée devant le juge judiciaire et plus précisément devant le tribunal de grande instance de Paris depuis la loi du 16 juin 1990.

Une décision d'hospitalisation d'office d'un aliéné (C. santé publ., art. L. 3213-3 et L. 3213-4)

La compétence judiciaire ne joue que si l'action en responsabilité est fondée sur une appréciation erronée de l'état d'aliénation de la personne concernée. En revanche, le juge administratif est compétent si la décision d'hospitalisation a été prise de façon irrégulière, par exemple en cas de vice de forme ou d'incompétence. La contestation, au fond, de la décision d'hospitalisation d'office relève du président du tribunal de grande instance du lieu de l'établissement qui peut d'ailleurs se saisir d'office pour mettre fin à une hospitalisation sans consentement (C. santé publ., art. L. 3211-12 alinéa 3).

Des mesures de tutelle des mineurs (C. civil, art. 473, alinéa 3)

L'action en responsabilité exercée par le pupille contre l'État doit être présentée devant le tribunal de grande instance.

Une erreur judiciaire (CPP, art. 626)

La demande d'indemnité présentée par un condamné reconnu innocent est adressée au premier président de la cour d'appel dans le ressort de laquelle réside l'intéressé avec appel possible devant une commission nationale de trois magistrats de la Cour de cassation, présidée par le premier président de la Cour de cassation. Devant la Cour d'assises, la réparation est allouée par la cour statuant, comme en matière civile, sans l'assistance de jurés.

Une détention provisoire (CPP, art. 149, 149-1, 149-2 et 150)

La demande d'indemnité est adressée au premier président de la cour d'appel dans le ressort de laquelle a été prononcée la décision de non-lieu, de relaxe ou d'acquittement, avec appel possible devant une commission nationale composée de trois magistrats de la Cour de cassation dont le premier président.

Une infraction (lois du 3 janvier 1977, du 2 février 1981 et du 8 juillet 1983)

La victime d'une infraction peut, dans des conditions très précises fixées par ces textes, solliciter une indemnité de l'État devant une commission spéciale instituée dans le ressort de chaque tribunal de grande instance.

Le fonctionnement de la justice judiciaire

Plus généralement, tout ce qui concerne le « fonctionnement » de la justice judiciaire, par opposition à son « organisation », relève du juge judiciaire, même si la décision litigieuse émane d'une autorité administrative et non d'un juge ; ainsi une personne relaxée par un tribunal correctionnel suite à une plainte déposée par le maire d'une commune et son adjoint délégué aux affaires maritimes ne peut engager la responsabilité de ces autorités administratives et de la commune elle-même que devant le juge judiciaire dès lors que cette plainte n'est pas « détachable de la procédure pénale » (TC 19 novembre 2001, M. Visconti c/ Cne de Port-Louis-du-Rhône, req. n° 3255 ; le Tribunal des conflits précise dans cette décision que, par dérogation au principe général de la compétence de la juridiction administrative en matière d'action en responsabilité contre des personnes publiques « l'indépendance de l'autorité judiciaire implique que les juridictions de l'ordre judiciaire soient seules compétentes pour connaître de litiges intéressant leur fonctionnement »).

La détermination de la juridiction administrative compétente

Lorsque le requérant a la certitude d'avoir à s'adresser au juge administratif, il lui reste à choisir entre les différents degrés de juridiction. C'est, en principe, devant l'un des trente-six tribunaux administratifs métropolitains et d'outre-mer qu'il lui faut former sa requête. Cependant, dans quelques cas limitativement énumérés, le Conseil d'État doit être directement saisi.

La compétence territoriale de principe des tribunaux administratifs

Cette compétence est régie par les articles R. 312-1 et suivants du code de justice administrative. Chaque tribunal ne peut statuer que sur les litiges qui ont un lien avec son ressort territorial. En principe, le tribunal territorialement compétent est celui dans le ressort duquel se trouve le siège de l'autorité qui, en vertu de son pouvoir propre ou par délégation, a pris la décision attaquée ou a signé le contrat litigieux.

Cependant, il faut être vigilant : la simplicité de ce critère est trompeuse. En effet, plusieurs articles du code de justice administrative instituent des règles de compétence particulières qui dissocient le siège du défendeur de celui du tribunal. Ces différents critères sont au nombre de trois.

Le lieu de résidence ou d'affectation du requérant

Dans cette hypothèse, le juge compétent est celui qui est le plus proche géographiquement du requérant. Le critère de résidence s'applique aux litiges suivants :
– les litiges relatifs à la reconnaissance d'une qualité (telle que celle de combattant, d'évadé, de déporté ou de résistant), ainsi qu'aux avantages attachés à l'une de ces qualités (CJA, art. R.312-6, alinéa 1). Le ressort du tribunal est alors celui où le bénéficiaire ou le candidat aux avantages des dispositions invoquées a sa résidence lors de l'introduction de la réclamation ;
– les litiges relatifs aux diverses décorations (CJA, art. R.312-6 1) ;
– les litiges relatifs aux refus de nomination à un emploi réservé ou d'attribution d'un avantage lié à celui-ci (CJA, art. R. 312-6, 2°) ;
– les litiges relatifs aux décisions individuelles de police (CJA, art. R. 312-8). Le ressort du tribunal est celui du lieu de résidence des personnes faisant l'objet des décisions attaquées, à la date où celles-ci ont été édictées ;
– les recours contre les décisions individuelles prises à l'encontre d'une personne physique ou morale par une fédération sportive dans l'exercice de ses prérogatives de puissance publique relèvent, depuis une loi du 13 juillet 1992, de la compétence du tribunal administratif dans le ressort duquel se situe la résidence ou le siège social du requérant à la date des décisions attaquées (CJA, art. R. 312-17).

Le lieu de résidence joue également un rôle résiduel en matière d'actions en responsabilité fondées sur une cause autre que la méconnaissance d'un contrat ou d'un quasi-contrat et dirigées contre l'État, les autres personnes publiques ou les organismes privés gérant un service public. Ce critère de compétence trouvera à s'appliquer lorsque celui relatif au lieu d'exécution de l'acte administratif ou de l'activité génératrice du dommage ne le pourra pas.

En application de ce critère, les tribunaux administratifs sont également compétents pour les dommages dus à une décision autre que celle relevant habituellement de leur contrôle en matière de légalité, c'est-à-dire provoqués par un décret ou par une loi (CJA, art. R. 312-14). Si le requérant se trouve dans l'une de ces hypothèses, il doit donc prendre en considération sa propre localisation territoriale sans tenir compte de la qualité nationale, régionale ou locale de son adversaire.

Le critère du lieu d'affectation de l'agent détermine la compétence du tribunal dans les cas suivants :
– pour les litiges relatifs aux pensions des agents des collectivités locales, le ressort du tribunal sera celui dans lequel est situé le siège de la collectivité locale, c'est-à-dire l'employeur (CJA, art. R. 312-13) ;

– pour les litiges individuels intéressant un agent public ou un agent de la Banque de France (CJA, art. R. 312-12). Il peut s'agir de refus de nominations, de contestations de nominations, de sanctions, de demandes d'indemnité ou de réintégration. La notion de litige individuel s'oppose à celle de litige relatif au statut de ces agents ou à un acte collectif ;
– pour les contestations d'une nomination intervenue en violation des droits d'un bénéficiaire de la législation sur les emplois réservés (CJA, art. R.312-6). Le tribunal compétent est celui dans le ressort duquel l'agent nommé est affecté.

En cas de contestation de nomination, l'affectation retenue comme référence n'est pas celle du demandeur mais, exceptionnellement, celle du défendeur.

La situation de l'immeuble ou de l'organisme concerné

De façon générale, les décisions concernant des immeubles sont de la compétence du tribunal dans le ressort duquel se trouvent les immeubles faisant l'objet du litige (CJA, art. R.312-7). Tel est le cas pour les litiges relatifs :
– aux déclarations d'utilité publique ;
– au domaine public ;
– aux affectations d'immeubles ;
– au remembrement ;
– à l'urbanisme et à l'habitation ;
– aux permis de construire ;
– au classement des monuments et des sites.

Les biens mobiliers relèvent également de ce critère de compétence en matière de réquisition.

Si le requérant se trouve dans l'une de ces hypothèses, il doit donc adresser sa demande au tribunal dans le ressort duquel est localisé l'immeuble faisant l'objet du litige ou le bien mobilier au moment de la réquisition.

Dans le cadre du contentieux électoral, certains litiges sont soumis à ce critère de compétence et relèvent de la compétence du tribunal administratif dans le ressort duquel est situé le siège de l'organisme dont la composition est contestée. Il s'agit des litiges relatifs à la désignation, par élection ou nomination, des membres des assemblées, corps, ou organismes administratifs ou professionnels (CJA, art. R.312-9).

La seule exception à cette règle concerne le contentieux des opérations préliminaires aux élections parlementaires qui relève de la compétence du tribunal administratif du département où l'élection a lieu.

Dans le domaine professionnel, le tribunal compétent est celui dont dépend l'établissement ou l'exploitation dont l'activité est dommageable ou bien celui du lieu d'exercice de la profession (CJA, art. R.312-10). Il en est ainsi pour les litiges relatifs aux législations qui régissent les activités professionnelles, notamment les professions libérales, les activités agricoles, commerciales et industrielles.

Est ainsi concerné le contentieux touchant la réglementation des prix et du travail, par exemple la protection ou la représentation des salariés, ou les sanctions administratives intervenues en application de ces législations.

Il faut cependant que la décision attaquée soit une décision à caractère individuel. S'il s'agit d'un acte réglementaire et qu'il s'applique dans le ressort d'un seul tribunal, celui-ci est alors compétent pour connaître de ce litige.

Les litiges relatifs à l'organisation ou au fonctionnement de toute collectivité publique (autre que l'État) et de tout organisme public ou privé sont soumis au tribunal administratif dans le ressort duquel a son siège l'autorité administrative qui fait l'objet des décisions attaquées. Cette règle concerne notamment le contentieux en matière de contrôle administratif ou de tutelle (CJA, art. R. 312-15, sous réserve des cas de compétence régis par les articles R. 312-6 à R. 312-14).

Le lieu d'exécution de l'acte administratif ou de l'activité génératrice du dommage

Relèvent de ce critère les litiges suivants :
– les litiges relatifs aux marchés, aux contrats ou quasi-contrats et aux concessions (CJA, art. R. 312-11 CJA). La compétence juridictionnelle en la matière est déterminée, en principe, en fonction du lieu d'exécution. Attention ! Si l'exécution de ces actes s'étend au-delà d'un seul tribunal administratif ou si le lieu d'exécution n'est pas désigné dans le contrat, seule compte alors la localisation géographique de l'autorité publique contractante ou de la première des autorités publiques dénommées dans le contrat. Cependant, le requérant dispose d'une certaine liberté pour s'adresser à un autre tribunal administratif. Sauf intérêt public contraire, il peut en convenir avec son partenaire contractuel à condition d'effectuer ce choix dans le contrat initial ou dans un avenant antérieur à la naissance du litige ;
– les actions en responsabilité, lorsque les conditions suivantes sont réunies :
- l'action doit être fondée sur une cause autre que la méconnaissance d'un contrat ou d'un quasi-contrat,
- l'action doit être dirigée contre l'État, les autres personnes publiques ou les organismes privés gérant un service public,
- le dommage invoqué doit être imputable à une décision qui a fait ou aurait pu faire l'objet d'un recours en annulation (le critère retenu se rattache alors plutôt au lieu d'exécution juridictionnelle que matérielle de l'acte).

L'origine du litige peut également être un dommage de travaux publics, un dommage imputable à un accident de la circulation ou encore à un fait ou un agissement administratif (CJA, art. R. 312-14, 2°), par opposition à un dommage résultant d'une simple abstention telle l'absence de signalisation.

Pour simplifier les principes de compétence des tribunaux administratifs qui peuvent sembler complexes, deux règles viennent au secours du requérant.

Dans le cas particulier des demandes connexes, le requérant peut s'interroger sur le choix du tribunal lorsqu'il doit soumettre à la justice deux demandes relevant de la compétence territoriale de deux tribunaux administratifs différents mais dont les solutions respectives se conditionnent mutuellement. En principe, le tribunal saisi de la demande principale est également compétent pour statuer sur une demande connexe à celle-ci (voir CJA, art. R. 342-1 à R. 342-3 pour la procédure à suivre en cas de demandes connexes).

Par exemple, un bénéficiaire de la législation sur les emplois réservés demeurant à Paris auquel est refusée une nomination à un poste situé à Versailles doit saisir le tribunal administratif de Paris en raison de son lieu de résidence. Cependant, s'il veut également, par suite de ce refus, contester la nomination à ce poste précis, il doit en principe saisir les juges de Versailles en fonction de son lieu d'affectation. Saisi conjointement de ces deux demandes, le tribunal de Paris peut y répondre par un même jugement s'il estime que le refus de nomination et la nomination sont nécessairement liés.

Deux demandes connexes sont parfois déposées devant des tribunaux administratifs différents selon les critères de compétence précités. Dans ce cas, l'un des présidents intéressés informé par le requérant doit saisir le président de la section du contentieux du Conseil d'État en lui adressant le dossier de la requête. Afin d'assurer l'harmonisation d'une telle procédure, il est prévu que l'« ordonnance de renvoi » prise par le président de l'un des tribunaux est notifiée à l'autre. Le président de la section du contentieux se prononce sur la réalité du lien de connexité et détermine par voie d'ordonnance celui des tribunaux administratifs qui sera compétent pour ces deux demandes. Il faut noter que cette ordonnance n'est pas susceptible de recours.

En cas d'erreur dans le choix du degré de la juridiction (tribunal administratif ou Conseil d'État), le principe d'interdiction des jugements d'incompétence s'applique si bien que la requête sera de toutes manières transmise à la juridiction compétente.

Les cas de compétence du Conseil d'État en premier et dernier ressort

Il est important de savoir quand s'adresser directement au Conseil d'État en première instance. En pratique, le recours direct devant le Conseil d'État ne représente qu'environ 20 % de l'ensemble des affaires enregistrées dans une année. Ainsi, en 2001, sur un total de 12 642 affaires, on a compté 2 738 saisines directes, soit 21,7 % (voir sur ce point *Rapport public du Conseil d'État 2002*, p. 59).

Avant de saisir un tribunal administratif, le requérant doit s'assurer que sa demande n'est pas de la compétence de la Haute Juridiction. Il évitera ainsi de perdre un temps toujours précieux dans le cadre d'une procédure contentieuse.

Malgré leur diversité, les hypothèses de compétence directe du Conseil d'État peuvent être regroupées en sept catégories.

Les recours pour excès de pouvoir contre certains actes (CJA, art. R. 311-1)

Les recours contre les décrets réglementaires ou individuels et contre les ordonnances

Contre les décrets réglementaires ou individuels

Il s'agit des recours contre les décrets du président de la République ou du Premier ministre, seules autorités disposant du pouvoir d'édicter des décrets. Cette compétence directe a été étendue par le Conseil d'État lui-même (CE 17 février 1965, Cne de Saint-Hippolyte, *Lebon* p. 110) aux décisions :
– infirmant ou confirmant un décret ;
– prises par le chef de l'État au titre de l'article 16 de la Constitution lorsqu'elles interviennent dans une matière réservée au pouvoir réglementaire (CE 2 mars 1962, Rubens de Servens *RDP* 1962 p. 298).

En revanche – sauf texte contraire – il est impossible de soumettre directement au Conseil d'État la contestation d'un décret intervenant dans le cadre du plein contentieux, qu'il s'agisse de la contestation d'un décret par un cocontractant de l'administration (CE sect. 11 décembre 1959, Sté générale technique, *Lebon* p. 670 : cas du recours d'un cocontractant contre un décret prononçant la résiliation du contrat) ou d'une action en indemnité fondée sur le préjudice résultant du décret.

Contre les ordonnances

Par analogie avec les décrets, le Conseil d'État a étendu sa compétence directe aux recours dirigés contre les ordonnances de l'article 38 de la Constitution tant qu'elles n'ont pas été ratifiées par le Parlement. Il s'agit, en effet, de textes réglementaires délibérés en Conseil des ministres et signés par le président de la République à la suite d'une autorisation du Parlement permettant au gouvernement d'intervenir au cours de périodes limitées dans des domaines relevant normalement de la loi.

Les recours contre les actes ministériels

Contre les actes réglementaires ministériels

La difficulté d'utilisation de ce critère tient à l'appréciation du caractère réglementaire ou non de l'acte ministériel. Le Conseil d'État a dû contribuer à définir sa compétence en précisant la distinction entre les actes réglementaires et les autres.

Certaines situations ne posent pas de difficulté. Ainsi, toute décision ministérielle organisant un service public a un caractère réglementaire en raison de sa portée générale (CE sect. 13 juin 1969, Cne de Clefcy, *Lebon* p. 308). À l'inverse, un arrêté ministériel d'ouverture d'un concours de recrutement n'a pas ce caractère réglementaire et ne relève donc pas du Conseil d'État en premier et dernier ressort (CE 28 septembre 1988, Marciano, *Lebon* p. 315).

En revanche, certains cas sont plus délicats à trancher. Par exemple, un arrêté interministériel reconnaissant le caractère de calamité agricole à certains dommages causés aux récoltes de vin présente un caractère réglementaire (CE 29 juin 1983, Hillereau, *Lebon* T. p. 616), alors qu'une décision du ministre de l'Agriculture classant des lots de pêche se voit refuser ce caractère (CE 3 avril 1968, Association de pêche des pêcheurs à engin du Lot, *Lebon* T. p. 853).

Il est impossible de dresser une liste exhaustive des cas tranchés par la Haute Juridiction. Les principaux éléments de différenciation de l'acte réglementaire et de l'acte non réglementaire se distinguent par leur objet et leur régime juridique.

L'acte réglementaire est un acte impersonnel de portée générale qui peut édicter des normes s'imposant à un nombre indéterminé de personnes ou de situations. Il peut servir de base à des décisions individuelles ultérieures, telles qu'une interdiction de stationnement dans une rue, un statut de fonctionnaire. Les actes réglementaires sont portés à la connaissance des administrés par voie de publication et n'entrent en application qu'à compter de cette publicité.

L'acte non réglementaire est pluri-individuel si ses destinataires (personnes physiques ou morales, voire immeubles) peuvent être identifiés. Il est purement individuel s'il ne concerne qu'une personne dénommée. Il a pour objet de déterminer, modifier ou supprimer la situation juridique d'une personne physique ou morale (par exemple : la nomination d'un fonctionnaire, le retrait d'une subvention à une association, la fermeture administrative d'un débit de boissons). Les actes individuels sont notifiés aux personnes concernées par lettre recommandée avec accusé de réception ou sous forme administrative, c'est-à-dire par l'intermédiaire d'un agent de l'administration qui les remet à leur destinataire en main propre. Cette notification marque le point de départ du délai de recours pour l'intéressé, sous réserve que ce délai lui soit précisé. Pour les tiers, comme en matière d'actes réglementaires, la publication ouvrira ce délai.

Les actes individuels entrent en vigueur dès leur signature. Ainsi, il est possible de se prévaloir d'un acte individuel favorable dès sa signature sans en attendre la notification, alors qu'un acte individuel n'est opposable à l'administré qu'il vise qu'à compter de cette notification.

Contre les actes ministériels pris après avis du Conseil d'État

La difficulté consiste à vérifier que l'avis de l'une des sections consultatives du Conseil d'État s'impose à l'autorité administrative en vertu de textes.

Voici quelques exemples d'actes pris après avis du Conseil d'État :
– les remises gracieuses de dettes prononcées par arrêté conjoint du ministre liquidateur et du ministre des Finances ;
– les arrêtés du ministre de l'Intérieur autorisant l'acceptation des dons et legs faits aux établissements d'utilité publique, aux associations cultuelles et aux établissements congréganistes.

Il faut noter que le refus d'un ministre de prendre un acte réglementaire relève de la compétence du Conseil d'État en premier et dernier ressort (CE ass. 8 juin 1973, Richard, *Lebon* p. 405).

Les recours contre les décisions administratives des organismes collégiaux à compétence nationale

La compétence du Conseil d'État s'applique aux décisions des organismes précités existants ou à créer, à l'exception des décisions individuelles prises par les fédérations sportives à l'encontre de personnes physiques ou morales dans le cadre de l'exercice de leurs prérogatives de puissance publique (CJA, art. R. 311-2).

Ainsi, le Conseil d'État peut statuer sur un recours concernant une décision d'inscription au tableau par le Conseil national de l'ordre des médecins (CE 6 juin 2001, M. Parzanski, req. n° 210218).

Il faut et il suffit que l'organisme collégial agisse en tant qu'organisme administratif et non pas juridictionnel, et que le recours exercé présente le caractère d'un recours pour excès de pouvoir et non d'un recours indemnitaire ou électoral.

Se rattachent à ce titre de compétence, bien que prévus par un texte distinct :
– les recours pour excès de pouvoir contre les décisions de la Commission centrale permanente chargée de fixer les éléments à retenir pour le calcul des bénéfices agricoles forfaitaires (ordonnance du 30 décembre 1958, art. 67). La vocation nationale de cet organisme imposait à priori la compétence directe du Conseil d'État ;
– les recours pour excès de pouvoir contre les décisions de la commission des sondages (loi du 19 juillet 1977, art. 10, alinéa 2) ;
– les recours contre les décisions de la Commission nationale d'aménagement foncier (C. rural, art. 2-8).

Les recours contre les actes administratifs dont le champ d'application excède le ressort d'un seul tribunal administratif

Les autres cas de compétence du Conseil d'État relatifs aux actes réglementaires des ministres ne sont pas concernés. Seuls sont évoqués ici les actes administratifs non réglementaires et les actes administratifs réglementaires non ministériels, par exemple un règlement d'une direction générale d'un établissement public national ou une décision relative à l'inscription d'une spécialité pharmaceutique sur les listes des médicaments remboursés par la Sécurité sociale.

La démarche du requérant doit donc être d'analyser la portée du texte attaqué dans ses effets directs et immédiats. Ainsi, le refus de soumettre le projet du TGV à une étude d'impact relève directement du Conseil d'État (CE 9 octobre 1981, Comité de liaison des associations de défense opposées au projet de la ligne nouvelle Paris-Lyon dite TGV, *Lebon* T 1975-1984, tome II n° 763 p. 1553).

En revanche, une décision du secrétaire d'État aux Travaux publics, aux Transports et au Tourisme relative à la composition du comité technique paritaire de la navigation aérienne doit être soumise en premier ressort au tribunal administratif du siège de cet organisme (CE 1er octobre 1958, Syndicat autonome des ingénieurs d'exploitation de la navigation aérienne et assimilés, *Lebon* p. 461).

La compétence juridictionnelle dépend du lieu d'application immédiate de la décision contestée :
– soit elle reçoit application dans le ressort d'un seul tribunal même si elle a ensuite des effets indirects plus vastes dus à la compétence de l'organisme ou de l'autorité concerné ;
– soit elle intéresse directement, par ses effets, une aire géographique dépassant le ressort d'un seul tribunal administratif et relève de la compétence du Conseil d'État.

L'approbation par arrêté ministériel des statuts d'un organisme ou d'une société relève par exemple directement de cette juridiction dans l'hypothèse où le champ de compétence de cet organisme excède le ressort d'un seul tribunal administratif (CE sect. 9 mars 1962, Ordre des avocats du barreau de Nice, *Lebon* p. 156).

Les recours dirigés contre les décisions ministérielles prises en matière de contrôle des concentrations économiques

Il s'agit des recours formés contre les décisions prises par le ministre chargé de l'économie et des finances et le ministre dont relève le secteur économique concerné en application de l'ordonnance du 1er décembre 1986, codifiée aux articles L. 430-1 et suivants du code de justice administrative.

Ainsi, le Conseil d'État a annulé un arrêté du ministre de l'Agriculture et du ministre des Finances acceptant la prise de contrôle par une société de brasserie d'une autre société, imposant la cession d'un nombre significatif d'entrepôts permettant le retour à une situation de concurrence, cession qui devait se faire au bénéfice d'acheteurs juridiquement et financièrement indépendants des trois principaux brasseurs, dont la société Interbrew (CE 9 avril 1999, Sté Interbrew, req. n° 191654). Cette dernière société n'avait en effet pas été mise en demeure de présenter ses observations sur ce projet de concentration au mépris du principe général des droits de la défense.

La compétence en matière de litiges de plein contentieux (hors contentieux électoral)

Les oppositions aux changements de nom (CJA, art. L. 311-2)

Toute personne qui souhaite modifier son nom, compte tenu de son caractère ridicule ou gênant, peut en faire la demande au Garde des Sceaux qui devra consulter le Conseil d'État pour avis sur l'opportunité de ce changement de nom, en application de la loi du 11 germinal an XI (voir sur ce point l'étude de F. Bernard, « Le Conseil d'État et les changements de noms », EDCE 1977-1978, n° 29, p. 67).

Le demandeur doit d'abord faire paraître, à ses frais, un avis au *Journal officiel* et dans deux journaux d'annonces légales, celui de l'arrondissement où il est né et celui de son lieu de résidence, afin de permettre aux tiers qui se sentiraient lésés par l'adoption d'un nom semblable au leur de se manifester. Après examen du dossier au ministère de la Justice, la demande est transmise au Conseil d'État dans l'une de ses formations administratives pour qu'il émette son avis sur l'opportunité de la demande. Le Premier ministre décide ensuite par décret d'autoriser le demandeur à changer de nom. Ce décret est le plus souvent collectif, c'est-à-dire qu'il regroupe plusieurs autorisations. Il est publié au *Journal officiel* de façon à permettre à nouveau aux personnes intéressées de faire opposition à ce changement de nom dans un délai de deux mois (ce délai était d'un an avant l'adoption de la loi du 8 janvier 1993 qui a modifié l'article 61-1 du code civil). Le décret d'autorisation prévoit expressément que la mention sur les actes de l'état civil du nouveau nom conféré ne pourra être requise par le procureur de la République qu'à l'expiration de ce délai et sur justification qu'aucune opposition n'aura été formée.

Le recours en cause est un recours de plein contentieux permettant au juge d'apprécier l'opportunité de ce changement et ses conséquences éventuelles pour les tiers portant un homonyme. À l'occasion d'un recours contre un décret de changement de nom, le Conseil d'État recherche donc si le demandeur au changement de nom avait un intérêt légitime à vouloir cette modification et si la personne contestant cette dernière subit un préjudice suffisamment grave pour justifier l'annulation du décret (voir par exemple CE 21 avril 1989, M. Robert Poissonnet, req. n° 86844 – voir également pour un exemple plus récent CE 28 juillet 2000, M. de Montault, req. n° 200912).

Les recours de plein contentieux contre les décisions d'autorités administratives indépendantes ou de commissions de contrôles

Regroupés sous l'article L. 311-4 du code de justice administrative, ces cas de compétence directe en premier et dernier ressort du Conseil d'État relèvent de la pleine juridiction car le rôle de la Haute Juridiction n'est pas d'opérer un strict contrôle de « légalité » mais d'apprécier la proportionnalité ou l'opportunité de la sanction, souvent financière, prononcée par ces organismes de contrôle.

Il s'agit des recours contre les décisions de sanction prises par :
– la commission de contrôle des assurances (C. assurances, art. L. 310-18) ; on pourra consulter, pour un exemple récent de cette compétence, l'arrêt du Conseil d'État du 5 décembre 2001, Sté CAPMA-CAPMI (req. n° 203591, 214196), à propos de recours dirigés contre des injonctions adressées par cette commission à la société précitée ;
– le ministre chargé du logement et de la construction (CCH, art. L. 313-13) ;
– l'autorité de régulation des télécommunications (C. P. et T., art. L. 36-11) ;
– la commission de contrôle des institutions de retraite et de prévoyance (C. sécurité sociale, art. L. 951-10 et C. mutualité, art. L. 531-6) ;
– le Conseil supérieur de l'audiovisuel (loi n° 86-1067 du 30 septembre 1986, art. 42-1,42-3 et 42-4) ;
– la Commission des opérations de bourse à l'encontre des prestataires de service d'investissement agréés (loi n° 96-597 du 2 juillet 1996, art. 71) ;

– le Conseil de discipline de la gestion financière (loi n° 88-1201 du 23 décembre 1988, art. 3-3) ;
– le Conseil de prévention et de lutte contre le dopage (loi n° 99-223 du 23 mars 1999, art. 26) ;
– la Commission de régulation de l'électricité (loi n° 2000-108 du 10 février 2000, art. 40).

Le cas particulier des litiges « mixtes » intéressant certains territoires ou certaines catégories de fonctionnaires

Dans le cadre de cette compétence, la nature de la mesure contestée ou du recours, en excès de pouvoir ou/et indemnitaire, importe peu : l'essentiel est de confier au Conseil d'État la connaissance directe et globale de litiges en raison de leur origine juridique ou géographique.

Les cas de compétence géographique et juridique « résiduelle » du Conseil d'État

Sont ici concernés, d'une part, les litiges d'ordre administratif nés hors des territoires soumis à la compétence des tribunaux administratifs et des conseils du contentieux administratif (CJA, art. R. 311-1, 6°) et, d'autre part, les litiges d'ordre administratif, autres que ceux relevant du contentieux local, nés dans le territoire des îles Wallis-et-Futuna (CJA, art. R. 311-1,7°).

Dans le premier cas, il s'agit de litiges nés dans des territoires qui ne dépendent « territorialement » ni d'un tribunal administratif – métropolitain ou d'outre-mer – ni du conseil du contentieux administratif (Wallis-et-Futuna). Ainsi, les litiges résultant de décisions édictées par les autorités françaises à l'étranger à l'égard des usagers et agents de leurs services diplomatiques, consulaires ou de coopération culturelle et technique sont soumis au Conseil d'État (CE 11 février 1976, Beauvais, *Lebon* p. 76, pour un litige relatif aux droits pécuniaires de personnels recrutés par les ambassades de France).

C'est également le cas des litiges opposant l'État français aux titulaires de marchés signés et exécutés en territoire étranger (CE 3 juillet 1968, Lavigne et Le Mée, *AJDA* 1969 p. 253, à propos de marchés de travaux publics conclus par une ambassade).

Dans ces deux hypothèses, l'application du critère de compétence territoriale de principe des tribunaux administratifs est impossible car le siège de l'ambassade représentant l'autorité administrative n'est situé dans le ressort d'aucun tribunal administratif.

Dans le second cas, il s'agit de litiges nés dans des territoires, géographiquement limités, relevant d'un conseil du contentieux administratif mais qui ne lui sont toutefois pas attribués. Le Conseil d'État est alors le juge de principe en premier et dernier ressort de ces litiges. Le contentieux local est de ce fait soumis directement au Conseil d'État.

REMARQUE Cette répartition des compétences entre le Conseil d'État et les tribunaux administratifs doit être soigneusement distinguée de la répartition préalable des compétences entre le juge administratif et le juge judiciaire pour les litiges nés à l'étranger.

Une décision du Tribunal des conflits en date du 22 octobre 2001 (Mme Issa et Mme Le Gouy c/ Lycée Jean Mermoz à Dakar et Agence pour l'enseignement français à l'étranger, req. n° 3236) permet d'illustrer cette distinction. Les requérantes avaient été recrutées en 1977 et 1978 par le lycée Jean Mermoz à Dakar dont la gestion était assurée par l'Agence pour l'enseignement français à l'étranger, établissement public national à caractère administratif placé sous la tutelle du ministre chargé des affaires étrangères et du ministre chargé de la coopération. Pour connaître le droit applicable aux contrats de recrutement des intéressées, et donc la compétence juridictionnelle en cas de litige, le Tribunal des conflits rappelle que les contrats conclus par les services de l'État à l'étranger pour le recrutement sur place de personnels non statutaires sont, à défaut de dispositions législatives ou réglementaires contraires, régis par la loi choisie par les parties, selon un choix exprès qui doit résulter de façon certaine des stipulations du contrat et qu'à défaut ces contrats sont régis par la loi du pays où ils sont exécutés. Le Tribunal des conflits ajoute que le juge administratif, juge d'attribution en matière de contrat international de travail, n'est pas compétent pour connaître des litiges nés de l'exécution et de la rupture de contrats qui ne sont pas régis par la loi française et dont la connaissance appartient au seul juge judiciaire en vertu des règles de conflits de lois et de compétence juridictionnelle. En l'espèce, il ne résultait pas de façon certaine des contrats de travail qui étaient exécutés au Sénégal que la commune volonté des parties ait été de les soumettre à la loi française. En conséquence, à défaut de dispositions législatives ou réglementaires contraires, le litige opposant les deux intéressées au lycée Jean Mermoz et à l'Agence pour l'enseignement français à l'étranger au sujet de la modification puis de la rupture de leurs contrats de travail relevait de la compétence judiciaire.

Les litiges d'ordre individuel intéressant les fonctionnaires nommés par décret du président de la République

Sont ici concernés les fonctionnaires suivants : les conseillers d'État, les préfets, les membres de la Cour des comptes, de l'Inspection des finances, les membres des tribunaux administratifs et des cours administratives d'appel, les magistrats judiciaires ou encore les professeurs d'université.

La compétence du Conseil d'État en premier et dernier ressort dépend de la qualité du requérant et de l'objet du litige.

La première de ces conditions ne présente pas de difficulté particulière puisque le fonctionnaire concerné sait à l'évidence quelle autorité l'a nommé. Pour déterminer le juge compétent en cas de modification dans le mode de nomination d'une catégorie de fonctionnaires, il faut retenir le système applicable à la date de la décision attaquée.

La condition relative à l'objet du litige concerne la situation individuelle du fonctionnaire. Il faut que soit mis en cause un droit de l'agent public. Il en est ainsi des litiges d'excès de pouvoir ou de plein contentieux impliquant les prérogatives des fonctionnaires et relatifs à la discipline, aux nominations, à la rémunération, à l'avancement et aux pensions.

Ainsi, le Conseil d'État se reconnaît compétent pour statuer en premier et dernier ressort sur des conclusions indemnitaires fondées sur les prétendus droits d'un fonctionnaire nommé par décret et ayant des conséquences sur la pension de sa veuve (CE sect. 18 décembre 1964, Veuve Vincent, *Lebon* p. 652). Il en va de même des recours pour excès de pouvoir formés par des tiers contre des décisions individuelles intéressant la carrière d'un des fonctionnaires visés (CE ass. 15 mai 1981, Maurice, *Lebon* p. 221, pour le cas d'un recours contre la décision d'affectation d'un magistrat).

La seule restriction jurisprudentielle est l'exigence d'un litige portant sur les droits ou obligations statutaires du fonctionnaire. À ce titre, le refus de réintégrer un officier général dans l'ordre de la Légion d'honneur, au motif que la situation dans cet ordre constitue une distinction et ne fait pas partie des avantages prévus par le statut de la fonction publique, ne met pas en cause un véritable droit (CE 1er octobre 1958, Noguès, *Lebon* p. 462).

La nomination d'un professeur de l'enseignement supérieur dans une commission de spécialités d'une université ne relève pas non plus directement du Conseil d'État car le litige intéresse la composition d'un organisme et non la situation individuelle d'un fonctionnaire (CE 22 février 1974, Cocatre-Zilgien, *Lebon* p. 142).

Les contestations en matière électorale

Le Conseil d'État est compétent en premier et dernier ressort pour connaître des protestations, énumérées à l'article L. 311-3 du code de justice administrative, dirigées contre :
– l'élection des représentants au Parlement européen (loi n° 77-729 du 7 juillet 1977, art. 25) ;
– les élections aux conseils régionaux et à l'assemblée de Corse (C. élect., art. L. 361 et L. 381) ;
– les élections au congrès et aux assemblées de province de la Nouvelle Calédonie (loi organique n° 99-209 du 19 mars 1999, art. 109) ainsi que l'élection des membres, du président et du vice-président du gouvernement de la Nouvelle-Calédonie et les recours concernant la démission d'office des membres du gouvernement, du congrès et des assemblées de province de Nouvelle-Calédonie (art. 72, 110, 111, 112, 115, 116, 165,195 et 197 de la même loi organique) ;
– les élections à l'assemblée de la Polynésie française (loi n° 52-1175 du 21 octobre 1952, art. 10) ;
– les élections à l'assemblée territoriale de Wallis-et-Futuna (loi n° 61-814 du 29 juillet 1961, art. 13-2) ;
– les élections au Conseil supérieur des Français de l'étranger (loi n° 82-471 du 7 juin 1982, art. 9).

Le Conseil d'État connaît également des contestations de l'élection des représentants des magistrats au Conseil supérieur des tribunaux administratifs et des cours administratives d'appel (CJA, art. R. 232-16 dans sa rédaction résultant de l'article 14 du décret n° 87-554 du 17 juillet 1987). Cet organisme composé de treize membres est présidé par le vice-président du Conseil d'État et comporte cinq représentants élus des magistrats administratifs. Il est notamment chargé de faire des propositions en matière d'avancement et de discipline. Il joue ainsi le rôle habituellement dévolu aux commissions administratives paritaires et au comité technique paritaire dans la fonction publique. Institué par la loi du 6 janvier 1986 garantissant l'indépendance des membres des tribunaux administratifs, elle-même annoncée par l'article 9 de la loi du 11 janvier 1984 portant dispositions statutaires relatives à la fonction publique de l'État, ce conseil propose en outre la nomination du commissaire du gouvernement qui intervient par décret du président de la République.

Les contestations sur la validité des opérations électorales sont portées en premier lieu, dans un délai de cinq jours à compter de la proclamation des résultats, devant le ministre de la Justice qui statue dans un délai de quinze jours. Le Conseil d'État peut ensuite être saisi dans un délai de deux mois à compter de soit de la décision du ministre, soit de l'expiration du délai de quinze jours précité.

Les recours en interprétation et appréciation de légalité

Lorsque l'acte concerné appartient lui-même à une des catégories précitées, ces deux recours qui dépendent le plus souvent en première instance des tribunaux administratifs relèvent alors de la compétence directe du Conseil d'État.

Les requêtes connexes à celles relevant de la compétence directe du Conseil d'État

Cette règle est symétrique de celle qui existe en cas de demandes connexes relevant de deux tribunaux administratifs. Lorsqu'on saisit le Conseil d'État d'une requête ressortissant à sa compétence directe mais dont certaines conclusions relèvent en principe d'un tribunal administratif, le Conseil d'État se déclare également compétent pour statuer sur ces conclusions connexes (CJA, art. R. 341-1).

En cas de requêtes distinctes mais connexes présentées au Conseil d'État – au titre de sa compétence directe – et à un tribunal administratif, le président de ce dernier doit renvoyer à la Haute Juridiction la demande connexe dont il est saisi. Cette transmission s'effectue par ordonnance, non susceptible de recours et notifiée aux parties en cause (CJA, art. R. 341-2 et R. 341-3).

Si la sous-section d'instruction du Conseil d'État est informée par le requérant ou le défendeur de l'existence de cette demande connexe, elle doit saisir le président de la section du contentieux. Celui-ci ordonne alors le renvoi au Conseil d'État de la requête soumise au tribunal administratif (CJA, art. R. 341-2 alinéa 2).

Il peut également arriver qu'un requérant saisisse un tribunal administratif de demandes distinctes mais connexes relevant les unes de sa compétence, les autres de celle du Conseil d'État. Dans cette hypothèse, le président du tribunal administratif renvoie l'ensemble de ces demandes au Conseil d'État par ordonnance non susceptible de recours (CJA, art. R. 341-2 et R. 351-6).

Le requérant doit cependant demeurer attentif. Selon la jurisprudence du Conseil d'État, des conclusions ne sont connexes que si de la solution donnée aux unes dépend directement et nécessairement la solution donnée aux autres.

L'exemple le plus fréquent est celui de la connexité entre une demande d'annulation pour excès de pouvoir qui est de la compétence directe du Conseil d'État et une autre tendant à l'indemnisation du préjudice causé par cette décision (CE 16 mars 1988, Larsy, *Lebon* p. 122). La connexité peut également concerner deux recours pour excès de pouvoir.

Ainsi, il existe un lien de connexité entre un recours contre une liste de classement des élèves-inspecteurs du travail aptes à être titularisés et un recours contre l'arrêté ministériel affectant l'un de ces inspecteurs à un service régional et déterminant son classement indiciaire. La première requête relève du Conseil d'État au titre de sa compétence relative aux décisions des organismes collégiaux et la seconde du tribunal administratif (CE 26 janvier 1990, M. Morlot, req. n° 84662).

Il faut préciser que la connexité s'applique aux litiges et non aux requérants : elle peut donc être retenue pour deux demandes introduites par deux personnes distinctes. Cette forme de connexité s'est présentée à l'occasion de la résiliation par l'État des contrats de concession des cinquième et sixième chaînes télévisées. La solution du litige de plein contentieux résultant du recours du cocontractant contre le décret de résiliation dépendait directement de la réponse apportée au recours pour excès de pouvoir formé par un tiers contre ce même décret et qui, seul, relevait de la compétence du Conseil d'État (CE ass. 2 février 1987, Sté TV6, *Lebon* p. 28 – CE 22 avril 1988, Sté France 5, *Lebon* p. 157).

Les recours en matière d'autorisation de plaider

En vertu d'un décret du 26 février 1992 (*JO* 27 février 1992) relatif à l'exercice par un contribuable des actions en justice appartenant à la commune, le Conseil d'État est devenu compétent en premier et dernier ressort pour connaître des recours dirigés contre les « décisions » des tribunaux administratifs accordant ou refusant l'autorisation de plaider à un contribuable communal.

Selon une loi du 18 juillet 1837, dont les dispositions figurent actuellement aux articles L. 2132-5 et suivants du code général des collectivités territoriales, « tout contribuable inscrit au rôle de la commune a le droit d'exercer tant en demande qu'en défense, à ses frais et risques, avec l'autorisation du tribunal administratif, les actions qu'il croit appartenir à la commune et que celle-ci, préalablement appelée à en délibérer, a refusé ou négligé d'exercer ». Pour ce faire, le contribuable doit adresser un mémoire détaillé au tribunal administratif expliquant les motifs d'une telle action, mémoire transmis par le tribunal au préfet qui l'adresse immédiatement au maire de la commune intéressée pour qu'il soit soumis au conseil municipal. Si le conseil municipal refuse d'engager l'action envisagée par le contribuable, le tribunal décide, dans un délai maximal de deux mois, s'il y a lieu ou non d'autoriser le contribuable à exercer cette action.

Le tribunal tient alors compte des chances de succès d'une telle action qui peut relever aussi bien des juridictions administratives que des juridictions judiciaires (voir par exemple CE 24 octobre 2001, Communauté urbaine de Lyon, req. n° 223294 ; il s'agissait en l'espèce d'une demande présentée par plusieurs contribuables de la commune de Lyon adressée au président de la communauté urbaine de Lyon et tendant à ce que celle-ci se porte partie civile devant le juge chargé de l'instruction d'une affaire d'abus de biens sociaux à l'occasion de la concession du périphérique Nord de Lyon. Alors que le tribunal administratif de Lyon avait accordé l'autorisation de plaider à ces contribuables, le Conseil d'État a considéré que l'information judiciaire en cause n'avait été ouverte que des seuls chefs d'abus de biens sociaux commis au détriment de sociétés privées dont Bouygues et Dumez et qu'à les supposer établies, ces infractions n'avaient pas causé de préjudice direct à la communauté urbaine de Lyon. L'action autorisée au profit des contribuables de Lyon était donc dépourvue de chance de succès comme l'avait d'ailleurs confirmé le fait qu'elle avait été, entre-temps, déclaré irrecevable par le juge chargé de l'instruction de l'affaire comme par la chambre d'accusation. La décision d'autorisation de plaider a donc été annulée par le Conseil d'État).

Il faut souligner que cette première phase de l'autorisation ou du refus de plaider ne relève pas du « contentieux » administratif dès lors que le tribunal n'exerce, en la matière, qu'une fonction purement administrative. Le tribunal rend une « décision » (et non un jugement dont on pourrait faire appel) après avoir, le cas échéant, entendu le représentant du contribuable et de la commune au cours d'une « séance » qui n'est pas une audience publique, et ne comporte pas la présentation de conclusions du commissaire du gouvernement.

Les recours contre la décision du tribunal doivent être présentés devant le Conseil d'État, section du contentieux, dans le délai d'un mois suivant soit la notification de la décision du tribunal administratif, soit l'expiration du délai de deux mois imparti au tribunal pour se prononcer (CJA, art. L. 311-5). Le Conseil d'État doit se prononcer, par un arrêt, dans un délai de trois mois à compter de l'enregistrement du pourvoi au secrétariat de la section du contentieux.

À noter qu'une commune n'a pas intérêt à contester une décision qui refuse à un contribuable cette autorisation, quels que soient les motifs sur lesquels elle se fonde (voir en ce sens CE 15 octobre 2001, Cne de Saint-Laurent-du-Var c/ M. Naegels, req. n° 223818 : il s'agissait en l'espèce du refus d'engager une action aux fins de faire prononcer la déchéance du concessionnaire du port de plaisance de cette commune).

Cette procédure dite de l'autorisation de plaider, étendue au bénéfice des contribuables départementaux et régionaux par la loi du 12 avril 2000 (CGCT, art. L. 3133-1 et L. 4143-1) conserve donc son originalité en tant qu'elle permet à un tribunal de rendre une décision non juridictionnelle destinée à éviter la multiplication des actions à exercer prétendument au nom d'une commune, mais se trouve désormais rattachée directement au contentieux administratif pour la contestation de la décision ainsi rendue par le tribunal.

L'interdiction des jugements d'incompétence

Cette interdiction est régie par les articles R. 351-1 à R. 351-7 du code de justice administrative, qui instituent une sorte de clause de sauvegarde sous forme de procédure de règlement des questions de compétence au sein même des juridictions administratives, procédure récemment simplifiée par un décret du 19 avril 2002.

Le principe est le suivant : un tribunal administratif ou une cour administrative (en appel), saisi de conclusions qui ne relèvent pas de sa juridiction ne peut décliner sa compétence. Si le requérant se trompe de juge administratif, le président de la juridiction qui considère celle-ci incompétente doit transmettre, « sans délai », le dossier au président de la juridiction qu'il estime être compétente. Si ce dernier estime à son tour qu'il n'est pas compétent, il doit transmettre le dossier, dans les trois mois, au président de la section du contentieux du Conseil d'État qui règle la question de compétence.

À défaut de mise en œuvre de ces procédures dans les délais impartis, et si l'incompétence n'a pas été invoquée avant la clôture d'instruction, le décret du 19 avril 2002 prévoit qu'il ne sera plus possible d'invoquer cette incompétence ultérieurement, ni par les parties ni même sous forme de moyen d'ordre public par le juge d'appel ou de cassation.

Cependant le requérant ne doit pas confondre cette erreur sur la juridiction administrative compétente avec celle commise en raison d'une confusion des compétences administrative et judiciaire.

Lorsque le requérant connaît la juridiction à laquelle il doit s'adresser, il lui faut, en outre, connaître les actes administratifs contre lesquels il peut intenter un recours.

2.1.2 Les actes administratifs susceptibles de recours

Rien ne sert de recourir, il faut agir à point ! Connaître ces actes susceptibles de recours permettra au requérant d'éviter de perdre son temps en préparant sa requête, alors que l'objet du litige n'est pas attaquable. On ne peut contester qu'un acte administratif susceptible de faire grief. Cette exigence prend toute sa signification dans le domaine de l'excès de pouvoir où l'objet même du litige est de contester un acte. En effet, à l'exception du contentieux électoral, contractuel, ou des installations classées, l'acte, objet d'un recours de plein contentieux, est une décision de refus d'indemnisation suscitée par l'administré lui-même.

Les recours de plein contentieux

Agir à point en la matière signifie contester une décision préalable de refus explicite ou implicite d'indemnisation, la proclamation de résultats électoraux ou encore un refus de régler à l'amiable un litige contractuel.

À l'exception du contentieux des travaux publics pour lequel une décision administrative n'est pas obligatoire, le juge aura pour seule tâche de vérifier l'existence de cet acte préalable. Il convient cependant de noter que, dans chacune des branches du plein contentieux, cette vérification s'est compliquée.

Les recours indemnitaires

Si l'on veut engager la responsabilité de l'administration en raison d'un dommage subi, provoqué soit par une activité dommageable de l'administration soit par l'illégalité d'un acte administratif, il suffit d'établir la réalité de son préjudice et le lien de causalité entre celui-ci et l'activité ou illégalité en cause. En effet, pour accorder réparation, le juge considère que l'illégalité d'un acte de l'administration constitue une faute de nature à engager sa responsabilité, sauf s'il s'agit d'une simple illégalité formelle tenant à la violation d'une procédure dont le respect aurait permis à l'administration de prendre la même décision.

Cependant, le Conseil d'État aligne sa jurisprudence indemnitaire sur celle de l'excès de pouvoir. Il a ainsi décidé que les dommages causés par des mesures d'ordre intérieur ou par des mesures purement gracieuses, non susceptibles de recours pour excès de pouvoir, n'ouvrent pas droit à réparation (CE 10 mars 1982, Taddei, *Lebon* p. 534 – CE 27 mars 1987, Ville de Tarbes, *Lebon* p. 111), quelle que soit leur illégalité. L'irrecevabilité du recours pour excès de pouvoir s'étend donc au recours indemnitaire de plein contentieux.

Les recours en matière électorale

La décision préalable est constituée par la proclamation des résultats. C'est cette décision que l'électeur doit donc impérativement déférer au juge et non l'un des actes antérieurs ayant contribué au déroulement de l'opération électorale. Ainsi, un recours dirigé contre l'acte de convocation des électeurs sera rejeté (CE ass. 22 octobre 1979, Mmes Peter-Davis et Domec-Menrath, *Lebon* p. 390).

Il est également impossible, en principe, de contester les décisions relatives à l'enregistrement des candidatures (CE 3 mai 1974, Pelletier, *Lebon* p. 985) ou les mesures concernant l'organisation de la propagande des candidats pendant la durée de la campagne électorale (CE Sect 17 octobre 1986, Élections cantonales de Sevran, *Lebon* p. 233).

L'illégalité de ces actes peut être invoquée en vue de faire annuler l'élection, à l'appui d'un recours de plein contentieux mais dont l'objet ne pourra être que la décision de proclamation des résultats.

Il existe néanmoins des textes autorisant les recours contre certaines de ces mesures. Ces recours seront alors pour excès de pouvoir. Ainsi, le code électoral permet aux candidats de déférer au tribunal administratif le refus du préfet d'enregistrer une liste de candidats ; le tribunal doit alors statuer dans un délai de trois jours (C. élect. art. R. 128 et L. 351).

Les recours en matière contractuelle

Un cocontractant de l'administration peut déférer au juge administratif tout litige relatif à l'exécution du contrat afin d'obtenir une indemnisation du préjudice résultant d'une décision prise par l'administration à son encontre, par exemple une sanction. Exceptionnellement, il peut demander au juge l'annulation d'une mesure dont l'objet est de rompre définitivement les relations contractuelles (CE sect. 9 décembre 1983, SA d'Étude de participation et de développement, *Lebon* p. 498).

Toute autre décision de l'administration dans ce domaine contractuel ne peut être contestée que par la voie d'une requête contre un refus explicite ou implicite d'indemnisation, à l'exception des marchés des travaux publics qui ne comportent pas de clause de recours préalable. Cela signifie que l'on ne peut en demander l'annulation mais seulement l'indemnisation des conséquences financières. Lors de ce recours de plein contentieux, le juge examinera la légalité de l'acte pour pouvoir statuer.

Les recours pour excès de pouvoir

Tout acte administratif, qu'il soit positif ou négatif, peut faire l'objet d'un recours pour excès de pouvoir s'il produit lui-même des effets de droit et modifie l'ordonnancement juridique. La simplicité de ce principe ne doit cependant pas abuser le requérant éventuel ; il comporte, en effet, de multiples exceptions jurisprudentielles interdisant d'attaquer certains actes de l'administration faisant grief mais échappant par nature au juge. Par ailleurs, certains actes administratifs sont jugés comme ne modifiant pas la situation de l'administré.

Schématiquement, l'on peut considérer que le « grief » varie dans l'espace et dans le temps.

La variation du grief dans l'espace

Les mesures « extérieures »

Il s'agit de décisions administratives extérieures à l'ordonnancement juridique, qualifiées d'« actes de gouvernement » et relevant de la politique intérieure ou extérieure française. Tous les actes concernant les relations entre les pouvoirs publics ou les relations extérieures de la France échappent au contrôle du juge administratif. Ainsi, un recours contre un décret du président de la République portant dissolution de l'Assemblée nationale (CE 20 décembre 1989, M. Allain, *Lebon* p. 60) est irrecevable. De même, la nomination d'un membre du conseil constitutionnel par le président de la République ne peut faire l'objet d'un recours (CE ass. 9 avril 1999, Mme Ba, *Lebon* p. 124).

À l'inverse la décision du président de la République de fleurir chaque année la tombe du maréchal Pétain n'a pas été jugée constitutive d'un acte de gouvernement (CE 27 novembre 2000, Assoc. Comité tous frères, AJDA 2001,p. 94).

Le refus du ministre des Relations extérieures opposé à la demande d'une société tendant à l'ouverture de négociations avec un pays étranger constitue une décision qui n'est pas non plus détachable de l'exercice des pouvoirs du gouvernement dans la conduite des relations diplomatiques. Elle ne peut donc faire l'objet d'un recours contentieux devant une juridiction administrative (CE, 25 mars 1988, Sté SA Sapvin c/ Ministre des Affaires étrangères, *Lebon* p. 133).

De même, la décision des autorités françaises d'engager des forces militaires en République fédérale de Yougoslavie en liaison avec les événements du Kosovo ainsi que les décisions subséquentes fixant les objectifs militaires déterminant et répartissant les moyens mis en œuvre ne sont pas détachables de la conduite des relations internationales de la France et ne relèvent donc pas de la juridiction administrative (CE 5 juillet 2000, M. Mégret, M. Mekhantar, req. n° 206303, 206965).

Les mesures « supérieures »

Il s'agit de décisions prises à l'intérieur de la sphère administrative qui ont des effets juridiques mais restent « au-dessus » du droit en raison de leur caractère gracieux.

Ainsi, les notes de service par lesquelles le directeur de l'administration générale de l'Assistance publique de Paris a distribué au personnel de son administration une journée chômée à l'occasion des fêtes de fin d'année ne peuvent faire l'objet d'un recours contentieux. Ces mesures se bornent à accorder à titre gracieux une faveur en dehors de toute disposition statutaire (CE 20 décembre 1985, M. Knippel, req. n° 67955). De même le refus d'un concours financier par un centre communal d'action sociale ne peut faire l'objet d'un recours dès lors que ses conditions d'octroi ne sont nullement réglementées (CE 3 juin 1994, GALLEGO, req. n° 154976).

Les mesures « inférieures »

Ces mesures ne contiennent aucune décision et n'accèdent donc pas au statut d'acte administratif. Il en est ainsi d'un guide fiscal ne comportant aucune règle ni interprétation particulière (CE 22 juillet 2001, La Défense libre association, *D.* 2001 IR p.2878).

Un « prospectus » intitulé « mon entretien d'appréciation », relatif à la notation des agents de la Poste, ne peut davantage faire l'objet d'un recours pour excès de pouvoir (CE 8 février 1999, M. Dussourd, req. n° 180206).

Les avis des commissions telles la CADA (CE 24 juin 1987, M. Thierry, req. n° 48576), la commission d'expulsion (CE 2 décembre 1988, M. Laaraj, req. n° 70385) ou la commission administrative paritaire en matière de mutation ou d'affectation du personnel dans la fonction publique (CE 28 avril 1986, M. Loupiac, *Dr. adm.* 1986 n° 283), et les réponses ministérielles aux questions des parlementaires (CE 25 septembre 1987, M. Raigue, req. n° 85886) ne constituent pas non plus des mesures administratives susceptibles d'être déférées en justice.

De même encore les avis d'une chambre régionale des comptes formulant ses observations définitives sur la gestion d'une société d'économie mixte locale ne sont pas susceptibles de recours (CE 8 février 1999, Cne de la Ciotat, req. n° 169047).

Les mesures « intérieures »

Ce sont des mesures d'ordre intérieur à l'administration considérées par le juge administratif comme ne pouvant faire l'objet d'aucun recours contentieux.

L'illustration la plus classique en est donnée par les circulaires lorsqu'elles n'ajoutent rien à l'ordonnancement juridique, bien que depuis la loi du 17 juillet 1978 elles soient publiées et que, en vertu du décret du 28 novembre 1983, les administrés puissent s'en prévaloir. En effet, les circulaires s'adressent seulement aux agents de l'administration et sont en principe purement interprétatives. Ce n'est que lorsqu'elles contiennent des éléments nouveaux par rapport à la législation ou à la réglementation existante qu'il est possible de demander leur annulation.

À cet égard, il est donc important que tout requérant potentiel sache que certaines circulaires camouflent en réalité des actes décisoires. Il s'agit alors de ce que l'on pourrait nommer les circulaires « pavillons de complaisance ».

Pour saisir l'intérêt pratique de cette question, il convient de souligner que les ministres n'ont en principe pas le pouvoir de prendre des mesures ayant une portée obligatoire pour les administrés, c'est-à-dire ayant la portée des actes réglementaires – alors qu'ils disposent, même sans texte, du pouvoir de prendre les mesures nécessaires à l'organisation interne de leur service (CE 7 février 1936, Jamart, *Lebon* p. 172). En droit français, cette faculté n'existe qu'au profit du Premier ministre et du président de la République qui sont aussi les deux seules autorités à pouvoir prendre des décrets.

Exceptionnellement, les ministres peuvent adopter des mesures obligatoires, lorsqu'une loi leur reconnaît un tel pouvoir. C'était le cas du ministre de l'Économie et des Finances qui, en vertu de l'ordonnance du 30 juin 1945, disposait du pouvoir de réglementer les prix. Ce pouvoir lui a été retiré par une ordonnance du 1er décembre 1986.

Les ministres peuvent également recevoir délégation partielle du pouvoir réglementaire du Premier ministre. En dehors de ces deux hypothèses, ils ne peuvent prendre que des mesures d'application des décrets ou des lois.

Les circulaires n'échappent pas à ce nécessaire respect des textes supérieurs. En principe, elles ont pour seul objet d'interpréter un texte à l'attention des services de l'administration. C'est à ce titre qu'elles appartiennent à la catégorie des mesures d'ordre intérieur et ne peuvent faire l'objet d'un recours pour excès de pouvoir sauf si elles dissimulent des mesures réglementaires, créatrices de droits ou d'obligations pour les administrés.

Il existe en la matière une jurisprudence abondante qui distingue les vraies circulaires, purement interprétatives, des fausses, dites réglementaires.

Le Conseil d'État a récemment rappelé, à propos d'un recours contre une circulaire du ministre des Affaires étrangères relative aux conséquences de l'intervention de la loi du 15 novembre 1999 instituant le pacte civil de solidarité sur la situation des agents relevant de ce ministère, les principes d'analyse contentieuse des circulaires (CE 28 juin 2002, M. Villemain, req. n° 220361, 228325).

Selon le Conseil d'État, « l'interprétation que l'autorité administrative donne au moyen de dispositions impératives à caractère général des lois et règlements qu'elle a pour mission de mettre en œuvre n'est susceptible d'être directement déférée au juge de l'excès de pouvoir que si et dans la mesure où cette interprétation méconnaît le sens et la portée des prescriptions législatives et réglementaires qu'elle se propose d'expliciter ou contrevient aux exigences inhérentes à la hiérarchie des normes juridiques ».

Les circulaires dites réglementaires font l'objet d'une annulation par le Conseil d'État chaque fois que le ministre ne dispose pas de ce pouvoir réglementaire en vertu d'une loi ou d'une délégation du Premier ministre. Le syllogisme appliqué par le juge est alors le suivant : les ministres ne disposent pas du pouvoir réglementaire ; la circulaire attaquée contient des mesures réglementaires, elle est donc illégale pour incompétence du ministre (CE 20 novembre 1989, M. Deterville, pour un cas de véritable circulaire, req. n° 73208 – CE 14 février 1990, Syndicat national autonome des policiers en civil, req. n° 83808 – CE 27 juillet 1990, FPFRE, pour deux cas de fausses circulaires, req. n° 117614).

La variation du grief dans le temps

Les mesures « antérieures »

Ces mesures se limitent à annoncer, préparer ou permettre des décisions futures. Elles ne peuvent être déférées directement au juge administratif et ne pourront être discutées devant le juge administratif qu'à l'occasion d'un recours contre la décision finale. Ainsi, un administré sera en droit de contester l'irrégularité d'une mise en demeure à l'occasion d'un recours contre la décision prise à la suite de cette mesure.

Les avis et propositions ne sont pas susceptibles de recours (voir pour un exemple CE 21 novembre 2001, Sté Nexstar Pharmaceutique, à propos de l'avis émis par le conseil de l'ordre des pharmaciens sur l'éventuel manquement à ses obligations d'un pharmacien responsable dont l'employeur met fin aux fonctions, *Dr. adm.* 2002, n° 95) sauf lorsque, comme en matière disciplinaire territoriale ou hospitalière, ils lient l'autorité inférieure quant au choix de la sanction à prononcer suite à un appel de l'agent devant l'organisme supérieur de recours (CE sect. 29 avril 1987, Ville de Grenoble c/ Jay, *Lebon* p. 157).

Sont des mesures antérieures :
– les menaces de poursuites correctionnelles ou autres ;
– les mesures préparatoires telles que la décision ou la délibération prescrivant une enquête d'utilité publique ;
– les mises en demeure lorsqu'elles constituent le premier acte d'une procédure complexe. Ainsi, la mise en demeure d'une chambre régionale des comptes adressée à un président de conseil général et ordonnant l'inscription de crédits supplémentaires ne peut faire l'objet d'un recours (CE 30 janvier 1987, Département de la Moselle, *Lebon* p. 23) ; de même la lettre de la commission de contrôle des assurances informant une société qu'elle est susceptible de faire l'objet d'une sanction et invitant le président de cette société à faire parvenir à la commission ses observations écrites ne constitue que le premier acte de la procédure de sanction instituée à l'article L. 310-18 du code des assurances et ne peut être déférée au Conseil d'État par la voie du recours pour excès de pouvoir (CE 5 décembre 2001, Sté CAPMA-CAPMI, req. n° 203591-214196).
À l'inverse, lorsque la mise en demeure se suffit à elle seule, elle n'est plus une mesure antérieure et peut faire l'objet d'un recours (voir en ce sens CE 25 janvier 1991, Confédération nationale des associations familiales catholiques et autres, *Lebon* p. 30 : le Conseil d'État a annulé la mise en demeure adressée par le ministre de la Santé à la société Roussel-Uclaf de reprendre la distribution de la Mifégyne RU 486 [pilule abortive]) ;
– les directives, lignes de conduite que se fixe l'administration à elle-même dans l'exercice de son pouvoir discrétionnaire, représentent la catégorie la plus importante de ces mesures. Une directive ne fait, en effet, jamais grief puisqu'il faut attendre l'édiction ultérieure de décisions individuelles pour mesurer la portée des limitations imposées (CE sect. 11 décembre 1970, Crédit foncier de France, *Lebon* p. 750). Ce n'est que dans l'hypothèse où l'autorité se considère par avance comme liée par cette « directive » que le texte en question est susceptible de recours (CE 23 septembre 1983, Winterstein, *Lebon* p. 338).

Les mesures « postérieures »

Ces mesures ne peuvent affecter la situation du requérant puisqu'elles font simplement suite à une décision déjà prise. La notification d'une décision ne peut faire l'objet d'un recours contentieux (CE 27 novembre 1985, Ministre de l'Intérieur c/ Sadok Hamza, *Lebon* p. 346), sauf s'il s'agit d'une notification « anormalement » tardive, considérée alors comme révélant une nouvelle décision (CE 26 mars 1999, M. Villegas, req. n° 174113).

Il en est de même des mesures simplement confirmatives d'une décision prise antérieurement.

Il convient donc de ne pas se précipiter pour exercer son recours et de vérifier auparavant que la décision administrative que l'on veut contester n'est pas une mesure d'information, un acte préparatoire, une circulaire, une simple déclaration ou une notification. Dans ce dernier cas, le juge pourra opposer au requérant une autre cause d'irrecevabilité tirée de l'expiration des délais de recours.

2.1.3 Les délais de recours

Les règles relatives aux délais de recours sont simples, mais il importe de les connaître afin d'éviter le dépôt tardif d'une requête ou la consultation *in extremis* d'un avocat la veille de l'expiration du délai de recours contentieux. Il existe un délai de principe qui connaît cependant de nombreuses exceptions.

Par ailleurs, le calcul du délai applicable, les conditions de sa prorogation et les moyens d'action possibles après son expiration méritent également des précisions.

Les différents délais de recours

Ces délais varient selon la nature du contentieux.

Les recours pour excès de pouvoir

En la matière, s'applique ou le délai de principe ou l'absence de tout délai.

Le délai de principe

En principe, le requérant dispose d'un délai de deux mois pour contester une décision administrative ; ce délai est de trois mois devant les tribunaux administratifs de Papeete et de Nouméa. Le délai commence à courir à partir de la notification ou de la publication de la décision (CJA, art. R. 421-1).

Le requérant dispose du même délai de deux mois pour agir contre une décision implicite de rejet résultant du silence gardé pendant deux mois par l'administration à la suite d'une demande préalable (CJA, art. R. 421-2). Toutefois, si une décision explicite de rejet intervient dans le délai de deux mois ouvert pour la contestation d'une décision implicite, s'ouvre alors un nouveau délai de deux mois (CJA, art. R. 421-2).

L'absence de délai

En matière d'excès de pouvoir, les textes et la jurisprudence ne prévoient pas de délai autre que le délai de principe de deux mois sauf dans le domaine particulier du contentieux des reconduites à la frontière où le délai de recours n'est que de quarante-huit heures ou de sept jours selon que l'étranger se voit notifié l'arrêté de reconduite par la voie administrative, c'est-à-dire en main propre ou en LRAR.

Ainsi, aucun délai ne s'impose au justiciable lorsque aucune décision explicite n'est intervenue et que la mesure sollicitée n'aurait pu être prise que par décision ou sur avis des assemblées locales ou de tous autres organismes collégiaux (CJA, art. R. 421-3). L'autorité compétente peut cependant faire cesser cette menace contentieuse qui pèse sur elle en prenant une décision explicite de rejet. Celle-ci déclenchera alors le délai de principe de deux mois.

De même, un refus implicite de communication de document administratif peut être déféré sans condition de délai au juge tant qu'aucune décision explicite de rejet n'a été notifiée au demandeur (décret du 28 avril 1988, art. 2, dernier alinéa).

Par extension de la dispense de décision préalable en matière de travaux publics, la jurisprudence considère qu'aucun délai ne s'applique aux recours pour excès de pouvoir relatifs aux actes visant à percevoir les sommes nécessaires au financement de travaux publics ou à imposer de tels travaux (CE sect. 13 novembre 1981, Plunian, *Lebon* p. 413 – CE 15 février 1989, Mignot, *Lebon* p. 53).

Enfin, lorsqu'il s'agit de faire déclarer par le juge l'inexistence juridique d'une décision grossièrement illégale, aucune condition de délai ne s'impose (CE sect. 4 juillet 1980, Zemma, *Lebon* p. 300).

Confortable a priori pour le requérant, l'application de ce principe ne dépend cependant que de l'administration ou de la nature du litige.

Les recours de plein contentieux

En raison de la particularité et de la diversité plus accentuées de ce contentieux, le délai de deux mois, applicable en principe dans tout contentieux, apparaît comme une exception dans son mode et son champ d'application.

Les principaux délais

Le délai de recours de deux mois

Sauf pour le contentieux en matière de travaux publics, dont on sait qu'il échappe à l'exigence de décision préalable et pour lequel le délai de recours est la prescription quadriennale, le requérant doit saisir le juge dans un délai de deux mois à compter de la notification ou de la publication de la décision explicite attaquée. Seul un texte peut imposer un délai plus bref ou supérieur.

Le requérant doit se montrer prudent : en effet, à la différence du contentieux en matière d'excès de pouvoir, seule une décision expresse déclenche ce délai de deux mois.

Le délai de prescription des créances publiques

Depuis une loi du 4 mars 2002 relative aux droits des malades et au système de santé, deux régimes de prescription doivent être distingués :
– le délai de prescription quadriennale de droit commun ;
– le délai de prescription décennale pour les préjudices liés à des actes de soin, de prévention et de diagnostic.

Le délai de prescription quadriennale

Ce délai de quatre années n'est pas à proprement parler un délai de « recours » puisqu'il correspond au délai de prescription de principe des créances à l'encontre des collectivités publiques (loi du 31 décembre 1968).

Sauf dans le contentieux des travaux et ouvrages publics, qui autorise la victime ou sa famille à agir directement devant le juge dans ce délai, ce délai impose au justiciable de présenter sa réclamation préalable avant l'expiration de ce délai.

Si le demandeur reçoit une réponse explicite avec mention des délais et voies de recours, le délai de recours de deux mois prendra la suite du délai de prescription.

À défaut de réponse explicite, c'est-à-dire au terme d'un délai de deux mois de silence, le seul délai qui s'appliquera sera alors celui de la prescription propre au plein contentieux indemnitaire, de droit commun qui est celui de la prescription quadriennale. Ce délai est celui qui s'impose au requérant en matière indemnitaire dès lors qu'il entend mettre en jeu la responsabilité d'une personne publique :
– soit à la suite d'une décision implicite de rejet, en application de la règle énoncée ci-dessus ;
– soit pour l'introduction d'une demande d'indemnisation devant le tribunal administratif, en raison d'un dommage dû à un ouvrage ou à des travaux publics, que ce recours fasse suite à un rejet explicite par l'administration de la demande du requérant ou simplement à l'acte dommageable s'il n'y a pas eu de réclamation indemnitaire en raison de la dispense de décision préalable dans ce domaine ;
– soit à la suite d'une décision explicite de rejet ne comportant pas la mention du délai de deux mois.

Le délai de prescription décennale

La loi du 4 mars 2002 relative aux droits des malades et au système de santé a prévu un nouveau délai de prescription pour les créances résultant d'actes de soins, de prévention et de diagnostic, que les préjudices invoqués aient été subis dans une clinique privée ou un établissement public hospitalier.

Ce délai est désormais de dix ans à compter de la « consolidation » des blessures et s'applique aux instances en cours n'ayant pas donné lieu à des décisions irrévocablement passées en force de chose jugée, c'est-à-dire non définitives.

Cette consolidation correspond à la stabilisation de l'état de ces blessures et peut retarder de plusieurs mois voire de plusieurs années le déclenchement du délai (voir sur cette notion J.-J. Thouroude, *Pratique de la responsabilité hospitalière publique*, Éditions L'Harmattan 2000, et plus particulièrement p. 415 et suiv.).

Les délais particuliers

Les brefs délais en matière électorale

À la différence du recours pour excès de pouvoir, certains de ces délais peuvent poser problème au requérant car ils ne sont pas indiqués, la décision n'étant pas elle-même notifiée ; le domaine principalement concerné est celui du contentieux électoral pour lequel la proclamation des résultats tient lieu de notification.

Les électeurs et les candidats aux élections municipales ou cantonales ne disposent que de cinq jours pour saisir le tribunal administratif des résultats des élections. Le préfet du département concerné auquel sont transmis ces résultats dispose d'un délai de quinze jours (CJA, art. R. 113 et R. 119).

En matière d'élections régionales et d'élections au Parlement européen, le délai de saisine du Conseil d'État, compétent en premier et dernier ressort, est de dix jours (loi du 7 juillet 1977).

Les recours contre les décisions de la commission des sondages électoraux, qui relèvent également de la compétence directe du Conseil d'État, doivent être déposés dans un délai de cinq jours.

La même brièveté se retrouve pour le dépôt des requêtes dirigées contre les élections universitaires, qui doit se faire dans les six jours de la décision de la commission de contrôle ou de l'expiration du délai qui lui est imparti pour se prononcer.

En matière d'élections professionnelles, le requérant dispose de cinq jours pour contester les élections aux chambres départementales de métiers.

Les délais « allongés »

Il s'agit de recours particuliers dont les délais sont prolongés par rapport à ceux que le droit commun devrait imposer en matière de plein contentieux, c'est-à-dire plus de deux mois.

Les demandes de contribution pour dégradations exceptionnelles des voies communales ou départementales

Sont concernées les voies départementales et communales « habituellement ou temporairement soit empruntées par des véhicules dont la circulation entraîne des détériorations anormales, soit dégradées par des exploitations de mines, de carrières, de forêts ou de toute autre entreprise » (C. voirie routière, art. L. 131-8 et L. 141-9).

Les communes et les départements peuvent saisir les tribunaux administratifs afin que ceux-ci fixent les contributions dues par certains utilisateurs pour dégradations exceptionnelles des voies communales ou départementales. Cette action doit être intentée dans l'année qui suit celle au cours de laquelle les dégradations se sont produites.

Il s'agit là d'un cas de recours pour lequel l'administration se trouve exceptionnellement demanderesse devant la juridiction administrative, comme dans le domaine important des contraventions de grande voirie ou de déférés préfectoraux (c'est-à-dire la saisine d'un tribunal administratif par le préfet) contre les actes des collectivités locales. Ce délai d'une année doit être connu des entrepreneurs de transports ou de travaux publics qui pourront ainsi l'opposer à une action tardive de l'administration communale ou départementale.

Ces contributions peuvent être acquittées en argent ou en prestation en nature et faire l'objet d'un abonnement. Ce n'est qu'en l'absence d'accord amiable qu'elles sont fixées annuellement par les tribunaux administratifs, sur demande des départements ou des communes, après expertise, et recouvrées comme en matière d'impôts directs.

Le Conseil d'État a déduit de ces textes les deux principes suivants :
– l'obligation pour l'administration, préalablement à toute demande devant les juridictions, d'engager des pourparlers avec les entrepreneurs concernés (CE 29 octobre 1980, Établissements Heintz, *Lebon* p. 393) ;
– la prorogation du délai d'un an à compter du 1er janvier de l'année suivant celle au cours de laquelle la tentative d'accord amiable doit être regardée comme ayant définitivement échoué (CE 6 décembre 1985, Cne de Saint-Étienne-de-Chigny c/ Entreprise Plée, *Dr. adm.* 1985 n° 80).

La contestation par les tiers des décisions relatives aux installations classées

Les tiers, c'est-à-dire les voisins les plus immédiats, disposent d'un délai de quatre ans à compter de la publication de l'autorisation de fonctionnement pour contester les mesures, le plus souvent préfectorales, relatives à l'autorisation et aux conditions de fonctionnement des installations classées (loi du 19 juillet 1976, art. 14-2). Ce sera par exemple le cas des arrêtés préfectoraux imposant à une fonderie le respect de normes de bruit ou d'horaires de fonctionnement.

Le contentieux dit des installations classées relève du plein contentieux en raison du pouvoir très étendu dont dispose la juridiction administrative à l'égard de la décision contestée.

Le tribunal administratif peut substituer au motif inexact sur lequel reposait une décision préfectorale d'autorisation ou de refus un motif nouveau donnant à la décision un fondement légal (CE 16 novembre 1962, Sté industrielle de tôlerie et d'usinage mécanique, *Lebon* p. 628). Le juge administratif peut également modifier les conditions techniques d'une exploitation pour atténuer les inconvénients résultant de son exploitation pour le voisinage (CE 20 janvier 1978, Bounaix, *Dr. adm.* 1978 n° 66).

Le juge se prononcera en fonction des règles de droit existantes au jour où il rendra sa décision et non en fonction des règles en vigueur au moment où le préfet a pris la décision contestée (CE 7 février 1986, Colombet, *Lebon* p. 29).

Les délais en matière contractuelle

Le cocontractant de l'administration peut facilement connaître les délais de recours qui s'imposeront à lui en cas de litige : il n'a qu'à consulter le cahier des charges auquel renvoie le marché qu'il a passé avec l'autorité administrative.

Ainsi, le cahier des clauses administratives générales des marchés de travaux publics interdit à l'entrepreneur de saisir le tribunal avant l'expiration d'un délai de trois mois, calculé à compter de la réception de sa réclamation préalable par le responsable du marché. Le délai maximal de saisine de la juridiction est quant à lui fixé à six mois, à compter de la notification de la décision du maître de l'ouvrage relative au décompte général du marché.

Si le contrat ou, le plus souvent, le cahier des charges imposent des délais de recours spécifiques, le cocontractant est impérativement tenu de les respecter (CE 17 février 1978, Sté Entreprise rhodanienne de constructions générales, *RDP* 1979 p. 297) sauf dérogation contractuelle commune aux stipulations du CCAG (voir par exemple CE 25 mars 2002, Sté GTM International, *Dr. adm.* 2002, n° 84 : institution conventionnelle d'un avenant conditionnant la mise en œuvre de la proposition notifiée à l'entrepreneur).

En l'absence de dispositions contractuelles, la règle et le mécanisme de principe du plein contentieux vont s'appliquer. Le requérant aura alors deux mois pour contester une décision explicite et quatre ans en cas de décision implicite.

Le cocontractant n'est libéré du respect des règles particulières ou de principe que lorsque les relations contractuelles prennent fin par l'intervention, en matière de marchés de travaux publics, de la réception sans réserve des ouvrages.

Succédera alors aux délais contractuels le délai beaucoup plus large de la responsabilité décennale qui permettra au maître de l'ouvrage de mettre en cause la responsabilité de l'entrepreneur cocontractant, de l'architecte ou du maître d'œuvre qui, elle, ne sera plus contractuelle. Le maître de l'ouvrage devra invoquer des désordres non apparents lors de la réception et de nature soit à rendre l'immeuble impropre à sa destination, soit à affecter sa solidité.

Il ne suffit pas, au requérant, de connaître la durée de ces délais, encore faut-il maîtriser leurs modalités de calcul.

Les modalités de calcul des délais

Sauf texte contraire, les délais en matière de contentieux administratif sont dits délais francs. On ne décompte le délai, qu'il soit délai de principe ou particulier, qu'à partir du jour suivant immédiatement celui où l'on est censé avoir pris connaissance de l'acte contesté. Ainsi, ni le jour où le délai a commencé à courir ni celui où il expire ne sont inclus. Le délai ainsi délimité se calcule de quantième à quantième et se termine le dernier jour à 24 heures.

Si l'on prend l'exemple d'un recours pour excès de pouvoir ou de plein contentieux dirigé contre une décision explicite notifiée à l'intéressé le 5 mai, les deux mois de principe dont dispose celui-ci pour saisir le juge se calculent ainsi : le délai s'ouvre véritablement le 6 mai à 0 heure et vient à expiration le 6 juillet à minuit. Si, d'après ce mode de calcul, le dernier jour du délai est un samedi, un dimanche ou un jour férié ou chômé, le délai est prolongé jusqu'au premier jour ouvrable suivant minuit.

Mais il n'est pas toujours simple de calculer un délai de cinq jours, de deux mois ou de quatre ans. Des règles élémentaires fixent le point de départ d'un délai à la connaissance de l'acte par l'administré. Il appartient en principe à l'administration d'informer l'administré des décisions prises à son encontre soit spontanément, soit à la suite d'une réclamation préalable en matière d'excès de pouvoir ou indemnitaire. Les décisions générales de l'administration font, elles aussi, l'objet d'une publicité. Cette information officielle de l'existence de l'acte par l'administration marque le point de départ du délai.

Exceptionnellement, le délai se déclenche sans qu'il y ait intervention de l'administration : c'est le système de la « connaissance acquise ».

La transmission de l'information par l'administration

Il faut récuser une idée trop couramment admise : le défaut de publicité ou les irrégularités de celle-ci n'ont aucune incidence sur la régularité de l'acte qui en fait l'objet. En revanche, ils interdisent l'ouverture (et donc la fermeture éventuelle) des délais de recours.

Les formes de la publicité

La publicité revêt deux formes selon la nature des actes auxquels elle s'applique : la publication et la notification. La première concerne les actes réglementaires, la seconde les actes individuels, certains d'entre eux faisant cependant l'objet des deux formes de publicité.

Les actes réglementaires font l'objet d'une publicité :
– soit au *Journal officiel*, pour les décrets, ordonnances, arrêtés ministériels et circulaires. En ce qui concerne ces actes réglementaires, ils n'entrent en vigueur qu'à compter d'un jour franc à partir de la publication au *Journal officiel* pour un requérant parisien et de l'arrivée du *Journal officiel* au chef-lieu d'arrondissement pour les autres requérants. En revanche, un acte réglementaire doit faire l'objet d'un recours avant l'expiration du délai franc des deux mois à compter de sa publication. S'il est publié, par exemple, le 1er avril, le recours sera possible jusqu'au 2 juin à minuit ;
– soit dans un bulletin officiel d'un ministère, le délai ne courant alors que pour les agents de ce ministère et non les usagers (CE 31 janvier 1979, de Barnier, *Lebon* p. 34 – CE 9 mars 1983, Ministre du Budget c/ Botellas, *Lebon* T. p. 817) ;
– soit dans le recueil des actes administratifs du département, pour les arrêtés préfectoraux – uniquement lorsqu'un texte prévoit ce mode de publicité (CE sect. 13 décembre 1974, Ministre de l'Aménagement du territoire c/ Dame Girod, *Lebon* p. 632. À contrario CE 24 octobre 1984, Sté Pro-Loisirs, *Lebon* T. p. 701) ;
– soit par affichage, pour les arrêtés réglementaires municipaux ou les délibérations du conseil municipal ;

– soit dans le recueil des actes administratifs des communes de 3 500 habitants et plus pour le dispositif, c'est-à-dire la décision elle-même et non les débats ou les motifs, des délibérations à caractère réglementaire (CGCT, art. L. 2121-24), ainsi que les arrêtés municipaux à caractère réglementaire (CGCT, art. L. 2122-29 alinéa 9).
Un recueil des actes administratifs existe également pour la publication des actes réglementaires, respectivement, des autorités départementales et régionales : seule cette publicité fait courir, pour les actes réglementaires concernés, le délai de recours ;
– soit par voie de publication dans la presse nationale, régionale ou locale.

Le requérant ne doit pas oublier que si le principe pour les décisions individuelles est celui de la notification, certaines décisions non réglementaires doivent cependant être également publiées.

Ainsi, lorsque le requérant est bénéficiaire d'un permis de construire, il doit en assurer l'affichage sur le terrain et l'autorité administrative à la mairie. Les tiers disposent de deux mois pour contester un permis ainsi affiché à compter du premier jour du plus tardif des deux affichages. La seule condition, prévue par l'article R. 490-7 du code de l'urbanisme, est que cet affichage sur le terrain ou en mairie soit continu pendant deux mois. Il faut donc être prudent car un permis non affiché pourra faire l'objet d'un recours des tiers à tout moment.

En revanche, le bénéficiaire de ce permis s'il souhaite agir doit obligatoirement intenter son action dans les deux mois de la notification et non pas de l'affichage. Ce délai de recours contentieux de deux mois s'applique à tous les actes individuels notifiés à leurs destinataires, que ce soit verbalement ou, comme le plus souvent, par voie postale.

Attention ! Le requérant ne peut « geler » un délai de recours en refusant de retirer à la poste un pli recommandé expédié par l'administration. Dans cette hypothèse, le juge retient comme point de départ du délai la date du dépôt de l'avis dans la boîte aux lettres du destinataire. En revanche, si le destinataire retire la lettre à la poste pendant le délai de mise en instance, le délai de recours ne court qu'à partir du jour du retrait.

Dans tous les cas de litiges, il appartient à l'administration de prouver que l'acte a fait l'objet d'une publication ou d'une notification plus de deux mois avant le dépôt de la requête de son adversaire.

Pour être valable, une notification de décision individuelle n'a pas nécessairement à être adressée à l'intéressé lui-même. Elle peut être régulièrement faite à son conjoint non séparé de corps, à son enfant mineur, voire à son concierge.

Dernier principe en matière de publicité des actes des collectivités territoriales le préfet doit être informé par celles-ci des décisions qui lui sont soumises dans le cadre du contrôle de la légalité.

La transmission de ces actes se matérialise par leur réception dans les services de la préfecture ou de la sous-préfecture. Seule cette transmission confère à ces actes leur caractère exécutoire et elle déclenche le délai de saisine du tribunal administratif par le préfet à condition que cette information soit complète, c'est-à-dire qu'elle comporte tous les éléments permettant au préfet d'apprécier la portée de la décision litigieuse.

Imposée par la jurisprudence, cette règle d'une transmission complète se retrouve dans la loi du 6 février 1992 d'orientation relative à l'administration territoriale de la République, dont l'article 43 prévoit que la transmission des conventions de marchés des collectivités territoriales au représentant de l'État doit s'accompagner de la transmission de l'ensemble des pièces.

Une information complète est une exigence générale. En effet, il ne suffit pas de vérifier l'existence de la publicité de l'acte concerné, encore convient-il de s'assurer de la validité du contenu de cette publicité.

L'importance du contenu de la publicité

Le requérant doit savoir que la publicité de l'acte doit être complète pour faire naître le délai de recours, quelle que soit la forme de la publicité.

Les effets de la publicité incomplète d'un acte en matière d'excès de pouvoir

La décision notifiée doit être communiquée dans son intégralité au requérant. Un simple résumé ne constitue pas une information suffisante et ne peut donc marquer le point de départ des délais de recours.

Une décision administrative doit comporter trois parties :
– les visas, c'est-à-dire les textes de référence (« vu... ») ;
– les motifs, c'est-à-dire les raisons de droit ou de fait qui justifient la décision (« considérant... ») ;
– le dispositif ou la conclusion même de la décision (« décide... »).

Ainsi, le fait d'informer un salarié protégé que son licenciement a été autorisé ou un simple résumé de la décision ne constitue pas une publicité régulière (CE 21 janvier 1983, Capron, *Lebon* p. 20). L'administration doit adresser au justiciable le texte intégral de l'autorisation de licenciement.

Le requérant est cependant lui aussi soumis à certaines obligations. Par exemple, le titulaire d'un permis de construire doit faire figurer sur le panneau qu'il affiche l'ensemble des mentions exigées par le code de l'urbanisme. Si tel n'est pas le cas, le délai de deux mois peut certes lui être opposé mais les tiers peuvent attaquer le permis à tout moment.

Selon l'article A. 421-7 du code de l'urbanisme, ce panneau doit être d'une dimension supérieure à 80 centimètres et être visible de la voie publique (CE 21 décembre 1977, SCI Ilot B 10, *Lebon* p. 529).

Doivent y figurer les informations suivantes :
– nom, raison sociale ou dénomination du bénéficiaire ;
– date du permis et numéro du permis ;
– nature des travaux ;
– superficie du terrain ;
– superficie du plancher autorisée ;

– hauteur de la construction exprimée en mètres par rapport au sol naturel ;
– adresse de la mairie où le dossier peut être consulté.

De même, si la publicité d'un acte par extraits dans la presse ne fait pas apparaître la qualité de l'autorité administrative qui l'a édicté, le requérant ne pourra se voir opposer l'expiration des délais de recours. En effet, une telle publicité incomplète qui ne mentionne pas l'auteur de la décision ne permet pas d'invoquer le vice d'incompétence.

Les conséquences de la notification incomplète d'une décision individuelle explicite

Si « nul n'est censé ignorer la loi », le législateur lui-même n'ignore pas les difficultés auxquelles peut se heurter le requérant pour prendre connaissance des délais inférieurs à deux mois.

Or, quelle que soit leur durée, les délais de recours ne sont opposables qu'à la condition d'avoir été mentionnés, avec les voies de recours, dans la notification de la décision (décret du 28 novembre 1983 repris aujourd'hui à l'article R. 421-5 du code de justice administrative).

Le requérant n'a donc pas à se préoccuper de ces délais particuliers dont il prend connaissance en même temps que la décision que l'on entend contester. Si l'administration ne notifie pas le délai de recours, elle ne peut opposer au requérant aucune forclusion car aucun délai n'a commencé à courir. Un recours sera alors recevable tant que l'autorité administrative n'aura pas précisé le juge compétent et le délai imparti pour demander l'annulation de la décision individuelle notifiée.

Les effets de l'absence d'accusé de réception ou de la délivrance d'un accusé de réception incomplet par l'administration

Sont ici concernées les décisions implicites pour lesquelles, à défaut de notification, seul l'accusé de réception administratif de la demande est transmis au requérant, élément clé du déclenchement du délai.

En effet, le défaut de transmission d'un accusé de réception d'une demande préalable ou d'un recours administratif gracieux ou hiérarchique interdit l'ouverture d'un quelconque délai de recours à l'encontre de la décision provoquée par la réclamation. En vertu de l'article 19 de la loi du 12 avril 2000, les délais de recours ne sont pas opposables à l'auteur d'une demande lorsque l'accusé de réception ne lui a pas été transmis ou ne comporte pas les indications prévues par un décret en Conseil d'État.

Ce décret, en date du 6 juin 2001 prévoit ainsi que cet accusé de réception doit comporter :
– la date de réception de la demande et la date à laquelle, à défaut d'une décision expresse, celle-ci sera réputée acceptée ou rejetée ;
– la désignation, l'adresse postale et, le cas échéant, électronique, ainsi que le numéro de téléphone du service chargé du dossier.

L'accusé de réception indique si la demande est susceptible de donner lieu à une décision implicite de rejet ou à une décision implicite d'acceptation. Dans le premier cas, l'accusé de réception mentionne les délais et voies de recours à l'encontre de la décision. Dans le second cas, il mentionne la possibilité offerte au demandeur de se voir délivrer une attestation de décision implicite d'acceptation.

En dehors de ce régime de droit commun, le décret réserve un sort particulier aux demandes incomplètes pour lesquels l'accusé de réception sera plus développé puisque l'autorité administrative devra indiquer au demandeur les pièces manquantes dont la production est indispensable à l'instruction de la demande et celle des pièces rédigées dans une autre langue que le français dont la traduction, et, le cas échéant, la légalisation sont requises.

L'administration impartit au demandeur un délai pour la réception de ces pièces. Dans une telle hypothèse de demande incomplète, le délai au terme duquel, à défaut de décision expresse, la demande est acceptée ne court qu'à compter de la réception des pièces requises.

Le délai au terme duquel, à défaut de décision expresse, la demande est réputée rejetée est suspendu pendant le délai imparti pour produire les pièces requises. Toutefois, la production de ces pièces avant l'expiration du délai met fin à cette suspension.

Enfin, l'accusé de réception n'a pas à être délivré dans les deux cas suivants :
– lorsqu'une décision implicite ou expresse est acquise en vertu des lois et règlements au profit du demandeur, au terme d'un délai inférieur ou égal à quinze jours à compter de la date de réception de la demande,
– lorsque la demande tend à la délivrance d'un document ou au service d'une prestation prévue par les lois et règlements pour laquelle l'autorité administrative ne dispose d'aucun autre pouvoir que celui de vérifier que le demandeur remplit les conditions légales pour l'obtenir.

La conséquence de la transmission incomplète d'une décision locale au préfet

Ce régime diffère quelque peu des précédents dans la mesure où une transmission incomplète permet simplement au préfet de demander à l'autorité locale de lui communiquer les documents complémentaires. Le préfet doit agir dans les deux mois. Le délai de recours est dans ce cas prorogé, à compter de la nouvelle transmission ou du refus de transmission (CE sect. 13 janvier 1988, Mutuelle générale des personnels des collectivités locales, *Lebon* p. 6).

La connaissance acquise par l'administré

Dans des circonstances exceptionnelles, la certitude que le destinataire de l'acte connaît l'existence de celui-ci équivaut à une notification ou à une publication en bonne et due forme. Il s'agit là de ce que l'on nomme la théorie de la connaissance acquise.

Se rattachent à la même idée le mécanisme de l'ouverture des délais en cas de dommages subis par le justiciable et celui applicable aux décisions implicites de rejet dans le plein contentieux.

La théorie de la connaissance acquise

Ce principe s'appliquait traditionnellement pour deux séries de recours dont seule la première subsiste à l'heure actuelle :
– les recours formés par les membres d'une assemblée délibérante à l'encontre des actes réglementaires pris par ce même organisme. Le juge fait alors partir le délai de recours du jour de la séance de l'organisme délibérant (voir par exemple CE 27 octobre 1989, M. de Peretti c/ Cne de Sarlat, *Lebon* T. p. 509, à propos d'un recours d'un conseiller municipal contre une délibération à laquelle il avait pris part) ; en clair, les membres d'un organisme délibérant ne peuvent bénéficier du délai applicable aux tiers qui ne commencera à courir qu'à compter de l'affichage de la délibération en cause. Ce déclenchement immédiat du délai de deux mois s'applique même si le conseiller n'était pas physiquement présent à la séance au cours de laquelle la délibération a été prise dès lors que le juge considère que la convocation à cette séance avec un ordre du jour mentionnant les questions qui seront évoquées lors de cette séance vaut connaissance de ces questions ;
– les recours contentieux introduits après l'exercice d'un recours gracieux ou hiérarchique contre un acte administratif non notifié. Par exemple, un fonctionnaire qui demandait la révision de sa note ou un tiers qui contestait un permis de construire étaient censés avoir eu connaissance des actes litigieux au plus tard le jour où ils ont introduit leur recours gracieux ou hiérarchique si bien que l'exercice d'un recours contentieux plus de deux mois après le rejet de ces recours était considéré comme tardif, alors même qu'ils n'avaient jamais été informés du délai de deux mois dont ils disposaient.

Le Conseil d'État a mis fin à cette jurisprudence par deux arrêts du 13 mars 1998 en considérant que si l'exercice d'un recours administratif valait nécessairement connaissance de l'acte en cause, il ne valait pas connaissance des délais de recours (voir en ce sens CE 13 mars 1998, Mauline et Assistance publique-Hôpitaux de Paris, note J.-J. Thouroude, « Moralisation des délais de recours », *D.* 1998, Flash Dernière actualité).

Le cas des dommages subis par l'administré

Le délai pour saisir directement le juge – en matière de travaux ou ouvrages publics – ou l'administration – pour les dommages provoqués par une autre activité de l'administration – est celui de la prescription quadriennale ou décennale en cas de dommages trouvant leur source dans un acte médical de soins, de prévention ou de diagnostic. Ce délai de quatre ans ou de dix ans commence à courir automatiquement, sans qu'aucune intervention de l'administration soit nécessaire ; son point de départ est le 1er janvier de l'année suivant celle au cours de laquelle la victime a pu avoir connaissance de l'existence et de l'importance de sa créance à l'égard de l'administration.

Ainsi, en cas de dommage matériel ou de décès survenu au cours de l'année 2002, le délai de prescription pour présenter la réclamation préalable ou saisir directement le juge s'il s'agit d'un dommage de travaux ou ouvrages publics commencera à courir le 1er janvier 2003 pour se terminer le 31 décembre 2006.

S'il s'agit d'une blessure, ce délai de quatre ans ne commencera à courir que le 1er janvier de l'année suivant celle de la « consolidation » de ces blessures, c'est-à-dire de la stabilisation médicale de ces blessures ; il est ainsi des cas où le délai de prescription peut s'étendre très largement au-delà des quatre ans après le fait générateur du dommage (voir par exemple TA de Caen, 11 décembre 1990 M. Poirier, req. n° 881286 et 90527 : condamnation de l'État pour une vaccination anti-variolique pratiquée en 1949 sur un jeune enfant dont l'état médical n'avait été considéré comme consolidé qu'en 1986 !) voire ne jamais pouvoir être opposé s'agissant d'un état médical non susceptible de consolidation, notamment pour les patients victimes d'une contamination HIV ou hépatite C.

Dans tous les cas, le délai de quatre ans (ou de dix ans) commence toujours un 1er janvier et se termine toujours le 31 décembre de la quatrième année (dixième), quel que soit le jour de l'accident ou du décès.

La victime ou sa famille est ainsi assurée de disposer au minimum de quatre années pleines voire de près de cinq années (ou onze années s'il s'agit d'un accident médical) si l'accident survient au début d'une année donnée.

Le cas particulier des décisions implicites en plein contentieux

Le code de justice administrative prévoit qu'en matière de plein contentieux seule une décision expresse de rejet est de nature à faire courir les délais de recours (CJA, art. R. 421-3).

C'est dire que s'il s'agit de plein contentieux indemnitaire, la victime ou sa famille devra veiller, suite à un rejet implicite de la réclamation préalable, à ne pas laisser expirer le délai de prescription quadriennale ou décennale qui commencera à nouveau à courir à compter du 1er janvier de l'année suivant celle de l'expiration des deux mois valant rejet implicite de cette réclamation.

La prorogation des délais de recours

Les délais de recours peuvent être prorogés dans certaines conditions.

L'exercice d'un recours administratif facultatif

Un recours administratif gracieux ou hiérarchique permet en principe de conserver le délai de recours contentieux s'il est lui-même exercé dans les deux mois de la notification ou de la publication de la décision attaquée.

Cette possibilité n'est cependant pas offerte si les textes ont organisé une procédure spécifique de saisine du juge administratif ; ainsi, en matière d'installations classées pour la protection de l'environnement, l'exploitant de l'installation ne peut proroger les délais de recours par l'exercice d'un recours hiérarchique (CE 19 mars 1993, M. Pierre Ollitrault, *Lebon* p. 78).

De même, le Conseil d'État considère qu'eu égard à la nature, à la composition et aux pouvoirs de la commission de contrôle des assurances, la procédure particulière instituée par les dispositions de l'article L. 310-18 du code des assurances fait obstacle à ce que les décisions de sanction qu'elle prend puissent faire l'objet de la part des personnes sanctionnées, dans le délai de deux mois qui leur est imparti pour former un recours de plein contentieux devant le Conseil d'État, d'un recours gracieux interrompant le cours de ce délai (CE 5 décembre 2001, Sté CAPMA-CAPMI, req. n° 203591 214196).

Par ailleurs, l'on sait qu'il est impossible d'exercer un recours contentieux plus de deux mois après le rejet du premier recours administratif, gracieux ou hiérarchique, si deux recours administratifs ont été successivement ou conjointement formés. En effet, la règle de la prorogation du délai ne s'applique pas en cas de cumul des recours administratifs.

La demande d'aide juridictionnelle

Les personnes physiques dont les ressources sont insuffisantes pour faire valoir leurs droits en justice peuvent bénéficier d'une aide « juridictionnelle » totale ou partielle. Son bénéfice peut être exceptionnellement accordé aux personnes morales à but non lucratif ayant leur siège en France et ne disposant pas de ressources suffisantes.

Le demandeur à l'aide juridictionnelle doit justifier que ses ressources mensuelles sont inférieures à 802 euros pour bénéficier de l'aide juridictionnelle totale et de 1 203 euros pour bénéficier de l'aide juridictionnelle partielle, ces plafonds étant affectés de correctifs pour charges de famille et fixés, depuis le 1er janvier 1993, par la loi de finances en référence à l'évolution de la tranche la plus basse de l'impôt sur le revenu (loi du 10 juillet 1991, art. 4).

Personnes à charge	Aide juridictionnelle totale (en euros)	Aide juridictionnelle partielle (en euros)
0	802	1 203
1	893	1 294
2	984	1 385
3	1 075	1 476
4	1 166	1 567
5	1 257	1 658

L'admission à l'aide juridictionnelle est prononcée par un bureau d'aide juridictionnelle institué soit au siège d'un tribunal de grande instance – qui comprend une section chargée d'examiner les demandes relatives aux affaires portées devant le tribunal administratif et une section chargée d'examiner les demandes relatives aux affaires portées devant la cour administrative d'appel –, soit auprès du Conseil d'État.

Dans tous les cas, le demandeur peut adresser sa demande au bureau d'aide juridictionnelle dont dépend son domicile.

Si l'aide juridictionnelle est accordée, les dépenses de procédure qui incomberaient à son bénéficiaire sont à la charge de l'État, y compris la rémunération de l'avocat calculée par application d'un système d'unité de valeur de référence (loi du 10 juillet 1991, art. 27). Toutefois, l'aide juridictionnelle partielle laisse à son bénéficiaire la charge d'un honoraire fixé par convention avec l'avocat.

Pour proroger le délai de recours, il faut veiller à ce que la demande d'aide juridictionnelle soit adressée au bureau d'aide juridictionnelle avant l'expiration des délais de recours contentieux ; celui-ci est alors prorogé de la même durée, à compter de la notification de la décision d'admission ou de rejet de l'aide. Cependant, si le délai de recours restant à courir lors de la notification de la décision du bureau d'aide juridictionnelle est supérieur à deux mois, l'intéressé dispose de l'intégralité de cette durée restante.

Les délais de recours sont interrompus dans les mêmes conditions, que l'aide soit sollicitée à l'occasion d'une instance devant les juridictions ou bien avant l'introduction de l'action en justice.

Lorsque le requérant adresse sa demande à un bureau par voie postale, la date prise en compte est celle de l'expédition de la lettre.

Toutefois, la prorogation des délais par une demande d'aide juridictionnelle ne vaut pas pour les recours administratifs (CE 26 septembre 1986, M. Mohamed Saadi, *Lebon* T. p. 657). Cette aide est en effet destinée à l'exercice d'une action juridictionnelle et non administrative.

Les recours devant une juridiction incompétente

Selon le Conseil d'État, un recours contre un acte administratif ou contre l'administration devant une juridiction incompétente peut conserver le délai de recours devant la juridiction compétente à condition que le juge incompétent ait été saisi dans le délai de recours contentieux.

La prorogation produit effet à compter du jour où l'on est officiellement informé de son erreur d'orientation par notification ou signification du jugement d'incompétence.

Cette règle ne présente d'intérêt pratique que dans l'hypothèse où le requérant a saisi à tort soit un tribunal judiciaire, soit une juridiction administrative spéciale. En effet, si un tribunal administratif est saisi au lieu du Conseil d'État, l'on sait que la question dc compétence est réglée directement par le juge administratif.

Attention ! Le requérant doit savoir qu'il ne peut invoquer son erreur dans deux cas :
– s'il n'a pas respecté les délais normaux de recours pour la saisine de la juridiction incompétente ;
– s'il présente un nouveau recours dont le contenu est tout à fait différent de celui du premier intenté devant la juridiction incompétente ; il doit alors demander au tribunal administratif l'annulation ou la condamnation des mêmes actes ou des mêmes personnes que ceux mis en cause antérieurement.

Par exemple, une demande d'indemnité présentée à tort devant le conseil des prud'hommes par un salarié licencié ne suspend pas le délai du recours pour excès de pouvoir contre la décision prononçant ou autorisant son licenciement (CE 7 mai 1975, Codis, *Lebon* T. p. 1118).

De même, une action civile ou pénale contre les praticiens d'un établissement public hospitalier ne proroge pas les délais d'action contre l'établissement public lui-même devant le tribunal administratif.

À l'inverse, le fait pour un patient de se constituer « partie civile », contre la direction d'un établissement public hospitalier dans une action pénale dirigée contre les médecins de cet établissement interrompt valablement le cours de la prescription décennale (CE 6 novembre 1987, Cerqueira, *RDP* 1988 p. 912 ; intervenue bien avant l'entrée en vigueur du nouveau code pénal de 1992, cette mise en cause pénale d'une personne morale de droit public était présentée devant une juridiction incompétente pour en connaître mais le requérant avait, par erreur, mis en cause la direction de l'hôpital, ce qui lui a permis de bénéficier de la prorogation du délai de prescription).

De même, l'assignation d'un entrepreneur et d'architectes devant un tribunal de grande instance afin de mettre en cause leur responsabilité décennale proroge le délai de garantie décennale au bénéfice d'une action identique engagée devant le tribunal administratif dans les deux mois de la signification du jugement d'incompétence (CE 27 mars 1968, Sieur Chirot et autres, *AJDA* 1968 p. 482).

Lorsque l'on ne se trouve pas dans une de ces situations de prorogation du délai de recours ou bien que l'on a néanmoins laissé expirer celui-ci, de quel moyen d'action dispose-t-on alors contre l'acte ou l'agissement contesté ?

Les moyens d'action après l'expiration des délais de recours

Même si le requérant a engagé un recours à temps, il lui est impossible de modifier les fondements de son argumentation juridique au-delà de l'expiration du délai de recours contentieux.

Mais que peut-on faire lorsque l'on a laissé passer les délais de recours sans introduire d'action en justice ?

En matière indemnitaire, la réponse est simple : si la victime a laissé expirer le délai de la prescription quadriennale pour exercer son recours administratif, elle ne pourra plus obtenir réparation devant le juge. L'administration ne peut faire preuve de bienveillance à l'égard du requérant et renoncer à invoquer la prescription résultant de la prescription quadriennale (art. 6 de la loi du 31 décembre 1968), sauf circonstances particulières tenant notamment à la situation du créancier.

Dans le contentieux pour excès de pouvoir, le requérant dispose de moyens d'actions de nature à remédier à sa négligence. Il ne peut, cependant, se laisser tenter par la solution de facilité consistant à relancer la procédure administrative en provoquant une seconde décision administrative identique à celle initialement contestée.

L'irrecevabilité des recours contre les décisions confirmatives

Le requérant ne peut susciter une nouvelle décision administrative préalable simplement confirmative de la précédente pour laquelle il a laissé expirer le délai de recours. Cette démarche reviendrait, en effet, à exercer un second recours contentieux identique au premier contre cette décision confirmative. Cette interdiction vaut en matière d'excès de pouvoir comme en plein contentieux.

Sont cependant considérées comme non confirmatives les décisions prises dans les conditions suivantes :
– dans l'hypothèse d'une modification des circonstances de droit (telle l'adoption d'une nouvelle réglementation) ou de fait (telle l'ancienneté plus importante d'un fonctionnaire lui donnant droit à un avantage préalablement refusé), la seconde décision n'est pas analysée comme purement confirmative de la première ;
– les décisions identiques de refus de délimitation du domaine public naturel – maritime ou fluvial – opposées aux riverains dès lors que ces décisions ont pour objet « la constatation d'une situation de fait susceptible de changements ultérieurs » (CE sect, 6 février 1976, Secrétaire d'État aux Transports c/ SCI Villa Miramar, *Lebon* p. 88).

La même solution s'applique aux refus successifs de certificats d'urbanisme qui se traduisent par l'octroi de certificats négatifs déclarant un terrain inconstructible. Ces certificats peuvent uniquement constater qu'un terrain est ou non constructible compte tenu des règles d'urbanisme applicables et des équipements publics existants ou prévus à la date de délivrance du certificat (CE sect. 3 février 1984, Veuve Bourgeois, *Lebon* p. 42).

Sont également considérés comme non confirmatifs les refus successifs de communication de procès-verbaux, de budgets, comptes ou arrêtés municipaux opposés à un habitant ou à un contribuable de la commune dès lors que l'intéressé justifie du droit à la communication prévu par l'article L. 2121-26 du code général des collectivités territoriales (CE sect. 11 janvier 1978, Cne de Muret, *Lebon* p 5).

Si l'on est destinataire d'une décision administrative illégale, il faut donc veiller à ne pas solliciter une seconde décision simplement confirmative. Par ailleurs, lorsque l'on a laissé passer les délais de recours en annulation d'une décision réglementaire, il existe deux autres possibilités de remédier à cette négligence : l'abrogation et l'exception d'illégalité.

L'abrogation des décisions réglementaires illégales

Si le requérant ne peut obtenir l'annulation d'un acte réglementaire avec l'effet rétroactif qui s'y rattache, il peut demander à l'administration l'abrogation d'une décision qui aura pour effet de la faire disparaître dans l'avenir (décret du 28 novembre 1983, art. 3). Aucune condition de délai ne s'impose dans cette hypothèse.

L'abrogation ou la modification est possible lorsque le règlement illégal est soit inadapté à de nouvelles circonstances de droit ou de fait, soit illégal dès l'origine.

Cette procédure n'entraîne pas l'annulation de l'acte réglementaire, mais elle constitue un moyen de pression efficace sur l'administration dont le refus d'abrogation ou de modification peut être soumis au juge, avec au surplus une demande d'injonction, au besoin sous astreinte, de procéder à cette abrogation.

Un plan d'occupation des sols, devenu en 2001 plan local d'urbanisme, était le seul acte réglementaire à ne pouvoir être abrogé en vertu d'une disposition expresse du code de l'urbanisme, l'article L. 123-4-1, elle-même abrogée à compter du 1er avril 2001.

Cette possibilité d'abrogation ou de modification constitue dans certains cas une obligation pour l'administration comme en témoigne un arrêt du Conseil d'État relatif à un recours contre une circulaire du 3 mars 2000 édictée par le ministre des Affaires étrangères sous forme de « télégramme-diplomatie » qualifiant le pacte civil de solidarité, institué par une loi du 15 novembre 1999, de contrat de nature patrimoniale et excluant en l'état les personnes liées par un tel pacte à des agents du ministère en poste à l'étranger du bénéfice de la prise en charge des frais de voyage, du versement de l'indemnité de transport de bagages et du supplément familial de traitement (CE 28 juin 2002, M. Villemain, req. n° 220361, 228325).

Selon le Conseil d'État, lorsque, sans pour autant rendre par elle-même inapplicables des dispositions réglementaires incompatibles avec elle, une loi crée une situation juridique nouvelle, il appartient au pouvoir réglementaire, afin d'assurer la pleine application de la loi, de tirer toutes les conséquences de cette situation nouvelle en apportant, dans un délai raisonnable, les modifications à la réglementation applicable qui sont rendues nécessaires par les exigences inhérentes à la hiérarchie des normes et, en particulier, aux principes généraux du droit tels que le principe d'égalité.

En l'espèce, cette obligation impose au pouvoir réglementaire de « mettre à jour » l'ensemble des textes qui ouvrent des droits, créent des avantages ou, plus généralement, fixent une règle en se fondant sur la qualité de célibataire, de concubin ou de conjoint, de manière à rapprocher, en fonction de l'objet de chacun de ces textes, la situation du signataire du pacte civile de solidarité de celle applicable à l'une des trois qualités précitées.

La circulaire attaquée, qui interprétait le droit existant comme n'exigeant pas, dans l'immédiat, la modification des décrets relatifs à la prise en charge des frais de voyage, du versement de l'indemnité de transport des bagages et du supplément familial de traitement qui font référence au « conjoint » ou à l'« agent marié », a été ainsi provisoirement sauvée de l'annulation compte tenu du délai raisonnable qui s'était écoulé entre la loi du 15 novembre 1999 et la circulaire du 3 mars 2000.

En revanche, le Conseil d'État a annoncé, dans un considérant, que « l'abstention du pouvoir réglementaire, si elle se prolongeait au-delà de ce délai raisonnable serait entachée d'illégalité ». On est donc en présence d'une incitation active à l'égard du gouvernement en vue de « toiletter » rapidement ses textes sous forme d'abrogation ou de modification.

L'exception d'illégalité à l'encontre des décisions réglementaires

Si le requérant a laissé s'écouler le délai de deux mois sans exercer de recours contre un acte réglementaire illégal, il peut toujours arguer de cette illégalité à l'occasion d'une application individuelle de cette décision. Ce mécanisme n'est soumis à aucun délai, si ce n'est, naturellement, le délai de deux mois pour contester l'acte individuel d'application.

Il importe surtout de s'assurer qu'il existe un lien étroit entre le texte réglementaire illégal et la décision individuelle.

Il s'agit d'une garantie juridictionnelle certaine puisque le juge est amené à prononcer l'annulation de ces décisions individuelles prises sur la base d'un acte illégal qui lui, bien entendu, ne disparaîtra pas.

L'habitant d'une commune qui n'a, par exemple, pas jugé utile de contester le plan local d'urbanisme adopté par le conseil municipal, dans les deux mois de sa publication, pourra toujours demander l'annulation d'un permis de construire délivré ultérieurement ou d'un refus de permis de construire en invoquant l'illégalité du PLU sur la base duquel cette décision individuelle a été prise.

Si cette illégalité est reconnue, le permis ou le refus de permis sera annulé même s'il ne comporte pas de vice propre (voir par exemple CE 26 mars 2001, SARL Le Blanc Coudon, *RFDA* 2001, p. 783 : annulation d'un permis de construire et d'un permis de construire modificatif délivrés sur la base d'un POS comportant un classement de zones incompatible avec les orientations d'un schéma directeur d'aménagement et d'urbanisme).

Il appartiendra au conseil municipal de modifier le PLU illégal afin d'éviter l'annulation d'autres permis de construire. Le résultat sera donc identique à celui d'un recours direct contre le PLU sauf si le conseil municipal préfère ignorer ce risque d'annulation ultérieur.

Depuis 1994, la possibilité d'invoquer l'exception d'illégalité d'un POS, devenu PLU, est strictement encadrée. S'il s'agit d'un vice de forme non substantiel, l'illégalité du POS ne pourra être invoquée au-delà d'un délai de six mois à compter de l'adoption de ce document. (C. urb., art. L. 600-1).

Cette voie de recours « subsidiaire » qui permet à un administré d'invoquer, devant le juge administratif, l'illégalité d'un acte administratif réglementaire à l'encontre d'un acte individuel d'application ne doit pas être confondue avec le mécanisme de l'exception d'illégalité applicable devant les juridictions judiciaires.

En effet, devant les juridictions pénales, le prévenu peut tenter d'échapper à sa condamnation en alléguant l'illégalité du texte réglementaire qui a servi de base à sa poursuite ; il invoque alors l'exception d'illégalité du texte sur lequel se fonde l'accusation. Si le juge pénal suit l'argumentation du prévenu, il doit prononcer la relaxe de l'intéressé en raison de l'illégalité de l'acte réglementaire.

Devant les juridictions civiles, l'illégalité d'un acte administratif peut également être invoquée par l'une des parties, à titre d'exception. La question sera renvoyée devant le juge administratif qui appréciera la légalité ou l'illégalité de l'acte sans que ce point constitue l'objet du litige principal qui se déroule devant le juge civil.

L'exception d'illégalité n'est donc appréciée directement par le juge administratif que dans le cadre d'un recours en excès de pouvoir dirigé contre un acte individuel d'application de l'acte réglementaire. Dans tous les autres cas, cette juridiction n'est saisie que par voie d'un jugement du juge judiciaire se déclarant incompétent pour statuer sur ce problème, sauf lorsque le juge pénal a à apprécier la légalité d'un règlement dont dépend l'issue du procès pénal, auquel cas ce juge est compétent pour se prononcer sur cette question (C. pénal, art. 111-5).

L'acte réglementaire ou individuel illégal définitif invoqué devant le juge judiciaire ne pourra être appliqué au litige en cause si le juge administratif, saisi indirectement de la question de sa validité, déclare que cet acte est illégal. L'expiration du délai de recours à l'encontre des actes administratifs n'interdit donc pas de remettre en cause leur légalité sans pouvoir, toutefois, en obtenir l'annulation. Qu'il s'agisse du mécanisme de l'exception d'illégalité ou du renvoi pour appréciation de légalité, ces recours visent à paralyser les effets d'une décision administrative définitive se trouvant, en tout état de cause, à l'abri d'une quelconque annulation.

L'exception d'illégalité des actes non réglementaires

Alors que l'exception d'illégalité des actes réglementaires peut être invoquée à l'encontre des actes de cette nature dans leur ensemble, l'exception d'illégalité des actes non réglementaires ne peut être invoquée, après l'expiration du délai de recours, qu'à l'encontre de certains d'entre eux, dans le cadre de la théorie jurisprudentielle dite des « opérations complexes ».

Il y a « opération complexe » lorsqu'une décision finale ne peut être prise qu'après intervention d'une ou de plusieurs décisions successives, spécialement édictées en vue de l'achèvement de l'opération représenté par la décision finale. En application de cette théorie jurisprudentielle, il sera possible d'invoquer l'illégalité de l'une de ces décisions successives, même non réglementaires, dans le cadre d'un recours contre la décision finale.

Cette théorie s'applique principalement dans le contentieux de l'expropriation et dans le contentieux des examens et concours d'accès à la fonction publique.

Dans le cas de l'expropriation, l'illégalité de la déclaration d'utilité publique non attaquée dans les deux mois de sa publication peut être, par exemple, invoquée à l'appui d'un recours dirigé contre l'arrêté de cessibilité notifié au propriétaire de la parcelle à exproprier, en vertu de l'acte déclaratif d'utilité publique. Le propriétaire doit donc attaquer l'arrêté de cessibilité en invoquant l'illégalité de la déclaration d'utilité publique qu'il applique. Si le moyen qu'il invoque est fondé, l'arrêté de cessibilité sera annulé en raison de l'illégalité de la décision administrative déclarant l'utilité publique (CE sect. 26 juillet 1977, Dame Manrot-Le Goarnic, *AJDA* 1977 p. 513).

En matière de concours, un candidat non admis pourra contester la liste des candidats admis en invoquant l'illégalité d'une décision antérieure, telle que la désignation des membres du jury ou l'établissement de la liste des admissibles (CE 22 mai 1963, Viallet, *Lebon* p. 320 – CE 7 juillet 1976, Sebillotte, *Lebon* p. 348).

Dans toutes ces opérations complexes, le requérant doit prendre soin de déposer sa requête dans le délai de deux mois à compter de la publication ou de la notification de la décision finale attaquée à titre principal. Dans le cas contraire, sa requête serait irrecevable.

En dehors de cette théorie des opérations complexes, l'illégalité des décisions non réglementaires définitives ne peut être appréciée par le juge administratif que sur renvoi du juge judiciaire pour appréciation de légalité dans le cadre d'une question dite « préjudicielle », c'est-à-dire qui détermine le sort du litige qui lui est soumis ; l'exemple type est celui du permis de construire dont se prévaut le propriétaire dont la construction fait l'objet d'une demande de démolition par son voisin devant le tribunal de grande instance. Le juge judiciaire ne pourra ordonner la démolition d'une telle construction réalisée en vertu d'un permis de construire que si le juge administratif, saisi sur renvoi du juge judiciaire, déclare que ledit permis est illégal, bien qu'il soit définitif.

L'indemnisation du préjudice résultant d'une décision individuelle illégale définitive

Le requérant doit savoir qu'il peut invoquer l'illégalité d'un acte individuel, même après l'expiration du délai de recours en annulation, à l'appui d'un recours indemnitaire. En effet, lorsque le requérant a négligé de demander l'annulation d'une décision dans le délai imparti, il peut encore solliciter, d'abord de l'administration puis du juge, l'indemnisation du préjudice subi du fait de l'illégalité de cette décision. Il s'agit d'une action de plein contentieux. Cette possibilité présente un intérêt particulier en ce qui concerne les décisions non réglementaires pour lesquelles il est impossible d'invoquer l'exception d'illégalité précitée, c'est-à-dire lorsque l'acte concerné ne s'inscrit pas dans le cadre d'une « opération complexe ».

Ainsi, un agent public irrégulièrement évincé pourra agir en réparation de son préjudice, même s'il n'a pas contesté en temps utile la décision d'éviction (CE 11 avril 1973, Brulant, *Lebon* p. 294 – CE sect. 30 avril 1976, Siméon, *Lebon* p. 225).

Deux éléments conditionnent l'octroi d'une indemnité :
– ce recours ne peut être intenté contre des décisions administratives à caractère exclusivement pécuniaire. Par exemple, une décision réduisant ou refusant une prime ne peut donner lieu, après l'expiration du délai de recours en annulation, à une action indemnitaire (CE sect. 2 juillet 1965, Delobel, *Lebon* p. 410). En effet, l'illégalité de la décision et le

préjudice qu'elle a provoqué sont, dans ce cas, concomitants. Et il faut donc contester la décision et ses incidences financières en un même recours ;

– l'action indemnitaire doit s'exercer dans les délais habituels du recours de plein contentieux, c'est-à-dire avant l'expiration de la prescription quadriennale.

Si les délais sont une condition importante de recevabilité du recours, la qualité du requérant l'est aussi.

2.1.4 Capacité et intérêt pour agir

La capacité pour agir

La plupart des incapacités (présentées ci-dessous) peuvent être régularisées en cours d'instance, même après l'expiration des délais de recours. Il faut pour cela que le représentant légal ou la personne normalement compétente s'approprie le recours de la personne incapable en le signant.

La question de la capacité se pose différemment selon qu'il s'agit de personnes physiques ou morales.

La capacité des personnes physiques

Le principe en la matière est l'application des règles du droit civil, mais les recours pour excès de pouvoir y dérogent parfois.

Le principe de l'application des règles de droit civil

Pour déterminer si le requérant a la capacité juridique de présenter un recours devant lui, le juge administratif se réfère aux règles du droit civil.

Ainsi, les mineurs non émancipés comme les majeurs placés sous la sauvegarde de la justice ou dotés d'un tuteur, à cause de l'altération de leurs facultés mentales ou corporelles, ne peuvent agir en justice. L'article 490 du code civil résultant de l'article premier de la loi du 3 janvier 1968 précise que « l'altération des facultés mentales ou corporelles doit être médicalement établie ». Le régime de la sauvegarde de justice est moins lourd que celui de la tutelle. Alors que le juge des tutelles désignera un mandataire pour exercer une action en justice dans le premier cas, le majeur en tutelle est constamment représenté dans tous les actes de la vie civile.

Un mineur doit donc être représenté par l'un de ses parents qui, depuis la loi du 23 décembre 1985, exercent conjointement l'administration légale dans l'hypothèse où ils exercent en commun l'autorité parentale.

Dans les autres cas, l'administration légale, et donc la représentation en justice des mineurs, appartient à celui des parents qui exerce l'autorité parentale. En cas de divorce, c'est donc celui des parents à qui l'autorité parentale a été confiée qui peut exercer une action en justice, le plus souvent pour obtenir réparation d'un préjudice subi par l'enfant.

Dans les rapports entre époux, la femme fonctionnaire a toujours été admise à agir seule en justice à l'encontre d'une décision concernant sa carrière. La solution inverse prévalait pour les actions de plein contentieux ; seul le mari avait qualité pour représenter sa femme et agir au nom du ménage.

Depuis le 1er juillet 1986, date d'entrée en vigueur de la loi précitée du 23 décembre 1985, chacun des époux a le pouvoir d'administrer seul les biens communs et d'en disposer, quitte à répondre des fautes qui seraient commises dans sa gestion (en revanche, un époux ne peut représenter son conjoint à propos d'un litige concernant les biens propres de ce dernier, malgré le mandat tacite visé à l'article 1432 du code civil – CE 27 juillet 1990, Ministre de l'Agriculture c/ M. Beaufils, *Dr. adm.* 1990 *n*° 515). Les actes accomplis sans fraude par un conjoint sont opposables à l'autre.

Avant comme après cette loi, l'épouse qui exerce une profession séparée dispose du droit d'agir en justice pour contester les actes relatifs à cette profession ou obtenir réparation d'un préjudice qu'elle subit dans l'exercice de cette même profession.

Cette possibilité disparaît cependant, aussi bien pour le mari que pour la femme, en cas de redressement judiciaire, de liquidation judiciaire ou de faillite. La loi du 25 janvier 1985 relative au redressement et à la liquidation judiciaire de l'entreprise n'a pas profondément modifié les règles antérieures. Dans le cadre du redressement judiciaire, procédure ouverte pour toute entreprise qui est dans l'impossibilité de faire face au passif exigible avec son actif disponible, le tribunal de commerce désigne deux mandataires de justice qui sont l'administrateur et le représentant des créanciers. Selon l'article 32 de cette loi, le débiteur continue à exercer sur son patrimoine les actes de disposition et d'administration, ainsi que les droits et actions qui ne sont pas compris dans la mission de l'administrateur. Les actes de gestion courante accomplis par le débiteur sont réputés valables à l'égard des tiers de bonne foi. L'article 46 de la loi prévoit par ailleurs que le représentant des créanciers a seul qualité pour agir au nom et dans l'intérêt des créanciers. Il résulte de ces deux textes que le débiteur peut toujours exercer un recours en justice sous réserve que cette action intéresse son patrimoine et qu'elle ne porte pas atteinte aux attributions conférées à l'administrateur et au représentant des créanciers.

À l'inverse, dans le cadre du régime de la liquidation judiciaire, la loi de 1985 prévoit que les droits et actions du débiteur concernant son patrimoine sont exercés pendant toute la durée de la liquidation judiciaire par le liquidateur désigné par le tribunal de commerce. Toute action du débiteur au lieu et place du liquidateur sera donc déclarée irrecevable, faute de capacité juridique du requérant. Le débiteur peut en revanche se constituer partie civile devant les juridictions pénales dans le dessein d'établir la culpabilité de l'auteur d'un crime ou d'un délit dont il serait victime, à condition de limiter son action à la poursuite de l'action publique, c'est-à-dire à la condamnation de l'auteur de l'infraction, sans solliciter de réparation civile.

L'article 186 de la loi du 25 janvier 1985 précise que la faillite personnelle emporte interdiction de diriger, administrer ou contrôler, directement ou indirectement, toute entreprise commerciale ou artisanale et toute personne morale ayant une activité économique. Elle entraîne également les interdictions et déchéances applicables aux personnes qui étaient déclarées en état de faillite au sens donné à ce terme antérieurement au 1er janvier 1968.

Le dessaisissement du failli, qui ne peut agir en justice, n'est institué que dans le seul intérêt de la masse des créanciers de la faillite. Il en résulte que ni l'administration ni un tiers ne pourraient invoquer cette incapacité à l'encontre d'un recours exercé par le failli sans l'aide de l'administrateur ou du représentant des créanciers. Seuls ces derniers seraient en droit d'invoquer devant le juge cette cause d'irrecevabilité.

Les exceptions en matière de recours pour excès de pouvoir

Certaines personnes juridiquement incapables au sens civil du terme peuvent cependant exercer un recours pour excès de pouvoir à l'encontre des décisions affectant le principe fondamental de la liberté individuelle. Il en est ainsi pour les individus se trouvant dans les situations suivantes :
– les personnes hospitalisées d'office dans un établissement psychiatrique peuvent former elles-mêmes un recours en annulation contre la décision préfectorale prescrivant leur « internement » (CE 10 juin 1959, Dame Poujol, *Lebon* p. 355). La loi n° 90-527 du 27 juin 1990 relative aux droits et à la protection des personnes hospitalisées en raison de troubles mentaux n'utilise plus ce terme d'internement tandis que l'article L. 3211-3 alinéa 3, 3° du nouveau code de la santé publique prévoit expressément le droit pour toute personne hospitalisée sans son consentement de prendre conseil d'un avocat de son choix ;
– les personnes condamnées à une peine afflictive et infamante peuvent intenter un recours pour excès de pouvoir ou saisir le juge administratif d'une question de légalité dont dépend la régularité de leur condamnation (il s'agit d'une exception au principe d'interdiction légale posé par l'article 29 du code pénal). Le Conseil d'État a ainsi accepté d'examiner les requêtes de deux condamnés à mort contestant, l'un la légalité de la décision instituant la juridiction le condamnant, l'autre la régularité de la composition de cette juridiction (CE ass. 19 octobre 1962, Canal, Robin et Godot, *Lebon* p. 552 – CE ass. 15 mai 1981, Philippe Maurice, *AJDA* 1982 p. 86).

La capacité des personnes morales

Les personnes morales, qu'elles soient de droit privé (associations, syndicats ou sociétés) ou de droit public (État, collectivités territoriales ou établissements publics), peuvent agir en justice à condition de respecter les clauses de leur statut relatives aux actions en justice.

En principe, personnalité morale et capacité à agir sont liées. Le simple constat de l'absence de personnalité juridique d'un organisme public ou privé implique donc l'impossibilité pour ce dernier d'intenter un recours juridictionnel.

Ainsi, une unité de formation et de recherche au sein d'une université n'a pas la capacité d'agir en justice même si elle est représentée par son doyen. Elle fait, en effet, partie de l'Université qui, seule, bénéficie de la personnalité juridique en sa qualité d'établissement public (CE 6 octobre 1976, Doyen de l'UER, faculté de droit de l'université Jean-Moulin, *Lebon* p. 395).

De même, les chambres régionales des comptes chargées de contrôler notamment les budgets des collectivités locales n'ont pas la personnalité juridique indispensable pour agir en justice (CE 10 janvier 1986, Chambre régionale des comptes d'Ile-de-France, *Lebon* p. 6).

Exceptionnellement, le juge administratif admet que des personnes morales sans personnalité juridique puissent intenter une action en justice.

Les personnes morales dont la dissolution est prononcée par décision administrative peuvent contester celle-ci par la voie du recours pour excès de pouvoir alors qu'elles n'ont plus la personnalité juridique (CE 22 avril 1955, Association franco-russe dite Roussky-Dom, *Lebon* p. 202).

Les associations non déclarées sont admises à présenter un recours pour excès de pouvoir en cas d'atteinte à l'intérêt qu'elles ont pour mission de défendre (CE 31 octobre 1969, Syndicat de défense des canaux de la Durance et Blanc, *Lebon* p. 462).

Dans ces deux cas, l'intérêt à agir par la voie de l'excès de pouvoir compense l'absence de personnalité juridique de l'association.

La qualité pour agir au nom des personnes morales

Il importe de déterminer dans quelles conditions une personne morale de droit privé ou de droit public, qui a la capacité juridique pour agir, peut être valablement représentée en justice. Le juge administratif exige en effet de la personne physique qui apparaît nommément sur les requêtes ou mémoires produits en justice qu'elle justifie de sa qualité pour agir.

Pour les personnes morales de droit privé, la référence aux statuts ou aux textes réglementaires ou législatifs permettra de vérifier si le président du syndicat ou de l'association est bien la personne habilitée à agir en justice au nom de ce groupement.

Pour les personnes morales de droit public, le maire d'une commune ou le directeur d'un établissement public tel un hôpital devra justifier d'une délibération du conseil municipal ou du conseil d'administration l'autorisant à agir ou défendre en justice.

Pour simplifier la tâche des maires ou des présidents de conseil général, les textes autorisent l'organe délibérant à déléguer à l'autorité exécutive le pouvoir d'agir en justice pendant toute la durée de son mandat (voir en ce sens CGCT, art. L. 2122-22 pour les maires – par exemple CE 27 juin 1988, Gohin, *Lebon* T. p. 657).

À défaut de pouvoir justifier d'une telle délégation spéciale ou permanente, les écrits ainsi présentés par un maire ou un directeur d'établissement public seront purement et simplement écartés par le tribunal comme ne pouvant être considérés comme émanant de la commune, du département ou de l'établissement public ; la preuve visible de cette autorisation nécessaire est qu'un maire, par exemple, n'est pas considéré, comme certains l'affirment, comme le « défendeur » dans un procès mais comme le représentant de la commune « défenderesse ».

Le conseil municipal qui a délégué au maire cette autorisation, pendant toute la durée de son mandat, d'intenter au nom de la commune les actions en justice ou de défendre la commune dans les actions intentées contre elle, peut d'ailleurs à tout moment reprendre sa compétence naturelle qui lui est confiée par l'article L. 2122-29 du code général des collectivités territoriales à l'effet de « régler, par ses délibérations, les affaires de la commune » (voir en ce sens CAA Paris, 22 mars 2001, Bessière, *Dr. adm.* 2001, n° 184).

L'intérêt à agir

Après avoir défini l'intérêt par ses caractéristiques, il conviendra de répertorier les différents types d'intérêts.

Les caractéristiques de l'intérêt à agir

L'intérêt à agir s'apprécie à la date d'introduction du recours (CE 6 octobre 1965, Marly, *Lebon* p. 493) et en fonction des conclusions du demandeur, c'est-à-dire selon l'objet de la demande, quels que soient les arguments invoqués à l'appui de cette demande (CE 15 mars 1957, Israël, *Lebon* p. 174).

La règle de l'intérêt à agir ne joue de rôle majeur que dans l'introduction des recours pour excès de pouvoir ou en annulation dans le plein contentieux. En effet, les actions en responsabilité contre l'administration font toujours apparaître clairement l'intérêt de la victime à obtenir réparation : le préjudice subi, qui fonde l'action du requérant, est la manifestation même de son intérêt à agir (voir par exemple pour le préjudice moral causé à un syndicat de postiers par l'appel à un personnel d'entreprise de travail temporaire pendant une grève : CE ass. 18 janvier 1980, CFDT des P et T du Haut-Rhin, AJDA 1980 p. 80).

Selon le Conseil d'État, pour justifier d'un intérêt lui donnant qualité pour former un recours pour excès de pouvoir, « une personne physique ou morale doit établir que l'acte attaqué l'affecte de façon suffisamment caractérisée » (CE 26 novembre 2001, Assoc. Liberté Information Santé et autres, req. n° 222741).

D'après une jurisprudence traditionnelle, le recours pour excès de pouvoir n'est en effet ouvert que si l'on justifie d'un intérêt actuel, certain, direct et personnel à agir. L'actualité est une condition évidente destinée à éviter des recours prématurés ou inutiles. Il serait, par exemple, absurde d'autoriser un requérant à saisir le tribunal administratif d'une simple menace de sanction disciplinaire formulée à son encontre par un supérieur hiérarchique. En revanche, si la menace se concrétise, la victime pourra alors saisir les tribunaux (CE 27 janvier 1982, M. Pelletier et autres, *Lebon* p. 36 : irrecevabilité d'un recours contre une décision relative à la communication du dossier d'un fonctionnaire menacé d'une sanction).

Le juge s'assure également que l'intérêt invoqué est certain et que le requérant ne se limite pas à contester un acte qui risque seulement de lui faire grief. Tel est le cas d'un habitant qui a contesté la nomination d'un juge de paix suppléant au seul motif qu'il risquait d'en être le justiciable (CE 16 juin 1954, Leroux, *Lebon* p. 358).

Le Conseil d'État veille enfin au caractère direct de l'intérêt invoqué. Il a ainsi rejeté la requête de l'Association nationale des usagers de l'électricité contre un décret créant un fonds de péréquation de l'électricité, au motif que ce texte n'affectait pas directement le prix de vente du courant (CE sect. 16 novembre 1962, Association nationale des usagers de l'électricité, *Lebon* p. 610). De même, a été rejetée la requête en annulation du titulaire d'un permis de chasse, relative à un arrêté préfectoral fixant le nombre et déterminant l'étendue des circonscriptions de louveterie dans le département (CE 9 mars 1984, Crespel, *Lebon* p. 95).

La présentation des grandes catégories d'intérêts existants, déterminés soit en fonction de leur nature, soit en fonction de la qualité particulière des requérants, doit aider le justiciable à se repérer.

Les différentes catégories d'intérêt à agir

L'intérêt individuel

L'intérêt direct et personnel ne signifie pas que le requérant soit le seul à pouvoir contester la décision litigieuse. Cela implique que ses intérêts personnels soient nécessairement atteints par la décision pour que le juge accueille sa requête. Un fonctionnaire peut, par exemple, attaquer toute mesure relative à sa carrière ou à sa situation administrative (CE 27 octobre 1989, Brial, *Lebon* T. p. 744 à propos d'un abaissement de notation). Il peut de même agir contre les décisions de nomination ou d'avancement de ses collègues qui lèsent ses propres droits à nomination ou avancement à ce poste (CE 3 juillet 1957, Corion, *Lebon* p. 439).

Toute personne habitant à proximité immédiate d'un tiers auquel a été accordé un permis de construire (proximité en principe de 200 mètres sauf pour les constructions importantes par leur implantation, tel un village de vacances, ou leur hauteur) peut également le contester (CE 30 septembre 1988, Sté nationale de télévision en couleur Antenne 2, *AJDA* 1989 p. 131), ce droit étant même étendu au bénéfice d'une commune qui peut contester un permis de construire délivré sur le territoire de la commune voisine (CE 17 juin 1987, Ville de Boulogne-Billancourt, *Lebon* p. 218).

En revanche, une association de défense de l'environnement ne peut contester l'ensemble des permis de construire délivrés dans le cadre de son rayon géographique d'action (CE 26 juillet 1985, Union régionale pour la défense de l'environnement en Franche-Comté, *Lebon* p. 251 – CE 31 octobre 1990, Union régionale pour la défense de l'environnement, de la vie et de la qualité de la vie en Franche-Comté c/ Ville de Raddon-et-Chapendu, *Dr. adm,* 1990 n° 621 : dans cette dernière décision le Conseil d'État relève que l'objet social de cette association qui porte notamment « sur tous les problèmes relatifs à l'urbanisme et à l'équipement » pour la région Franche-Comté ne lui confère pas intérêt pour demander l'annulation d'un permis de construire en vue de l'agrandissement et de la modification des façades d'un bâtiment d'habitation).

Un habitant d'une commune n'est pas non plus fondé, en cette seule qualité, à attaquer un permis délivré dans un quartier distinct de celui où il réside, pas plus que ne l'est le commerçant concurrent du bénéficiaire du permis (CE sect. 13 mars 1987, Sté albigeoise de spectacles, *D.* 1988 p. 66) sauf pour lui à invoquer la violation d'une règle d'urbanisme et sa proximité géographique (voir en ce sens CE 22 février 2002, SA France Quick c/ SA MacDonald, *Dr. adm.* 2002, n° 78) ; la concurrence commerciale n'a, en effet, aucun rapport avec le droit de l'urbanisme.

L'intérêt individuel pour agir peut être d'ordre matériel ou simplement moral. Ainsi, un fonctionnaire peut se prévaloir de l'atteinte à sa réputation au nom de son intérêt moral (CE 21 mai 1948, Dame Clausi, *Lebon* p. 225).

Les qualités donnant intérêt pour agir

Selon la jurisprudence du Conseil d'État, certaines qualités impliquent nécessairement l'intérêt individuel à agir. Par conséquent, il est important de vérifier si l'on appartient ou non à l'une de ces catégories.

La qualité de contribuable local permet d'attaquer les mesures financières et fiscales prises par les collectivités locales, qu'il s'agisse des communes ou des départements (voir respectivement CE 29 mars 1901, Casanova, Canazzi et autres, *Lebon* p. 333 et CE 27 janvier 1911, Richemond, *Lebon* p. 105). Ainsi, toute délibération du conseil municipal ou du conseil général qui a pour effet de diminuer les recettes ou d'augmenter les dépenses peut être soumise au juge administratif par l'un des contribuables locaux (CE sect. 23 décembre 1938, Bose, *Lebon* p. 974), sous réserve toutefois que la décision en cause ne soit pas que l'application d'une délibération ayant elle-même décidé la dépense ; ainsi l'arrêté individuel de nomination d'un agent public communal ne peut être contesté, à la différence de la délibération créant le poste, en invoquant seulement la qualité de contribuable communal (CE 10 mai 1995, M. Gobillon, req. n° 138.708).

En revanche, la qualité de contribuable national ne confère pas intérêt à agir (CE 13 février 1930, Dufour, *Lebon* p. 176 – CE 9 mai 2001, Mme Le Gall, req. n° 220109). En effet, si tel était le cas, tout citoyen doté de la capacité civile pourrait se pourvoir devant les tribunaux pour faire annuler l'ensemble des décisions résultant de décrets ou de circulaires relatifs aux charges financières de l'État. L'objet de la notion d'intérêt tendant à restreindre le nombre de requérants serait alors totalement méconnu.

C'est ainsi que toute demande présentée par un requérant en sa qualité de « citoyen français » est systématiquement déclarée irrecevable comme dépourvue d'« intérêt » (voir par exemple CE 25 novembre 1996, M. Roujanssky, req. n° 148251 : recours contre un décret de naturalisation – CE 27 novembre 1999, M. Guggenheim, req. n° 1490411 : recours contre les résultats d'un concours dénommé « Le Vélo d'Or »).

Il en est de même d'une demande présentée par un requérant se présentant comme « électeur » visant à enjoindre au CSA, dans le cadre de la nouvelle procédure de référé-liberté mise en place au 1er janvier 2001, d'imposer à CANAL + d'assurer un traitement équitable des différents candidats à l'élection présidentielle de 2002 dans le cadre de l'émission satirique *Les Guignols de l'Info*. Le requérant ne justifie pas en effet, en sa seule qualité d'électeur, subir directement et personnellement l'atteinte à la liberté fondamentale dont il se prévaut (CE Ordonnance du juge des référés, 17 avril 2002, M. Meyet, req. n° 245283).

En tant qu'habitant d'une commune, le requérant dispose d'un intérêt à agir à l'encontre des décisions intéressant l'administration communale. Tout habitant peut ainsi contester les décisions relatives au classement ou au déclassement des voies communales, à l'agrandissement des cimetières, à la modification des limites du territoire communal (voir par exemple CE 6 février 1931, Dame Bore, S. 1931 111 p. 86 – CE 29 avril 1932, Cahiez, *Lebon* p. 429 – CE 7 juillet 1978, Bocholier, *AJDA* 1978 p. 467) alors que ce droit n'est pas reconnu, par exemple, à l'habitant d'une commune voisine qui entend contester l'interdiction de l'affichage de publicité pour les messageries de rencontre (CE 19 mars 1997, M. Meyet, req. n° 132327).

Être membre d'un organisme délibérant suffit à conférer intérêt pour contester les mesures prises par cet organisme (voir par exemple pour les recours des conseillers municipaux CE 24 mai 1995, Ville de Meudon, *Lebon* p. 208), la même solution s'appliquant aux membres d'organismes consultatifs dont la consultation est obligatoire (voir par exemple CE 29 décembre 1997, Prieur, *Lebon* p. 988, à propos d'un recours formé par un membre de la commission des sites).

Dans tous ces cas, le juge vérifie si l'intérêt ou la qualité du requérant existe au moment où le recours est déposé. Si ce n'est pas le cas, la requête est rejetée sans avoir été examinée au fond.

L'intérêt des usagers des services publics

La simple qualité d'usager suffit au requérant pour attaquer tout acte administratif relatif aux conditions d'organisation et de fonctionnement du service public.

Ainsi, des parents d'élèves sont en droit d'exercer un recours contre la décision ministérielle supprimant les services d'aumônerie dans les établissements du second degré (CE ass. 1er avril 1949, Chaveneau, *Lebon* p. 161) ou encore la délibération d'un conseil municipal fixant les nouveaux tarifs de restauration scolaire (CE 8 mars 1995, M. Larange, req. n° 136.69).

De même, une fédération nationale d'avocats a été reconnue comme ayant intérêt à « intervenir » au soutien d'un recours contre un décret du 2 mai 1980 autorisant le président ou les présidents adjoints de la section du contentieux du Conseil d'État à suspendre les effets d'un sursis à exécution prononcé par un tribunal administratif (CE ass. 2 juillet 1982, Huglo et autres, R. p. 258) alors que l'intervention du syndicat de la juridiction administrative dans la même affaire n'a pas été jugée recevable s'agissant d'un recours contre un règlement relatif au service (voir ci-après pour les recours des fonctionnaires).

Par extension, les usagers d'une autoroute ont qualité leur donnant intérêt à contester le décret portant approbation du cahier des charges de la concession (CE ass. 30 octobre 1996, Mme Wajs et Monnier, *Lebon* p. 387, cahier jugé en l'espèce illégal à raison de l'inclusion dans le coût du péage des missions de surveillance assurées par les gendarmes et devant être prises en charge au titre de l'impôt), alors que la simple qualité d'usager d'une route ne donne pas intérêt à agir à l'encontre d'un décret fixant l'indemnité spécifique de service allouée aux fonctionnaires de l'équipement (CE 9 mai 2001, Mme Le Gall, req. n° 220109).

L'intérêt de ces usagers trouve sa limite dans la contestation des décisions individuelles prises à l'égard des agents des services en cause. Ainsi, des étudiants en architecture n'ont pu critiquer la nomination du chef de service des enseignements de l'architecture (CE 29 novembre 1976, Rouillon, Pommeret et Sion, *Lebon* p. 453). De même, la requête de l'Union fédérale des consommateurs contre le décret de nomination du président de la commission de la concurrence a été déclarée irrecevable pour défaut d'intérêt (CE ass. 20 novembre 1981, Schwartz et autres, *Lebon* p. 437 ; à noter que les deux députés qui avaient également déposé cette requête n'ont pas été considérés davantage comme justifiant d'un intérêt leur donnant qualité pour demander l'annulation de ce décret).

L'intérêt des agents des services publics

Être fonctionnaire ne confère pas intérêt à agir pour contester les mesures relatives à l'organisation du service public dont on dépend, tant pour les décisions réglementaires que pour les décisions individuelles.

Il est donc impossible, par exemple, de contester une décision modifiant l'organisation de son administration par la création d'un nouveau service ou le transfert d'un service existant dans une autre administration (CE sect. 16 février 1979, Fédération du ministère de l'Économie et des Finances du syndicat Force ouvrière, *AJDA* 1980 p. 100).

Des fonctionnaires ne peuvent pas non plus demander l'annulation d'une décision révoquant leur président-directeur général et nommant son successeur (voir par exemple pour l'ORTF : CE ass. 4 novembre 1977, Syndicat national des journalistes, section ORTF et autres, *AJDA* 1978 p. 111).

Cette irrecevabilité disparaît lorsque les mesures critiquées, bien que relatives à l'organisation du service public, ont des conséquences sur :
– les droits et avantages statutaires, pécuniaires des agents. Par exemple, la transformation d'un établissement public administratif en établissement public industriel et commercial, emportant des effets sur les droits et avantages statutaires des agents, peut faire l'objet d'un recours de ces derniers (CE 16 novembre 1960, L'Herbier, *Lebon* p. 107) ;
– les prérogatives des agents ou du corps auquel ils appartiennent. Dans ce domaine, la jurisprudence est abondante, notamment en matière médicale. Ainsi, il a été admis qu'un médecin chef de service attaque la décision selon laquelle certains malades accueillis dans son service seraient désormais traités par son adjoint, décision contraire au principe de la responsabilité des chefs de service hospitalier sur leur service (CE sect. 19 octobre 1962, Prinateau, *Lebon* p. 556). Ce même médecin a également pu contester la décision de transfert de lits d'un service à un autre (CE 8 janvier 1982, Lambert, *Lebon* p. 17). Dans le domaine universitaire, un professeur est admis à former un recours à l'encontre de décisions réduisant les crédits de fonctionnement et lui retirant la gestion des crédits de recherche dès lors que ces mesures portent atteinte à ses prérogatives (CE 26 avril 1978, Rumeyrolle, *AJDA* p. 41). Dans ces trois cas, il s'agissait d'atteintes à des prérogatives des agents publics garanties par leur statut.

Les mesures individuelles de nomination ou de promotion peuvent être déférées au juge de l'excès de pouvoir dans les mêmes conditions, c'est-à-dire en cas d'atteinte aux prérogatives de l'agent ou du corps.

Tout agent public peut ainsi contester la nomination à un poste d'une personne qui ne remplit pas les conditions légales de diplôme ou d'ancienneté. Une telle nomination porte, en effet, atteinte aux prérogatives du corps (CE 18 avril 1969, Durand, *Lebon* T. p. 915) et le prive, en outre, d'un avantage auquel il aurait pu prétendre.

Un groupement de fonctionnaires peut également agir contre une telle décision (CE ass. 30 mai 1975, Association générale des administrateurs civils, *Lebon* p. 328). D'une façon générale, les agents des services publics sont habilités à attaquer toutes les mesures susceptibles d'avoir des conséquences néfastes et directes sur le déroulement de leur carrière ou l'exercice des droits liés à leur fonction et appartenant aux prérogatives de leurs corps professionnel.

L'intérêt collectif

Le Conseil d'État a admis la recevabilité des recours pour excès de pouvoir formés au nom d'un intérêt collectif (CE 28 décembre 1906, Syndicat des patrons coiffeurs de Limoges, *Lebon* p. 977).

À l'exception des cas examinés ci-dessus pour lesquels le requérant peut avoir qualité pour agir en raison de son appartenance à un groupe plus vaste, la défense des intérêts collectifs appartient aux groupements, associations et syndicats. De telles organisations peuvent agir en justice pour contester les mesures affectant leurs intérêts collectifs, matériels ou moraux. Il convient cependant de savoir que la difficulté en la matière est double :
– l'intérêt collectif n'équivaut pas toujours à celui de tous les membres du groupement ;
– l'intérêt collectif est parfois mis en cause par une mesure individuelle concernant seulement un ou plusieurs membres.

L'atteinte à l'intérêt collectif peut se traduire de différentes façons.

L'atteinte par une décision réglementaire

Un groupement peut attaquer toute décision générale qui porte atteinte à ses intérêts collectifs.

Comment déterminer l'intérêt du groupement ? Il faut prendre en considération l'objet statutaire de ce dernier et les conséquences de l'acte litigieux par rapport à cet objet. Cette comparaison est établie par le juge à l'aide, parfois, de dispositions statutaires qui régissent l'action en justice de ces groupements.

Ainsi, un groupement de transporteurs routiers n'avait pas intérêt à contester un règlement relatif aux tarifs de la SNCF : la mesure contestée de baisse des tarifs ne lésait pas directement la fédération requérante (CE 30 juillet 1949, Fédération nationale des transporteurs routiers, *Lebon* p. 415).

De même, une fédération de syndicats de salariés du cinéma n'a pu contester une décision fixant le taux d'une cotisation prélevée sur les seuls producteurs de films (CE 28 octobre 1953, Fédération syndicaliste des spectacles, *Lebon* p. 572).

Le Conseil d'État a également rejeté le recours de l'association « Réseau européen pour une politique de vie », dirigé contre les dispositions du code de la santé publique relatives aux sanctions pénales applicables en matière de vaccinations obligatoires ; en effet eu égard à l'objet très étendu et indifférencié que s'est assigné cette association, visant à soutenir et promouvoir toute action visant à proposer une politique de vie au sein de l'Union européenne, cette association ne pouvait se prévaloir d'un intérêt lui donnant qualité pour demander l'annulation des dispositions litigieuses (CE 26 novembre 2001, Assoc. Liberté Information Santé et autres, req. n° 222741).

En revanche, le Conseil d'État a admis qu'une association antialcoolique puisse attaquer une mesure favorisant les bouilleurs de cru (CE sect. 27 avril 1934, Ligue nationale contre l'alcoolisme, *Lebon* p. 493).

Les grandes confédérations syndicales ont qualité pour déférer au juge de l'excès de pouvoir toute mesure réglementaire susceptible d'affecter la situation des travailleurs. Ainsi, l'objet de la CFDT et de la CGT (la défense des intérêts moraux et matériels communs à l'ensemble des travailleurs regroupés dans les fédérations) leur a permis d'agir contre une décision réglementaire de nature à préjudicier auxdits intérêts. Des décrets relatifs à la composition des comités économiques et sociaux des régions (CE ass. 21 janvier 1977, CFDT et CGT, *Lebon* p. 217) ou modifiant les règles relatives aux pourvois en cassation abusifs (CE 5 juillet 1985, CGT et autres, *Lebon* p. 217) ont été jugés comme affectant l'intérêt collectif des syndicats concernés. Dans ce dernier cas, il s'agit d'une interprétation très extensive de l'intérêt à agir dans la mesure où une confédération syndicale n'a pas pour objet principal de se pourvoir en cassation.

Deux lois ont confirmé cette jurisprudence extensive de la conception de l'intérêt pour agir des groupements :
– la loi du 28 octobre 1982, figurant à l'article L. 411-1 du code du travail, a étendu l'objet des syndicats professionnels à la défense des droits et des intérêts matériels et moraux, tant collectifs qu'individuels, des personnes visées par leurs statuts ;
– la loi du 13 juillet 1983 permet aux syndicats de fonctionnaires d'agir contre les actes réglementaires relatifs au statut du personnel et contre les décisions individuelles portant atteinte aux intérêts collectifs des fonctionnaires.

Ce dernier texte précise la notion d'« atteinte à l'intérêt collectif » en posant que les syndicats de fonctionnaires peuvent contester toute décision réglementaire ayant des conséquences sur le statut du personnel qu'ils représentent. En revanche, les syndicats n'ont pas qualité pour attaquer les mesures réglementaires relatives à l'organisation du service public.

Ainsi, le Syndicat national autonome des policiers en civil, qui n'a intérêt à agir contre le décret attaqué qu'en sa seule qualité d'organisation syndicale, ayant désigné des représentants au comité technique paritaire des services actifs de la police, ne pourrait être admis à demander l'annulation du décret du 21 mai 1984, modifiant le décret du 30 décembre 1981 relatif à l'organisation de l'administration centrale du ministère de l'intérieur et de la Décentralisation, que si la consultation du comité technique paritaire des services actifs de la police était requise préalablement à l'intervention du décret attaqué (CE 4 mars 1988, Syndicat national autonome des policiers en civil, *Lebon* p. 108). Tel n'était pas le cas en l'espèce, et le recours du syndicat a été déclaré irrecevable.

En effet, chargés de défendre les droits et avantages des fonctionnaires, les syndicats n'ont pas intérêt pour agir contre une mesure n'ayant aucune incidence sur ces prérogatives, pas plus que contre une décision individuelle atteignant seulement l'un de leurs membres, à titre individuel.

L'atteinte par des décisions individuelles

« Nul ne plaide par procureur. » Selon cet adage juridique, il n'appartient qu'à la personne dont l'intérêt personnel est atteint par l'acte administratif d'agir en justice.

Même si le requérant appartient à un syndicat de fonctionnaires, ce dernier ne peut, sauf s'il a reçu mandat exprès à cet effet, demander l'annulation d'une mesure individuelle au tribunal (à propos de la notation d'un fonctionnaire, voir CE sect. 30 novembre 1979, Martin et Syndicat autonome de l'équipement de l'Aube, *Lebon* p. 443).

Toutefois, il existe une exception : lorsque la décision individuelle porte atteinte à l'intérêt collectif du groupement, le syndicat peut exercer lui-même un recours (loi du 13 juillet 1983, art. 8, alinéa 1).

Le critère de l'atteinte à l'intérêt collectif réside principalement dans le caractère négatif ou positif de la décision individuelle critiquée, qu'il s'agisse de groupements professionnels ou de fonctionnaires.

Ainsi, une décision positive peut être attaquée par le groupement si elle comporte des conséquences défavorables pour l'intérêt collectif de ses membres. Par exemple, un syndicat de fonctionnaires peut contester la nomination irrégulière d'un agent à laquelle un de ses membres pouvait prétendre (CE 25 avril 1958, Association des anciens élèves de l'ENA, *RPDA* 1958 n° 204. Dans cette affaire l'association contestait une nomination à un grade effectuée en violation des dispositions réservant aux élèves de l'école l'accès à ce grade. En revanche, cette même association n'avait pas intérêt à contester des décisions individuelles de nomination susceptibles de nuire à des agents non issus de l'ENA : CE 9 juin 1955 et 23 décembre 1955, Association des anciens élèves de l'ENA, *RPDA* 1955 n° 333 ; *RPDA* 1956 n° 32).

En revanche, une décision individuelle défavorable à l'égard d'un agent public ne peut être attaquée que par ce dernier. Le refus d'une promotion à un agent ou le prononcé d'une sanction disciplinaire à son encontre ne lèse pas l'intérêt collectif d'un groupement (CE 22 décembre 1976, Syndicat national CFTC des affaires sociales, *RDP* 1976 p. 707).

Cependant, si la décision individuelle se transforme en décision favorable pour son destinataire, en raison de son caractère négatif pour le syndicat, celui-ci peut alors exercer un recours contre cette décision. Un syndicat d'opticiens professionnels a ainsi contesté la décision par laquelle le directeur départemental de la santé refusait de poursuivre un pharmacien vendant irrégulièrement des articles de lunetterie (CE 30 septembre 1955, Union nationale des syndicats d'opticiens de France, *RPDA* 1955 n° 369).

Il importe de retenir que toute association, tout syndicat ou groupement peut demander au juge l'annulation de décisions individuelles positives que les bénéficiaires ne sauraient eux-mêmes solliciter dans la mesure où ces décisions leur procurent un avantage, susceptible en revanche de nuire aux membres de l'organisation requérante sous forme d'une concurrence déloyale.

À titre de comparaison, en ce qui concerne les syndicats professionnels, la loi du 28 octobre 1982 parait plus extensive en leur reconnaissant simplement la mission de défendre les droits et intérêts matériels ou moraux individuels de leurs adhérents sans qu'il soit nécessaire de justifier que la décision individuelle porte atteinte à l'intérêt collectif.

La dernière condition de recevabilité d'un recours contentieux concerne la requête elle-même.

2.1.5 Forme et contenu des requêtes

Les conditions de présentation d'une requête

Le respect de certaines règles par le requérant peut permettre d'accélérer l'instruction du dossier. Néanmoins la négligence du requérant ne sera pas fatale à son recours, car ces règles pourront être régularisées en cours d'instance sous réserve de respecter les délais impartis par le tribunal pour cette régularisation.

Lorsque l'on forme sa requête, on peut s'interroger sur deux points : La requête peut-elle ou doit-elle être individuelle ou collective ? Est-il obligatoire de se faire représenter par un avocat ?

Requête individuelle ou collective

En principe, l'unicité est de rigueur : une requête doit émaner d'un seul requérant et être dirigée contre une seule décision administrative.

Il existe cependant des exceptions :
– depuis les années soixante-dix, le Conseil d'État accepte des requêtes signées par plusieurs requérants et dirigées contre une décision unique. Il faut pour cela qu'au moins un des signataires ait qualité pour attaquer cette décision. Si ces requérants ne sont pas représentés par un avocat, ils doivent désigner un représentant unique pour l'instruction de leur dossier ;
– les requêtes collectives dirigées contre plusieurs décisions identiques sont également admises à condition que les questions juridiques posées par ces requêtes soient identiques pour l'ensemble des décisions et communes à tous les requérants. Cela signifie qu'elles ne conduisent pas à un examen de circonstances de fait et de droit particulières à chacun des intéressés ;
– si différentes décisions présentent un lien suffisant, il est également possible de les attaquer en une requête unique. Le Conseil d'État a, par exemple, jugé recevable la requête commune de deux étudiants de sections différentes contre une délibération du jury d'admission refusant de les admettre en licence. Il s'agissait d'une requête contre deux décisions individuelles distinctes, mais la Haute Juridiction a estimé que les conclusions exposées par chacun des requérants « présentaient entre elles un lien suffisant » (CE sect. 30 mars 1973, Sieur David, *Lebon* p. 265).

De même, a été déclarée recevable une requête unique présentée par douze inspecteurs du travail contre un refus implicite du ministre du

Travail d'annuler les décisions du directeur régional leur supprimant le versement d'une indemnité. Les conclusions des requérants montraient un lien suffisant en raison de leur objet et de leurs moyens communs (CE 19 janvier 1983, Ministre du Travail et de la Participation c/ de Bouvard et autres, *Lebon* p. 9).

À défaut de lien suffisant, le juge invitera les requérants à déposer des requêtes distinctes contre chacun des actes dans un délai précis. Si ceux-ci ne s'exécutent pas, les conclusions contenues à tort dans la requête collective seront déclarées irrecevables.

Il est conseillé aux requérants qui doutent de l'existence d'un lien véritable entre différentes décisions administratives de présenter autant de requêtes distinctes qu'il existe de décisions. Si cette précaution se révèle par la suite superflue, il suffira de modifier dans la requête la partie relative à la désignation de l'acte déféré au juge, l'exposé des faits et l'argumentation juridique restant identiques.

Le ministère d'avocat

Dans quels cas la recevabilité d'une requête dépend-elle de la représentation du requérant par un avocat ?

Les recours soumis au ministère d'avocat

Les trois catégories de litiges financiers et contractuels tendant au paiement d'une somme d'argent, à la décharge ou à la réduction de sommes dont le paiement est réclamé au requérant, ou à la solution d'un litige né d'un contrat, relevant du plein contentieux, exigent en principe l'assistance d'un avocat (CJA, art. R. 431-2).

Le requérant peut s'adresser soit à un avoué soit à un avocat.

Si le justiciable fait appel à un avoué pour le représenter, il doit s'agir d'un avoué en exercice dans le ressort du tribunal administratif intéressé, cette limite territoriale ne jouant que pour les avoués. À la différence des avocats à la cour, les avoués sont titulaires d'une charge et, en matière judiciaire, ne peuvent représenter les parties que devant la cour d'appel où leur ministère est obligatoire.

À l'inverse tous les avocats des barreaux de France peuvent représenter les parties devant n'importe quel tribunal administratif, même en dehors de leur ressort d'installation. Devant le Conseil d'État, les avocats au Conseil d'État et à la Cour de cassation ont le monopole de la représentation des parties pour les litiges soumis au ministère d'avocat.

Les « avocats aux conseils » constituent un ordre, comme les avocats de chaque barreau. Cependant, à la différence des avocats à la cour, ils sont titulaires d'une charge et, à ce titre, officiers ministériels nommés par arrêtés du garde des Sceaux (voir en ce sens décret n° 91-1125 du 28 octobre 1991 relatif aux conditions d'accès à la profession d'avocat au Conseil d'État et à la Cour de cassation, *JO* 30 octobre 1991, p. 14229).

Conseils pratiques

En cas de recours à un avocat par choix ou par obligation, nous donnons ci-dessous quelques conseils pratiques.

■ *À faire*

Lorsque le requérant veut constituer un dossier pour le présenter à son avocat, en vue du dépôt d'une requête, il doit fournir les principaux éléments suivants.

En matière d'excès de pouvoir :
– dans la mesure du possible, apporter la preuve que l'acte dont l'annulation est recherchée lui a été notifié ou a été publié moins de deux mois avant le dépôt de la requête ;
– la copie de l'acte contesté ;
– les premiers éléments des moyens de forme ou de fond qu'il entend invoquer. Par exemple : la non-communication en temps utile à un agent public de son dossier avant la réunion du conseil de discipline examinant son cas ;
– en matière de permis de construire, la copie de l'extrait du plan local d'urbanisme de la commune intéressant la zone de la construction litigieuse, les photographies des lieux avoisinants en vue de démontrer que le projet de construction pour lequel le permis de construire a été refusé ne risquait pas de leur porter atteinte ;
– les courriers de l'administration, antérieurs à la décision attaquée, révélant que l'administration avait déjà arrêté sa décision, par hypothèse défavorable, pour satisfaire un intérêt particulier.

En matière de plein contentieux :
– dans les domaines autres que les dommages de travaux publics ou d'ouvrages publics, fournir la copie de la décision de refus de l'administration ou de la réclamation restée sans réponse ;
– s'il s'agit d'un recours indemnitaire :
- apporter, sous forme de témoignage ou autre, la preuve du lien de causalité entre l'action ou l'inaction de l'administration et le préjudice subi. Par exemple, les premiers éléments permettant de supposer que la route où un accident s'est produit était mal entretenue, que l'organisation d'un service public hospitalier était défaillante, ou qu'une faute de technique médicale ou chirurgicale a été commise,
- produire à son avocat les justificatifs, au moins sommaires, de son préjudice physique ou matériel. Par exemple, les certificats médicaux pour un accident de circulation, pour les conséquences d'une intervention chirurgicale, ou une attestation d'expert pour la perte de valeur vénale d'une habitation. Si le requérant est responsable d'une entreprise commerciale ou artisanale, il doit égale-

ment justifier de la réalité de son préjudice immobilier ou financier, sous forme comptable.

En cas de préjudice personnel corporel, il faut indiquer à l'avocat les coordonnées de son organisme de Sécurité sociale qui sera obligatoirement appelé en cause dans le litige.

Enfin, si le requérant souhaite bénéficier de l'aide juridictionnelle, il doit fournir à l'appui de son dossier les justificatifs de ses revenus de l'année précédente.

■ *À ne pas faire*

– prendre contact avec un avocat quelques jours seulement avant l'expiration du délai de recours ou avant la date fixée pour l'audience. Dans le premier cas, l'avocat n'aura pas le temps d'étudier profondément le dossier. Dans le second cas, il n'aura pas le temps de déposer un mémoire complémentaire avant l'audience, cela lui sera même interdit si une clôture d'instruction est intervenue ou si l'audience a lieu moins de 3 jours francs après ce contact tardif ;

– fournir à l'avocat une série de documents sans aucun intérêt pour lui qui ne feront qu'augmenter le volume du dossier.

Ainsi, contrairement aux assignations délivrées en matière civile pour engager une action en justice, la requête introduite devant une juridiction administrative n'a pas à contenir l'état civil complet du demandeur ; il n'est donc pas nécessaire de produire une copie du livret de famille.

Il est, de même, inutile de communiquer à l'avocat les copies de courriers adressés à diverses personnalités politiques auprès desquelles le requérant a tenté une « médiation » préalablement au recours en justice. Les dossiers de presse relatifs au litige n'ont aucune valeur probante devant le tribunal. Sont également dépourvues de toute utilité les copies de lettres envoyées à l'administration et dont celle-ci n'a jamais accusé réception.

Lorsque la procédure a été engagée devant un tribunal administratif, une cour administrative d'appel ou le Conseil d'État par un avocat, il n'est pas nécessaire de relancer celui-ci régulièrement par téléphone ou par courrier pour lui demander les raisons du silence de l'administration ou de la non-fixation de l'audience. En effet, il faut savoir que les délais impartis à l'adversaire pour répondre à une requête ne sont jamais impératifs sauf lorsque le président de la juridiction le met en demeure de répondre. À propos de la date de l'audience, il appartient à la juridiction de la déterminer, l'avocat n'ayant aucun pouvoir pour faire accélérer cette fixation.

Le requérant doit de préférence choisir son mandataire parmi ceux pratiquant habituellement le droit administratif, ce qui est toujours le cas des avocats au Conseil d'État et à la Cour de cassation.

Pour les avocats à la cour, la plupart des barreaux établissent une liste des avocats avec indication de leurs spécialités ; l'article 87 du décret n° 91-1197 du 27 novembre 1991 organisant la profession d'avocat a autorisé l'usage par les avocats d'une mention de spécialisation en telle ou telle matière ; l'appel à un spécialiste en « droit public » est donc recommandé.

Les honoraires des avocats et des avoués sont librement fixés, sans barème préétabli, en fonction de la notoriété de l'avocat, de la difficulté de l'affaire et de son enjeu financier, sans que la rémunération de l'avocat puisse être fixée exclusivement en pourcentage des sommes obtenues. Ce pacte dit *de quota litis* est, en effet, prohibé à titre exclusif tandis qu'un honoraire de « résultat » peut faire l'objet d'une convention d'honoraires.

Le requérant peut disposer de l'aide juridictionnelle. Par ailleurs, depuis un décret du 2 septembre 1988, les juridictions administratives ont la possibilité de condamner le défendeur à payer au requérant un montant qu'elles déterminent « lorsqu'il parait inéquitable de laisser à la charge d'une partie des sommes exposées par elle et non comprises dans les dépens ». Cette disposition figure désormais à l'article L. 761-1 du code de justice administrative, le juge devant tenir compte de l'équité et de la situation économique de la partie condamnée qui ne peut être que la partie tenue aux dépens ou, à défaut, la partie perdante (voir pour une illustration de l'impossibilité pour le juge d'appliquer cette disposition à une partie « non perdante » CE 29 janvier 1992, Fédération départementale des chasseurs de l'Ain, req. n° 122494).

Les dépens sont, en principe, à la charge de celui qui perd. Ils comprennent :
– les frais d'enquête (indemnités pour frais de transport et de comparution allouées aux témoins) ;
– les frais d'expertise et autres mesures d'instruction.

Toutefois les frais inhérents à une visite des lieux ordonnée par le tribunal, mesure qui fait pourtant partie de l'instruction, sont toujours à la charge de l'État (loi du 30 décembre 1977).

Les frais de déplacement pour se rendre à l'audience ne font pas partie des dépens que le requérant obtenant gain de cause pourrait se faire rembourser. Exceptionnellement, les dépens peuvent comporter les frais d'une instance engagée à tort devant le juge judiciaire.

Ainsi, les honoraires de l'avocat peuvent être partiellement inclus dans la condamnation pécuniaire obtenue contre une personne publique.

Les recours dispensés du ministère d'avocat

Certains litiges financiers ou contractuels relevant en principe de l'obligation du ministère d'avocat en sont dispensés afin d'éviter au requérant le poids de frais de supplémentaires (CJA, art. R. 431-3). Cette dispense concerne :
– les litiges en matière de travaux publics, de contrats relatifs au domaine public, de contraventions de grande voirie ;
– les litiges en matière de contributions directes, de taxes sur le chiffre d'affaires et taxes assimilées ;

– les litiges d'ordre individuel concernant les agents publics (fonctionnaires ou contractuels de l'État, des collectivités territoriales ou établissements publics administratifs) ;
– les litiges en matière de pensions, d'aide sociale, d'aide personnalisée au logement, d'emplois réservés et d'indemnisation des rapatriés ;
– les litiges dans lesquels l'adversaire est une collectivité territoriale ou un établissement public en dépendant ;
– les demandes d'exécution d'un jugement définitif.

En dehors de ces exceptions au principe, tous les litiges non financiers et non contractuels sont également dispensés d'avocat.

Il en est ainsi des recours en matière électorale et des recours pour excès de pouvoir.

Dans les litiges relevant des tribunaux administratifs, l'État est toujours dispensé du ministère d'avocat ou d'avoué, qu'il soit demandeur ou défendeur (CJA, art. R. 431-7).

Cependant, par sécurité juridique, même lorsqu'un recours est dispensé de l'appel à un avocat, il peut être utile de s'interroger sur l'opportunité de l'intervention de celui-ci en fonction de la difficulté juridique présumée du litige, et de sa propre compétence à rédiger sa requête et ses mémoires.

À l'occasion d'un recours exercé contre ces dispositions, le Conseil d'État a jugé que l'obligation du recours au ministère d'avocat, garante d'une compétence et assortie du système d'aide juridictionnelle, ne portait pas atteinte au droit constitutionnel d'exercer un recours en justice effectif (CE 11 décembre 2001, M. et Mme Hofmann, req. n° 222.862).

Le contenu des requêtes influe, au même titre que les conditions d'exercice, sur leur forme, tant par le minimum de formalisme requis que par la nature du mémoire fourni par le demandeur.

Le contenu des requêtes

Les exigences de forme pure se réduisent aux éléments suivants – une rédaction en français (CE 22 novembre 1985, Quillevère, *D.* 1986, p. 71 note J.-J. Thouroude), l'indication du nom et du domicile du requérant. (voir par exemple pour le rejet d'une requête adressée par télégramme au Conseil d'État par un M. Simon « téléspectateur », sans autre précision d'adresse CE 2 décembre 1988, M. Simon c/ Télédiffusion de France, req. n° 91.690) et l'apposition, sur un des exemplaires de la requête, d'un timbre fiscal à 15 euros.

Aucune forme sacramentelle n'est imposée ; un télégramme a même été accepté sous réserve pour l'expéditeur de préciser, à l'inverse de M. Simon dans l'affaire précitée, son adresse et de régulariser cette requête par l'envoi d'un document signé de sa main (CE 21 octobre 1981, Tomasi, *Dr. Adm.* 1981 n° 380 – voir pour une requête sous forme de télex : CE 8 juillet 1988, Dietsch, *Dr. adm.* 1988 n° 482). Aucun papier spécial n'est exigé.

Le requérant doit se montrer vigilant et vérifier s'il se trouve dans l'une des situations suivantes. S'il n'est pas domicilié dans la métropole et que le litige relève d'un tribunal administratif de la métropole, il doit désigner un représentant officiel dans le ressort du tribunal administratif compétent (CJA, art. R. 431-8) sous forme d'« élection de domicile ».

Le contenu intrinsèque de la requête consiste essentiellement dans les conclusions du demandeur.

L'énoncé des conclusions

Les conclusions sont les prétentions du requérant. Elles ont été en principe soumises à l'administration lors de la demande préalable qui lui a été adressée.

Les conclusions de la requête visent à obtenir :
– soit une annulation, demandée au juge dans le cadre d'un recours pour excès de pouvoir, en matière électorale ou dans certains litiges de plein contentieux telles les installations classées ;
– soit une condamnation pécuniaire, dans le cadre d'une action en responsabilité ;
– soit l'interprétation ou l'appréciation de la légalité d'un acte ou d'une décision juridictionnelle administratifs dans le cadre, respectivement, du plein contentieux et du recours pour excès de pouvoir.

Le requérant doit donc veiller à formuler clairement ses conclusions et en particulier à bien identifier l'adversaire. En matière d'excès de pouvoir, l'adversaire est l'auteur de l'acte attaqué et non le bénéficiaire de l'acte ; ainsi en matière de permis de construire, la demande d'annulation sera dirigée contre la commune qui a délivré le permis et non contre le bénéficiaire du permis, même si ce dernier sera invité à produire un mémoire devant le tribunal pour défendre « son » permis de construire.

Dans un souci pratique, le juge administratif a admis depuis très longtemps qu'un requérant présente des conclusions en annulation et en indemnisation dans la même requête (CE 31 mars 1911, Blanc, Argaing, Bezie, *Lebon* p. 407). Ainsi, un agent public peut demander à la fois l'annulation d'une mesure de licenciement ou d'une sanction prononcée par l'administration à son encontre et l'indemnisation du préjudice résultant pour lui de cette mesure. Il faut néanmoins qu'il ait préalablement formulé une réclamation indemnitaire.

Par ailleurs, selon une jurisprudence presque aussi ancienne (CE 8 mars 1912, Lafage, *Lebon* p. 348), les requérants ont la possibilité de présenter des conclusions en excès de pouvoir contre des décisions administratives à objet purement pécuniaire, aux lieu et place de conclusions indemnitaires qui les obligeraient à recourir au ministère d'avocat. Ils solliciteront ainsi non pas des dommages-intérêts mais l'annulation de l'acte. Si le requérant choisit la voie du recours pour excès de pouvoir, il devra en respecter les règles de recevabilité.

Cette jurisprudence commandée par la volonté de ne pas entraîner de frais trop importants pour les requérants s'applique à l'encontre des décisions refusant le versement de certaines sommes – tels les refus de primes à la construction (CE 16 décembre 1966, SCI de Basse-Yutz,

Lebon p. 670) ou à la suppression de locaux industriels (CE 9 février 1968, Sté La Foncière des Champs-Élysées, *Lebon* p. 109) ou de décisions mettant des participations à la charge de leurs destinataires (CE 18 décembre 1968, Sté immobilière de la Croix-Rouge, *Lebon* p. 643, pour un exemple de participation au financement d'équipements publics).

Cependant elle ne concerne pas les domaines où le Conseil d'État maintient l'exigence de la présentation de conclusions de plein contentieux, c'est-à-dire les recours contre les arrêtés de débet, les ordres de recette délivrés par le ministre de l'Économie et des Finances à l'encontre des détenteurs de deniers publics (CE 23 juin 1965, Compagnie normande d'études, *Lebon* p. 387), les recours contre les ordres de versement et les états exécutoires (CE sect. 23 décembre 1988, Cadilhac, *Lebon* p. 465) ou contre les commandements de payer délivrés par les comptables (CE 30 juin 1989, Lambert, *Dr. adm.* 1989 n'482).

Par ailleurs, il est impossible d'exiger du juge des mesures qu'il ne peut édicter, telles que l'injonction faite à titre principal à l'administration de prendre telle décision ou de réaliser tels travaux.

De telles conclusions d'injonction ne seront déclarées recevables que si elles sont présentées à titre de conséquence de l'annulation d'une décision de l'administration demandée au juge dans le cadre de la procédure d'injonction d'exécution mise en place par la loi du 8 février 1995 figurant désormais aux articles L. 911-1 et L. 911-2 du code de justice administrative.

En clair, il convient de demander préalablement à l'administration de prendre la décision souhaitée ou de faire les travaux estimés nécessaires, puis de demander au juge d'annuler le refus opposé par l'administration et, par voie de conséquence, d'enjoindre l'administration de prendre la décision en cause ou de réaliser les travaux.

Ainsi, présentées à titre d'accessoire d'une demande principale d'annulation, ces conclusions d'injonction à l'administration seront considérées comme recevables. Si elles sont par ailleurs jugées bien fondées, le juge pourra enjoindre l'administration soit de réinstruire la demande soit de prendre telle décision déterminée.

Pour ce qui concerne la réalisation de travaux publics, le justiciable disposait, bien avant cette loi de février 1995 et dispose toujours, dans le cadre d'un recours de plein contentieux indemnitaire, de la possibilité d'utiliser le système dit de la condamnation alternative. Victime par exemple de dommages d'inondation dus à une insuffisance de travaux publics, telle l'absence de pose d'une buse d'évacuation des eaux pluviales, le justiciable peut demander au juge de condamner l'administration, non seulement à l'indemniser des dommages subis, mais également à lui verser une somme correspondant au montant des travaux publics à réaliser « si mieux n'aime l'administration réaliser elle-même les travaux ». Dans cette hypothèse, le jugement pourra décider, en son article 1er, la condamnation de la personne publique à verser la somme de X… euros correspondant au montant des travaux à réaliser pour mettre fin aux désordres et précisera, en son article 2, que la personne publique sera dispensée du versement de l'indemnité prévue à l'article 1er si elle réalise elle-même les travaux.

Il ne s'agira donc pas d'une condamnation directe d'une personne publique « à faire » des travaux mais d'une incitation sous forme d'une alternative. En pratique, la personne publique choisira naturellement de réaliser les travaux qu'elle n'aura pas été condamnée juridiquement à réaliser sur injonction du juge.

En résumé, une requête doit pour être recevable contenir des conclusions et non de simples doléances tel le fait de s'en remettre, après l'exposé de faits et griefs, à la sagesse du juge.

À supposer que la requête contienne réellement des demandes, le juge vérifiera si ces demandes sont elles-mêmes recevables comme se rattachant à une demande d'annulation ou de condamnation pécuniaire, voire, à titre accessoire, à une demande d'injonction.

À l'inverse, une requête tendant à ce que le juge « constate » une situation ou déclare une personne publique responsable, sans comporter de demande d'annulation ou de condamnation, sera irrecevable (CAA Nancy 12 mai 1999, CRAMA, req. n°95NC00446 où le requérant se bornait à demander au juge administratif de déclarer EDF-GDF responsable d'une explosion, se réservant de demander à son assureur, devant le juge judiciaire, la réparation financière de cet accident).

Une requête sera donc irrecevable à raison soit de l'absence de conclusions soit de la présence de conclusions elles-mêmes irrecevables. Lorsque les conclusions sont recevables, elles doivent être assorties d'un minimum de motivation.

La motivation des conclusions

La requête introductive d'instance « doit contenir l'exposé des faits et moyens » (CJA, art. R. 411).

Après avoir défini l'objet de sa demande par ses conclusions, le requérant doit donc exposer les éléments de fait et les arguments juridiques, c'est-à-dire les moyens, qui fondent sa demande d'annulation d'une décision ou de condamnation pécuniaire de l'adversaire.

Dans le cadre d'un recours en responsabilité extra-contractuelle, il convient de distinguer les cas dans lesquels le requérant doit faire la preuve d'une faute simple ou lourde de l'administration de ceux où il bénéficie d'un régime de présomption de faute pesant sur cette dernière et de l'hypothèse de la dispense de faute à établir.

En principe, toute faute commise par l'administration engage sa responsabilité sous réserve pour le requérant d'établir un préjudice et un lien de causalité entre ce préjudice et cette faute. Afin de savoir si la victime peut se contenter d'une telle faute pour agir en justice, il suffit d'énumérer les cas, beaucoup moins nombreux et en voie de disparition progressive, pour lesquels la faute lourde est exigée par la jurisprudence administrative.

Relèvent ainsi du régime de la faute lourde les activités administratives de tutelle et de contrôle, qu'il s'agisse d'un contrôle sur les associations, les établissements publics ou les collectivités locales (voir en ce sens, pour le maintien de cette exigence trop rapidement abandonnée par la cour administrative de Marseille : CE 6 octobre 2000, Cne de Saint-Florent, *AJDA* 2001, p. 201) ou d'un contrôle plus technique, par exemple de la navigation aérienne (CE 21 novembre 1984, Sté d'assurances Gerling-Honzern, *Lebon* p. 380 – CAA Paris 23 septembre 1997, Ministre de l'Équipement, des Transports et du Logement c/ Mme Bertolucci, req. n°95PA01194) ou encore le contrôle des établissements de crédit par la commission bancaire (CE ass. 30 novembre 2001, Ministre de l'Économie, des Finances et de l'Industrie c/ M. et Mme Kéchinian et autres, *AJDA* 2002, p. 136).

Est également subordonnée à la preuve d'une faute lourde la responsabilité des activités matérielles des services de police présentant des difficultés particulières. Il en est ainsi de l'activité des agents de police de la circulation sur les voies publiques (CE 3 avril 1981, Ville de Bayonne, *Lebon* p. 905) ou du comportement des agents de police lors d'une agression à main armée (CE 27 avril 1979, Sté Le Profil, *Lebon* p. 1700).

De même, l'activité administrative d'établissement et de recouvrement de l'impôt ne peut entraîner la responsabilité de l'État que si une faute lourde a été commise à l'occasion de ces opérations (voir par exemple CE 11 juillet 1984, Sté industrielle de Saint-Ouen, *Lebon* p. 272), à l'exception des activités ne présentant aucune difficulté particulière.

Le Conseil d'État a ainsi retenu la responsabilité de l'administration fiscale pour faute simple lors d'opérations d'établissement de l'impôt qui ne comportaient pas de difficultés particulières relatives à l'appréciation de la situation des contribuables puisqu'il s'agissait, en l'espèce, d'une erreur de saisie informatique des revenus du contribuable (CE sect. 27 juillet 1990, Bourgeois, *AJDA* 1991, p. 346). Il en va de même de la non-transmission d'une demande de sursis de paiement du contribuable par le service de l'assiette au comptable territorialement compétent (CE 31 octobre 1990, Champagne, *Lebon* p. 309).

D'une manière générale, le juge administratif ne réserve l'exigence de la faute lourde en la matière, même lorsqu'il s'agit d'apprécier la situation du contribuable, que si cette appréciation présente des difficultés particulières (voir en ce sens, à propos de la taxe professionnelle, CE sect. 29 décembre 1997, Cne d'Arcueil, *Lebon* p. 512).

Enfin, en matière de dommages causés à ou par des détenus, la responsabilité de l'État ne peut être engagée qu'en cas de faute lourde (voir par exemple CE 26 juillet 1978, Consorts Wachter, *Lebon* p. 222). Il en est de même, en vertu d'une disposition législative (loi du 5 juillet 1972) pour la mise en cause de la responsabilité de l'État du fait du fonctionnement de la justice administrative.

Par ailleurs, il existe un système de responsabilité pour faute présumée. Sont concernés par cette éventualité les dommages subis par les usagers des ouvrages publics. Ces derniers peuvent engager la responsabilité de l'administration en invoquant un défaut d'entretien normal de cet ouvrage public. Pour échapper à sa condamnation, l'administration doit alors prouver qu'elle a correctement entretenu l'ouvrage, par exemple qu'elle a signalé les travaux en cours d'exécution sur la chaussée.

Cette présomption de faute existe également en matière d'actes médicaux ou de soins courants ayant entraîné des conséquences anormalement graves pour les patients. Ce régime est naturellement plus protecteur des droits des victimes que le précédent.

Reste enfin un système de responsabilité que l'on peut qualifier de « sans faute ».

La victime peut se borner à invoquer la réalité de son préjudice et le lien de causalité entre celui-ci et l'activité de l'administration. C'est le cas pour les dommages causés par l'utilisation de produits dangereux, par exemple d'explosifs (CE 28 mars 1919, Regnault-Desroziers, *RDP* 1919 p. 239), ou de méthodes dangereuses en matière de rééducation en milieu semi-ouvert de l'enfance délinquante (CE sect. 3 février 1956, Thouzellier, *Lebon* p. 49), des méthodes de traitement des malades mentaux comportant des sorties d'essais destinées à les réadapter à une vie normale (CE sect. 13 juillet 1967, Département de la Moselle, *Lebon* p. 341) ou encore des graves préjudices résultant de l'utilisation d'une thérapeutique nouvelle alors qu'il n'existait pas de risque vital pour le patient (CAA Lyon 21 décembre 1990, Crts Gomez, *AJDA* 1991 p. 167).

Le même régime de responsabilité sans faute s'applique aux dommages subis en raison d'un refus de la force publique de concourir à l'exécution forcée d'une décision de justice (CE 30 novembre 1923, Couitéas, *Lebon* p. 789). Cette solution a été depuis consacrée par l'article 16 de la loi n° 91-650 du 9 juillet 1991 (*JO* 14 juillet 1991) portant réforme des procédures civiles d'exécution, qui prévoit que le refus de l'État de prêter son concours à l'exécution des jugements et des autres titres exécutoires « ouvre droit à réparation ».

Il s'applique également en cas d'édiction d'un règlement régulier générateur d'un préjudice (CE 22 février 1963, Cne de Gavarnie, *Lebon* p. 113), au profit des collaborateurs bénévoles d'un service public victimes d'un dommage à l'occasion de cette collaboration ainsi que pour les tiers victimes de dommages de travaux publics. Cette dernière hypothèse concerne principalement les dommages causés à une propriété par la réalisation, à proximité immédiate, de travaux ou d'ouvrages publics qui lui font perdre sa tranquillité et diminuent sa valeur vénale.

À condition de prouver le caractère « anormal » et « spécial » du préjudice, c'est à dire d'établir que les nuisances sont trop importantes, la victime pourra obtenir réparation même si les travaux ont été réalisés correctement.

Dans le cadre d'un recours pour excès de pouvoir, il est possible d'utiliser à l'encontre de l'administration certains moyens juridiques :
– des moyens de légalité externe, c'est-à-dire un vice de forme, de procédure ou de compétence ;

– des moyens de légalité interne, tels que la violation de la loi, un détournement de pouvoir, une erreur de fait ou de droit ou encore une erreur manifeste d'appréciation commise par l'administration.

En pratique, lorsque l'on dispose de peu de temps pour rédiger son mémoire, compte tenu de la proche expiration du délai de recours, plusieurs solutions sont envisageables.

Si le recours contentieux n'a pas été précédé d'un recours administratif

En cas d'excès de pouvoir de l'administration ou de sa responsabilité pour dommages de travaux publics, le requérant peut déposer une « requête sommaire ». Celle-ci devra être complétée par un « mémoire complémentaire » qui développera l'argumentation initiale de la requête après l'expiration des délais.

Attention ! L'annonce du mémoire complémentaire doit cependant se concrétiser avant la clôture de l'instruction et en toute hypothèse avant la date fixé par le président de la juridiction dans le cadre d'une mise en demeure précisant qu'à défaut de dépôt du mémoire dans le délai imparti, le requérant sera considéré comme s'étant désisté (CJA, art. R. 612-5).

Le côté pratique de la technique de la requête sommaire peut donc comporter un effet « boomerang » si le président de la juridiction saisie impartit par exemple au requérant un simple délai de quinze jours pour produire son mémoire complémentaire.

CONSEIL

En principe, à réception de votre requête sommaire, le greffe de la juridiction vous invitera à produire votre mémoire complémentaire dans un délai d'un à deux mois. Le non-respect de cette invitation n'aura aucune incidence sur la recevabilité de votre requête tant que vous n'aurez pas reçu, en LRAR une mise en demeure émanant du président (et non plus du greffier) vous demandant expressément de déposer votre mémoire complémentaire dans un délai déterminé, qui peut varier de quinze jours à un mois.

Pour éviter cet effet boomerang, on ne peut que conseiller l'usage de la « fausse requête sommaire » qui consiste à énoncer de façon précise mais sommaire les moyens et conclusions de la requête, sans annoncer le dépôt d'un mémoire complémentaire.

Faute de constituer la chronique d'un mémoire complémentaire annoncé, cette requête ne pourra donner lieu à la mise en demeure prévue à l'article R. 612-5 du code de justice administrative sous peine de désistement d'office. Par ailleurs et surtout, dès lors qu'elle sera correctement motivée sur chacune des causes juridiques possibles, cette fausse requête sommaire pourra utilement être complétée, même hors délai, jusqu'à la clôture de l'instruction à l'initiative du requérant lui-même et non sur injonction du président de la juridiction.

En supprimant l'annonce du dépôt ultérieur d'un mémoire complémentaire à la fin de sa requête, le justiciable transformera ainsi sa requête sommaire en une requête classique non soumise à mise en demeure éventuelle et à désistement d'office.

Si le recours contentieux fait suite à un recours administratif lui-même motivé

Il suffit alors de déposer une brève requête tendant à l'annulation de l'acte ou à la condamnation pécuniaire de l'administration pour les motifs de fait et de droit exposés dans le recours administratif. Le requérant doit alors joindre à la requête copie du recours administratif. Cette brève requête n'est pas obligatoirement suivie d'un mémoire complémentaire puisqu'elle est motivée par référence au recours administratif préalable.

Les conclusions et moyens de droit d'un mémoire complémentaire, qui sera nécessairement déposé au-delà du délai initial de recours, doivent être identiques à ceux de la requête ou, à tout le moins, se rattacher à la même cause juridique ou aux mêmes causes juridiques que celle(s) invoquée(s) dans le cadre de la requête sommaire.

Il est donc préférable d'invoquer dans la requête sommaire en excès de pouvoir des moyens relevant à la fois de la légalité interne et de la légalité externe, même si certains seront abandonnés par la suite. Cela évite au requérant d'être ensuite limité dans le choix des moyens de son recours.

Dans le cadre d'une action en responsabilité, il suffit au requérant d'imputer son préjudice à la faute de l'administration et d'indiquer que, même sans faute, la responsabilité de l'administration est en toute hypothèse engagée.

En prenant la précaution d'invoquer dans une requête sommaire des moyens se rattachant à chacune des deux causes juridiques possibles (légalité externe-légalité interne dans le contentieux de l'excès de pouvoir – responsabilité pour faute-responsabilité sans faute dans le plein contentieux indemnitaire), le requérant se ménage la possibilité d'invoquer tout moyen nouveau dans son mémoire complémentaire, étant même précisé que dans le cadre du plein contentieux, la responsabilité sans faute, considérée comme un moyen dit « d'ordre public » pourra être invoquée pour la première fois dans un mémoire complémentaire, voire en appel, tout comme le moyen d'incompétence dans le cadre de l'excès de pouvoir.

Cependant, même complètes, les requêtes ne suffisent pas à la formation d'un recours. Il faut y joindre certains documents, sans omettre de dater et signer lesdites requêtes.

Les documents annexes

La décision attaquée

Si la décision contestée est explicite, le requérant doit fournir au tribunal la copie de la décision administrative attaquée, sous peine, après mise en demeure de régulariser, de voir sa requête rejetée par simple ordonnance du président de la juridiction, par application des nouvelles dispositions de l'article R. 122-12 du code de justice administrative dans leur rédaction résultant du décret du 19 avril 2002.

Si la décision contestée est implicite, il faut communiquer la pièce attestant du dépôt de la réclamation, c'est-à-dire la copie de la demande préalable et un justificatif de sa réception par l'administration. Celle-ci doit, en effet, transmettre au requérant un accusé de réception très détaillé de la demande précisant la date à laquelle, après une période de silence, la demande sera réputée acceptée ou rejetée. La production de ce récépissé de la demande vaut donc production de la décision contestée. À défaut de réception de ce document, l'accusé de réception postal de la demande établira la preuve de la décision administrative préalable attaquée.

Si la décision est purement verbale, la preuve de cette décision résultera soit de la non contestation de son existence soit de témoignages écrits soit enfin des circonstances de fait du dossier ; ainsi, la preuve d'une décision verbale d'un directeur de service d'un ministère mettant fin aux fonctions d'un agent a été établie par le fait que l'agent a été effectivement déchargé de ses fonctions et a été remplacé, en fait, par un autre fonctionnaire (CE 29 décembre 1995, Mme Laviole, req. n° 157501).

Les copies de la requête

À l'original de la requête doivent être jointes des copies, en nombre égal à celui des autres parties du procès, augmenté de deux (CJA, art. R. 411-3). Si aucune copie de la requête n'est fournie ou si le nombre en est erroné, le secrétaire-greffier du tribunal en avise le requérant.

Attention ! Il est important de ne pas négliger ce détail matériel : si les copies ne sont pas transmises dans les quinze jours qui suivent cet avertissement, la requête pourra être déclarée irrecevable.

Ainsi, une requête en annulation d'un permis de construire délivré par le maire d'une commune, dotée d'un plan local d'urbanisme doit être accompagnée de quatre copies ; les permis étant délivrés par la commune et en son nom, le maire et le bénéficiaire représentent les deux autres parties intéressées.

Dans le cas d'une commune sans plan local d'urbanisme, où les permis de construire sont délivrés par le maire mais au nom de l'État, cinq copies sont nécessaires. L'État devient en effet une partie intéressée au litige.

Les pièces jointes

Les pièces jointes à l'appui de la requête, selon un bordereau détaillé, doivent être accompagnées, comme la requête, de copies en nombre égal à celui des autres parties augmenté de deux (CJA, art. R. 412-2).

Les seuls documents à joindre impérativement à la requête ou à transmettre au tribunal, dans les meilleurs délais, sont les justificatifs de la qualité pour agir du représentant officiel de la personne morale, partie au litige. Les avocats ne sont bien entendu pas concernés par cette règle.

Pour que la requête soit examinée, toute autorité exécutive d'une personne morale doit donc justifier qu'elle est statutairement habilitée à agir en justice pour le compte de la personne morale. Il lui faut donc produire copies des statuts de l'organisme représenté. Depuis un arrêt de section du 3 avril 1998, Fédération de plasturgie (*Lebon* p. 127), le Conseil d'État considère, pour les associations, que la personne habilitée par les statuts à représenter l'association en justice est, par là même, autorisée à engager une action en justice au nom de l'association sans être contraint de solliciter une délibération de l'assemblée générale.

Ce n'est que dans le cas où les statuts ne prévoient rien en la matière que le président devra être autorisé à agir par délibération de l'assemblée générale de l'association (CE 16 février 2001, Association pour l'égalité aux concours et examens, req. n° 221622).

Si le nombre, le volume ou les caractéristiques des pièces font obstacle à la production de copies, les pièces peuvent être déplacées soit dans une préfecture ou une sous-préfecture, soit au greffe d'une autre juridiction administrative.

Le président de la juridiction peut également autoriser la remise momentanée de ces pièces, pendant un délai qu'il fixe, entre les mains des avocats ou des avoués des parties ou des représentants des administrations concernées (CJA, art. R. 611-6).

Le droit de timbre

L'article R. 411-1 du code de justice administrative prévoit, depuis le 1er janvier 1994, le paiement d'un droit de timbre pour l'introduction d'une requête, dans les conditions prévues par les dispositions des articles 1089 B et 1090 A du code général des impôts. Ce droit est aujourd'hui fixé à 15 euros.

Échappent à cette obligation les requêtes présentées par des personnes bénéficiant de l'aide juridictionnelle, les requêtes dirigées contre des arrêtés de reconduite à la frontière, les déférés préfectoraux contre des actes des collectivités territoriales, les demandes d'exécution des jugements ou arrêts ou encore les demandes tendant à la liquidation d'une astreinte.

Si, après mise en demeure, le justiciable ne produit pas de timbre fiscal dans le délai imparti, qui ne saurait être inférieur à un mois, la requête est déclarée irrecevable par simple ordonnance présidentielle depuis un décret du 19 avril 2002 (CJA, art. R. 411-2 et R. 612-2).

Le dépôt ou l'envoi de la requête

L'article R. 413-1 du code de justice administrative prévoit que la requête doit être déposée ou adressée au greffe de la juridiction

Si le justiciable ou l'avocat peut ainsi choisir de déposer lui-même sa requête au greffe du tribunal se situant dans la ville où il habite ou exerce, en prenant soin de conserver un double avec le timbre à date du tribunal, aucune formalité n'est imposée, sauf pour les référés d'urgence (LRAR avec mention « Référé » sur l'enveloppe), pour l'envoi postal d'une requête.

Il n'est pas ainsi nécessaire de procéder à un envoi en recommandé sauf si l'on souhaite se prémunir contre une éventuelle perte de l'envoi par le service public de la poste. Il faut savoir en effet que les greffes conservent les enveloppes d'expédition permettant ainsi d'établir, en cas de délai anormalement long d'acheminement de la requête, que votre envoi et donc votre requête n'étaient pas tardifs.

En cas d'urgence, le recours à la télécopie est considéré comme valable si le requérant veille à adresser parallèlement sa requête par courrier (CE 13 mars 1996, M. Diraison, *Lebon* p. 78).

Le Conseil d'État a admis très logiquement, sous les mêmes conditions de confirmation par envoi postal, la transmission par courrier électronique (CE 28 décembre 2001, Élections municipales d'Entre-Deux-Monts, *Dr. adm.* 2002 n° 110, note C.M.) ; sauf si le juge admet la validité de la signature électronique « sécurisée » dès l'entrée en vigueur des décrets et arrêtés d'application de la loi du 13 mars 2000, le cyber-requérant devra donc doubler l'envoi de sa requête en temps réel par une transmission de la copie papier par l'intermédiaire du service public postal, copie qui parviendra au greffe dans un temps bien moins « réel ».

La notification des requêtes en matière d'urbanisme

Ce cas particulier des requêtes en matière d'urbanisme doit être connu de tout avocat et même de tout justiciable qui entend contester en justice soit un document d'urbanisme, tel un plan local d'urbanisme ou un plan de prévention des risques (voir en ce sens CE avis contentieux 3 décembre 2001, SCI des 2 et 4 rue de la Poissonnerie et autres, *AJDA* 2002, p. 177), soit une décision relative à l'occupation du sol, tel un permis de construire.

En effet, il s'agit du seul cas où l'auteur d'une requête est tenu d'en assurer lui-même la notification, par lettre recommandée avec accusé de réception, à la fois à l'auteur de la décision et, s'il y a lieu, au titulaire de l'autorisation, et ce dans les quinze jours du dépôt de la requête (CJA, art. R. 411-7 qui renvoie à l'article R. 600-1 du code de l'urbanisme).

Ainsi, une requête contre un permis de construire doit être notifiée à la fois au maire de la commune qui a délivré le permis et au bénéficiaire du permis, alors même que le greffe du tribunal administratif procédera lui-même à cette notification aux intéressés dans les conditions habituelles de notification des requêtes.

Cette notification intégrale (il ne s'agit pas seulement d'informer du dépôt d'une requête) du recours par le requérant est considérée comme accomplie à la date d'envoi de la lettre recommandée.

AVERTISSEMENT Cette obligation de notification n'est pas régularisable au-delà du délai de quinze jours : l'omission de cette formalité pourra être compensée si le greffe du tribunal prend soin de réclamer au requérant, moins de quinze jours après le dépôt de sa requête, les justificatifs du ou des envois recommandés. À l'inverse, la pratique de certains greffes consistant à ne réclamer ces justificatifs qu'au-delà de ce délai de quinze jours n'autorisera aucune régularisation.

Cette obligation de notification s'impose en amont en cas de recours administratif formé par l'administré contre une autorisation d'occupation des sols ; ainsi le voisin du terrain d'assiette d'une construction qui forme un recours gracieux contre le permis de construire qui a été délivré à son voisin doit notifier copie de son recours gracieux à son voisin dans les quinze jours de l'envoi de son recours gracieux au maire. À défaut de notification, ce recours administratif ne pourra pas proroger les délais du recours contentieux et ce recours ne pourra être engagé que si le délai de recours contre le permis de construire n'est pas expiré (CE sect. avis contentieux du 1er mars 1996, Assoc. Soisy Étioles Environnement, *Lebon* p. 60).

Le préfet lui-même est tenu de notifier, dans les mêmes conditions, son déféré contre un document d'urbanisme ou une décision relative à l'occupation ou l'utilisation des sols.

Cette obligation de notification s'impose enfin, en aval, en cas d'appel contre un jugement ayant rejeté la requête contre la décision d'urbanisme en cause ; la requête d'appel doit être notifiée dans les quinze jours à l'auteur et, s'il y a lieu, au bénéficiaire de la décision contestée. Inspirée par le souci de sécurité juridique du bénéficiaire de la décision relative à l'occupation des sols, cette notification ne s'impose pas, à l'inverse, si le jugement a annulé totalement la décision en cause (CE sect. 26 juillet 1996, Cne de Triel-sur-Seine, *Lebon* p. 301).

Les requêtes abusives

Pour compenser la gratuité des actes de justice instaurée par la loi du 30 décembre 1977, un décret du 20 janvier 1978 a étendu aux tribunaux administratifs puis aux cours administratives d'appel le droit, déjà reconnu au Conseil d'État depuis 1963, d'infliger une amende d'un montant maximal de 3 000 euros à une partie ayant déposé une requête abusive (CJA, art. R. 741-12).

Quand risque-t-on d'être condamné au paiement d'une amende pour recours abusif ?

L'amende pour recours abusif peut être infligée à des requérants qui témoignent de mauvaise foi ou de désinvolture (voir en ce sens les conclusions du commissaire du gouvernement Théry relatives à l'arrêt du CE ass. 27 avril 1979, Dame Lestrade, *Lebon* p. 172).

Ainsi, le tribunal administratif de Saint-Denis de la Réunion a décidé d'une amende de 500 francs à l'encontre de l'auteur d'un recours électoral dépourvu de tout fondement qui tendait « essentiellement à jeter le discrédit sur les opérations électorales qui se sont régulièrement et valablement déroulées » (TA Saint-Denis de la Réunion 9 mai 1979, Assig, inédit, cité par L. Richer, « L'amende pour recours abusif devant le Conseil d'État et les tribunaux administratifs », *AJDA* 1983 p. 453).

De nombreuses amendes sont également prononcées à l'encontre de recours manifestement abusifs tels que la présentation systématique d'un grand nombre de moyens ne reposant souvent que sur de simples allégations et généralement inopérants (TA Strasbourg 3 novembre 1982, Meier-Probst, inédit, cité par L. Richer, art. cité).

Seront de même sanctionnés les recours voués à l'échec soit parce que la question soumise au juge a déjà fait l'objet d'une décision, soit parce que la requête est manifestement de la compétence du juge judiciaire (voir sur ce dernier point CE 27 février 1987, Bertin, *RDP* 1987 p. 1374, à propos de l'appel d'un jugement du tribunal administratif de Lyon qui avait rejeté la requête de M. Bertin contre une délibération du bureau d'aide judiciaire d'une cour d'appel).

À titre d'exemple, un requérant a été condamné à une amende de 10 000 francs par le Conseil d'État. L'intéressé avait saisi à tort un tribunal administratif d'un litige relatif au recouvrement d'une amende infligée par le juge judiciaire. Contestant ce jugement d'incompétence et l'amende de 1 000 francs pour recours abusif décidée par le tribunal, il a donc été à nouveau condamné par la Haute Juridiction qui a, par ailleurs, confirmé l'incompétence du juge administratif en la matière (CE 25 janvier 1989, M. Bertin, req. n° 49064).

Le Conseil d'État a rappelé la règle selon laquelle la faculté d'infliger une amende constitue un pouvoir propre du juge et qu'il n'appartient pas au défendeur de solliciter une telle condamnation du demandeur (arrêt Bertin, précité). Rien n'interdit cependant à l'administration ou à un administré codéfendeur de suggérer cette mesure à l'encontre d'une requête manifestement abusive.

Cette amende peut être infligée à tout requérant, personne privée ou publique. Cependant, le Conseil d'État s'est refusé jusqu'à aujourd'hui à la prononcer à l'encontre de l'État qui paierait ainsi une amende à son propre profit, puisque le bénéficiaire de l'amende est le Trésor public.

Cette disposition reçoit des applications très fréquentes tant à l'encontre des particuliers (CE 20 février 2000, M. de Pellet, req. n° 182884 : amende de 2 000 F infligée à une demande d'interprétation d'un arrêt du Conseil d'État qui ne présentait aucune obscurité ou ambiguïté) que des collectivités publiques autres que l'État ; ainsi une commune a été condamnée à une amende du montant maximum de 20 000 F pour avoir fait appel d'un jugement ayant annulé son plan d'occupation des sols pour détournement de pouvoir (CE 4 mai 1998, Cne de Saint-Sauveur-sur-École, req. n° 151749).

Par ailleurs, on peut naturellement faire appel d'un jugement qui a prononcé la condamnation au paiement d'une amende pour recours abusif. Cet appel se présente dans les mêmes formes qu'un appel ordinaire, selon la matière avec ou sans ministère d'avocat. Il n'aboutit qu'exceptionnellement à la suppression de l'amende (CE 16 octobre 1989, Groupement d'étude et de réflexion sur la vie communale, req. n° 99227 ; le Conseil d'État a annulé un jugement du tribunal administratif d'Orléans qui avait condamné l'association requérante au paiement d'une amende de 5 000 francs pour recours abusif).

Certains types de recours obéissent à des règles spécifiques en raison soit de leur objet, qui est de demander au juge non une annulation ou une condamnation mais l'interprétation ou l'appréciation de la légalité d'un acte administratif ou un « avis » sur une question de droit nouvelle, soit de la qualité du défendeur qui est une personne, physique ou morale de droit privé, poursuivie par l'administration pour contravention de grande voirie.

2.1.6 Les recours particuliers

Les recours en interprétation et en appréciation de légalité

Ces deux types de recours, régis très sommairement par le même article R. 312-4 du code de justice administrative qui prévoit la compétence territoriale du tribunal administratif, obéissent cependant à des règles différentes.

Le recours en interprétation d'une décision administrative

Il peut s'agir de l'interprétation d'un acte ou d'un jugement administratifs.

Ce recours, qui relève du plein contentieux, ne peut être exercé qu'à une double condition :
– il faut qu'il existe un litige né et actuel. Cette condition est, à l'évidence, remplie pour l'interprétation d'un jugement, le litige étant d'ailleurs tranché. Elle ne s'impose pas aux ministres qui peuvent demander au juge compétent d'interpréter un acte ou contrat administratif indépendamment de tout litige ;
– la décision en cause doit être obscure ou ambiguë.

On distingue deux types de demandes, car une interprétation peut être sollicitée soit par le juge judiciaire, soit directement par une personne privée ou publique.

Le recours en interprétation sur renvoi du juge judiciaire

Le juge civil ne peut interpréter que les actes administratifs réglementaires. Pour tous les actes non réglementaires – c'est-à-dire principalement individuels – il doit renvoyer la question au juge administratif. Les tribunaux répressifs disposent au contraire du pouvoir d'interpréter (et d'apprécier la légalité) des actes administratifs, réglementaires ou individuels, dont dépend la solution du procès pénal (C. pénal, art. 111-5 dans sa rédaction résultant de la loi du 22 juillet 1992 entrée en vigueur le 1er mars 1994).

En présence d'une question d'interprétation d'un acte non réglementaire déterminante pour la solution du différend qui lui est soumis, dite « préjudicielle », le juge civil sursoit alors à statuer et renvoie les parties se pourvoir devant le juge administratif. Aucun délai ne s'impose pour cette seconde saisine sur renvoi. Si le juge judiciaire fixe un délai, celui-ci n'est pas considéré comme impératif (CE 25 octobre 1974, Consorts Dal Pont, *Lebon* p. 512).

La partie la plus diligente forme ce recours en interprétation par l'intermédiaire du ministère d'avocat, mais c'est la demande d'interprétation telle qu'elle a été formulée par le juge judiciaire qui est transmise. Le requérant ne peut y greffer ou y substituer une demande d'appréciation de légalité ou une demande d'indemnité.

Le juge administratif statue ensuite, sauf si l'acte à interpréter n'est pas « administratif », s'il a disparu par annulation ou retrait, ou si le jugement de renvoi a lui-même été annulé. Il se prononce sur les seuls problèmes d'interprétation qui lui sont soumis, dans les limites du jugement de renvoi. Le « dispositif » de cette décision expose le sens de l'acte administratif obscur. L'autorité de la chose jugée n'est que relative, c'est-à-dire que l'interprétation fournie ne vaut que dans le cadre du litige à l'origine du recours.

Le requérant peut faire appel de la décision de la juridiction administrative devant la cour administrative d'appel, sauf si le Conseil d'État a été directement saisi de l'interprétation d'un acte relevant de sa compétence en premier et dernier ressort.

Le recours direct en interprétation

La partie à un litige né et actuel (voire en gestation, selon l'interprétation plus ou moins extensive du juge) saisit alors directement la juridiction administrative de sa demande en interprétation. Il s'agit soit du tribunal administratif, soit du Conseil d'État, selon la nature du litige principal. Il faut porter son recours devant le Conseil d'État lorsque l'acte concerné relève de sa compétence en premier et dernier ressort.

Aucune condition de délai ne s'impose au requérant. Celui-ci doit établir que l'acte est obscur ou ambigu et qu'il existe au moins un désaccord susceptible de conduire à un litige avec l'administration au sujet de l'application de la décision ou de la convention administrative.

Ainsi, a été rejetée la requête du conseil supérieur de l'ordre des experts-comptables qui demandait au Conseil d'État d'interpréter les dispositions d'un décret modifiant les règles relatives à la composition des instances ordinales ; cette requête évoquait les débats internes à l'ordre sur l'application dans le temps de ces nouvelles dispositions. Le Conseil d'État a considéré en effet que ces circonstances ne peuvent être regardées comme un « litige né et actuel » qui opposerait l'ordre des experts-comptables à l'administration (CE 27 octobre 2000, Conseil supérieur de l'ordre des experts-comptables, req. n° 216722) ; la Haute Juridiction a souligné qu'en l'espèce, la demande du conseil supérieur revenait à solliciter du Conseil d'État une « consultation », demande qui ne pouvait être accueillie.

L'intéressé ne peut profiter de cette voie pour solliciter du juge autre chose que l'interprétation de l'acte, par exemple l'appréciation de sa légalité (CE 16 novembre 1988, Sté Ritz Hôtel, *Dr. adm.* 1988 n° 650).

Il faut enfin préciser que l'appel d'un jugement statuant sur un recours direct en interprétation relève de la cour administrative d'appel territorialement compétente tandis que l'appel d'un jugement en interprétation sur renvoi de l'autorité judiciaire relève du Conseil d'État par application de l'article R. 321-1 du code de justice administrative, de même que l'appel des jugements relatifs à l'appréciation de légalité d'un acte administratif.

Le recours en appréciation de légalité d'un acte administratif

À la différence des recours en interprétation, un requérant ne peut jamais exercer spontanément un recours en appréciation de légalité (CE 30 septembre 1992, Vigno, req. n° 131.800). Celui-ci est décidé par le juge judiciaire civil à l'occasion d'un litige au cours duquel se pose le problème de la légalité d'une décision administrative, unilatérale ou contractuelle, conditionnant ainsi la solution du jugement.

L'appréciation de la légalité d'un acte constitue une question « préjudicielle » devant la juridiction civile lorsqu'il s'agit d'un acte administratif non réglementaire tandis que le juge pénal dispose depuis le 1er mars 1994 d'une pleine compétence pour apprécier la légalité des actes administratifs dont dépend le sort du procès pénal.

Les parties sont alors renvoyées devant le juge administratif, soit le tribunal administratif, soit le Conseil d'État si l'acte litigieux relève normalement de sa compétence en premier et dernier ressort.

Il n'existe aucune condition de délai pour cette saisine. La question posée alors sera celle formulée par la juridiction judiciaire.

Si la décision ne peut faire l'objet d'un contrôle juridictionnel parce qu'elle appartient à la catégorie des « actes de gouvernement », ou qu'elle a été retirée ou annulée entre-temps par le juge administratif, le juge rejettera les conclusions tendant à la déclaration d'illégalité.

Dans le cas contraire, il va rendre un jugement dont le dispositif ne prononcera pas l'annulation de la décision concernée mais comportera une déclaration d'illégalité.

Ce jugement possède l'autorité relative de la chose jugée : sa solution s'imposera donc uniquement dans la stricte limite du litige initialement soumis au juge judiciaire et ne pourra servir à d'autres parties dans une autre affaire.

De même, si le juge judiciaire n'a soulevé qu'un seul moyen de légalité dans son jugement de renvoi, la déclaration de légalité du juge administratif ne vaut que pour ce moyen et n'exclut donc pas l'illégalité de cet acte en raison d'un vice non invoqué lors du recours.

La Cour de cassation considère néanmoins que la déclaration d'illégalité d'un acte réglementaire par le juge administratif s'impose au juge civil qui ne peut appliquer le texte illégal (Cass. 1re civ. 19 juin 1985, Office national de la chasse c/ Guesdon, *Bull. civ. n°* 201).

Le jugement du tribunal administratif peut faire l'objet d'un appel qui relève du Conseil d'État.

En application de cette procédure de renvoi pour appréciation de légalité, le Conseil d'État, compétent en premier et dernier ressort, a ainsi déclaré illégal l'article 5 du décret du 29 décembre 1972 (CCH, art. R. 231-5). Cette disposition imposait, pour les clauses de révision des prix prévues pour la construction d'une maison individuelle, le choix entre l'index pondéré départemental publié par le ministère chargé de la construction et l'indice du coût de la construction publié par l'INSEE. Selon le Conseil d'État, une telle atteinte à la liberté contractuelle aurait dû être autorisée par la loi (CE 24 avril 1989, Sté La Maison des familles c/ Époux Girault, *Dr. adm.* 1989 n° 328).

Formé comme un recours pour excès de pouvoir, le recours en appréciation de légalité peut cependant avoir pour objet un contrat ou, par exemple, la simple détermination des limites du domaine public. Sa particularité réside dans le fait que le requérant ne peut soumettre au juge administratif que des questions auxquelles le juge judiciaire n'a pu répondre en raison de son incompétence. Le caractère incident de ce recours aboutit à saisir le juge administratif des conclusions du juge judiciaire par parties interposées. Le seul cas de saisine directe a été « amputé » par la loi du 3 juillet 1986 ; il s'agit du renvoi par le juge des prud'hommes pour l'appréciation de la légalité de l'autorisation administrative de licenciement qui ne subsiste que pour l'autorisation de licenciement des salariés protégés.

Les demandes d'avis sur des questions de droit nouvelles

Il s'agit de la technique de l'avis préalable du Conseil d'État sollicité par un tribunal administratif ou une cour administrative avant de statuer sur une requête « soulevant une question de droit nouvelle, présentant une difficulté sérieuse et se posant dans de nombreux litiges » (loi du 31 décembre 1987).

L'effet principal de cette technique est de faire participer le Conseil d'État à la solution d'un litige normalement dévolu aux juridictions de premier ou second degré (La loi n° 91-491 du 15 mai 1991, *JO* 18 mai 1991, a institué un système similaire de saisine pour avis de la Cour de cassation pour les juridictions judiciaires).

Lorsqu'une juridiction décide de saisir le Conseil d'État, elle sursoit à statuer en l'attente de l'avis. Le Conseil d'État doit se prononcer dans un délai de trois mois à compter de sa saisine :
– si le Conseil d'État ne répond pas dans ce délai, la juridiction pourra passer outre à cet avis et rendre sa décision ;
– si le Conseil d'État rend son avis dans le délai fixé, la juridiction n'est pas tenue de suivre son avis mais l'autorité morale du Conseil d'État s'imposera à la juridiction qui rendra alors une décision conforme à l'avis du Conseil d'État.

La procédure d'avis doit respecter le principe du contradictoire. Un décret du 2 septembre 1988 organise ce principe du contradictoire en permettant aux parties de présenter des observations dans le délai d'un mois à partir de la notification de la décision de renvoi et prévoit que la dispense d'avocat s'applique dans les mêmes conditions que pour la requête.

Cela implique que le requérant soit représenté devant le Conseil d'État et qu'il engage ainsi des frais supplémentaires de procédure pour rémunérer son avocat. Satisfaisante sur le plan de l'unification de la jurisprudence du plein contentieux, cette technique des avis du Conseil d'État a donc nécessairement des conséquences sur la lourdeur financière de la procédure principale en cours.

Le contentieux répressif des contraventions de grande voirie

Avant d'énoncer les principales règles en la matière, il est intéressant d'examiner un exemple type illustrant ce contentieux particulier. Un automobiliste pressé de rejoindre son bateau de plaisance, amarré depuis plusieurs semaines sans autorisation, circule avec son véhicule sur un chemin de halage, largue les amarres et dans sa précipitation endommage l'écluse à la sortie du port après avoir auparavant déversé quelques ordures qui encombraient son bord. Cet automobiliste s'est rendu coupable de quatre contraventions de grande voirie pour lesquelles il est passible de poursuites devant le tribunal administratif dans le ressort duquel ces fautes ont été commises.

Les principes à connaître dans le domaine du contentieux répressif sont les suivants :
– une contravention de grande voirie consiste en un dommage causé à une dépendance du domaine public, autre que routier, ou peut exceptionnellement résulter d'une occupation irrégulière du domaine public ;
– il n'existe de contravention de grande voirie que prévue par un texte. L'administration ne peut donc poursuivre un prétendu contrevenant que sur la base d'un texte législatif ou réglementaire précis ;
Les principaux textes sont les suivants :
- le code du domaine public fluvial, par exemple, l'interdiction de création de toutes sorties sur les chemins de halage,
- le code des ports maritimes (art. 64 : pollution des eaux ; art. 65 : stationnement abusif dans un port),
- la loi du 15 juillet 1845 pour les atteintes au domaine public ferroviaire,
- la loi du 17 juillet 1819 pour les zones de protection des places de guerre et postes militaires ;
– les infractions à ces textes sont constatées soit par un officier ou agent de police judiciaire, soit par certains fonctionnaires assermentés tels que les fonctionnaires des ponts et chaussées, les agents de la navigation intérieure, les conducteurs de chantiers ou officiers et surveillants de ports. Ce procès-verbal ne vaut, bien sûr, que pour les faits dont l'auteur a été personnellement témoin ou des faits qui sont corroborés par les pièces du dossier ;
– dans les dix jours qui suivent la rédaction du procès-verbal, le préfet du département cite le contrevenant à comparaître devant le tribunal administratif en lui transmettant copie de ce document par lettre recommandée avec accusé de réception ou par agent de l'administration. Le cas échéant, sera joint à cette citation, le montant des dégâts causés au domaine public. Il est précisé au contrevenant qu'il doit déposer des observations écrites en défense auprès du greffe du tribunal, en indiquant s'il souhaite présenter des observations orales à l'audience. Il dispose pour le faire d'un délai de quinze jours à compter de la notification. Le préfet doit adresser un acte relatant la notification du procès-verbal au contrevenant et sa citation au tribunal qui l'enregistre comme une requête introductive d'instance ;

– ni le délai de dix jours pour citer le contrevenant à comparaître ni celui de quinze jours imparti à ce dernier pour présenter sa défense ne sont considérés comme impératifs par le juge.

Quels sont les moyens de défense du contrevenant ?

Pour échapper à l'amende, le contrevenant peut :
– se prévaloir du bénéfice éventuel d'une loi d'amnistie ;
– invoquer la prescription d'un an entre le fait invoqué et les poursuites.

Pour échapper à l'amende et à la condamnation aux réparations, le contrevenant peut invoquer :
– un cas de force majeure ou une faute de l'administration assimilable à un cas de force majeure ;
– le fait que le rédacteur du procès-verbal n'a pas été témoin des actes relatés et que l'imputabilité de l'infraction ne résulte pas des pièces du dossier.

2.2 Le déroulement de l'instance

Le dépôt au greffe d'un tribunal administratif ou du Conseil d'État d'une requête motivée et accompagnée des documents exigés a pour effet de saisir le juge du litige et d'ouvrir l'instance.

L'instruction de la requête est dirigée par l'un des membres de la juridiction saisie, voire d'une sous-section du Conseil d'État.

Le débat contentieux doit permettre aux deux parties au procès (demandeur et défendeur) d'apporter la preuve du bien-fondé de leurs allégations dans le respect du principe du contradictoire et d'aboutir à un jugement répondant totalement aux prétentions formulées lors de ce débat.

2.2.1 L'instruction

L'examen du déroulement de la procédure d'instruction et, plus précisément, de sa phase terminale permet d'aborder les points clés de l'instance que sont les règles de preuve et le principe du contradictoire.

Le déroulement de la procédure d'instruction

Les éléments de l'instruction : les règles de preuve

L'administration de la preuve

Contrairement au droit privé applicable devant les juridictions judiciaires, il n'existe pas dans le contentieux administratif de principe selon lequel la charge de la preuve incombe au demandeur. Il serait, en effet, injuste d'imposer au demandeur, qui est le plus souvent une personne privée, d'apporter dans tous les cas la preuve de ce qu'il invoque. Sa situation d'infériorité par rapport à l'administration rendrait cette dernière encore plus puissante à l'occasion d'une instance juridictionnelle où ne pèserait sur elle aucune charge de preuve ; déséquilibre des forces accentué par le fait que l'administration détient ces éléments probatoires puisque c'est elle qui a édicté la décision litigieuse ou commis l'acte dommageable.

Cependant, le demandeur doit toujours invoquer des faits précis ou des arguments juridiques permettant d'établir la réalité de l'illégalité ou de la faute. À partir de ces premiers éléments, le juge viendra en aide au requérant par l'exercice de moyens d'instruction dans le cadre de son pouvoir « inquisitorial ».

D'une manière générale, l'intervention du juge est plus importante dans le contentieux de l'excès de pouvoir qu'en plein contentieux. En effet, par hypothèse, dans le premier cas, l'administré n'a pas directement participé à la décision qu'il conteste. Il ne connaît que les éléments externes de la décision et il lui sera donc difficile d'établir que l'administration a commis un détournement de pouvoir en usant de ses compétences dans un but étranger à l'intérêt général. Heureusement pour le requérant, le juge administratif n'hésite pas à transférer la charge de la preuve sur l'administration en ce qui concerne la régularité d'une délégation à une autorité administrative, la validité d'une signature ou encore la preuve de la communication ou de la notification d'un acte administratif.

En matière de sanction, l'administration doit établir la réalité des griefs invoqués à l'encontre du requérant si ce dernier conteste cette réalité.

En plein contentieux, il existe par hypothèse des relations antérieures entre l'administration et le requérant, cocontractant ou victime de l'activité administrative. Le juge se montre donc moins coopérant à l'égard du demandeur. Celui-ci doit apporter la preuve de la réalité de son préjudice et du lien de causalité entre ce préjudice et l'activité de l'administration. Dans certains domaines, le juge favorise la preuve de la faute commise par l'administration en posant une présomption de faute à son encontre ; c'est à elle de démontrer qu'elle n'est pas responsable.

Les preuves apportées par le requérant

Lorsque l'on est susceptible de devenir partie à un procès, il est fondamental de se procurer dans les meilleurs délais, avant même que l'affaire soit portée en justice, des preuves à l'appui de sa future requête ou défense. À défaut, le requérant doit au moins fournir un commencement de preuve, c'est-à-dire des faits précis de nature à rendre plausible l'illégalité ou la faute invoquée à l'encontre de l'administration.

Les constats d'huissier

Le constat d'huissier est une technique souvent utilisée en matière de plein contentieux indemnitaire. Son intérêt tient à son coût relativement modéré – qui est fonction de l'importance des prestations demandées à l'huissier – et à sa rapidité d'établissement peu après l'édiction ou l'accomplissement de l'acte litigieux.

En effet, ce procédé ne nécessite pas l'intervention du juge.

En matière d'excès de pouvoir, le constat d'huissier sert surtout à faire constater l'absence de publicité d'un acte administratif (par exemple un permis de construire) et à rendre ainsi recevable une requête apparemment déposée hors délai. Il peut également décrire l'état d'un terrain déclaré à tort inconstructible par l'administration.

En matière de responsabilité, le constat d'huissier permet de décrire les désordres subis par un immeuble peu de temps après un sinistre imputable à l'administration, de prouver le défaut de signalisation d'un obstacle sur la voie publique, l'impossibilité d'accéder à un commerce pendant la réalisation de travaux publics, ou encore l'intensité du bruit résultant pour les voisins de l'exploitation d'un casino (CE sect. 18 mai 1979, Assoc. Urbanisme judaïque Saint-Seurin, *Lebon* p. 218).

À titre de conseil, une personne publique – par exemple une commune – a tout intérêt à faire dresser régulièrement des constats d'huissier pendant le déroulement de travaux prouvant que l'accès piéton aux magasins voisins est toujours possible.

Cependant, le constat d'huissier ne constitue pas toujours un moyen de preuve absolu. En effet, il n'a pas de caractère contradictoire. Il relate seulement les déclarations du demandeur et constate les faits pour lesquels l'huissier a été requis par ce même demandeur. Il peut éventuellement être contredit par une expertise ordonnée ultérieurement par le tribunal lorsqu'il s'agit de problèmes très techniques (CE 5 février 1975, Commissaire du gouvernement près la Commission nationale des dommages de guerre c/ SA Les Petits Fils de Léonard Danel, *Lebon* p. 94).

Malgré cette réserve, le constat d'huissier reste un élément très utile de conservation des moyens de preuve avant toute intervention nécessairement plus tardive du juge. Cette mesure offre souvent à ce dernier un commencement de preuve.

Les documents comptables

Les documents comptables produits à l'appui d'une requête présentent un intérêt majeur dans le contentieux de la responsabilité pour évaluer la réalité et l'importance du préjudice financier, par exemple dans le cas d'un dommage de travaux publics subi par un commerçant.

Pour un salarié qui réclame réparation d'une perte de salaires due à un accident imputable à l'administration, ces documents sont réduits à leur plus simple expression, c'est-à-dire aux bulletins de salaire.

En revanche, ils devront être beaucoup plus fournis pour une entreprise artisanale, commerciale ou industrielle qui invoque une baisse de son chiffre d'affaires suite à des travaux publics ayant rendu très difficile l'accès à son établissement pendant une longue période. Seule la production des bilans de l'entreprise pour les trois ou quatre années précédentes permettra au juge de tirer des conclusions utiles sur la réalité et l'anormalité du dommage subi. Il se peut, en effet, que la baisse invoquée au moment des travaux ne soit que la continuation d'un mouvement déjà amorcé sans rapport avec les difficultés d'accès à l'établissement.

En matière d'excès de pouvoir, le contentieux des autorisations administratives de licenciement des salariés protégés pour motif économique offre des exemples où la prise en compte de documents comptables établissant ou non la réalité des difficultés économiques invoquées permet au juge de trancher les litiges.

Les témoignages

Évoquer les témoignages dans le cadre d'une procédure essentiellement écrite peut surprendre. Ils peuvent pourtant être utiles à titre principal ou complémentaire lorsque tout autre moyen de preuve n'a pas été utilisé au moment des faits dont l'aspect litigieux n'est peut-être pas apparu initialement.

Reproche-t-on par exemple à un agent public un manquement à l'obligation de réserve à l'égard de son supérieur hiérarchique lors d'une cérémonie publique ? Faute d'avoir été enregistrés, les propos jugés désobligeants du fonctionnaire ne pourront être reproduits que grâce à des témoignages de personnes présentes à la cérémonie.

Il en est de même des circonstances particulières d'un accident de la route pour lequel est mise en cause la mauvaise visibilité d'un panneau de signalisation ; d'autres automobilistes pourront apporter leur témoignage.

Fournis par le requérant, ces témoignages se présentent sous la forme écrite et sont joints au dossier d'instruction. Il appartient au juge d'entendre des tiers dans le cadre d'une enquête.

Les mesures d'instruction prescrites par le juge

Le juge peut contribuer à l'établissement des faits en prescrivant certaines mesures d'instruction.

La communication du dossier

Le principe

Lorsque l'on conteste un acte administratif en apportant des éléments précis à l'appui de ses prétentions, le juge sollicite de l'administration la communication du dossier au vu duquel la décision critiquée a été prise. Il peut également demander à l'administration communication de toute pièce qui lui paraît utile pour la solution du litige.

Les exceptions

Les seules réserves à ce pouvoir d'injonction du juge dans le cadre de l'instruction concernent :
– les dossiers couverts par le « secret défense » pour lesquels le juge demandera à l'administration de préciser la nature des pièces écartées et les motifs de leur exclusion ;
– les dossiers médicaux dont la communication ne peut être ordonnée par le juge qu'aux intéressés eux-mêmes, à charge pour eux d'en faire état à l'appui de la contestation de leur inaptitude physique retenue ou contestée par l'administration.

Il peut s'agir par exemple d'un recours contre un refus administratif de prolongation d'un congé maladie de longue durée (CE 12 octobre 1969, Pasquier, *Lebon* p. 494). Le requérant peut accepter la communication de son dossier médical au ministre de la Justice à la suite de la contestation par l'administration de l'imputabilité au service des troubles dont est atteint l'intéressé (CE 20 juillet 1971, Pasquier, *Lebon* p. 562).

Cette demande, lorsqu'elle est possible, entraîne des conséquences essentielles, quelle que soit la suite qui lui est réservée par l'administration :
– si la demande est satisfaite, le juge peut alors exercer pleinement son contrôle ;
– si l'administration ne donne pas suite à cette demande ou seulement de façon partielle, le juge considère que l'acte élaboré à partir d'un dossier très incomplet, inexistant ou égaré est illégal.

Pour ne pas avoir précisé les motifs d'exclusion de candidats au concours de l'ENA, l'administration a été jugée fautive par le Conseil d'État qui a considéré que la motivation politique invoquée par les requérants était établie (CE 28 mai 1954, Barel, *Lebon* p. 308).

La même présomption défavorable s'applique au silence de l'administration lorsqu'il suit les affirmations du requérant relatives aux faits. Ainsi, en ne répondant pas au requérant avant la clôture de l'instruction, l'administration est réputée acquiescer aux faits allégués par son adversaire. Encore faut-il que ce silence ait été précédé d'une véritable mise en demeure de répondre (CJA, art. R. 612-6).

Mais, à l'inverse, le silence gardé par l'administré, à la suite d'une allégation de l'administration non contredite par les pièces du dossier, est également considéré par le juge comme une acceptation implicite de la thèse de l'administration.

L'expertise

Les principes

Il est possible de solliciter une expertise par voie de requête en référé, en l'absence de tout litige et même d'urgence. L'expertise a, dans ce cas, le mérite de pouvoir éviter un éventuel litige. Elle est ordonnée par le président du tribunal ou par un conseiller délégué par lui, sous forme d'ordonnance (CJA, art. R. 532-1, alinéa 1).

L'administration peut elle-même solliciter, à titre préventif, la désignation d'un expert pour procéder, lors de l'exécution de travaux publics, à toutes constatations relatives à l'état des immeubles susceptibles d'être affectés par des dommages ainsi qu'aux causes et à l'étendue des dommages qui surviendraient effectivement pendant la durée de sa mission (CJA, art. R. 532-1, alinéa 2).

Dans l'hypothèse d'un litige au fond, le tribunal peut également ordonner une expertise et rend alors un jugement d'« avant dire droit » pour faciliter la solution du différend qui lui est soumis.

L'expertise de droit commun est ordonnée ou refusée discrétionnairement par le tribunal. Il existe, cependant, deux cas où le juge est tenu d'ordonner une expertise :
– en matière de police des édifices menaçant ruine lorsque l'expert de la commune et celui du propriétaire d'un immeuble menaçant ruine ont déposé des rapports faisant apparaître un désaccord, l'expertise est obligatoire pour les départager ;
– lorsqu'un département ou une commune demande au tribunal de fixer le montant d'une contribution spéciale imposée à un entrepreneur à la suite de la dégradation d'une voie départementale ou communale.

Par l'expertise, un homme de l'art se voit confier la mission de trancher une question de fait dont la solution sera utile au litige. À titre d'exemple, le juge peut exceptionnellement donner mission à un expert de vérifier l'authenticité d'un acte écrit.

Le juge ne décidera pas d'ordonner une expertise si la requête doit de toute façon être rejetée. C'est le cas d'une expertise tendant à évaluer les désordres affectant des travaux qui n'ont pas été réalisés par la personne publique ou l'entreprise défenderesse. Il en est de même d'une expertise requise pour estimer la valeur architecturale d'un dossier d'œuvres déposé par un architecte et refusé par un conseil régional de l'ordre, alors que l'intéressé n'avait pas apporté à l'appui de son argumentation des éléments permettant de contester sérieusement l'appréciation portée sur ces qualités (CE 28 octobre 1985, Ministre de l'Urbanisme et du Logement c/ M. Pierre Plas, req. n° 39974).

Une expertise ne pourra pas non plus être demandée lorsque tous les éléments nécessaires au jugement figurent dans le dossier (CE 29 janvier 1975, Ministre de l'Agriculture c/ Établissements Cruse Fils et Frères, *Lebon* p. 61) ou si la requête est elle-même irrecevable (CE 30 janvier 1970, Dame veuve Herbe et autres, *Lebon* p. 73). Il s'agit dans ces cas d'expertises dites « frustratoires ».

Le juge ne confiera pas non plus à un expert une question de droit qui relève de sa propre compétence. En effet, l'expert n'a pas à déterminer si l'administration est ou non fautive ou si des événements précis constituent ou non un cas de force majeure exonérant le défendeur de toute responsabilité (cf. respectivement CE 11 juin 1975, RATP, *Lebon*

T. p. 1202 et CE 10 décembre 1975, Sté générale de construction industrielle dite Cotraba, *Lebon* T. p. 1201).

Le déroulement de l'expertise

Après avoir prêté serment par écrit « de bien et fidèlement remplir la mission à lui confiée... et d'observer les devoirs qu'elle impose » l'expert doit accomplir sa mission dans le respect du contradictoire en convoquant régulièrement les parties à toutes les opérations de l'expertise. Un avis doit leur être adressé à cet effet quatre jours au moins à l'avance, par lettre recommandée.

Les observations faites par les parties au cours des opérations doivent être consignées dans le rapport (CJA, art. R. 621-7).

Il n'est pas nécessaire de systématiquement contester une expertise au motif qu'elle n'est pas contradictoire. En effet, cette exigence du caractère contradictoire de l'expertise est interprétée souplement par le juge administratif qui accepte de se référer à une expertise judiciaire ou administrative non contradictoire « à titre d'éléments d'information » pour les constatations de fait qu'elle contient.

Par ailleurs, le juge admet également que l'expert utilise dans son rapport des informations recueillies hors la présence des parties si elles sont ensuite soumises à discussion.

En revanche, des rapports non contradictoires à l'égard d'une entreprise ne peuvent être utilisés pour le règlement d'un litige l'opposant à une commune s'ils font l'objet d'une contestation de la part de cette entreprise et qu'ils concernent la description des désordres, l'analyse de leurs causes et l'évaluation des travaux jugés nécessaires pour y remédier (CE 26 juillet 1985, Seris et autre, *Lebon* T. p. 690. Il s'agissait en l'espèce de travaux de réparation effectués par une entreprise tierce, à la demande de l'expert désigné en référé. L'entrepreneur intéressé au litige n'a été convoqué à aucune réunion d'expertise. Le rapport d'expertise établi dans ces conditions n'était donc pas contradictoire à l'égard de l'entrepreneur qui n'avait même pas été informé des travaux de réparation ordonnés par l'expert).

Le principe du contradictoire n'impose pas la présence des parties dès lors qu'elles ont été régulièrement convoquées.

Les examens médicaux ont, par exemple, lieu en dehors de la présence des parties (sauf pour la victime naturellement), mais elles doivent pouvoir formuler leurs observations sur les résultats de ces examens avant le dépôt du rapport d'expertise (CE 17 avril 1985, Département de la Moselle c/ Époux Manson, *Lebon* T. p. 732). On mesure dans ce domaine la prédominance de l'écrit contradictoire sur le débat oral. Le rapport écrit de l'expert déposé au greffe du tribunal est notifié aux parties qui disposent alors d'un délai d'un mois pour produire leurs observations. Dans l'hypothèse d'une expertise demandée en référé, ces observations permettront de saisir le juge du litige. Si l'expertise intervient dans le cadre d'une instance déjà engagée, le dépôt du rapport de l'expert permet de mieux apprécier les prétentions du demandeur qui pourra soit abandonner son action, soit la poursuivre.

Le paiement des frais d'expertise

Le montant des frais d'expertise varie selon la nature et la difficulté du litige.

Ces frais se composent des éléments suivants :
– les honoraires de l'expert, c'est-à-dire les sommes allouées pour l'étude du dossier, les frais de mise au net du rapport, les frais de dépôt du rapport et, d'une façon générale, la rémunération de tout travail personnel fourni par l'expert en vue de l'accomplissement de sa mission. L'utilité et la nature du travail fourni doivent être prises en compte (CJA, art. R. 621-11, alinéa 3) ;
– les débours et frais divers, tels que le port des lettres ou des paquets, les frais de copie ou de dactylographie ;
– les frais de transport et indemnités journalières de séjour hors de la résidence de l'expert.

L'expert produit un état de ses frais et honoraires dont le montant est déterminé par une ordonnance du président du tribunal administratif. Celui-ci peut, à cette occasion, exclure ou réduire certains frais qui lui semblent injustifiés.

Les parties et les experts intéressés peuvent contester eux-mêmes ou par leur représentant cette ordonnance, dans un délai d'un mois à compter de sa notification, devant le tribunal qui statue alors en formation de jugement (CJA, art. R. 761-5) étant précisé que, pour les parties, ce délai ne s'impose que pour une action en référé ou en constat non suivie d'une action au fond puisque la charge effective de la taxe dépendra du jugement sur le fond (CJA, art. R. 621-13, alinéa 3).

La charge du paiement incombe en principe à la partie qui perd le procès. Cependant, c'est au tribunal de déterminer à qui incombe cette charge lorsqu'il rend son jugement sur le fond. Le tribunal peut alors partager les frais d'expertise si la partie qui obtient gain de cause a rendu plus onéreuses les opérations d'expertise par des prétentions exagérées ou si les deux parties ont demandé l'expertise. À titre comparatif, dans le cadre des procédures de référé, l'expertise est toujours à la charge du demandeur chaque fois qu'aucune action en justice n'est engagée sur la base des conclusions de cette expertise.

L'expert peut demander le versement d'une provision à valoir sur le montant de ses honoraires avant même le commencement des opérations d'expertise si la durée ou l'importance des opérations paraît le comporter ; cette provision est décidée par le président de la juridiction qui désigne la ou les parties qui devront verser cette allocation provisionnelle (CJA, art. R. 621-12). Si cette partie ainsi désignée gagne finalement le procès, elle aura droit aux intérêts des sommes avancées et alors remboursées.

La visite des lieux (CJA, art. R. 622-1)

Cette mesure est ordonnée lorsque le tribunal, la cour d'appel ou le Conseil d'État estime ce transport sur les lieux nécessaire pour apprécier le bien-fondé des prétentions respectives des parties grâce aux constatations et vérifications faites lors de cette visite. Prescrite par un jugement dit d'« avant dire droit », voire pendant l'instruction par le président de la formation de jugement ou la sous-section d'instruction devant le Conseil d'État, la visite des lieux est opérée soit par la formation de jugement dans son ensemble (ou la sous-section d'instruction du Conseil d'État), soit par l'un des membres de la juridiction.

Cette mesure d'instruction s'applique surtout :
– en matière d'urbanisme et d'environnement (par exemple, en cas d'atteinte à un site par un projet de construction) ;
– en matière de travaux publics (pour mesurer, par exemple, l'importance des nuisances établies par le voisin d'un ouvrage public),
– en matière de contraventions de grande voirie (pour constater, par exemple, s'il y a ou non empiétement sur les limites du domaine public maritime).

La juridiction ou l'un de ses membres peut entendre, à titre de renseignement, les personnes de son choix et effectuer en leur présence les opérations jugées utiles.

Les parties à un litige doivent être avisées du jour et de l'heure de l'opération. Si tel n'est pas le cas, la visite et le jugement rendu ultérieurement seront irréguliers, sauf si l'on est tout de même présent à la visite sans invoquer le défaut de convocation régulière.

Après la visite, un procès-verbal est dressé. L'acte relate les choses vues ou entendues, mais il n'évoque pas les conséquences de ces constats au regard des prétentions du demandeur. Ce procès-verbal est déposé au greffe du tribunal, de la cour d'appel ou du Conseil d'État.

L'enquête (CJA, art. R. 623-1 et suiv.)

L'enquête ne consiste pas pour le juge administratif à faire le travail d'un officier de police judiciaire ou d'un juge d'instruction. Il ne s'agit pas de rechercher le responsable d'une « infraction » administrative. Il s'agit pour le juge, dans le cadre d'une action déjà engagée, de décider spontanément ou sur demande d'une partie et, s'il l'estime utile, d'entendre des témoins pour établir la réalité de faits allégués par le demandeur et pour lesquels celui-ci apporte un commencement de preuve.

Un jugement ne peut donc prescrire l'audition de témoins que sur des faits. Ainsi, l'enquête ne peut être ordonnée ni pour vérifier le bien-fondé d'un argument de droit ni pour suppléer la carence du requérant dans la production de ses moyens de preuve. Un administré ne peut donc se contenter de porter plainte contre l'administration et se constituer partie civile devant le juge administratif comme il le ferait devant un juge d'instruction chargé de mener l'information.

L'enquête peut avoir lieu en séance publique au siège du tribunal, ou bien devant le conseiller délégué sur les lieux. La présence des parties n'est pas obligatoire, mais celles-ci doivent être averties qu'elles peuvent prendre connaissance au greffe du tribunal du jugement ordonnant l'enquête. Elles sont invitées à présenter leurs témoins au jour fixé par le jugement. Il est possible de convoquer les témoins par citation faite par huissier. La formation de jugement ou le juge qui procède à l'enquête peut d'office convoquer ou entendre toute « personne » (autre que les témoins) dont l'audition lui parait utile à la manifestation de la vérité (CJA, art. R. 623-3, alinéa 2).

Le jour de l'enquête, les témoins sont entendus séparément après avoir décliné leur identité, précisé leur lien éventuel de parenté, d'alliance, de subordination ou de collaboration avec les parties et prêté serment. Cette formalité du serment est prescrite à peine de nullité de la déposition. Les parents ou alliés en ligne directe de l'une des parties ou son conjoint, même divorcé, peuvent refuser de témoigner. À défaut d'un tel motif, le témoin cité doit invoquer un motif légitime pour être dispensé de témoigner.

Les témoins peuvent alors être confrontés. Il leur est ensuite fait lecture de leur déposition qu'ils doivent signer. Si un témoin ne veut pas ou ne peut pas signer le procès-verbal de l'audition, il en est fait mention sur celui-ci.

Les témoins perçoivent les mêmes allocations que celles prévues en matière civile pour frais de transport et pour indemnité de comparution. Ces indemnités font partie des dépens de l'instance.

Le procès-verbal, qu'il soit dressé par le greffier ou par l'un des membres de la formation de jugement, est déposé au greffe et versé au dossier. Une copie du procès-verbal est notifiée aux parties.

La procédure d'enquête est essentiellement utilisée :
- en matière électorale ;
- en matière de travaux publics ;
- en matière de fonction publique, de concours ou d'examens. À titre d'exemple, le Conseil d'État a ordonné une enquête suite à un recours de candidats à l'agrégation de médecine, selon lesquels le jury avait tenu compte d'éléments autres que la valeur des résultats ; les demandeurs produisaient des témoignages de nature à faire douter de la régularité des épreuves (CE 23 novembre 1966, Frank et Paller-Soller, *Lebon* T. p. 1055) ; de même dans une affaire Université d'Auvergne, jugée en 1998, une enquête a permis d'établir que la note de 0 sur 20 attribuée à une étudiante de maîtrise en droit privé qui n'aurait pas remis sa copie était infondée puisque l'intéressée avait, selon les témoignages recueillis lors de l'enquête, remis une copie à l'issue de l'épreuve de droit international privé (CE 18 février 1998, Université d'Auvergne c/ Mlle Perrucaud, req. n° 162347) ;
- en matière de contraventions de grande voirie.

Les vérifications d'écriture et autres mesures d'instruction

Le tribunal administratif ou la cour administrative d'appel peut ordonner une vérification d'écriture par un ou plusieurs experts, en présence d'un de ses membres (CJA, art. R. 624-1).

Toute autre mesure d'instruction peut être confiée à un membre du tribunal administratif par la formation de jugement ou par son président. À titre d'exemple, l'on peut citer la vérification du contenu d'un document original qui ne peut être remis à la juridiction (voir pour la minute d'un décret CE sect. 21 décembre 1945, Ministre des Finances c/ X..., *Lebon* p. 264 – voir également CE 23 septembre 1991, Mlle Cressot, req. n'85814 : il s'agissait d'un supplément d'instruction destiné à permettre au conseiller-rapporteur de se rendre à la mairie et de vérifier les conditions de l'adoption de la délibération litigieuse portant suppression d'emploi. Son rapport a établi que la délibération avait bien été adoptée).

Par ailleurs, le tribunal a la possibilité de décider que soit établi un enregistrement sonore, visuel ou audiovisuel de tout ou partie des opérations. Le film ou la bande magnétique servira ainsi de support à l'instruction du dossier, puis à la séance publique qui, elle, ne peut donner lieu à aucun enregistrement. (La reconnaissance du rôle éventuel de l'audiovisuel dans la procédure d'instruction ne doit pas être confondue avec l'institution de la publicité audiovisuelle des audiences par la loi du 11 juillet 1985 qui permet, sous réserve de l'autorisation du président du tribunal, l'enregistrement audiovisuel ou sonore d'audiences présentant un intérêt pour la constitution d'archives historiques de la justice).

À l'appui des mesures d'instruction ainsi prescrites, les membres du tribunal administratif peuvent utiliser la technique des commissions rogatoires régies par les dispositions des articles 730 à 732 du Nouveau code de procédure civile. Un autre tribunal, plus proche du lieu où se situent les parties ou immeubles intéressés, peut par exemple être chargé d'effectuer les mesures d'instruction prescrites, à charge pour lui de transmettre à la juridiction ayant ordonné initialement ces mesures les procès-verbaux établis (NCPC, art. 730 : « Lorsque l'éloignement des parties ou des personnes qui doivent apporter leur concours à la justice, ou l'éloignement des lieux, rend le déplacement trop difficile ou trop onéreux, le juge peut, à la demande des parties ou d'office, commettre la juridiction de degré égal ou inférieur qui lui paraît la mieux placée sur le territoire de la République, afin de procéder à tous les actes judiciaires qu'il estime nécessaires »).

Toutes ces mesures d'instruction sont laissées à la seule appréciation du juge, même lorsqu'elles sont expressément demandées par l'une des parties. Le juge est cependant tenu, lorsqu'il décide d'y recourir, de respecter strictement le principe du contradictoire qui s'impose tout au long de la procédure.

Le respect du contradictoire pendant l'instruction

Le Conseil d'État définit le principe du contradictoire comme un principe général du droit qui s'impose au gouvernement lorsque celui-ci veut modifier les règles de la procédure administrative ou civile. Un décret ne saurait porter atteinte à ce principe sous peine d'être annulé par la Haute Juridiction.

Le requérant et le défendeur sont ainsi garantis d'être tenus régulièrement informés, par le juge, du déroulement de l'instruction. Mais, surtout, un jugement rendu en méconnaissance des règles de la contradiction est nécessairement annulé par une cour administrative d'appel ou par le Conseil d'État.

Il ne faut cependant pas agir trop vite et s'assurer, avant de former un appel, que celui-ci a des chances d'être favorablement accueilli sur les questions de fond du litige.

L'information des parties

Toute mesure d'instruction doit faire l'objet d'une notification aux parties, en précisant la date, le lieu et l'heure du déroulement de l'opération.

Si les parties en sont régulièrement averties, leur absence ne rend pas la mesure d'instruction irrégulière. Il faut et il suffit que l'on ait la possibilité d'être présent ou représenté lors de la mesure d'instruction. Lorsque l'on est représenté par un avocat ou par un mandataire unique (en cas d'action conjointe), on est alors informé par son intermédiaire.

À l'inverse, l'absence de convocation régulière à une expertise ou à une visite des lieux, par exemple, ne rend pas irrégulière la procédure si l'on est effectivement présent ou représenté sans émettre ni protestation ni réserves.

Les parties doivent également être tenues au courant de la date de la clôture de l'instruction, car à partir de cette date aucun échange contradictoire ne pourra plus avoir lieu. L'instruction ne se termine en principe que trois jours francs avant l'audience, mais le président d'un tribunal administratif peut fixer par ordonnance la date de clôture de l'instruction.

Une telle mesure oblige les parties à produire rapidement leurs ultimes écrits. Si l'une d'elles dépose son mémoire peu de temps avant la date de clôture de l'instruction, le juge doit communiquer ce mémoire à l'adversaire en rouvrant l'instruction.

En revanche, le tribunal n'a pas à communiquer les mémoires déposés après la date de clôture fixée par ordonnance.

La communication des documents et mémoires

Le juge doit communiquer aux parties tous rapports, documents ou mémoires dont il se servira pour rendre son jugement. Il le fait soit directement, soit par dépôt au greffe dont les parties sont informées.

Pour limiter les échanges parfois trop nombreux, le code de justice administrative a réduit le nombre des communications obligatoires aux parties aux seuls requête, mémoire complémentaire annoncé dans la requête et au premier mémoire en défense de chaque défendeur, avec les pièces jointes.

Les répliques, autres mémoires et pièces ne sont communiqués que s'ils contiennent des éléments nouveaux (CJA, art. R. 611-1).

Devant le Conseil d'État, le requérant doit veiller au respect de son droit à l'information. S'il n'est pas représenté par un avocat, il lui faut demander expressément la communication des mémoires.

Le juge assure cet échange en donnant à chacune un délai suffisant pour répondre. À l'exception des mesures d'urgence, ce délai est le plus souvent de trente jours, mais il ne s'agit pas d'un délai impératif.

Le Conseil d'État veille cependant au respect d'un « délai suffisant ». Il estime, par exemple, qu'un mémoire communiqué la veille de l'audience ne laisse pas un délai suffisant à la partie adverse pour répondre (CE 23 janvier 1985, M. Jacques Frank, req. n° 54441 – CE 26 juillet 1985, CPAM de Thionville c/ Mme Iffly, *Lebon* T. p. 782).

Il en va de même a fortiori lorsque le mémoire est communiqué le jour même de l'audience (CE 15 mars 1989, M. Taky, req. n° 82505 : en l'espèce, le demandeur n'avait pris connaissance du mémoire en défense du ministre qu'à l'écoute des conclusions du commissaire du gouvernement), le lendemain de celle-ci (CE 20 janvier 1989, RATP c/ M. et Mme Estienne, req. n° 49204) ou dix jours après (CE 20 mars 1985, Comité de défense contre l'implantation d'une carrière à Pont-de-Bois et autres, req. n° 28530).

Pour accélérer la procédure contradictoire, le président du tribunal administratif peut adresser des mises en demeure aux parties qui n'ont pas respecté le délai imparti. Si la partie défenderesse ne respecte pas ce nouveau délai, le juge estime qu'elle acquiesce aux faits exposés par le requérant. Si, malgré cette mise en demeure, le demandeur ne dépose pas son mémoire complémentaire dans le temps imparti par le juge, il est réputé avoir renoncé à son action.

Devant le Conseil d'État, aucune mise en demeure n'est nécessaire pour conclure au désistement du défendeur (CJA, art. R. 611-22). Si aucun mémoire complémentaire n'est produit dans les quatre mois de l'enregistrement de la requête sommaire, le demandeur est réputé s'être désisté. Ce délai de production du mémoire complémentaire est réduit à un mois en matière électorale et de demande de sursis à exécution d'un jugement voire à quinze jours en matière de pourvoi en cassation contre des ordonnances rendues en matière de référé urgence (CJA, art. R. 611-23).

Au vu de l'importance de cette règle du contradictoire, le requérant peut s'interroger sur la valeur de mesures d'instruction non contradictoires.

La règle du contradictoire impose qu'un rapport d'expertise non contradictoire soit mis à la disposition des parties, au greffe. Il servira également d'élément d'information au juge. Ce rapport n'a pas la valeur d'un rapport d'expertise déposé selon les règles du contradictoire, mais le juge peut y puiser certaines informations destinées à justifier sa décision (CE 17 avril 1985, Département de la Moselle c/ Époux Manson, *Lebon* T. p. 732) à condition qu'elles ne soient pas contestées par l'adversaire.

Cette application du principe du contradictoire vaut pour toute pièce produite par l'une des parties et dont l'autre n'a pas eu connaissance lors de l'instruction.

Par ailleurs, depuis le décret n° 92-77 du 22 janvier 1992 figurant à l'article R. 611-7 du code de justice administrative, le président de la formation de jugement ou, au Conseil d'État, la sous-section chargée de l'instruction doit, lorsque la décision lui paraît susceptible d'être fondée sur un moyen relevé d'office, en informer les parties avant la séance de jugement et les inviter à produire leurs observations.

On peut dire, en résumé, que la contradiction signifie que la communication des mémoires, rapports et documents doit être assurée par le juge afin que les parties puissent non seulement en prendre connaissance mais aussi en discuter.

Le demandeur dépose donc sa requête. L'adversaire produit un mémoire en défense. Celui-ci sera suivi d'une « réplique » du demandeur à laquelle le défendeur répondra lui-même par de nouvelles observations en défense. Une « duplique » du requérant n'est pas non plus à exclure, voire une « triplique ».

La phase terminale de l'instruction et l'audience

La clôture de l'instruction

Exceptionnellement, « si les circonstances de l'affaire le justifient, le président de la formation de jugement peut, dès l'enregistrement de la requête [...] fixer la date à laquelle l'instruction sera close. Lors de la notification de cette ordonnance aux parties, celles-ci sont informées de la date prévue pour l'audience » (CJA, art. R. 611-11).

Cette clôture rapide de l'instruction, qui comprend en outre la fixation de la date d'audience concerne naturellement les affaires les plus urgentes. Pour les autres, la clôture de l'instruction intervient sous forme soit d'ordonnance du président de la formation de jugement soit sous forme d'avis d'audience.

L'ordonnance de clôture n'a pas à être motivée et ne peut faire l'objet d'aucun recours. Les parties reçoivent une lettre recommandée notifiant cette ordonnance quinze jours au moins avant la date de clôture de l'instruction. Devant les tribunaux administratifs de Mamoudzou, de Papeete et de Nouvelle Calédonie, le délai de notification est d'un mois et l'ordonnance peut être notifiée par voie administrative.

Si la clôture de l'instruction n'a pas été fixée par ordonnance, elle l'est trois jours francs avant l'audience comme le précise l'avis d'audience adressé aux représentants des parties.

Exceptionnellement, si le président de la formation de jugement a réduit le délai de convocation à l'audience de sept à deux jours francs, l'instruction est close soit après que les parties ou leurs avocats ont formulé leurs observations orales, c'est-à-dire juste avant que le commissaire du gouvernement prenne la parole pour prononcer ses « conclusions » soit, si les parties sont absentes ou ne sont pas représentées, après appel de leur affaire à l'audience.

C'est cette solution exceptionnelle qui est appliquée devant le Conseil d'État où l'instruction est close soit après que les avocats au Conseil d'État ont formulé leurs observations orales, soit, en l'absence d'avocat, après appel de l'affaire à l'audience (CJA, art. R. 613-5).

La clôture de l'instruction est un moment important : elle marque la fin du dépôt et de l'échange des documents et mémoires. Elle a, par ailleurs, des effets sur le déroulement de l'audience qui se fait, elle aussi, dans le respect du principe du contradictoire.

Le respect du principe du contradictoire à l'audience

Ce principe trouve à s'appliquer dans le cadre de la convocation à l'audience et de l'audition à l'audience.

La convocation à l'audience

Les parties à un procès doivent être convoquées à l'audience, séance au cours de laquelle l'affaire est évoquée publiquement en présence du juge et des parties, afin de présenter des observations orales ou de répondre à celles de l'adversaire. La convocation est adressée soit personnellement aux parties si elles n'ont pas d'avocat soit à leur représentant, avocat ou avoué, le plus souvent par lettre recommandée avec accusé de réception ou, exceptionnellement, par un agent de l'administration ayant qualité pour procéder à cette notification donnant lieu à récépissé.

La convocation doit être faite sept jours francs au moins avant l'audience. Ce délai peut être réduit à deux jours en cas d'urgence, par décision expresse du président mentionnée sur la convocation.

Devant les tribunaux administratifs de Mamoudzou, de Papeete et de Nouvelle-Calédonie, le délai de convocation est de dix jours.

Il est donc possible d'invoquer le défaut de convocation régulière à l'appui d'un appel contre le jugement ainsi obtenu, sauf si cette irrégularité provient de son propre fait. Par exemple, si le requérant a tardé à avertir le tribunal de son recours à un avocat et que celui-ci n'a donc pu être convoqué à temps, aucune irrégularité ne pourra être invoquée.

Cependant, il y a une exception à cette obligation du juge de convoquer les parties au litige.

Devant le Conseil d'État, seuls les avocats au Conseil d'État, qui ont le monopole de la représentation physique devant cette juridiction, sont avisés de la date de l'audience. Cette convocation doit se faire quatre jours au moins avant la séance, délai qui peut être réduit à 2 jours par décision du président de la section du contentieux en cas d'urgence. Si une partie n'a pas d'avocat ou est représentée devant le Conseil d'État par un avocat à la cour, elle est simplement « informée » de l'inscription de son affaire au « rôle », c'est-à-dire la liste des affaires évoquées à une audience (CJA, art. R. 712-1).

La nuance entre le fait d'être avisé ou d'être simplement informé, qui se justifie par le fait que la partie non représentée par un avocat au Conseil d'État ne pourra, en toute hypothèse, présenter des observations orales à cette audience soit personnellement soit par son avocat à la cour, est loin d'être mince lorsque l'on sait, par exemple, qu'un avocat à la cour n'est le plus souvent informé de la venue à l'audience de l'affaire de son client que quelques jours avant l'audience, voire la veille ou le jour même de l'audience.

Sans conséquence aucune sur le respect du contradictoire ou des droits de la défense, cette dernière situation présente quelques inconvénients pour le justiciable qui aurait souhaité, par exemple, assister à l'audience au cours de laquelle son dossier a été évoqué.

Précisément, que les parties au procès puissent ou non présenter elles-mêmes des observations orales, selon la juridiction devant laquelle elles se trouvent, elles pourront, en toute hypothèse, assister à l'audience où s'achèvera le débat contradictoire.

L'audition à l'audience

Contrairement à la procédure judiciaire et surtout pénale, l'audience administrative n'est pas, en dehors de certaines procédures d'urgence dites en référé – un exercice oratoire. C'est le condensé du débat contradictoire qui s'est déroulé en amont sous forme écrite et la phase préparatoire du jugement qui sera rendu en aval. De quelle « marge de manœuvre » les parties disposent-elles au cours de l'audience ? Il est possible de formuler des observations sommaires à l'appui de sa demande et de son argumentation développées par écrit. Il faudra pour cela attendre que le rapporteur ait résumé l'échange des arguments entre parties.

Cependant, quelles que soient ces observations orales, elles ne pourront servir de fondement à la décision des juges en raison du caractère écrit de la procédure. Leur intérêt est d'expliquer un point précis déjà évoqué dans les mémoires ; l'article R. 731-3 du code de justice administrative prévoit expressément que les parties peuvent présenter des observations orales « à l'appui de leurs conclusions écrites ».

Si l'on se trouve dans l'hypothèse d'une réduction de délai de convocation à l'audience à deux jours, il sera possible de déposer, avant la clôture de l'instruction, c'est-à-dire avant que le commissaire du gouvernement ne présente ses conclusions, un nouveau et bref mémoire ou une pièce nouvelle (telle une photographie des lieux du dommage) ou des justificatifs nouveaux à l'appui de sa demande.

La présentation de conclusions ou moyens nouveaux à l'audience ainsi convoquée avec un délai réduit, a une conséquence immédiate sur la suite des débats. En effet, en vertu du principe du contradictoire, le tribunal ne peut les retenir sans ordonner un supplément d'instruction afin de permettre à la partie adverse d'en discuter. Dans ce cas, l'affaire est renvoyée à une audience ultérieure.

Si l'adversaire a la possibilité de discuter une pièce nouvelle versée aux débats en présentant des observations, le tribunal peut tenir compte de ces éléments. En revanche, si la partie adverse n'est pas présente ou représentée à l'audience, le tribunal écarte ces nouveaux documents, au nom du principe du contradictoire.

L'intérêt de l'audience publique tient au fait qu'elle reste l'occasion pour les membres de la juridiction de se faire préciser un point obscur ou technique du dossier, y compris d'ailleurs par toute personne présente dont l'une des parties souhaiterait l'audition, ce que prévoit expressément l'article R. 731-3 du code de justice administrative, et pour les parties de développer oralement un aspect important de leurs conclusions écrites.

Par exemple, en matière de remembrement, un tribunal a été éclairé par une explication verbale du propriétaire foncier commentant le plan de remembrement arrêté par la commission communale ou départementale d'aménagement foncier.

L'audience peut également, grâce aux remarques du président ou aux conclusions du commissaire du gouvernement qui propose en toute indépendance une solution au litige, orienter dans une nouvelle direction le requérant dont les conclusions semblent irrecevables. Il aura ainsi une idée plus précise de la valeur de ses arguments.

Le président peut, par exemple, lui faire remarquer que sa demande n'a pas été précédée d'une réclamation préalable et qu'elle risque donc d'être rejetée. Le requérant aura alors intérêt à saisir l'administration sans attendre le jugement si le délai de prescription quadriennale n'est pas expiré.

Les parties pourront exceptionnellement déposer, après l'intervention du commissaire du gouvernement, des observations écrites relatives à un point évoqué lors de l'audience, tendant à rectifier une erreur de fait que celui-ci aurait commise dans l'exposé de ses conclusions. Il s'agit de la technique de la note en délibéré. Cette note permet au juge, qui doit en prendre connaissance avant le délibéré, de rouvrir l'instruction et l'oblige à le faire si elle contient des éléments de fait ou de droit nouveaux dont la partie qui les invoque ne pouvait faire état avant la clôture de l'instruction et dont le juge ne pourrait pas ne pas tenir compte (CE 12 juillet 2002, M. et Mme Leniau, req. n° 236125).

En revanche, il est impossible de répliquer verbalement au commissaire du gouvernement.

Cette impossibilité de répliquer au commissaire du gouvernement, souvent dénoncée par les avocats au motif qu'ils ne connaissent pas par avance le contenu de ses conclusions, a donné lieu à un débat jurisprudentiel au niveau national et communautaire établissant qu'en définitive, il n'y avait pas là atteinte au principe du contradictoire au motif principalement que le commissaire du gouvernement ne participe pas, par ses conclusions, à l'instruction du dossier, réalisée contradictoirement avant la clôture de l'instruction mais à la fonction de « juger » (CE 29 juillet 1998, Mme Esclatine, *Lebon* p. 320, conclusions Chauvaux).

La Cour européenne des droits de l'homme a pour sa part considéré tout d'abord que la non-communication préalable des conclusions du commissaire du gouvernement au requérant et l'impossibilité d'y répondre à l'audience ne violaient pas le principe de l'égalité des armes – qui est l'un des aspects de la notion plus large de procès équitable au sens de l'article 6 paragraphe 1 de la convention européenne de sauvegarde des droits de l'homme – dès lors que ces conclusions ne sont pas davantage communiquées à l'autre partie à l'instance, ni au rapporteur, ni aux juges de la formation de jugement (CEDH 7 juin 2001, Kress c/ France, *AJDA* 2001, p. 675 et suiv.).

Dans ce même arrêt, la Cour considère que le respect du contradictoire est assuré dans la mesure où les parties peuvent, après l'audience, déposer une note en délibéré pour répondre aux conclusions du commissaire du gouvernement.

Comment se déroule concrètement une audience

La liste des affaires appelées à une audience, dénommée « rôle », figure à la porte de la salle d'audience avec mention de la composition de la formation de jugement, en précisant le nom du rapporteur pour chaque affaire et celui du commissaire du gouvernement, ainsi que les avocats éventuels pour les parties.

Le greffier, situé à droite du public, appelle la première affaire utile, c'est-à-dire l'une de celles pour laquelle les parties ou leurs représentants sont tous présents. Si ensuite les affaires restantes ne comportent pas de représentants, le tribunal ne les évoquera pas à l'audience mais uniquement au cours de son délibéré.

Le président donne ensuite la parole au rapporteur de l'affaire appelée, rapporteur qui peut être lui-même, pour résumer exclusivement et brièvement l'échange des mémoires et moyens en s'inspirant du projet de jugement qu'il a établi pour cette affaire. Ce dernier élément explique l'importance toute relative des explications orales à l'audience.

Le président donne ensuite la parole au demandeur ou à son représentant s'il est présent pour de très brèves observations, puis au défendeur ou à son représentant.

Enfin, le commissaire du gouvernement prend la parole pour prononcer ses conclusions comportant l'exposé des problèmes que présente à juger le dossier et les solutions que selon lui ils appellent. Selon une tradition, rarement remise en cause, les commissaires du gouvernement utilisent le « nous » et non le « je ».

L'affaire est ensuite mise en délibéré.

L'identification des fonctions de chacun des conseillers ou président ne pourra se faire à la seule vue dès lors que les magistrats administratifs n'ont pas, à la différence des magistrats judiciaires, de costume d'audience ; on arrive ainsi à ce paradoxe sémantique et juridique selon lequel les juges « administratifs » siègent en « civil » !

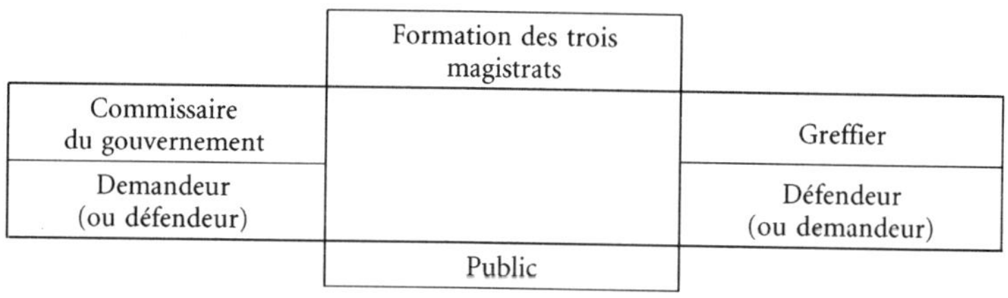

Par contre, au nom de la théorie des apparences, la Cour considère que le commissaire du gouvernement qui a énoncé publiquement son opinion sur le rejet ou l'acceptation des moyens présentés par l'une des parties pourrait être considéré par les parties comme prenant fait et cause pour l'une d'entre elles ; la Cour en déduit que la participation du commissaire du gouvernement au délibéré de la formation de jugement viole les dispositions de l'article 6 § 1 de la convention.

La solution apportée au litige dans le jugement rendu n'est pas toujours conforme aux conclusions du commissaire du gouvernement, bien qu'en pratique ce soit fréquemment le cas.

2.2.2 Le jugement

Avant d'examiner les effets du jugement, il convient de préciser comment s'élabore et se présente ce que l'on nomme jugement.

L'élaboration et la formulation du jugement

L'élaboration du jugement

Afin de comprendre ce qui permet d'aboutir au jugement, il faut connaître les pouvoirs dont dispose la juridiction dans sa prise de décision qui s'effectue lors du délibéré.

Les pouvoirs de la juridiction

Le tribunal est tenu de rendre un jugement répondant à l'ensemble des conclusions du demandeur, même si la requête risque d'être rejetée. On dit que le juge ne peut statuer *infra ou ultra petita. Il* doit examiner la demande dans son intégralité. Il ne peut pas davantage prononcer une condamnation ou une annulation non sollicitée par le demandeur. Le juge est donc lié par les prétentions des parties.

En revanche, les moyens ne sont pas forcément tous examinés. Si la requête est irrecevable, cet examen s'avère inutile. Si la demande est recevable et si le juge décide de la rejeter, le tribunal doit se prononcer sur tous les moyens présentés. S'il accueille favorablement la requête, il peut n'en retenir qu'un seul au nom du principe dit de l'économie des moyens.

Le juge peut, en outre, soulever d'office certains moyens d'ordre public, tels que l'incompétence de la juridiction ou celle d'une autorité administrative. Ces moyens d'ordre public sont en effet considérés comme suffisamment importants pour être relevés et sanctionnés par le juge même si aucune des parties au litige ne les a invoqués, à condition toutefois de les soumettre préalablement aux parties en vertu de l'article R. 611-7 du code de justice administrative

Les conditions du délibéré

Le principe des formations collégiales

Les jugements des tribunaux administratifs sont en principe rendus par des conseillers délibérant en nombre impair, trois membres au moins dont le président ou le vice-président. Ces membres doivent être les mêmes que ceux présents à la formation de jugement lors de l'audience.

Les magistrats délibèrent hors la présence du commissaire du gouvernement et des parties. Chacun des conseillers doit se prononcer par un vote à main levée dont le résultat reste secret à l'égard du public. Il ne peut donc être mentionné qu'un jugement a été rendu à l'unanimité des voix.

Aucun délai n'est fixé par les textes pour cette période de délibéré, sauf en certaines matières pour lesquelles le tribunal doit rendre son jugement dans un délai fixé mais variable selon la matière du litige. Dans cette dernière hypothèse, le non-respect de ce délai aboutit parfois à un dessaisissement du tribunal.

Ainsi, pour les recours contre les élections municipales ou cantonales, le tribunal doit se prononcer dans les trois mois (deux mois en cas d'élections isolées). Si tel n'est pas le cas, le requérant doit saisir le Conseil d'État dans le mois qui suit l'expiration du délai imparti au tribunal pour se prononcer.

Cependant, il existe des cas où le non-respect de ce délai n'est pas sanctionné : on peut citer les recours contre les élections universitaires ou contre les élections aux chambres d'agriculture. Le tribunal doit alors se prononcer dans le délai d'un mois à compter du dépôt de la requête. Ce délai passe à six mois pour les recours dirigés contre les refus de communication de documents administratifs.

Néanmoins, dans la majorité des cas, il est inutile d'invoquer, à l'encontre du jugement, le délai anormalement long au terme duquel le tribunal s'est prononcé.

La connaissance de ces règles ne s'avère pas dénuée d'intérêt pour le requérant. En effet, si le jugement lui est favorable, ces règles lui permettront de vérifier que la décision de justice ne comporte pas de vice de forme de nature à justifier un appel de l'adversaire. Dans l'hypothèse inverse, il pourra être intéressant de rechercher d'emblée un motif d'annulation de forme de ce jugement défavorable, en supposant que celui-ci soit également contestable sur le fond.

L'exception des jugements à juge unique

L'article R. 222-13 du code de justice administrative prévoit une série de litiges pour lesquels le président du tribunal administratif, ou le magistrat qu'il désigne à cette fin, statue seul, au terme d'une audience publique comportant l'audition du commissaire du gouvernement.

Ces hypothèses de jugements rendus par un seul juge concernent :
– les litiges relatifs aux déclarations de travaux exemptés de permis de construire ;
– les litiges relatifs à la situation individuelle des agents publics, à l'exception de ceux concernant l'entrée en service, la discipline et la sortie du service ;
– les litiges en matière de pensions, d'aide personnalisée au logement, de communication de documents administratifs ;

– les litiges relatifs à la redevance audiovisuelle ;
– les recours relatifs aux taxes syndicales et aux impôts locaux autres que la taxe professionnelle ;
– la mise en œuvre de la responsabilité de l'État pour refus opposé à une demande de concours de la force publique pour exécuter une décision de justice ;
– les actions indemnitaires lorsque le montant des indemnités demandées est inférieur à 8 000 euros ; ce montant tient compte de la valeur totale des indemnités réclamées dans la requête introductive d'instance, sans inclure les demandes d'intérêts et celles présentées au titre des frais d'avocat prévues à l'article L. 761-1 du code de justice administrative. À l'inverse, si une demande reconventionnelle présentée en défense est supérieure à la somme précitée de 8 000 euros, le magistrat ne peut plus statuer seul au-delà de son « taux de compétence » (CJA, art. R. 222-15) ;
– les requêtes contestant les décisions prises en matière fiscale sur des demandes de remise gracieuse ;
– les litiges relatifs aux bâtiments menaçant ruine.

Les jugements par ordonnances présidentielles

À la différence des jugements à juge unique, les ordonnances présidentielles permettent aux présidents des tribunaux administratifs et des cours administratives d'appel, au vice-président du tribunal administratif de Paris ainsi qu'aux présidents des formations de jugement des tribunaux et des cours administratives d'appel de statuer seuls, sans audience publique et donc sans commissaire du gouvernement, sur une série de litiges ne présentant aucune difficulté particulière.

L'ensemble de ces magistrats peut ainsi, par une simple ordonnance :
– donner acte des désistements ;
– rejeter les requêtes ne relevant manifestement pas de la compétence de la juridiction administrative ;
– constater qu'il n'y a pas lieu de statuer sur une requête ;
– rejeter les requêtes irrecevables pour défaut de ministère d'avocat, défaut d'apposition de timbre fiscal ou de production de la décision attaquée ou entachées d'une irrecevabilité manifeste non susceptible d'être couverte en cours d'instance ;
– statuer sur les requêtes qui ne présentent plus à juger de questions autres que la condamnation aux frais d'avocat adverse ou la charge des dépens ;
– statuer sur les requêtes relevant d'une série, qui présentent à juger en droit et en fait, pour la juridiction saisie, des questions identiques à celles qu'elle a déjà tranchées ensemble par une même décision passée en force de chose jugée.

Les présidents des cours administratives d'appel et les présidents de formation de jugement des cours peuvent en outre, par ordonnance, rejeter les conclusions à fin de sursis à exécution d'un jugement frappé d'appel. Ils peuvent, de même, rejeter les requêtes dirigées contre les ordonnances prises en première instance dans tous les cas ci-dessus mentionnés. (CJA, art. R. 222-1).

Le souci majeur de cette procédure accélérée consiste à limiter l'encombrement des juridictions en évitant à la formation collégiale d'avoir à siéger, délibérer et rendre une décision sur un litige dont la solution ne fait aucun doute.

La formulation du jugement

Les jugements des juridictions administratives étant « publics » comme le rappelle l'article L. 10 du code de justice administrative, la solution au litige choisie au cours du délibéré est prononcée en « audience publique » (CJA, article R. 741-1) sans qu'il soit nécessaire que les parties intéressées, le commissaire du gouvernement et les conseillers qui ont pris part au délibéré, soient présents.

En réalité les juridictions administratives ne tiennent pas, à l'inverse des juridictions judiciaires, des audiences au cours desquelles seraient lues les décision rendues ; la publicité des jugements signifie seulement qu'à compter de la date de « lecture » théorique figurant sur le jugement, cette décision est accessible à tous les justiciables ou journalistes qui le souhaitent.

Les jugements rendus par les tribunaux administratifs commencent par la formule suivante : « Au nom du peuple français, le tribunal administratif de ... » (nom de la ville où il siège). Ils s'articulent en trois parties, qui doivent faire apparaître certaines mentions attestant de la régularité de la procédure : les visas, les motifs et le dispositif.

Les visas

Les jugements doivent se référer aux pièces fournies par les parties et aux dispositions législatives ou réglementaires précises dont ils font l'application.

Ils doivent également mentionner et analyser les mémoires (conclusions et moyens) des parties, déposés avant la clôture de l'instruction, sauf s'ils n'apportent aucun élément nouveau au débat.

Le Conseil d'État ne fait pas preuve d'un formalisme excessif dans ce domaine. Par exemple, il n'annulera pas un jugement dont les visas omettent la référence à l'un des mémoires déposés mais dont les motifs font apparaître que le tribunal en a eu connaissance.

De même, les greffes de certains tribunaux administratifs n'adressent qu'une reproduction incomplète du jugement qui, par exemple, ne comporte pas l'ensemble des visas requis ; ceux-ci sont alors remplacés par des points de suspension. Il ne s'agit pas d'un motif d'annulation du jugement lorsque la minute, c'est-à-dire l'original conservé au greffe, fait apparaître que l'ensemble des mémoires a bien été analysé.

Cette exigence d'un examen des pièces fournies par le requérant, et concrétisée par les visas, n'est, en réalité, que le prolongement du principe du contradictoire. L'échange des mémoires entre parties présenterait peu d'utilité si le juge pouvait se dispenser d'en analyser certains.

Les motifs

Tout jugement doit être formellement motivé, qu'il accueille ou rejette la requête. La simple affirmation selon laquelle la requête n'est pas fondée ou la seule référence aux conclusions du commissaire du gouvernement ne constitue pas une motivation suffisante (voir respectivement CE 19 juillet 1933, Le Maigot, *Lebon* p. 810 et CE 9 septembre 1864, Gourdineau, *Lebon* p. 874).

Sur ce point, le jugement se distingue d'une décision administrative, car si celle-ci doit toujours reposer sur des motifs de fait ou de droit – ce que le juge contrôlera – la formulation expresse de ces motifs, dans le texte même de la décision, n'est exigée que pour certaines décisions individuelles défavorables (loi du 11 juillet 1979 sur la motivation des actes administratifs).

La motivation du jugement est plus développée lorsque le juge rejette la requête sur le fond puisqu'il doit dans ce cas justifier ce rejet pour chacune des conclusions et chacun des moyens.

Le requérant doit trouver dans les motifs du jugement les raisons de son succès ou de son échec, précédés de la formule « considérant que... ». En cas d'échec, c'est dans ces motifs qu'il trouvera matière à contester en appel l'argumentation retenue par le tribunal.

Le dispositif

Le dispositif se divise en articles et est précédé du mot « décide ». Il contient la décision des juges proprement dite : irrecevabilité de la requête, annulation de l'acte attaqué ou condamnation de l'administration au paiement d'une indemnisation du requérant, etc.

Le dispositif traduit la décision des juges. En pratique, une lecture efficace du jugement doit commencer par le dispositif, se poursuivre par les motifs et s'achever par les visas ; alors qu'une solution favorable dispensera sans doute le justiciable de s'appesantir sur les motifs de son succès et plus encore sur les visas, cette démarche s'imposera pour le justiciable non satisfait de la solution retenue par le dispositif du jugement.

Les diverses mentions procédurales

Les principales mentions dont l'omission entraîne l'irrégularité du jugement sont relatives :
– au caractère public de l'audience et à la date de l'audience ;
– aux noms de toutes les parties qui doivent figurer dans les visas des requêtes et mémoires ;
– à l'audition des parties ou de leurs avocats en leurs observations ou, à défaut, à leur convocation régulière, le jugement mentionne ainsi qu'ont été entendus M. X... ou Y... pour telle partie ;
– à l'audition des conclusions du commissaire du gouvernement ;
– au nom des membres du tribunal ayant rendu le jugement ;

– à la signature du président, du conseiller rapporteur et du greffier qui authentifient la décision.

L'ensemble de ces mentions doit figurer dans la minute du jugement, même si l'expédition du jugement délivrée aux parties par le secrétaire greffier ne comporte pas obligatoirement, pour des raisons de simplicité dactylographique, leur reproduction intégrale.

La durée des instances

La durée moyenne des instances, hors procédures de référés et procédures d'urgence, était pour l'année 2001 et pour les tribunaux administratifs métropolitains et d'outre-mer, à l'exception de la prise en compte des juridictions non informatisées de Cayenne, Mamoudzou et Saint-Pierre-et-Miquelon, d'un an, neuf mois et dix-neuf jours, tandis que le délai théorique du stock des affaires en cours pour l'ensemble des mêmes tribunaux est d'un an, huit mois et huit jours (voir en ce sens rapport annuel des tribunaux administratifs et cours administratives d'appel 2001 publié par le Conseil d'État p. 82 et 83 – voir annexe 4.4).

Pour les cours administratives d'appel, la durée moyenne des instances était pour la même année de deux ans, trois mois et dix-huit jours, le délai théorique d'élimination du stock étant de deux ans dix mois et trois jours (rapport précité p. 140 et 141).

Les effets du jugement

L'effet principal du jugement est de mettre fin à l'instance engagée devant le tribunal. Le requérant doit savoir qu'il peut toujours se désister (avant la clôture de l'instruction). Le tribunal peut, quant à lui, estimer qu'il n'y a pas lieu à statuer si la décision attaquée est retirée en cours d'instance par l'administration sans avoir reçu un commencement d'exécution ou si la somme réclamée par le demandeur lui a été versée. Dans ces cas, le jugement sur le fond n'intervient pas. En revanche, s'il est rendu, on dit qu'il a autorité de chose jugée.

L'autorité de chose jugée

Le principe et ses effets

En tant que défenderesse, l'administration doit tirer les conséquences de l'annulation de son acte ou de sa condamnation pécuniaire.

L'autorité de chose jugée présente deux degrés, elle est absolue ou relative.

Elle est absolue pour les jugements prononçant une annulation pour excès de pouvoir. L'annulation s'impose donc à tous, parties ou procès, tiers, juridictions administratives ou judiciaires. À titre d'exemple, l'annulation d'un règlement de police interdit aux tribunaux de police de prononcer des amendes fondées sur la violation de ce règlement.

Ce principe en vigueur entre les juridictions administratives s'applique différemment entre les juridictions de nature distincte. En effet, la chose jugée par un tribunal administratif ne s'impose aux juges judiciaires qu'en ce qui concerne les faits établis par le jugement du tribunal et non pas pour l'ensemble du jugement, sauf si le juge prononce l'annulation d'un acte administratif. De même, l'autorité de la chose jugée par une juridiction pénale ne s'impose au juge administratif qu'en ce qui concerne les constatations de fait qui ont servi de base à sa décision. Cependant, cette règle ne joue pas s'il s'agit d'une ordonnance de non-lieu ou d'un jugement de relaxe ; dans ce cas, le jugement pénal ne s'impose aucunement au juge administratif.

Le domaine de la responsabilité médicale offre de très nombreux exemples de cette exception puisqu'un non-lieu ou un jugement de relaxe rendus au bénéfice de médecins ou de chirurgiens incitent les victimes à se retourner vers le juge administratif pour tenter d'engager la responsabilité de l'hôpital public.

L'autorité de la chose jugée n'est parfois que relative, c'est-à-dire que le jugement s'impose seulement aux parties au litige qui ne pourront donc demander la même chose à un tribunal en se fondant sur la même cause juridique sauf en formant un recours contre ce jugement.

Si l'action du requérant échoue, il lui est donc impossible de redemander l'annulation du même acte administratif en invoquant les mêmes moyens ou de faire un recours en responsabilité fondé encore une fois sur le risque. L'autorité de la chose jugée s'oppose en effet à une nouvelle action ayant la triple identité de cause, d'objet et de parties.

En revanche, il n'y a pas d'obstacle à ce que le tribunal se prononce de nouveau sur des questions déjà jugées si les conclusions de la requête sont différentes. Le requérant peut, par exemple, tenter d'obtenir des dommages-intérêts à propos d'un acte dont il n'a pu obtenir l'annulation et cela devant le même juge.

L'intérêt pratique de cette règle de l'autorité relative apparaît surtout dans le contentieux de la responsabilité. En raison de la brièveté du délai dans lequel est enfermé le recours pour excès de pouvoir, il est assez difficile d'introduire un tel recours après avoir tenté auparavant une action en responsabilité ou un premier recours de même nature. L'hypothèse est plus plausible pour un recours en responsabilité pour lequel le requérant dispose d'un délai de quatre ans, voire de dix ans.

Lorsque sa demande est rejetée par le tribunal, le requérant doit donc s'interroger sur les motifs du jugement avant d'arrêter sa position :
– si les motifs du jugement répondent totalement à l'argumentation juridique présentée lors du recours et que celle-ci reposait elle-même sur l'ensemble des causes juridiques utiles en la matière, la seule action possible reste l'appel. Il faut toutefois que la solution retenue par le tribunal soit contestable sur le fond. La même voie de l'appel est ouverte au requérant si les motifs du jugement n'ont pas répondu à l'ensemble de ses moyens.
– si les motifs du jugement répondent totalement à l'argumentation juridique de la requête, mais que celle-ci n'est par exemple fondée que sur la responsabilité sans faute de l'administration, deux possibilités s'offrent au requérant :

- soit les conditions de cette forme de responsabilité de l'administration sont remplies et il peut faire appel du jugement,
- soit il dépose un nouveau recours devant le tribunal administratif en se fondant, cette fois, sur la responsabilité pour faute de l'administration. En effet, la saisine du tribunal interrompt la prescription quadriennale et l'audition du commissaire du gouvernement peut orienter le requérant vers une nouvelle action. Selon la jurisprudence, cette prorogation ne joue pas pour le recours en excès de pouvoir ;
– si le jugement n'a répondu que partiellement sur le fond à l'argumentation du requérant, ce dernier ne peut que faire appel du jugement.

L'exception : les validations législatives

La validation législative consiste à faire régulariser par une loi (projet de loi gouvernemental après avis du Conseil d'État) une mesure administrative irrégulière qui devient de ce fait applicable et n'est pas susceptible d'annulation.

Elle intervient :
– soit avant le dépôt d'une requête contre l'acte administratif concerné ; dans ce cas, tout recours est désormais irrecevable en raison de cette validation ;
– soit en cours d'instance pour éviter l'annulation ; le juge constate alors qu'il n'y a plus lieu de statuer ;
– soit après l'annulation de l'acte par le juge afin de valider les actes pris sur la base de l'acte annulé (voir par exemple article 4 de la loi du 31 décembre 1989 validant « les décisions d'intégration dans le cadre d'emplois des attachés territoriaux en tant que leur régularité serait mise en cause sur le fondement de l'illégalité de l'article 46 du décret n° 87-1099 du 30 décembre 1987, décret annulé par le Conseil d'État le 27 octobre 1989).

Dans ces deux derniers cas, il s'agit d'une violation indirecte de la chose jugée ou tout au moins de ses conséquences. En effet, le législateur maintient en vigueur, de façon rétroactive, les effets d'un acte annulé par le juge. Les validations législatives après annulation se manifestent le plus souvent en matière de concours de la fonction publique. L'annulation des opérations d'un concours ou celle d'un décret relatif à la composition d'un organisme disposant du pouvoir de procéder à des nominations ou promotions devrait avoir pour conséquence, en application de la chose jugée, de réitérer les épreuves du concours ou de retirer l'ensemble des nominations ou promotions prononcées.

En la matière, le Conseil constitutionnel a estimé que « nécessité fait loi de validation » et que la préoccupation d'intérêt général d'assurer le fonctionnement continu du service public autorise le législateur à prendre des dispositions rétroactives afin de régler, « comme lui seul pouvait le faire, les situations nées de l'annulation » d'un acte (Cons. Constit. 22 juillet 1980, Validation d'actes administratifs, *AJDA* 1980, p. 480).

Au surplus, cette technique n'a pas été jugée contraire à l'article 6-1 de la convention européenne des droits de l'homme sur le droit à un procès équitable dès lors que les lois de validation réservent expressément les droits nés des décisions de justice passées en force de chose jugée et ne s'opposent pas à une nouvelle action contre les actes validés lorsque la validation ne porte, par exemple, que sur l'incompétence de l'auteur de l'acte qui avait justifié l'annulation (voir en ce sens CE 30 mars 2001, Ministre de la Santé publique et de l'assurance maladie c/ Clinique Pasteur, req. n° 172375 à propos d'une loi du 28 mai 1996 validant des décisions concernant la poursuite de l'activité des structures de soins alternatives à l'hospitalisation prises sur le fondement d'un arrêté ministériel annulé pour incompétence).

Enfin, il a été jugé que la perspective d'une prochaine validation législative d'un accord national sur l'aménagement et la réduction du temps de travail à France Télécom ne constituait pas une condition d'urgence justifiant le recours à la procédure de référé-suspension (CE 5 septembre 2001, Syndicat des autonomes Midi-Pyrénées FNSA PTT, Ordonnance de référé n° 237495).

L'examen des suites d'une annulation ou d'une condamnation révèle, lui aussi, des atténuations au principe de la chose jugée, en raison des limites au principe de rétroactivité d'un jugement.

Les suites d'une annulation ou d'une condamnation

Le principe en vigueur en matière d'application des jugements est la rétroactivité des décisions juridictionnelles.

Si un jugement condamne l'administration ou une personne privée – cocontractant de l'administration ou auteur d'une contravention de grande voirie – à payer une indemnité, la conséquence de la condamnation est simple : le débiteur doit s'acquitter de sa dette dans les meilleurs délais sans pouvoir, en principe, profiter du dépôt immédiat d'un appel à l'encontre du jugement le condamnant. En effet, l'appel en matière administrative n'est pas suspensif sauf si la juridiction d'appel ordonne le sursis à exécution.

Si le jugement annule une décision administrative, celle-ci est censée n'avoir jamais existé. L'administration doit donc en effacer tous les effets directs ou indirects depuis l'origine. Cependant, dans l'intérêt du demandeur comme dans celui de l'administration, il est difficile d'appliquer la rétroactivité de façon absolue.

Ainsi, la rétroactivité ne rend pas illégales les mesures prises par un fonctionnaire dont la nomination ou la promotion a été annulée : tant que l'annulation n'est pas prononcée, la juridiction considère que l'agent doit être regardé comme régulièrement investi de ses fonctions et que ses actes ne peuvent être rétroactivement déclarés illégaux. La solution contraire imposerait aux administrés de s'enquérir systématiquement auprès du représentant de l'organisme public des conditions et de la régularité de l'investiture de ces fonctionnaires. Cette exigence irait bien au-delà des efforts préconisés en faveur de l'atténuation de l'anonymat administratif.

Par ailleurs, il serait absurde d'exiger d'un fonctionnaire, dont la nomination a été annulée plusieurs mois après son entrée en fonction, le remboursement des sommes perçues, au motif qu'il devrait être considéré comme n'ayant jamais été embauché par l'administration.

L'administration ne versera pas pour autant à un fonctionnaire dont la décision d'éviction a été annulée l'intégralité de son traitement bien qu'il soit censé n'avoir jamais été licencié. L'annulation de cette décision administrative conduit l'administration à réintégrer le fonctionnaire dans son grade et à « reconstituer sa carrière », c'est-à-dire à lui accorder les avancements à l'ancienneté et au choix dont il aurait dû bénéficier s'il n'avait pas été illégalement évincé. L'agent public aura également droit à une indemnité correspondant au préjudice financier résultant de son éviction (CE sect. 13 mars 1959, Nègre, *Lebon* p. 179 – CE 9 juin 1978, Centre psychothérapique de la Haute-Vienne, *Dr. adm.* 1978 n° 288 – CE 7 avril 1933, Deberles, *Lebon* p. 439). Ce préjudice comprend tous les troubles subis par le fonctionnaire du fait de son éviction illégale (par exemple, les frais de déménagement occasionnés par la recherche d'un nouvel emploi), la perte de revenus en résultant, dont le juge déduit les sommes perçues au titre d'un éventuel emploi trouvé après l'éviction.

Le requérant ne doit, cependant, pas croire que cette reconstitution rétroactive administrative et financière de carrière signifie toujours réintégration effective dans son poste. Car si la première décision a été annulée pour un motif de légalité externe, l'administration peut reprendre la même décision d'éviction en respectant cette fois les règles de forme et de compétence. Si le motif d'annulation était un motif de légalité interne, l'administration peut alors invoquer un motif de fait ou de droit susceptible de justifier la décision.

Cette nouvelle décision ne prendra effet qu'à compter de sa notification à l'agent public qui bénéficiera, par ailleurs, pour sa retraite des annuités fictives qui lui ont été rétroactivement accordées en raison de l'illégalité de la première décision d'éviction.

En résumé, la rétroactivité de l'annulation ne signifie pas que l'on obtient satisfaction. Le refus de l'administration de faire droit à une réclamation d'un usager ne se transforme pas en acceptation au simple motif de son annulation. L'administration est simplement saisie à nouveau de la demande de l'administré puisque son refus est « effacé », mais elle n'est pas obligée d'accueillir favorablement la réclamation.

Par ailleurs et il s'agit là d'une autre manifestation d'une certaine fragilité du principe de l'autorité de la chose jugée, son application ne suffira pas toujours à assurer l'exécution d'un jugement.

Les moyens d'exécution du jugement

Les méthodes classiques de répression de l'inexécution des jugements

La notification du jugement aux parties comporte, après le dispositif, la formule dite « exécutoire » ainsi libellée : « La République mande et ordonne (au ministre ou au préfet intéressé) en ce qui le concerne ou à tous huissiers, à ce requis, en ce qui concerne les voies de droit commun contre les parties privées, de pourvoir à l'exécution de la présente décision. »

Mais cette formule n'a rien de magique. L'administration n'est pas dépourvue de moyens de pression à l'égard des personnes privées condamnées à payer une somme, ou à évacuer ou remettre des lieux en état.

Dans le premier cas, elle peut recourir aux voies d'exécution de droit commun ; par exemple, saisie-arrêt sur salaire, saisie-exécution. Dans le second cas, elle peut demander au juge de prononcer des astreintes en imposant un délai pour la remise des lieux en état. En cas d'urgence, l'administration peut même agir d'office contre des particuliers refusant de libérer le domaine public.

En revanche, la situation des personnes privées bénéficiaires d'un jugement à l'encontre de l'administration est très différente. Ces personnes ne peuvent user des voies d'exécution du droit commun réservées aux actions dirigées contre les personnes privées, même s'il s'agit de faire exécuter un jugement relatif au domaine privé d'une commune ou de l'État.

Jusqu'à la loi du 16 juillet 1980 instituant des astreintes en matière administrative, les personnes privées ne disposaient que de quelques moyens d'inégale efficacité.

L'article 2 du décret du 28 novembre 1983 impose à l'autorité compétente de faire droit à toute demande tendant à l'annulation d'un acte non réglementaire dès lors qu'un tribunal administratif ou le Conseil d'État a prononcé l'annulation d'un acte identique pour un motif tiré de l'illégalité du règlement dont cet acte fait application. La juridiction ne pourra alors pas opposer l'expiration du délai de recours.

L'action en indemnité et les autres moyens évoqués ci-dessous concernent, quant à eux, l'ensemble des décisions rendues par les tribunaux administratifs, les cours administratives d'appel et le Conseil d'État.

L'action en indemnité

Si l'on ne peut pas obtenir l'exécution d'un jugement ou d'un arrêt passé en force de chose jugée dans un délai raisonnable, on peut engager une nouvelle action en responsabilité contre l'administration. Cette action est fondée sur la faute commise par l'inexécution du jugement et doit être engagée dans un délai de quatre ans à compter de la réalisation du préjudice résultant de cette non-exécution.

Cependant, il ne faut pas ignorer les faiblesses de cette technique. Elle suppose d'abord que le délai d'inexécution soit reconnu fautif par le juge. Les textes ne prévoient pas de délai dont le dépassement constitue une faute. Tout dépend en réalité des circonstances de l'affaire et des difficultés d'exécuter la décision de justice. Ainsi, le versement d'une somme d'argent par l'administration demande en principe moins de temps que la reconstitution de la carrière d'un agent irrégulièrement évincé. Un délai de deux ans pour l'exécution d'un jugement d'une juridiction judiciaire a, par exemple, été jugé fautif par le Conseil d'État (CE 3 mars 1976, Époux Renaudin, *Lebon* p. 131).

Cette technique implique ensuite qu'une demande préalable d'indemnité soit présentée à l'administration avant de saisir le juge. En application des règles relatives aux décisions administratives implicites, un délai supplémentaire de deux mois sera donc nécessaire si l'administration ne répond pas à cette demande. Aucune dispense de décision préalable n'est applicable dans le domaine de l'inexécution d'un jugement même si celui-ci est intervenu en matière de travaux publics – domaine pour lequel il y a dispense de demande préalable.

Par ailleurs, cette voie d'exécution repose sur la conviction que l'administration préférera s'exécuter immédiatement en réintégrant l'agent ou en versant la somme à laquelle elle est condamnée, plutôt que d'encourir une condamnation pécuniaire sous forme de dommages-intérêts, d'intérêts moratoires ou compensatoires en cas de mauvais vouloir manifeste. Or, dans la pratique, cette hypothèse s'avère bien théorique. Il est fréquent, par exemple, que des maires refusent, malgré des jugements d'annulation et des condamnations indemnitaires, de réintégrer des secrétaires généraux ou d'autres agents illégalement licenciés.

La saisine de la section du rapport et des études du Conseil d'État

Cette section était compétente à l'origine et jusqu'au 1er janvier 2001 pour l'exécution des décisions de l'ensemble des juridictions administratives, le président de cette section pouvant le cas échéant, depuis 1990, déléguer à un président de cour administrative d'appel le soin d'assurer l'exécution de l'arrêt de la cour d'appel ou du jugement du tribunal administratif concernés (décret du 30 juillet 1963 art. 59, décret du 24 janvier 1985, décrets du 2 septembre 1988 et du 15 mai 1990).

Depuis le 1er janvier 2001 et en application de l'article R. 931-2 du code de justice administrative, cette section n'est compétente que pour les difficultés d'exécution d'une décision rendue par le Conseil d'État ou par une juridiction administrative spéciale telle qu'une juridiction ordinale, la commission centrale d'aide sociale ou encore la Cour des comptes. Les tribunaux administratifs et les cours administratives d'appel sont en effet chargés, depuis l'entrée en vigueur de la loi du 8 février 1995, d'assurer leur propre service « après-vente ».

Le système est simple. Lorsque l'on a obtenu gain de cause devant le Conseil d'État ou une juridiction administrative spéciale, il est possible de signaler directement à cette section les difficultés rencontrées pour obtenir l'exécution de la décision du juge. Il faut simplement laisser s'écouler un délai de trois mois destiné à éviter les réclamations injustifiées, sauf pour les mesures d'urgence pour lesquelles il n'existe aucun délai. En effet, il est possible que l'administration ait l'intention de s'exécuter dans ce délai que l'on ne peut qualifier d'anormal.

De même, le délai de trois mois ne s'applique pas si l'intéressé s'est vu opposer une décision explicite de refus d'exécution de la part de l'administration.

En cas de rejet d'une réclamation adressée à l'autorité administrative et tendant à obtenir l'exécution d'une décision d'une juridiction administrative, seule une décision expresse fait courir les délais de recours contentieux.

Le président de la section peut lui-même attirer l'attention de l'administration sur les conséquences nécessaires d'un jugement.

La section désigne un rapporteur qui procède à une enquête auprès de l'administration défaillante. Les conclusions de la section peuvent être publiées dans le rapport annuel du Conseil d'État, ce qui renforce le rôle effectif de cette voie d'exécution.

Les parties ne peuvent ignorer l'existence de cette section car, avant la réforme de 2001, la notification des jugements et arrêts favorables aux requérants reproduisaient, et reproduisent encore pour les arrêts du Conseil d'État, les dispositions relatives à cette saisine.

L'administration peut, quant à elle, demander à cette section de l'éclairer sur les mesures que comporte l'exécution de la chose jugée par une juridiction administrative qui a annulé pour excès de pouvoir un acte administratif ou, dans un litige de pleine juridiction, a rejeté tout ou partie des conclusions présentées en défense par une collectivité publique (CJA, art. R. 931-1).

Par ailleurs les demandes d'aide à l'exécution présentées par les justiciables peuvent s'accompagner d'une demande d'astreinte en application de l'article R. 931-3 du code de justice administrative, sous réserve de ne présenter cette demande qu'au terme d'un délai de six mois à compter de la notification de la décision juridictionnelle en cause, ces deux demandes pouvant être présentées sans le ministère d'avocat au Conseil d'État.

Le président de la section du rapport et des études peut demander, même d'office, au président de la Section du contentieux du Conseil d'État de déclencher une telle procédure d'astreinte.

Le dernier rapport annuel du Conseil d'État permet d'avoir une idée très concrète du rôle de cette section. Au titre de l'année 2001, cette section n'a été saisie que de 151 demandes (contre 208 en 2000 et, par exemple 355 en 1997), demandes se répartissant en 98 demandes d'aides à l'exécution, 43 demandes d'astreinte et 10 demandes d'éclaircissements. Les 189 dossiers réglés au titre de cette même année ont conduit à un stock « historiquement bas » de 83 dossiers (Rapport 2001 du Conseil d'État). Les 103 demandes d'exécution réglées au cours de l'année 2001 l'ont été dans un délai moyen de cinq mois, les demandes d'astreintes dans un délai de 5,2 mois tandis que les 10 demandes d'éclaircissements ont été satisfaites dans le délai d'un mois. Pour l'essentiel, le Conseil d'État a relevé que les suites données à l'annulation d'éviction d'agents publics restent encore mal cernées par les administrations, plus particulièrement par les collectivités locales qui ont des difficultés à comprendre la jurisprudence en la matière, en ce qui concerne la réintégration juridique, la reconstitution de carrière et notamment la reconstitution des droits à la retraite. C'est ainsi que sur les 98 demandes d'aide à l'exécution présentées en 2001, 39 portaient sur la fonction publique, l'autre matière importante concernant le droit des étrangers (30 demandes).

La compétence de la section du rapport et des études du Conseil d'État en matière d'aide à l'exécution des décisions des juridictions spéciales sera prochainement réduite puisque la loi du 2 janvier 2002 portant rénovation de l'action sociale a étendu aux juridictions de la tarification sanitaire et sociale les dispositions applicables aux tribunaux administratifs et aux cours administratives d'appel en matière d'exécution des décisions de justice prévues aux articles L. 911-1 à L. 911-8 du code de justice administrative. Dès la publication du décret en Conseil d'État portant application de cette loi, ces juridictions spéciales assureront donc elles-mêmes l'exécution de leur propres décisions.

La saisine du médiateur de la République

Cette autre voie d'exécution est à la disposition des particuliers depuis la loi du 3 janvier 1973, et des personnes morales depuis la loi du 6 février 1992 relative à l'administration territoriale de la République (art. 9).

En cas d'inexécution d'un jugement définitif – c'est-à-dire qui n'est plus susceptible d'appel –, le médiateur peut, après avoir été saisi par un parlementaire, enjoindre à la personne publique de s'exécuter dans un délai qu'il fixe. Si celle-ci ne respecte pas l'autorité de la chose jugée, son attitude fait l'objet d'un rapport spécial du médiateur publié au *Journal officiel.*

Les rapports annuels du médiateur mentionnent très rarement l'utilisation de ce pouvoir d'injonction. Celui-ci a été suivi d'effets dix fois en 1987 et trois fois en 1988 (voir rapport public du Conseil d'État sur l'exécution des décisions des juridictions administratives, *RFDA* juillet-août 1990).

Malgré l'attribution en 1995 de nouveaux pouvoirs en matière d'exécution aux juridictions administratives, le rapport 2000 du médiateur au président de la République souligne que cette réforme n'a pas fait disparaître les réclamations liées à l'inexécution des décisions juridictionnelles (Rapport précité, p. 16).

Ainsi, l'une d'entre elles a donné lieu à l'engagement de la procédure d'injonction précitée à l'encontre de la commission nationale de la coiffure qui refusait de tirer les conséquences de l'annulation, par le Conseil d'État, d'une de ses décisions ayant refusé à tort de valider l'expérience professionnelle d'un salarié coiffeur lui interdisant ainsi d'ouvrir son propre salon dans le cadre de la loi du 5 juillet 1996 dite loi Raffarin. Cette injonction a porté ses fruits puisque la commission a finalement accepté de délivrer à l'intéressé la validation de sa capacité professionnelle ainsi qu'à 9 autres coiffeurs bénéficiant d'une expérience similaire, et ce, en l'absence même de toute procédure contentieuse (Rapport précité, p. 25).

Les astreintes

Une astreinte est une somme d'un montant déterminé par jour de retard, à laquelle est condamnée une personne publique qui néglige ou refuse d'exécuter une décision rendue par une juridiction administrative.

Comme pour la saisine de la section du rapport et des études du Conseil d'État, cette procédure était initialement réservée au Conseil d'État par la loi du 16 juillet 1980 qui pouvait cependant déléguer cette compétence aux présidents de cours administratives d'appel. On rappellera, lors de l'examen des nouvelles procédures d'exécution, que les tribunaux administratifs et les cours administratives d'appel disposent, depuis la loi du 8 février 1995, de compétences identiques.

Les astreintes peuvent être prononcées par le Conseil d'État en vue d'assurer l'exécution de ses propres décisions ou des décisions rendues par des juridictions administratives spéciales.

La demande d'astreinte ne peut être adressée au Conseil d'État, sauf décision explicite de refus de l'administration, qu'au terme d'un délai de six mois à compter de la notification des décisions juridictionnelles en cause (CJA, art. R. 931-3). La demande est instruite par la section du rapport et des études du Conseil d'État mais donne lieu ensuite à une procédure contentieuse devant une sous-section du Conseil d'État.

Le Conseil d'État peut même d'office se saisir d'un cas d'inexécution de la chose jugée dont il serait informé en vue de prononcer une astreinte contre les personnes morales de droit public ou les organismes de droit privé chargés de la gestion d'un service public (loi du 16 juillet 1980, art. 2, modifiée figurant aujourd'hui à l'article L. 911-5 du code de justice administrative).

L'on sait par ailleurs que le président de la section du rapport et des études du Conseil d'État peut saisir le président de la section du contentieux du Conseil d'État aux fins d'ouverture d'une procédure d'astreinte d'office (CJA, art. R. 931-7).

Cette procédure a été utilisée pour la première fois en 2001 dans une décision du 28 mai 2001, Bandesapt (req. n° 230537). En l'espèce, le président de la section du rapport et des études du Conseil d'État avait saisi le président de la section du contentieux en vue d'ouvrir une procédure d'astreinte d'office pour assurer l'exécution d'une décision du Conseil d'État du 30 décembre 1998 prononçant, pour incompétence de son auteur, l'annulation du titre III de la circulaire du 13 décembre 1995 du ministre chargé des anciens combattants et des victimes de guerre, titre relatif à la gratuité des soins thermaux au profit des anciens militaires. L'annulation de cette circulaire pour incompétence imposait au gouvernement d'édicter par décret une nouvelle réglementation en vue d'assurer cette gratuité des soins thermaux prévue par une loi du 12 juillet 1873. Or, en dépit des diligences accomplies par la section du rapport et des études du Conseil d'État, saisie par un justiciable le 16 juin 1999 d'une demande d'aide à l'exécution de la décision du Conseil d'État, aucune mesure en ce sens n'était intervenue au 28 mai

2001. En conséquence, le Conseil d'État a prononcé une astreinte à l'encontre de l'État à compter de la notification de l'arrêt du 28 mai 2001 et jusqu'à complète exécution de la décision du Conseil d'État du 30 décembre 1998, astreinte d'un montant de 10 000 F par jour.

L'astreinte est soit définitive, soit provisoire. Dans le premier cas, qui ne s'est à ce jour pas présenté, son montant ne peut être modifié sauf s'il est établi que l'inexécution du jugement est due à un cas de force majeure. Dans la seconde hypothèse, seule pratiquée, la somme à verser par l'administration ne sera fixée qu'ultérieurement après vérification des diligences accomplies par l'administration pour exécuter la décision en cause. Il s'agira de la liquidation définitive de l'astreinte.

Ni la demande d'astreinte, ni la demande de liquidation d'astreinte ne sont soumises au droit de timbre (voir en ce sens avis du Conseil d'État du 30 avril 1997, Mme Marchal, *Lebon* p. 1022) ou au ministère d'avocat (CJA, art. R. 931-5).

La technique de l'astreinte présente plusieurs avantages :
– elle est simple et rapide puisqu'une lettre adressée, en franchise postale, au président de la Section du contentieux du Conseil d'État suffit à déclencher l'intervention du Conseil d'État. Il n'est pas nécessaire de saisir préalablement l'administration d'une réclamation indemnitaire. Il s'agit là d'une exception à l'obligation de demande préalable ;
– elle est plus efficace que la publication des rapports du médiateur ou de la section du rapport et des études du Conseil d'État mettant en cause les carences de l'administration ;
– elle est, en outre, pour le requérant un moyen d'obtenir rapidement une compensation pécuniaire de la non-exécution de la décision juridictionnelle. En effet, même si une partie de l'astreinte peut être versée, sur décision du Conseil d'État, au « budget de l'État » (formule qui a succédé en vertu d'une loi du 30 décembre 2000, au fonds de compensation pour la TVA), le reste du montant revient au requérant, sauf si ce dernier renonce au bénéfice du produit de l'astreinte.

Ainsi, dans une affaire jugée le 16 février 2000 (M. Viscontini, req. n° 147650), la liquidation définitive d'une astreinte pour exécution tardive d'un arrêt ayant annulé le refus de l'État de prendre les décrets d'application de la loi du 11 janvier 1984 nécessaires à la titularisation des agents non titulaires du ministère de l'Équipement ayant vocation à être nommés dans un corps de catégorie A de la fonction publique de l'État a été prévue comme devant être versée pour un montant de 563 000 F au profit du fonds de compensation pour la TVA, c'est-à-dire au profit d'une ligne budgétaire... de l'État !

À l'inverse, dans un arrêt du 16 février 2000, relatif à la même carence d'exécution de l'arrêt ayant annulé le refus de prendre les décrets d'application de la loi précitée, le fonctionnaire requérant a bénéficié d'une partie de la liquidation de l'astreinte prononcée à son profit, soit 22 900 F, le reste – soit 206 100 F – revenant au fonds de compensation pour la TVA (CE 16 février 2000, Mme Kessler-Alouis, req. n° 167867).

De même, l'intervention tardive de décrets d'application de la loi du 11 janvier 1984 pour d'autres fonctionnaires de catégorie A (25 août

2000 pour une décision d'annulation du refus de prendre ces décrets en date du 21 juillet 1998) a donné lieu à la liquidation d'une astreinte définitive de 200 000 F répartie – inéquitablement – entre le requérant et le fonds de compensation de la TVA dans les proportions respectives de 10 et 90 % (CE 10 janvier 2001, M. Delbrel, req. n° 183628).

Le rapport annuel du Conseil d'État pour l'année 2001 révèle que la Haute Juridiction n'a été saisie que de 43 demandes d'astreintes dont 19 dossiers de liquidation d'astreinte contre 63 demandes en 2000 et 90 en 1999. Parmi les 43 demandes, 26 dossiers ont été renvoyés à la section du contentieux.

Le cas particulier de l'inexécution des jugements de condamnation pécuniaire

Si le jugement ou l'arrêt non respecté condamne la personne publique au paiement d'une somme déterminée, le bénéficiaire dispose d'un autre moyen d'exécution de ce jugement (loi du 16 juillet 1980 modifiée par la loi du 12 avril 2000 et figurant sous l'article L. 911-9 du code de justice administrative).

Il s'agit du mandatement : la somme due par l'administration doit être mandatée, c'est-à-dire que l'ordre de payer doit être transmis par l'administration au comptable public dans les deux mois qui suivent la notification du jugement définitif. L'ordonnateur de la collectivité locale (maire, président du conseil général ou régional) est tenu d'informer le justiciable du montant du mandatement et de lui communiquer les références du comptable compétent, par lettre recommandée avec accusé de réception (décret du 11 avril 1988).

Si l'administration ne procède pas à ce mandatement dans ce délai, il faut pour obtenir ce paiement :
– présenter le jugement qui vaut ordre à payer au comptable compétent si la personne publique condamnée est l'État ;
– s'adresser à l'autorité de tutelle – ministre ou préfet selon le niveau territorial de l'organisme public – qui procédera au mandatement d'office, si la personne publique concernée n'est pas l'État.

Aucune de ces personnes publiques ne pourra échapper à ce mandatement, puis au paiement de la somme à laquelle elle a été condamnée en invoquant l'absence de ressources suffisantes. En effet, l'État ne disposera que d'un délai supplémentaire de deux mois pour augmenter ses crédits, tandis que les collectivités locales ou établissements publics devront créer eux-mêmes les ressources nécessaires au paiement des condamnations, sous peine d'une inscription d'office à leur budget et de mandatement d'office par le Préfet. Dans un avis du 5 janvier 1989, la Section de l'intérieur du Conseil d'État a estimé qu'il était possible de solliciter l'inscription au budget et le mandatement des dépenses nécessaires à l'acquittement des dettes exigibles des collectivités locales résultant de décisions juridictionnelles qui, sans être définitives, sont exécutoires. Dans ce cas, le requérant doit saisir le préfet qui, après avis de la chambre régionale des comptes, peut inscrire au budget des collectivités locales la dépense correspondante.

Par ailleurs, l'article L. 313-12 du code des juridictions financières prévoit que toute personne mentionnée à l'article L. 313-1 (dont les autorités exécutives des collectivités locales) dont les agissements auront entraîné la condamnation d'une personne morale de droit public à une astreinte en raison de l'inexécution totale ou partielle ou de l'exécution tardive d'une décision de justice sera passible d'une amende, infligée par la Cour de discipline budgétaire et financière, dont le montant ne pourra être inférieur à 150 euros et dont le maximum pourra atteindre le montant du traitement ou salaire brut annuel qui lui était alloué à la date où la décision de justice aurait dû recevoir exécution.

L'article L. 911-10 du code de justice administrative rappelle expressément, en reproduisant les dispositions de l'article L. 313-2 du code des juridictions financières, le risque de cette amende en cas de non-exécution d'une décision de condamnation pécuniaire.

En pratique, ce système propre aux jugements de condamnation pécuniaire est le plus fiable des moyens d'exécution des décisions de justice. Le justiciable qui dispose d'un jugement définitif de condamnation pécuniaire détient, en effet, un quasi-titre de paiement sur le Trésor public au terme d'un délai de deux mois à compter de la notification du jugement.

On peut ajouter aux moyens d'exécution d'un jugement de condamnation pécuniaire la majoration du taux d'intérêt légal de cinq points, à l'expiration d'un délai de deux mois à compter du jour où la décision de justice est devenue exécutoire (loi du 11 juillet 1975, art. 3), c'est-à-dire a été notifiée aux parties. Dès lors que le taux majoré est beaucoup plus élevé que celui de l'inflation, il s'agit d'une méthode relativement contraignante.

Les nouvelles procédures d'exécution des jugements

Ces nouvelles procédures, qui ont l'originalité de prévoir dans le jugement lui-même les modalités de son exécution, ont été introduites par la loi du 8 février 1995 et ont été codifiées initialement aux articles L. 8-2 et L. 8-3 du code des tribunaux administratifs et des cours administratives d'appel, devenus L. 911-1 et L. 911-2 du code de justice administrative tandis que l'article L. 8-4 (désormais CJA, art. L. 911-4) a déconcentré les procédures classiques d'exécution pour un jugement déjà rendu.

Les injonctions d'exécution

Les atténuations au principe d'injonction

Malgré l'importance de la réforme de la loi du 8 février 1995, le principe de l'interdiction pour le juge de donner des injonctions à titre principal à l'administration demeure. Ainsi, un fonctionnaire ne peut demander au juge administratif d'ordonner à son employeur de reconstituer sa carrière (CE 27 novembre 1996, M. Broca, req. n° 145599). De même est irrecevable une demande adressée au président du tribunal administratif en vue de se voir accorder le droit au séjour et au travail en France (CE 19 juin 1996, M. Mellouki, req. n° 153310). Enfin est tout aussi irrecevable une demande d'un syndicat tendant au rétablissement de la liste des propositions d'avancement établie par une commission administrative paritaire (CE 25 septembre 1996, Syndicat autonome des personnels administratifs de la préfecture de Haute-Garonne, req. n° 141725).

Dans ces trois cas, il aurait suffi à chacun des requérants de solliciter de l'administration, préalablement à la saisine du juge, la mesure réclamée pour ensuite demander au juge à titre principal l'annulation du refus de prendre cette mesure et l'injonction de prendre cette mesure. Présentées à titre secondaire, ces demandes auraient été recevables.

Les seules entorses au principe de non-injonction, admises avant même la loi du 8 février 1995, concernent :
– les injonctions en matière d'instruction : le juge administratif peut solliciter de l'administration toute communication utile pour l'instruction d'un litige ; il lui donne alors l'ordre de communiquer tel ou tel document ou d'indiquer les motifs de fait et de droit de sa décision (voir par exemple CE 26 janvier 1968, Sté Maison Génestal, *Lebon* p. 62) ;
– les injonctions en matière de référé-communication : le juge du référé peut ordonner à l'administration de communiquer à un administré un document qu'il estime urgent et utile à une éventuelle action en justice ;
– les injonctions en matière de sursis à exécution devenu référé-suspension dans le nouveau code de justice administrative : le tribunal administratif, et désormais, le juge du référé peuvent donner ordre à l'administration de suspendre provisoirement l'application de l'une de ses décisions. L'on verra par ailleurs, dans le cadre de l'examen des procédures d'urgence que depuis la loi du 30 juin 2000, le juge du référé-liberté peut enjoindre à l'administration de prendre toutes mesures utiles pour faire cesser une atteinte manifestement illégale à une liberté fondamentale ;
– les injonctions en matière de référé précontractuel : depuis 1992, le juge du référé précontractuel a le pouvoir d'enjoindre l'administration de recommencer une procédure d'appel à la concurrence en matière de marchés publics ou de délégation de services publics et de suspendre la signature du contrat.

Il ne paraît pas surprenant dans ces conditions qu'un pouvoir d'injonction ait été reconnu aux juridictions administratives pour assurer l'exécution de leurs propres décisions alors surtout que le juge communautaire incitait les pouvoirs publics à adopter des mesures de nature à donner pleine efficacité aux décisions juridictionnelles (CJCE 19 juin 1990, Secretary of State for transport c/ Factortame Ltd, *AJDA* 1990 p. 832).

La reconnaissance du pouvoir d'injonction

Un requérant peut désormais solliciter du juge le mode d'exécution du jugement qu'il entend obtenir ; saisi de conclusions en ce sens, le juge peut en effet prescrire à une personne morale de droit public ou à un organisme de droit privé chargé de la gestion d'un service public soit :
– de prendre une mesure dans un sens déterminé lorsque le jugement implique nécessairement qu'une mesure d'exécution soit prise dans un sens déterminé, le tout assorti d'un délai déterminé voire d'une astreinte (CJA, art. L. 911-1 et L. 911-3 pour l'astreinte) ;

– de prendre une nouvelle décision, dont le contenu ne peut être déterminé à l'avance, après une nouvelle instruction, dans un délai déterminé et au besoin sous astreinte (CJA, art. L. 911-2).

Dans les deux cas, le juge doit vérifier si cette obligation de « redécider » subsiste à la date de son jugement compte tenu de l'évolution de la situation de droit et de fait du requérant (CE 4 juillet 1997, Époux Bouderak, *AJDA* 1997, p. 584 ; *RFDA* 1997, p. 815, conclusions Abraham).

Exemples d'injonctions d'exécution

■ *Les mesures d'exécution dans un sens déterminé*

CE 26 mars 1999, Sté Hertz France, *Lebon* p. 95, conclusions J.H. Stahl

Il s'agissait en l'espèce d'un recours de plusieurs sociétés de location de voiture contre des décisions du directeur général d'Aéroports de Paris de conclure des conventions d'occupation du domaine public avec des sociétés concurrentes. Ces décisions étaient irrégulières car seul le conseil d'administration d'Aéroports de Paris avait le pouvoir de décider de passer ces conventions.

Le Conseil d'État a donc annulé les décisions du directeur général de passer les conventions en cause, a fait droit à la demande des sociétés requérantes de « prendre les mesures nécessaires pour priver de tout effet les conventions qui ont été conclues » et a enjoint à Aéroports de Paris, s'il ne peut obtenir des sociétés en cause la résolution amiable des conventions d'occupation du domaine public, de saisir le juge du contrat dans le délai de deux mois à compter de la notification de l'arrêt aux fins de voir prononcer la résolution desdites conventions.

■ *Les mesures d'exécution après nouvelle instruction*

L'hypothèse la plus fréquente concerne les cas d'annulation d'une décision pour simple vice de forme ou de décision prise au titre d'un pouvoir discrétionnaire.

CE 16 novembre 1998, Mme Bastard-Valentinis et Valentinis, *Lebon* p. 414

Les requérants, huissiers de justice, contestaient la décision du Garde des Sceaux ayant rejeté leur demande de transfert de leur SCP de Seynod à Annecy. Cette décision a été annulée pour vice de forme car deux des quatre membres de la chambre départementale des huissiers ayant émis un avis défavorable étaient eux-mêmes titulaires d'offices à Annecy ; le Conseil d'État a considéré que cette participation avait porté atteinte aux garanties d'objectivité que doit présenter une telle consultation.

Il a en conséquence enjoint au ministre de la Justice de procéder à la consultation régulière des chambres départementales et régionales d'huissiers de justice dans un délai de 6 mois.

La déconcentration des procédures d'exécution

Elle est prévue à l'article L. 911-4 du code de justice administrative : « En cas d'inexécution d'un jugement ou d'un arrêt, la partie intéressée peut demander au tribunal administratif ou à la cour qui a rendu la décision d'en assurer l'exécution. En cas d'inexécution d'un jugement frappé d'appel, la demande doit être adressée à la cour administrative d'appel. La juridiction peut fixer un délai et assortir sa décision d'une astreinte. »

Les conditions d'application de cette procédure sont définies aux articles R. 921-1 et suivants du code de justice administrative.

Cette demande d'exécution ne peut être présentée, sauf décision explicite de refus d'exécution, avant un délai de trois mois suivant la notification du jugement, sauf procédures d'urgences. Elle ne peut davantage être présentée avant l'expiration du délai fixé par le jugement pour son exécution.

En cas de rejet implicite d'une demande d'exécution, aucun délai n'est imposé pour saisir à nouveau le tribunal ; seule une décision expresse fait courir les délais de recours contentieux. Ces demandes peuvent être présentées sans le ministère d'avocat.

Le président du tribunal, saisi de cette demande, accomplit toutes diligences utiles pour assurer l'exécution de la décision juridictionnelle. Lorsqu'il estime que la décision est exécutée ou que la demande n'est pas fondée, le président procède au « classement administratif » de la demande. Dans le cas contraire ou sur demande du requérant qui conteste dans le mois le classement administratif, le président ouvre, au plus tard dans les six mois, une procédure juridictionnelle instruite et jugée d'urgence, avec le cas échéant une astreinte dont la juridiction fixe la date d'effet.

Lorsqu'à la date de l'astreinte, le tribunal constate d'office ou sur saisine de la partie intéressée que les mesures d'exécution n'ont pas été prises, il procède à la liquidation de l'astreinte.

Dans son rapport annuel pour 2001, le Conseil d'État a dressé un premier bilan de ces nouvelles procédures déconcentrées d'exécution.

Selon le Conseil d'État, les rapports présentés annuellement par les présidents des juridictions concernées – en application de l'article R. 921-8 du code de justice administrative – ne font pas apparaître de difficultés insurmontables dans l'application de ces procédures ; l'aménagement principal porte sur la durée de la procédure « administrative » de six mois que la plupart des présidents souhaiteraient voir prolongée afin d'éviter la juridictionnalisation en quelque sorte automatique d'affaires en voie d'exécution mais non encore complètement abouties à l'issue de ce délai.

En matière de chiffres, on constate une diminution globale du nombre de demandes d'exécution pour les cours administratives d'appel (469 dossiers en 2001 contre 521 en 2000).

À l'inverse, on constate pour les tribunaux administratifs une légère augmentation des données brutes, soit 918 affaires enregistrées au titre de 2001 contre 885 en 2000, même si ce chiffre doit être relativisé en fonction d'une série de 147 dossiers enregistrés au tribunal administratif de Dijon liés à un contentieux particulier concernant la retraite des anciens combattants ; comme le relève le rapport du Conseil d'État, on aboutit ainsi à 771 dossiers, chiffre en diminution globale par rapport aux 885 entrées en 2000.

En ce qui concerne les affaires traitées en 2001, les résultats sont jugés globalement satisfaisants puisque les cours administratives d'appel ont réglé 468 demandes en 2001 contre 495 en 2000 et les tribunaux administratifs ont procédé au règlement de 620 dossiers en 2001 soit un chiffre légèrement inférieur aux 743 affaires classées en 2000.

Il est surtout important de noter que comme les années précédentes, la plupart des dossiers sont réglés en phase administrative dans une proportion de 74,15 % pour les cours administratives d'appel et 69,52 % pour les tribunaux administratifs contre respectivement 76,36 % et 64,74 % en 2000.

Il ressort en effet des rapports des différents chefs de juridiction que l'efficacité de la phase administrative précontentieuse est accentuée lorsque, dès le départ, le président de la juridiction apprécie les modalités de l'exécution et oriente ainsi la correspondance et, le cas échéant, l'échange téléphonique sur les mesures à prendre.

Le rapport du Conseil d'État retient cependant que l'administration reste insuffisamment informée des procédures d'exécution définies par le code de justice administrative, utilise mal la faculté de conseil que lui ouvrent ces procédures et « oublie presque systématiquement de prévenir la juridiction lorsqu'elle a donné suite aux mesures d'exécution définies ».

3

Les voies de recours contre une décision juridictionnelle

Lorsque l'on n'a pas obtenu gain de cause dans un procès, on peut parfois espérer une solution plus favorable devant une autre juridiction.

Les voies de recours dites principales s'organisent sur un mode hiérarchisé calqué sur celui des actes. En effet, on ne défère pas les mêmes décisions de justice au juge d'appel et au juge de cassation. Les arrêts du Conseil d'État, quant à eux, ne peuvent être contestés que par des voies de recours spéciales. Celles-là concernent également les décisions juridictionnelles qui peuvent faire l'objet d'appel ou de cassation, mais il s'agit de recours moins usités, aux conditions d'ouverture particulières et aux effets souvent différents.

Pour choisir la voie de recours adéquate entre ces deux catégories ou à l'intérieur même de l'une d'elles, il faut s'attacher à la juridiction devant laquelle on a succombé, juridiction de premier ou de second degré, voire le Conseil d'État. Il importe également de rechercher, quel que soit le juge saisi de son recours, quels motifs invoquer, de fait, de droit ou de simple procédure.

3.1 Les voies de recours principales

L'appel est la voie de recours utilisée à l'encontre d'une décision, jugement ou ordonnance, rendue par une juridiction de premier degré, c'est-à-dire par le juge du fond : les tribunaux administratifs. Le pourvoi en cassation permet à la juridiction de statuer sur les décisions des juridictions de second degré, c'est-à-dire les cours administratives d'appel.

3.1.1 L'appel

« Faire appel » ne désigne pas le fait pour le requérant de saisir le juge d'un litige l'opposant à l'administration.

On ne fait pas appel au juge, on ne fait appel que d'une décision juridictionnelle lorsque l'on n'a pas obtenu gain de cause. L'appel est dirigé contre le jugement d'une juridiction de premier degré et il est porté devant une juridiction de second degré.

L'appel obéit à des règles de délai, de forme et de contenu. Il ne confère pas au juge de second degré exactement le même pouvoir qu'à celui de première instance.

Les jugements susceptibles d'appel

Il est toujours possible de faire appel d'un jugement rendu en premier ressort ou par les juges du premier degré, à une double condition :
– être en possession d'un véritable jugement et non d'une simple mesure d'administration de la justice, telle que la décision du président d'un tribunal administratif excluant un expert de la liste des experts (CE 16 février 1977, Allenet de Donceel, *Lebon* T. p. 941), la communication du greffe aux parties ou la décision du président accordant une provision à l'expert (voir sur ce point CE 17 juin 1991, OPHLM de la ville de Paris c/ Sté Campenon-Bernard et autres, *AJDA* 1991 p. 829, note X. Pretot) ;
– le jugement ne doit pas être devenu définitif par suite de l'expiration du délai d'appel ou d'acquiescement explicite de la partie adverse dans le contentieux indemnitaire.

L'acquiescement, c'est-à-dire l'acceptation du jugement par la partie dont la demande est rejetée ou la renonciation au bénéfice d'un jugement favorable, acceptation ou renonciation qui doit prendre la forme d'une manifestation expresse de volonté (CE sect. 15 octobre 1982, Époux Rode, *Lebon* p. 341), ne peut intervenir en matière d'excès de pouvoir. En effet, dans ce domaine, le bénéficiaire du jugement prononçant l'annulation d'une décision administrative ne peut y renoncer, car la décision annulée est considérée comme ayant été et restant annulée.

L'administration demeure tenue de tirer toutes les conséquences d'une telle annulation.

Le Conseil d'État a énoncé ce principe à de nombreuses reprises. Il affirme qu'en raison des effets qui s'attachent à l'annulation pour excès de pouvoir d'un acte administratif, le fait que la personne qui a obtenu cette annulation déclare ultérieurement renoncer à s'en prévaloir est sans influence : la solution du jugement ne peut être considérée comme ayant disparu du fait de cette renonciation (CE 25 mai 1979, Secrétaire d'État aux Universités et Mme Foulon-Biganiol et autres c/ Mme Toledano-Abitbol, *RDP* 1979 p. 1518).

Le requérant n'a, bien entendu, pas besoin de faire appel d'un jugement qui lui donne satisfaction ou de contester devant le juge d'appel les seuls motifs du jugement sans contester le dispositif lui-même, même si l'on comprend parfois l'intérêt juridique qu'il y aurait à contester ces motifs.

EXEMPLE

Un exemple suffira à comprendre la portée pratique de la limitation de l'appel au dispositif du jugement.

Vous avez obtenu un permis de construire mais vous ne commencez réellement vos travaux qu'au-delà du délai de validité de votre permis qui devient ainsi caduc. Votre voisin fait un recours contre votre permis devant le tribunal administratif qui déclare la requête irrecevable au motif qu'elle est dirigée contre un permis périmé. Même si vous estimez que les quelques travaux que vous aviez réalisés avant l'expiration de la durée de validité de votre permis équivalaient à un début de construction s'opposant ainsi à la péremption de votre permis, vous ne pourrez faire appel du jugement rejetant la demande d'annulation de vos voisins (voir en ce sens CE sect. 3 février 1999, Hôpital de Cosne-Cours-sur-Loire, *Lebon* p. 577).

Les juridictions d'appel

La loi du 31 décembre 1987 distingue deux juridictions d'appel :
- le Conseil d'État ;
- les cours administratives d'appel.

Les compétences se répartissent entre ces deux juridictions selon la nature des litiges.

Le Conseil d'État, juge d'appel du contentieux électoral et du contentieux sur renvoi du juge judiciaire

Relèvent de la compétence exclusive du Conseil d'État, en appel, les litiges relatifs aux élections municipales et cantonales ainsi que les recours en interprétation ou en appréciation de validité d'actes administratifs sur renvoi du juge judiciaire.

Les cours administratives d'appel, juge d'appel de droit commun

En dehors des deux hypothèses précitées, tout litige doit être soumis en appel à l'une des sept cours administratives d'appel : Bordeaux, Douai, Lyon, Marseille, Nancy, Nantes et Paris.

Les conditions d'exercice de l'appel

Il s'agit de s'intéresser ici aux conditions de forme et de fond auxquelles doit répondre une requête en appel pour être recevable.

Les conditions de forme

Elles se traduisent par une double interrogation : Quels délais le requérant doit-il respecter pour former son appel ? L'assistance d'un avocat est-elle indispensable ?

Les délais

En principe, le délai d'appel d'un jugement est de deux mois à compter de sa notification par lettre recommandée avec accusé de réception par le tribunal.

Pour les jugements dits « avant dire droit », qu'ils tranchent ou non une question au principal, le délai d'appel court jusqu'à l'expiration du délai d'appel contre le jugement qui règle définitivement le fond du litige (CJA, art. R. 811-6).

Le Conseil d'État a eu l'occasion de préciser la notion de jugement avant dire droit dans un arrêt d'assemblée du 18 décembre 1998 (GDF, *AJDA* 1999, p. 158, conclusions J.D. Combrexelle). En l'espèce, GDF a pu faire appel, plus de deux mois après sa notification, d'un jugement consacrant sa responsabilité et ordonnant par ailleurs une expertise sur les appels en garantie formés par GDF contre l'État et par ce dernier contre un entrepreneur.

Ce délai de deux mois est porté à trois mois dans les territoires de la Polynésie française et de la Nouvelle-Calédonie et dépendances.

Le point de départ de ce délai est la date de la signature par l'appelant de l'accusé de réception, celle du refus de la lettre recommandée ou bien le jour du dépôt au domicile du destinataire d'un avis lui faisant savoir que cette lettre l'attend au bureau de poste lorsque le destinataire ne prend pas la peine d'aller chercher son pli en instance.

Il existe une exception à ces points de départ des délais : en matière de contraventions de grande voirie, le délai d'appel commence à courir le jour même du jugement à l'encontre de l'administration (et pour la partie poursuivie du jour de sa notification).

Les parties au litige peuvent faire signifier les jugements ou décisions par acte d'huissier de justice. Ainsi, le délai d'appel démarre plus rapidement et le requérant est plus vite fixé sur les intentions de la partie adverse quant à un éventuel appel, sans attendre la notification du jugement par le greffe du tribunal. S'il n'y a pas appel, quelques jours précieux seront donc gagnés en vue d'une éventuelle exécution par recours à la technique des astreintes. Cette signification sera surtout utile en vue de faire courir les délais d'une tierce opposition à l'encontre d'une personne intéressée à l'affaire et qui n'a pas été appelée en cause, étant précisé qu'en pareille hypothèse le délai de deux mois court aussi bien à l'égard du destinataire de la signification que pour son auteur (CJA, art. R. 811-2).

Il faut cependant savoir qu'en cas d'une double publicité de l'acte – notification et signification – c'est le premier acte accompli qui marque le début du délai.

Il existe des délais d'appel particuliers :
– en matière électorale, le délai est d'un mois pour déférer les jugements des tribunaux administratifs rendus en matière de recours contre les élections municipales ou cantonales ; de quinze jours pour l'appel au Conseil supérieur de l'éducation nationale des décisions des sections disciplinaires des conseils d'Université et des conseils académiques ; de dix jours pour les jugements en matière d'élection aux chambres de commerce et d'industrie ;
– en matière de mesures d'urgence, le requérant a quinze jours pour porter appel d'une ordonnance de référé-liberté, de référé-constatation ou de référé ordinaire.

La vigilance à l'égard de ces délais particuliers n'est cependant pas d'une extrême importance dès lors que le code de justice administrative prévoit qu'à défaut de mention, dans la notification du jugement, d'un délai inférieur à deux mois, seul s'applique le délai de deux mois (CJA, art. R. 811-3) alors que cette mention ne s'impose pas pour la notification de jugements soumis au délai d'appel de droit commun de deux mois.

Dès que la notification intervient, le requérant doit saisir la juridiction d'appel dans ce délai sans bénéficier, en principe, d'aucune prorogation due à l'exercice d'un autre recours. Il serait, par exemple, inutile d'informer le président d'une juridiction d'appel de son intention d'attaquer un jugement.

Les seules prorogations éventuelles du délai d'appel résultent du dépôt d'une demande d'aide juridictionnelle ou de la saisine d'une juridiction d'appel incompétente effectuée dans le délai d'appel.

Dans le premier cas, le délai d'appel recommence à courir à compter de la notification de la décision d'admission ou de rejet de l'aide juridictionnelle par le bureau d'aide juridictionnelle, le juge administratif ayant en outre admis qu'un nouveau délai de deux mois courait à compter du refus de l'avocat désigné au titre de l'aide juridictionnelle d'accepter sa mission (CE 8 février 1999, Tafani, *Dr. adm.* 1999, n° 109).

De même, alors qu'en principe la contestation du refus de l'aide juridictionnelle devant le bureau d'aide juridictionnelle pour solliciter une nouvelle délibération ou devant le président de la section du contentieux du Conseil d'État ne proroge pas, en vertu de la loi du 10 juillet 1991 et du décret du 19 décembre 1991, le délai de recours contentieux, et qu'il appartient en conséquence à l'intéressé, à peine de forclusion, d'introduire son recours contentieux dans les deux mois suivant la notification de la première décision du bureau d'aide juridictionnelle, quel que soit le sort réservé à sa nouvelle demande, le Conseil d'État a considéré que « le principe à valeur constitutionnelle du droit d'exercer un recours juridictionnel, rappelé par les stipulations du paragraphe I de l'article 6 de la convention européenne de sauvegarde des droits de l'homme et des libertés fondamentales interdit, en raison de l'objet même de l'aide juridictionnelle, qui est de faciliter l'exercice de ce droit, que la forclusion résultant de la règle énoncée ci-dessus puisse être opposée à un requérant lorsqu'il n'en a pas été expressément informé au préalable » (CE sect. 28 juillet 2000, MEA, *Lebon*, p. 347).

Dans le second cas, la juridiction saisie, à tort, de l'appel doit renvoyer la requête à la juridiction compétente. Par exemple, depuis la loi du 31 décembre 1987, un appel à l'encontre d'un jugement d'une commission du contentieux de l'indemnisation des Français dépossédés formé devant le Conseil d'État devra être transféré à une cour administrative d'appel.

Le ministère d'avocat

En cas de dispense d'avocat, les parties peuvent agir et se présenter elles-mêmes. Elles peuvent aussi se faire représenter par l'un des mandataires mentionnés à l'article R. 431-2 du code de justice administrative.

Les appels formés devant les cours administratives d'appel sont dispensés du ministère d'avocat dans les seuls cas prévus à l'article R. 811-7 du code de justice administrative.

Il s'agit :
– des appels contre des jugements rendus par les tribunaux administratifs en matière d'excès de pouvoir ;
– des appels en matière de contravention de grande voirie ;
– des appels en matière de contributions directes de taxes sur le chiffre d'affaires et de taxes assimilées ;
– des appels en matière de pensions, d'aide sociale, d'aide personnalisée au logement, d'emplois réservés et d'indemnisation des rapatriés.

Devant le Conseil d'État, le ministère d'avocat n'est pas obligatoire en matière de contentieux électoral.

Dans ces différents cas, s'il le souhaite, l'appelant présente son recours par écrit devant une cour d'appel ou devant le Conseil d'État. S'il préfère, il peut s'en remettre à un avocat aux conseils ou à la cour, ou à un avoué. Devant le Conseil d'État, l'avocat à la cour ou l'avoué devront alors produire un mandat de leur client les autorisant à le représenter – uniquement par écrit – devant la Haute Juridiction administrative.

La motivation de la requête d'appel

Le représentant de l'appelant ou l'appelant lui-même s'il se défend seul dans un litige dispensé d'avocat doit déposer, dans le délai d'appel, un recours « motivé » auprès de la juridiction compétente. Il doit argumenter ses critiques du jugement de première instance, en raison d'une éventuelle irrégularité de procédure ou du raisonnement erroné du tribunal. On ne peut donc se contenter de contester la solution retenue par les premiers juges. Si, par exemple, ceux-ci ont rejeté un recours en annulation d'une décision administrative, il ne suffira pas de reprendre, en appel, purement et simplement l'argumentation utilisée en première instance. Cela ne ferait pas apparaître les points sur lesquels le rejet de la requête par le tribunal était critiquable.

La technique de la requête sommaire

Comme pour le recours contre une décision administrative devant les tribunaux administratifs, il est parfois utile d'utiliser la technique du recours sommaire. Celui-ci doit être impérativement déposé dans le délai d'appel et suivi d'un mémoire complémentaire. Devant les cours administratives d'appel, aucun délai n'est imposé pour produire ce mémoire, mais le non-respect d'une mise en demeure du président de la cour visant à son dépôt dans un délai impératif équivaut à un désistement d'office de l'appelant.

Devant le Conseil d'État, à la différence des requêtes dont il connaît en premier et dernier ressort pour lesquelles le mémoire complémentaire doit être enregistré au greffe de la Section du contentieux dans les quatre mois du dépôt du recours sommaire, faute de quoi le requérant sera également considéré comme s'étant désisté d'office, ce délai est réduit à quinze jours pour les appels de jugement en matière de sursis à exécution et à un mois pour les appels en matière électorale.

Il est préférable d'invoquer dans sa requête – normale ou sommaire – des moyens relatifs à la fois à la forme du jugement attaqué et au fond de la solution, même si certains sont abandonnés ultérieurement après un examen plus approfondi du dossier. En effet, l'expiration du délai d'appel s'opposera à la prise en compte d'un moyen ou d'une conclusion reposant sur une cause juridique nouvelle.

Le non-respect par les premiers juges des règles de procédure, examinées ci-dessus, constitue une cause d'irrégularité formelle d'un jugement. La critique de la régularité formelle du jugement ne s'impose donc que si l'appelant estime qu'une règle de procédure a été méconnue en première instance (par exemple, un délai insuffisant imparti par le tribunal pour répondre à un mémoire adverse) ou que le tribunal n'a pas examiné l'ensemble des moyens.

Le choix des motifs et arguments autres que ceux de forme n'est pas illimité. Les moyens et conclusions de fond en appel dépendent de la situation et de l'argumentation juridique du requérant en première instance.

L'interdiction de principe des conclusions nouvelles en appel

Le requérant ne pourra pas présenter de conclusions nouvelles devant le juge d'appel. Il lui sera seulement possible de lui demander ce qu'il a déjà tenté d'obtenir en première instance. L'annulation d'un acte qui n'aurait pas été réclamée auparavant ou la condamnation d'une partie non envisagée devant le tribunal ne peut être sollicitée.

En revanche, en matière indemnitaire, lorsque le préjudice subi s'est aggravé depuis que les premiers juges ont statué, il est toujours possible, en appel, de demander une somme supérieure à celle réclamée au premier stade de la phase contentieuse. Cette demande est le prolongement normal de la requête initiale d'indemnisation de l'entier préjudice. Il faut rappeler, à cet égard, que le demandeur en première instance doit prendre la précaution de chiffrer sa réclamation indemnitaire : il ne peut demander au tribunal administratif « réparation » de son préjudice et « présenter l'addition » à une cour administrative d'appel, sauf s'il avait indiqué qu'il se réservait de chiffrer son préjudice après expertise et que cette expertise lui avait été refusée en première instance, auquel cas il pourra chiffrer son préjudice en appel (CAA Nantes 8 juin 1990, Consorts Iba Zizen c/ Cne de Saint-Georges-des-Sept-Voies, *AJDA* 1990 p. 726).

Il en sera de même si l'appelant n'a pu avoir connaissance de l'étendue réelle de son préjudice que postérieurement au jugement de première instance (CE sect.8 juillet 1998, Département de l'Isère, *Lebon*, p. 308).

Il existe une exception à l'interdiction de présenter des conclusions nouvelles en appel. Elle concerne les caisses de Sécurité sociale. En matière de dommage corporel subi par un assuré social, les conclusions sont présentées pour la première fois en appel lorsque les juges du fond ont omis d'appeler ces organismes en première instance, ces caisses devant être normalement appelées en déclaration de jugement commun. Au procès d'appel, elles peuvent alors réclamer au tiers responsable les sommes allouées à la victime, dans la proportion d'un éventuel partage de responsabilité.

L'autorisation d'invoquer des moyens nouveaux se rattachant aux causes juridiques invoquées en première instance

L'appelant ne peut pas présenter n'importe quel moyen à l'appui de ses conclusions d'appel.

Les moyens ne sont réellement illimités que s'il a, en première instance, la position de défendeur, ce qui suppose que son adversaire, alors demandeur, ait obtenu gain de cause. Dans ce cas, il peut invoquer tout moyen nouveau ou transformer, en les argumentant plus rigoureusement, ses moyens de défense de première instance. Ceux-ci vont désormais servir à attaquer le jugement.

Si l'appelant était demandeur devant les tribunaux administratifs, il ne peut présenter de moyens nouveaux en appel qu'à la condition qu'ils soient fondés sur une cause juridique identique à celle invoquée en première instance.

La victime d'une agression par un pupille d'un département en fugue d'un centre de rééducation a ainsi demandé l'indemnisation de son préjudice au tribunal en invoquant les risques que le placement des pupilles dans ce type d'établissement faisait courir aux tiers. La victime a invoqué en appel la faute du département dans l'exercice de ses responsabilités à l'égard du pupille. Cette demande a été rejetée, car fondée sur une cause juridique distincte de celle invoquée en première instance (CE 18 novembre 1988, Mlle Roselyne Poirier, *AJDA* 1989, p. 141).

Il aurait suffi à l'intéressée de mettre en avant la faute du département devant les juges du fond pour pouvoir invoquer ensuite la théorie du risque devant le Conseil d'État. En effet, cette dernière cause juridique est considérée comme d'ordre public et peut donc être soulevée d'office par le juge.

CONSEIL Tout requérant a intérêt à utiliser des moyens fondés sur la faute de l'administration en première instance ; on ne « risque » rien à invoquer la faute en première instance alors que l'on commet une « faute » en n'invoquant que le risque en première instance.

En dehors des moyens d'ordre public, le Conseil d'État a plus récemment admis, dans le cadre du plein contentieux contractuel, que lorsque le juge constate la nullité d'un contrat, ce qu'il peut d'ailleurs faire d'office, les cocontractants (qui ne le sont plus juridiquement à raison de l'illégalité du contrat) peuvent, pour la première fois en appel, faire valoir des moyens tirés de l'enrichissement sans cause ou de la faute d'avoir conclu un contrat nul bien que de tels moyens se fondent sur des causes juridiques nouvelles (CE 20 octobre 2000, Sté Citécâble Est, *Dr. adm.* 2000, n° 247).

Il s'agit là d'exemples de responsabilité de l'administration, mais des règles identiques s'appliquent en matière d'excès de pouvoir. L'appelant s'il était demandeur en première instance ne peut fonder son argumentation juridique sur des moyens de légalité externe (par exemple, forme ou procédure) s'il n'avait invoqué devant les premiers juges que des moyens de légalité interne (par exemple, violation de la loi ou détournement de pouvoir).

Pour éviter toute limitation dans la motivation de l'appel, le requérant doit recourir à des moyens aussi variés que possible et se rattachant à des fondements juridiques distincts, dans le cadre même de la première instance.

La motivation de la requête revêt la même importance quels que soient le rôle et la position des parties au procès d'appel.

Les parties au procès d'appel

La position des parties au procès d'appel est très importante car elle commande souvent la recevabilité de l'appel ou des moyens présentés. Il faut définir le rôle de chacune des parties et préciser les moyens de défense dont disposent, en appel, les autres parties mises en cause en première instance et dénommées « intimés ».

L'appel principal

L'appel principal émane de celui qui était partie au procès de première instance et qui a succombé. En effet, si une personne n'était pas mise en cause devant les premiers juges, elle ne pourra que former une tierce opposition au jugement préjudiciant à ses droits.

Dans un premier temps, le juge d'appel vérifie la qualité de partie au premier procès de l'appelant. Le fait, notamment pour une personne publique, de produire des observations dans un litige ne confère pas nécessairement la qualité de partie à ce litige.

Ainsi, un ministre des Universités n'a pu faire appel d'un jugement d'un tribunal annulant la décision d'un président d'Université, au motif que ce ministre avait seulement produit des observations devant les premiers juges (CE 3 juin 1981, Ministre des Universités, *D.* 1982 IR p. 32). La même solution a été adoptée pour l'appel d'une société qui avait été appelée à produire ses observations dans le cadre d'un recours pour excès de pouvoir formé par une association contre une délibération d'un conseil municipal autorisant l'ouverture d'une zone à l'exploitation de carrières. L'appel de la société en cause a été déclaré irrecevable alors même qu'elle avait reçu notification du jugement et que la délibération en cause avait été annulée (CE 18 décembre 1996, SA Omya, req. n° 156269).

Il existe une exception à cette obligation d'avoir été partie en première instance pour être admis comme appelant : il s'agit du contentieux électoral dans le cadre duquel tous les électeurs ont qualité pour faire appel du jugement de première instance prononçant l'annulation ou la réformation des élections.

En revanche, si le tribunal rejette la réclamation, seuls les premiers requérants se trouvent investis de ce pouvoir.

Ensuite, si l'appelant est une personne morale, le juge d'appel s'assure que l'autorité ou la personne physique ayant formé l'appel est compétente pour le faire. Il s'agit ici de la question de la représentation des personnes morales en justice.

En principe, seuls les ministres ont la possibilité, chacun pour les affaires relevant de sa compétence, de faire appel des jugements au nom de l'État. Les préfets et sous-préfets disposent de cette faculté dans les litiges pour excès de pouvoir relatifs aux décisions prises par eux dans l'exercice de leur pouvoir de contrôle administratif sur les collectivités locales (par exemple, en cas d'appel d'un jugement rejetant le déféré d'un préfet à l'encontre d'une délibération du conseil municipal).

Si l'appel est exercé par une autorité incompétente, l'autorité compétente peut toujours régulariser la situation en cours d'instance en s'appropriant les conclusions d'appel.

L'appel incident contre l'appelant principal

L'appel incident est formé à l'occasion de l'appel principal par l'intimé lorsqu'il n'a pas totalement obtenu gain de cause en première instance. Il profite de l'appel principal pour tenter d'améliorer son sort juridique alors qu'il aurait pu utiliser lui-même la voie principale. Cet appel ne présente donc de réel intérêt que si l'intimé avait hésité à faire appel principal du jugement qui ne lui donnait pas entière satisfaction.

L'appel incident peut être formé à tout moment avant la clôture de l'instruction ou avant le désistement volontaire ou d'office de l'appelant principal (voir sur ce dernier point CE 25 mai 1992, Grand, *Lebon*,

p. 1258). Mais il ne peut émaner que d'une partie au procès d'appel, et l'appel principal doit être recevable pour qu'il le soit lui-même.

L'appel incident est exclu dans trois domaines :
- en cas d'appel des décisions rendues par les conseils des ordres professionnels statuant en matière disciplinaire (sauf texte contraire) ;
- pour les appels en matière électorale ;
- et en matière de contraventions de grande voirie.

Le caractère incident de cet appel implique que l'intimé ne puisse présenter que des conclusions dirigées contre l'appelant principal et, bien qu'opposées aux siennes, portant sur le même litige que celui soumis au juge d'appel. En effet, si l'appelant incident peut saisir l'opportunité d'un appel principal formé par son adversaire pour se défendre en quelque sorte, il ne saurait en abuser.

Par exemple, dans le cas d'un agent public qui a fait appel d'un jugement annulant son licenciement mais rejetant sa demande d'indemnité, l'administration n'a pu former un appel incident fondé sur l'annulation du licenciement car cet appel soulevait un litige différent du litige principal relatif au refus d'indemnisation (CE 4 mars 1981, Mlle Dabert, *Lebon* p. 121).

Une solution identique a été adoptée dans un arrêt du Conseil d'État du 31 janvier 1990 (Ministre de la Défense c/ M. Allain, *AJDA* 1990 p. 338). Dans cette affaire, un ministre avait formé un appel contre un jugement d'un tribunal condamnant l'État à indemniser un ingénieur du ministère de la Défense tout en rejetant les conclusions en excès de pouvoir de ce dernier. Le Conseil d'État a précisé qu'un appel incident de l'ingénieur contre le jugement du tribunal, au motif qu'il a rejeté sa demande d'annulation pour excès de pouvoir de la décision du ministre, soulèverait un litige distinct du litige principal et serait irrecevable.

En matière de litiges relatifs aux agents publics, le juge peut, en effet, être saisi, par une même requête, de conclusions en excès de pouvoir et indemnitaires.

En revanche, il peut être intéressant d'user de cette voie d'appel pour obtenir une indemnité supérieure à celle allouée par les premiers juges, alors que l'appelant principal conteste le principe même de sa responsabilité.

Si l'appelant incident était défendeur en première instance, il peut soulever tous les moyens nouveaux à condition de rester dans les limites des conclusions de l'appel principal. Si l'appelant incident avait la position de demandeur, il ne peut invoquer en appel des moyens nouveaux que s'ils se rattachent aux causes juridiques invoquées devant les juges du fond. Cette règle est celle qui s'applique à l'appelant principal.

Par ailleurs, le désistement de l'appelant principal n'entraîne pas celui de l'appelant incident, sauf acceptation du désistement par ce dernier. Les deux appels peuvent alors se dissocier.

Cette règle de l'appel incident doit faire réfléchir l'appelant principal potentiel. En effet, en contestant le principe de sa responsabilité ou le montant de son indemnisation, il s'expose à un appel incident qui peut aboutir à la majoration de l'indemnité mise à sa charge ou à la disparition de toute réparation de son préjudice.

L'appel d'intimé à intimé ou appel provoqué

Cette forme d'appel se rencontre souvent et principalement dans le contentieux indemnitaire. Elle ne peut se concevoir qu'en présence d'au moins trois parties, l'appelant principal et deux intimés, et doit être « provoquée » par les conclusions du premier. Il faut que la satisfaction de celles-ci modifie défavorablement la situation de l'intimé ; ce dernier contre-attaque alors en mettant en cause non pas celui qui a fait appel – il s'agirait alors d'un appel incident – mais une autre partie contre laquelle l'appel n'était pas nécessairement dirigé à l'origine.

Le domaine privilégié d'application de l'appel provoqué est celui des litiges relatifs aux rapports entre garants et garantis ou aux dommages ayant plusieurs auteurs. Ainsi, un tribunal a condamné une ville à payer une indemnité destinée à réparer le préjudice corporel subi par un magistrat, victime d'un dommage de travaux publics à l'occasion de travaux réalisés par une entreprise pour le compte de la ville. Ce même jugement condamnait la ville à verser à l'État, employeur de la victime, et à la Sécurité sociale certaines indemnités. La société qui réalisait les travaux à l'origine de la chute de la victime était pour sa part condamnée à garantir le ville de toutes les condamnations prononcées contre elle.

En clair, la ville ne supportait définitivement aucune indemnité et n'avait donc pas jugé utile de faire appel de ce jugement. La société a en revanche fait appel en demandant à être déchargée de toute garantie de la ville au motif que l'accident était selon elle imputable à l'imprudence de la victime qui aurait du voir le chantier en cours. La ville a profité de ce recours pour non seulement défendre à l'appel de la société quant à sa garantie, mais également faire appel du jugement, non contre l'entreprise dont elle adoptait la position quant à la faute de la victime, mais contre les demandeurs de première instance, c'est-à-dire la victime, l'État et la Sécurité sociale.

Dans le cadre de cet appel provoqué, la ville a demandé l'annulation du jugement qui la condamnait à réparer intégralement les dommages. Cet appel d'un intimé contre plusieurs autres intimés a été déclaré recevable par le Conseil d'État, bien que déposé au delà du délai d'appel, car l'admission de l'appel principal de l'entreprise en vue d'être déchargée de toute garantie à l'égard de la ville portait atteinte à la situation de cette dernière. En effet, sa couverture financière disparaissait. Il était donc de son intérêt d'obtenir également l'annulation du jugement pour ce qui concerne sa condamnation à l'indemnisation de la victime, de son employeur et de la Sécurité sociale en invoquant la faute de la victime.

Le Conseil d'État a ainsi fait droit aux deux appels, principal et provoqué, en annulant le jugement de première instance après avoir jugé que l'accident en cause était exclusivement imputable à l'imprudence de la victime (CE ass. 9 juin 1972, Sté d'électricité pour la lumière et la force, *Lebon* p. 428, conclusions Kahn).

L'appel provoqué est soumis au même régime juridique que l'appel incident quant aux moyens et conclusions possibles à invoquer. Ainsi, l'appel provoqué ne peut être accueilli favorablement par le juge que si l'appel principal, par hypothèse recevable, est lui-même bien fondé. Il se distingue donc de l'appel incident que le juge ne peut satisfaire sans rejeter en même temps l'appel principal.

Dans l'affaire évoquée ci-dessus, l'appel provoqué de la ville n'aurait pas été admis si le Conseil d'État avait confirmé la garantie par l'entreprise des condamnations prononcées contre la ville, la situation de la première n'aurait en effet pas été aggravée par rapport à la situation résultant du jugement de première instance.

Dans cette affaire, cet appel provoqué a eu pour effet de décharger les appelantes de toute responsabilité : l'entreprise par l'exclusion de sa garantie, la ville en raison de l'inattention de la victime jugée seule responsable de sa chute.

Les effets de l'appel

L'absence d'effet suspensif de l'appel

Contrairement aux règles de procédure civile et sauf texte contraire, l'appel d'un jugement de tribunal administratif n'a pas d'effet suspensif, c'est-à-dire que la condamnation ou l'annulation prononcée par les premiers juges continue à produire effets pendant le déroulement de l'appel. La partie qui a succombé ne saurait échapper à sa condamnation, même provisoirement, en entamant simplement une procédure d'appel. Il faut pour cela demander à la juridiction d'appel d'ordonner le sursis à exécution du jugement attaqué.

Cependant, il existe des exceptions à ce principe en matière électorale et disciplinaire, ainsi que pour certains cas particuliers.

L'appel des jugements des tribunaux administratifs annulant l'élection des conseillers municipaux ou généraux a un effet suspensif (C. élect., art. L. 223 et L. 250). Toutefois, lorsque l'élection d'un conseiller municipal ou général a déjà été annulée à l'occasion d'un recours contre une élection antérieure pour la même cause d'inéligibilité, l'appel n'a pas d'effet suspensif (C. élect., art. L. 223 et L. 250, alinéa 2). Par ailleurs, dans les cas où il prononce l'annulation d'élections municipales ou cantonales pour manœuvres dans l'établissement des listes électorales ou irrégularités dans le déroulement du scrutin, le tribunal administratif peut décider la suspension du mandat, malgré l'appel de ceux dont l'élection est annulée (C. élect., art. L. 233-1 et L. 250-1).

La même exception s'applique pour les appels formés contre les sanctions prononcées par les instances locales de la plupart des ordres professionnels, pour les appels des jugements des commissions départementales d'aide sociale devant la Commission centrale d'aide sociale ou pour les appels des décisions des commissions du contentieux de l'indemnisation des rapatriés.

Le régime des sursis à exécution des jugements

À défaut de se trouver dans l'un des cas exceptionnels où l'appel a un effet suspensif, force est de solliciter le sursis à exécution du jugement ; le régime de droit commun de ce sursis se distingue du régime applicable en matière d'annulation ou de condamnation pécuniaire d'une personne publique (voire d'une personne privée relevant du juge administratif).

Le sursis à exécution de droit commun

Tout appelant peut obtenir le sursis à exécution d'un jugement, par une requête distincte de la requête principale. Pour ce faire, il faut démontrer que l'exécution de la décision de première instance attaquée risque d'entraîner des conséquences difficilement réparables et que les moyens énoncés dans la requête d'appel paraissent sérieux en l'état de l'instruction (CJA, art. R. 811-17).

L'administration a, elle aussi, la possibilité de demander ce sursis, notamment lorsqu'elle ne peut mettre en œuvre le système particulier soumis à l'exigence d'une perte pécuniaire définitive. C'est le cas en matière d'intérêts sur les indemnités versées en exécution d'un jugement. En effet, selon une jurisprudence constante, si un appel permet l'annulation du jugement du tribunal, ces sommes sont remboursées, mais aucun intérêt moratoire n'est dû pour la période allant de la date du paiement à celle du remboursement (CE sect. 4 mai 1984, Maternité régionale Pinard, *Lebon* p. 165). Par conséquent, le Conseil d'État refuse de considérer que le préjudice relatif à cette perte définitive d'intérêts moratoires correspond à une somme qui ne devrait pas rester à la charge de l'appelant obtenant gain de cause. Le sursis allégé n'est donc pas accordé (CE 6 mai 1985, Le Goas, *Lebon* p. 176).

En revanche, la perte de ces intérêts peut avoir des « conséquences difficilement réparables » et ouvrir à l'appelant le droit au sursis à exécution de droit commun sous réserve d'invoquer des moyens sérieux. La perte d'intérêts moratoires est par hypothèse difficilement réparable puisque jamais indemnisée.

Pour apprécier le caractère « difficilement réparable » du préjudice résultant de la perte d'intérêts moratoires, le Conseil d'État prend généralement en considération l'importance des sommes auxquelles l'appelant a été condamné. Ainsi, cette juridiction a reconnu ce caractère à un préjudice résultant, pour l'appelant, de la privation jusqu'au jugement d'appel de 1 315 517,55 francs, montant de l'indemnité versée en exécution du jugement de première instance (CE 3 juillet 1985, M. Benaitreau, *AJDA* 1985 p. 566). Dans cette affaire, le sursis a pourtant été rejeté faute de moyens sérieux.

Au contraire, l'impossibilité pour une commune de percevoir des intérêts moratoires sur une somme versée à un agent public au titre de ses indemnités d'adjoint ne présente pas un préjudice « difficilement réparable » (CE 30 octobre 1987, Cne d'Aix-en-Provence c/ M. Joissains, req. n° 81371).

Le sursis à exécution des jugements défavorables à l'administration

Si l'administration souhaite le sursis à exécution d'un jugement la condamnant à indemnisation ou annulant l'un de ses actes, elle peut assortir son appel d'une demande en sursis à exécution. Il s'agit de sursis à exécution « allégés » dont l'octroi dépend de la réalisation d'une seule condition.

Une réglementation distincte s'applique cependant en fonction de la nature des jugements, rendus en plein contentieux ou pour excès de pouvoir.

Les jugements rendus en matière de plein contentieux

Lorsque l'appel d'un jugement de pleine juridiction émane d'une personne autre que le demandeur en première instance, c'est-à-dire de l'administration puisque celle-ci est en principe – mais il existe des exceptions à cette règle (voir introduction) – défenderesse devant le juge administratif, une cour administrative d'appel peut ordonner qu'il soit sursis à exécution de ce jugement à la condition que l'exécution de cette décision de justice expose l'administration à la perte définitive d'une somme qui ne doit pourtant pas rester à sa charge si ses conclusions d'appel sont accueillies (CJA, art. R. 811-16).

À défaut, l'administration pourra néanmoins obtenir le sursis si les conditions du sursis de droit commun sont remplies.

L'objectif de cette règle est évident : le juge d'appel doit être en mesure de protéger les deniers publics en évitant qu'une personne publique condamnée à verser une somme d'argent en première instance et tenue de procéder au règlement de cette somme malgré son appel ne voie disparaître tout espoir de récupérer cette somme si elle obtenait gain de cause en appel et que son adversaire se trouvait insolvable. Le succès du recours serait alors théorique.

Le Conseil d'État faisait droit, à l'époque où il était encore juge d'appel de droit commun, aux demandes de sursis présentées en application de cette disposition chaque fois que ce risque de perte définitive se vérifiait.

Ainsi, la Haute Juridiction a ordonné le sursis à exécution d'un jugement condamnant une personne publique à verser des indemnités à une entreprise en situation de règlement judiciaire ou de liquidation de biens. La promesse de cette dernière de déposer l'indemnité à la Caisse des dépôts et consignations jusqu'au jugement d'appel n'a pas suffi, selon le Conseil d'État, à exclure le risque de perte définitive (CE 8 février 1985, Association foncière de Monnaie-Crotelles, *AJDA* 1985 p. 564).

La même solution a été adoptée par cette juridiction à l'égard d'un jugement condamnant un centre hospitalier à verser une indemnité très importante à une personne privée (CE 3 avril 1987, CHR de Besançon c/ Sté générale d'entreprises constructions, req. n° 81674).

On rencontre également de nombreux exemples en matière fiscale lorsqu'une décharge d'impositions litigieuses est prononcée par le tribunal administratif et que le contribuable risque d'être incapable de payer sa dette fiscale en cas de succès de l'appel formé par l'administration. Le juge peut n'accorder qu'un sursis partiel et limiter l'effet de sa décision au versement d'un montant inférieur à l'indemnité versée par l'administration.

Le Conseil d'État a, par exemple, ordonné le sursis à exécution d'un jugement d'un tribunal administratif condamnant un centre hospitalier à payer une indemnité de 530 000 francs à une victime mais seulement pour la partie de l'indemnité dépassant 200 000 francs (CE 6 novembre 1987, Centre hospitalier de Châlons-sur-Marne c/ Mme Mathieu, req. n° 82420 – dans le même sens, CE 20 janvier 1989, Centre hospitalier de Mulhouse c/ Mle Boehrer, req. n° 95685).

Cependant, le juge exige toujours que l'appelant apporte des éléments de nature à faire douter de la solvabilité du bénéficiaire de l'indemnité (CE 4 novembre 1987, Chambre de commerce et d'industrie de Rodez c/ M. Carpentier, req. n° 88819).

Les jugements rendus en matière d'annulation d'une décision administrative

Lorsque le tribunal a prononcé l'annulation d'une décision administrative pour excès de pouvoir, une cour administrative pourra octroyer le sursis à exécution du jugement si les moyens invoqués par l'appelant paraissent, en l'état de l'instruction de nature à justifier à la fois l'annulation ou la réformation du jugement attaqué et le rejet des conclusions du requérant à fin d'annulation pour excès de pouvoir, accueillies par le jugement attaqué (CJA, art. R. 811-15).

Le sursis à exécution ne peut donc se fonder uniquement sur un motif de forme imputable aux juges de fond.

Le Conseil d'État ne précise pas dans ses arrêts la nature des moyens reconnus « sérieux ». Il se limite à exiger que ces moyens entraînent réellement ces deux conséquences sur le jugement attaqué. L'appelant peut invoquer l'irrégularité formelle de celui-ci, par exemple l'absence d'une mention essentielle, sans justifier d'un moyen justifiant une modification de la solution d'annulation adoptée par le juge du fond. Certes, le Conseil d'État annulera peut-être la décision d'annulation pour motif de forme mais pourra retenir la même solution après avoir « évoqué » l'affaire (CE 24 avril 1985, Association unioniste de Rocheton c/ M. Escande, req. n° 52968). Le sursis à exécution de cette décision de justice, confirmée sur le fond, ne se justifie donc pas.

Que l'appel ait un effet suspensif ou non, la juridiction supérieure est saisie du litige de première instance en vertu soit de l'effet « dévolutif » de l'appel, soit du mécanisme de l'« évocation ».

L'effet dévolutif de l'appel

L'appelant saisit la cour administrative d'appel ou le Conseil d'État de l'ensemble du litige soumis initialement aux premiers juges dans la limite des conclusions présentées en appel. Le juge d'appel dispose donc du même pouvoir d'appréciation des moyens que le juge du premier degré. L'appel se distingue sur ce point de la cassation qui ne permet de revoir que la régularité juridique du procès de première instance ou d'appel.

Le juge d'appel doit néanmoins commencer par vérifier qu'il peut valablement examiner l'affaire qui lui est soumise en s'assurant que la requête d'appel est recevable, que le litige relève bien de la compétence administrative et qu'il ne se trouve pas en présence d'un non-lieu à statuer.

Si le jugement critiqué est régulier en la forme, le juge d'appel va pouvoir rejuger l'affaire par le mécanisme de l'effet dévolutif, mais dans les limites de l'appel, qui peut, par exemple, ne porter que sur un article du jugement (exemple : rejet d'un appel en garantie formé en première instance par la personne publique condamnée).

Lorsque l'appelant était demandeur en première instance, sont examinés :
– les moyens utilisés devant le tribunal et repris en appel ;
– les moyens nouveaux se rattachant aux mêmes causes juridiques que celles de première instance ;
– les moyens pouvant être soulevés d'office (par exemple, l'incompétence de l'auteur de la décision) ;
– les exceptions et moyens de défense opposés à la demande en première instance et en appel.

En revanche, lorsque l'appelant était défendeur en première instance, il peut invoquer tous les moyens juridiques souhaités, quelle que soit la cause juridique, c'est-à-dire la légalité externe ou interne de la décision administrative ou, dans le cadre du contentieux indemnitaire, la responsabilité pour faute ou sans faute.

Après ce nouvel examen du litige tel qu'il s'est présenté aux premiers juges, la juridiction d'appel a plusieurs solutions. Elle peut :
– soit rejeter l'appel et confirmer le jugement attaqué si elle considère que la solution de première instance était satisfaisante sur le fond et la forme ;
– soit rejeter l'appel en retenant une autre motivation que celle du jugement attaqué mais avec une solution identique ; selon la formule consacrée l'appelant ne sera pas « fondé à se plaindre » de la décision des premiers juges ;
– soit annuler le jugement attaqué et faire droit aux conclusions de l'appelant en donnant suite à la requête de première instance si l'appelant était alors demandeur ou en rejetant la requête initiale si l'appelant était défendeur.

Exceptionnellement, le juge peut renvoyer l'appelant qui a obtenu gain de cause soit devant les premiers juges chargés d'assurer le règlement final du litige sur la base des principes arrêtés par le juge supérieur, soit devant l'administration elle-même.

Ce renvoi concerne surtout les litiges indemnitaires pour la fixation du montant précis des sommes à verser. Le contentieux disciplinaire échappe à la règle.

La juridiction d'appel peut encore aller plus loin dans l'examen du litige qui lui est déféré.

L'évocation

Cette technique ne peut être utilisée que par la juridiction d'appel qui a annulé le jugement de première instance pour non-respect des règles de procédure. Elle permet cependant d'apprécier l'ensemble du litige sur les questions de fond sans avoir à renvoyer l'affaire devant les premiers juges.

En principe, l'évocation est une simple possibilité pour le juge. Elle n'est obligatoire qu'en matière de contravention de grande voirie et de contentieux électoral.

L'évocation n'est soumise qu'à une condition : une des parties au moins – l'appelant ou l'intimé – doit avoir conclu au fond devant le juge d'appel, c'est-à-dire qu'elle doit avoir présenté des conclusions.

La juridiction annule alors la décision des premiers juges entachée d'irrégularité de compétence, de recevabilité, d'instruction et reprend l'examen du litige dans son état initial. Elle statue donc sur l'ensemble des conclusions, moyens et exceptions d'irrecevabilité ou d'incompétence présentés en défense par les parties, en première instance. Comme l'effet dévolutif de l'appel, l'évocation peut aboutir à la confirmation sur une autre base de la solution du tribunal administratif ou à l'aggravation pour l'une des parties – défenderesse en première instance – de cette solution.

Lorsque précisément une partie a succombé en appel, qu'il s'agisse de l'appelant ou de l'intimé, la voie classique qui s'offre à elle pour contester ce jugement défavorable est le pourvoi en cassation.

3.1.2 Le pourvoi en cassation

Le pourvoi en cassation est un recours présenté devant le Conseil d'État et dirigé contre les décisions juridictionnelles rendues en dernier ressort, c'est-à-dire contre lesquelles l'appel n'est pas ouvert.

Les décisions susceptibles de pourvoi en cassation

L'article L. 821-1 du code de justice administrative prévoit que « les arrêts rendus par les cours administratives d'appel et, de manière générale, les décisions rendues en dernier ressort par les juridictions administratives peuvent être déférées au Conseil d'État par la voie du recours en cassation ». Le critère d'ouverture du pourvoi est donc la fermeture de l'appel. La seule exception à cette règle concerne les décisions du Conseil d'État, Haute Juridiction dont les arrêts ne sont susceptibles ni d'appel ni de cassation et contre lesquels le requérant ne pourra employer que certaines voies de recours spéciales.

Ainsi, lorsque l'appel contre un jugement ou un arrêt est interdit par les textes, le pourvoi en cassation représente l'ultime solution pour le justiciable d'obtenir la condamnation de la partie adverse ou l'annulation d'une décision administrative.

Le Conseil d'État est compétent pour connaître en cassation des décisions de justice suivantes :
– les décisions des juridictions administratives spécialisées ou disciplinaires statuant en dernier ressort (par exemple, les recours contre les décisions de la Cour des comptes, de la Commission centrale d'aide sociale, du Conseil supérieur de l'éducation nationale, de la commission de recours des réfugiés, des commissions départementales des handicapés, de la Commission de contrôle des banques ou des sanctions disciplinaires des ordres professionnels à compétence nationale) ;
– les arrêts des cours administratives d'appel ;
– exceptionnellement, les jugements des tribunaux administratifs lorsqu'ils statuent eux-mêmes en dernier ressort. Il en est ainsi :
- en matière de référé administratif dans le domaine fiscal ; le requérant peut contester en appel, devant le tribunal dans sa formation collégiale, le refus du juge du référé administratif de considérer comme suffisantes les garanties offertes par un contribuable à l'appui de sa demande de sursis de paiement ou le refus de limiter le montant des mesures de saisie conservatoires prises par l'administration fiscale à l'encontre d'un contribuable (LPF, art. L. 277 et L. 279). Dans ce cas, les juges du premier degré statuent en dernier ressort et leur décision ne peut faire l'objet que d'un pourvoi en cassation,
- en matière de contestation du refus d'admission au statut d'objecteur de conscience, les tribunaux administratifs statuent également en premier et dernier ressort (art. L. 116-3 du Code du service national) ;
– les ordonnances de référé d'urgence en matière de référé-suspension ou référé-conservatoire ou les ordonnances dites « de tri » qui rejettent, sans instruction contradictoire, des demandes de référé manifestement irrecevables ou mal fondées.

La procédure du pourvoi en cassation

La présentation du pourvoi

Si l'on a été partie au procès d'appel ayant donné lieu à la décision attaquée et que l'on a un intérêt à obtenir sa cassation on peut envisager le dépôt d'un pourvoi en cassation. Celui-ci doit être fait dans un délai de deux mois à compter de la notification de la décision contestée.

Il est obligatoire de se faire représenter par un avocat que l'on choisit parmi les avocats au Conseil d'État et à la Cour de cassation. Seuls les pourvois contre les décisions des juridictions de pensions échappent à cette obligation. En principe, le pourvoi relève donc d'avocats « spécialistes », le requérant est ainsi dispensé de connaître parfaitement les règles de procédure en la matière.

Cependant, s'il commet l'erreur de présenter sa requête seul et de s'adresser à une juridiction incompétente, le délai de pourvoi est néanmoins prolongé et ne commence à courir qu'à compter de la notification de la décision de la juridiction saisie à tort. S'il présente seul sa requête devant le Conseil d'État, compétent en l'espèce, celui-ci l'invitera à régulariser sa requête en demandant à un avocat aux conseils de le représenter. À défaut de satisfaire à cette invite, le recours sera déclaré irrecevable. Le justiciable doit veiller à ne pas se laisser troubler par le fait qu'il ait été autorisé à former lui-même son appel et à ne pas oublier qu'il n'en est pas ainsi pour le pourvoi. Il faut donc laisser s'écouler moins de deux mois avant de saisir son avocat afin que ce dernier dispose du temps nécessaire à rédiger la requête.

L'argumentation du pourvoi

Il faut savoir que le rôle de l'avocat n'est pas de faire rejuger l'affaire perdue en appel mais seulement de faire juger le jugement. Le pourvoi en cassation vise en quelque sorte à faire le procès du procès.

Le Conseil d'État n'apprécie pas, en principe, le fond du litige, c'est-à-dire les faits ayant donné lieu à l'arrêt contesté, sauf s'il est démontré une « dénaturation » de ces faits. Il contrôle le respect des règles de droit par la juridiction qui a rendu la décision contestée. Ainsi, à la différence d'un appel dans le cadre du recours pour excès de pouvoir, le contrôle de l'appréciation de la gravité de la sanction prononcée par les juges du fond ne relève pas du juge de cassation.

Seuls des moyens de droit déjà soumis à la juridiction inférieure peuvent être invoqués à l'appui du pourvoi, sauf s'ils sont tirés de l'irrégularité de la décision contestée ou d'ordre public (par exemple, l'incompétence de la juridiction inférieure, un recours tardif devant celle-ci ou un moyen relatif au champ d'application de la loi).

Le Conseil d'État peut donc sanctionner :
– toute violation, par l'arrêt attaqué, des règles de forme et de procédure ; le Conseil d'État peut ainsi unifier le « code des règles de bonne conduite », c'est-à-dire des règles procédurales jurisprudentielles, applicables à l'ensemble des juridictions administratives ;
– la violation de la loi ;
– l'inexistence ou la dénaturation des faits ; l'inexactitude matérielle des faits doit ressortir des pièces du dossier soumis à la juridiction inférieure ; leur dénaturation provient d'une présentation fallacieuse ou d'une interprétation tendancieuse du juge.

L'admission du recours en cassation

L'article 11 de la loi du 31 décembre 1987 a introduit, pour tous les recours en cassation, une procédure préalable dite d'admission. Cette procédure comportait initialement l'intervention d'une commission d'admission créée par un décret du 2 septembre 1988, à laquelle s'est substituée, à compter du 1er janvier 1998, une sous-section d'instruction. Cette sous-section est chargée d'admettre ou d'écarter, au terme d'une procédure juridictionnelle sans intervention des défendeurs éventuels, les pourvois en cassation.

L'article L. 822-1 du code de justice administrative prévoit que l'admission est refusée si le pourvoi est irrecevable ou n'est fondé sur aucun moyen sérieux.

Si le pourvoi présente les apparences de recevabilité et de sérieux des moyens, le président de la sous-section décide qu'il sera procédé à l'instruction du pourvoi dans les conditions ordinaires et en informe le requérant ou son mandataire. Dans le cas contraire, le président de la sous-section transmet le dossier au commissaire du gouvernement en vue de son inscription au rôle d'une audience et informe le requérant ou son mandataire de cette décision. Averti de cette séance, le requérant ne peut cependant y prendre la parole. Seul son représentant, s'il a la qualité d'avocat au Conseil d'État, pourra être entendu.

Après audition d'un commissaire du gouvernement, la formation de jugement du Conseil d'État soit :
– prend une décision juridictionnelle de refus d'admission pour défaut de moyens sérieux, notifiée au requérant ou à son représentant ;
– décide de procéder à l'instruction de l'affaire dans les conditions ordinaires et en avise le requérant ou son mandataire.

Le refus d'admission ne peut faire l'objet que d'un recours en rectification d'erreur matérielle ou d'un recours en révision. Les pourvois en cassation doivent franchir ce cap pour être jugés par le Conseil d'État.

Le jugement du pourvoi en cassation

Il est possible tout d'abord, comme en matière d'appel des jugements, de solliciter dans un premier temps le sursis à exécution de l'arrêt attaqué.

L'article R. 821-5 du code de justice administrative impose en la matière les deux conditions relatives au risque de conséquences difficilement réparables et de moyens sérieux de nature à justifier, outre l'annulation de la décision juridictionnelle rendue en dernier ressort, l'infirmation de la solution retenue par les juges du fond.

Ainsi, le Conseil d'État a prononcé le sursis à exécution d'une décision de la section des assurances sociales du Conseil national de l'Ordre des chirurgiens-dentistes prononçant un blâme « sans publication » à l'encontre d'un chirurgien-dentiste au double motif que cette sanction impliquait pour l'intéressé la privation du droit de faire partie du conseil départemental de son ordre départemental, et donc des conséquences difficilement réparables, et que l'un des moyens invoqués contre cette sanction apparaissait sérieux dès lors que la section des assurances sociales avait commis une erreur de qualification juridique des faits en considérant qu'une erreur de cotation d'un acte pouvait constituer une

« faute disciplinaire » (CE 7 novembre 2001, M. Voilquin, req. n° 237107).

Si les moyens du pourvoi ne sont en réalité pas fondés, le Conseil d'État rejette le recours. Dans le cas contraire, il annule la décision juridictionnelle contestée et a le choix entre trois solutions :
– il peut renvoyer l'affaire devant la même cour d'appel ; ainsi la cour d'appel dont l'arrêt a été cassé pourra être à nouveau saisie dans une formation collégiale autre que celle qui a rendu l'arrêt ;
– il peut renvoyer l'affaire devant une autre juridiction, mais de même nature, par exemple une autre cour administrative d'appel si la première s'est prononcée en formation plénière et que tous les présidents de chambres ont participé au premier arrêt ;
– il peut régler lui-même le litige au fond, c'est-à-dire évoquer l'affaire « dans l'intérêt d'une bonne administration de la justice » afin d'accélérer l'issue de la procédure (voir pour le premier exemple de cassation après l'institution des cours administratives d'appel, CE 6 mars 1991, Cne de Roquevaire, c/ Époux Dessai, req. n° 119196 : un arrêt de la cour administrative d'appel de Lyon a été cassé au motif que le nom du rapporteur qui a signé cet arrêt n'était pas celui du rapporteur entendu à l'audience. Le Conseil d'État a évoqué l'affaire et confirmé au fond la solution de la cour administrative rejetant les conclusions à fin de sursis à exécution présentées par la commune).

Cette faculté devient une obligation pour le Conseil d'État lorsqu'il s'agit du second pourvoi pour une même affaire et que celui-ci est fondé.

En résumé, un même litige pourra donner lieu à un jugement de tribunal administratif, à un arrêt de cour d'appel, à un arrêt de cassation du Conseil d'État, à un nouvel arrêt de cour d'appel, puis à un autre arrêt de cassation et au fond du Conseil d'État. En matière électorale, la procédure sera nécessairement plus rapide car la Haute Juridiction reste juge d'appel des décisions des tribunaux administratifs ; la cour administrative d'appel n'a donc pas à intervenir.

3.2 Les voies de recours spéciales

Parallèlement aux voies de recours contre une décision juridictionnelle dites classiques, c'est-à-dire l'appel et le pourvoi en cassation, il existe des voies de recours moins utilisées que l'on peut qualifier de spéciales. En raison de leurs conditions d'ouverture et de leurs effets différents, elles ne s'inscrivent pas dans le parcours classique du requérant qui entendait initialement contester une décision administrative et peuvent se révéler précieuses lorsque l'appel ou la cassation s'avèrent impossibles.

Ces voies de recours sont de plusieurs types. Elles ont en commun de faire revenir – ou venir – le requérant, voire un tiers ou exceptionnellement le ministre devant la juridiction dont il conteste la décision et de représenter l'unique recours du justiciable contre les décisions du Conseil d'État. Ces voies de recours présentent toutes la particularité de posséder des conditions d'ouverture ou un objet différents des voies de recours traditionnelles. Cependant, chacune d'elles se distingue à la fois par ses conditions d'ouverture et d'exercice.

Il s'agit principalement du recours en interprétation, de l'opposition, de la tierce opposition du recours en rectification d'erreur matérielle, du recours en révision que l'on peut regrouper sous l'intitulé des « voies de rétractation », et du recours dans l'intérêt de la loi.

3.2.1 Le recours en interprétation d'un jugement ou arrêt

Déjà évoquée dans le cadre de l'interprétation des actes administratifs, l'interprétation d'une décision juridictionnelle est sollicitée par l'une des parties au litige, devant la juridiction qui a rendu la décision « obscure » ou « ambiguë ».

L'exigence de l'obscurité ou de l'ambiguïté est particulièrement vérifiée pour les demandes portant sur des décisions de justice dès lors par exemple qu'un jugement parfaitement clair ne peut faire l'objet que d'un appel et non d'un recours en interprétation (CE 16 novembre 2001, Préfet de la Réunion, req. n° 184682).

Il faut que la question porte sur l'un des points initialement soumis à ce juge. Aucune condition de délai ne s'impose au requérant. Si le jugement ou l'arrêt s'avère, en réalité, être clair, le recours est déclaré irrecevable. Il en a été décidé ainsi pour un jugement annulant la décision d'un jury accordant le certificat d'aptitude à la profession d'avocat, au motif d'un vice de composition de ce jury. Aucune obscurité ou ambiguïté n'a été décelée, quels qu'aient été les problèmes entre le requérant et l'université relatifs aux mesures à prendre pour exécuter ce jugement (CE 31 mars 1989, M. Mignot, req. n° 80328).

À l'inverse pouvait donner lieu à interprétation, par exemple, la question de savoir si les intérêts moratoires alloués doivent être calculés au taux légal ou au taux des intérêts contractuels (CE 26 octobre 1994, Sté Sogéa, *Lebon*, p. 469).

De même, on ne saurait profiter d'un recours en « interprétation » d'une décision juridictionnelle pour tenter de faire trancher une question qui n'avait pas été soumise à la juridiction ; ainsi a été rejetée une demande d'interprétation d'un arrêt du Conseil d'État formée par l'association professionnelle des chirurgiens plasticiens et esthétiques. La décision initiale du Conseil d'État avait rejeté la requête de cette association contre une décision du Conseil national de l'Ordre des médecins de diffuser à l'usage du public des listes de médecins compétents en chirurgie plastique, reconstructrice et esthétique comportant la mention de spécialité d'origine en ophtalmologie, oto-rhino-laryngologie et stomatologie ainsi que contre la décision par laquelle le même conseil avait refusé de supprimer cette mention. Ce rejet se fondait sur le fait que le Conseil national de l'Ordre des médecins n'avait pas, par ces décisions, entendu interdire aux stomatologues, oto-rhino-laryngologistes et ophtalmologistes de pratiquer la chirurgie plastique, reconstructrice et esthétique sur l'ensemble des parties du corps. En demandant au Conseil d'État, dans le cadre de sa requête en interprétation, de « déclarer que le Conseil national de l'Ordre des médecins n'a pu légalement limiter, pour les praticiens issus de l'ancien régime des études médicales titulaires de spécialités dans les domaines précités, l'exercice de la chirurgie plastique, reconstructrice et esthétique à ces seules spécialités, à l'exclusion de l'ensemble des parties du corps », l'association requérante soumettait au Conseil d'État l'interprétation d'une question qu'il n'avait pas tranchée. La requête a en conséquence été rejetée (CE 19 mars 2001, Association professionnelle des chirurgiens plasticiens et esthétiques exclusifs, req. n° 217056).

3.2.2 L'opposition

L'opposition permet à une partie « défaillante », c'est-à-dire qui n'a pas produit de mémoire écrit ou ne l'a fait que de manière irrégulière, de faire juger à nouveau l'affaire en vue d'obtenir la rétractation de la décision rendue par la juridiction concernée. Le plus souvent, l'opposant est la partie qui a succombé.

Selon l'article R. 831-1 du code de justice administrative, « toute personne qui, mise en cause par la cour administrative d'appel ou le Conseil d'État, n'a pas produit de défense en forme régulière est admise à former opposition à la décision rendue par défaut, sauf si celle-ci a été rendue contradictoirement avec une partie qui a le même intérêt que la partie défaillante ».

Les jugements et ordonnances des tribunaux administratifs ne sont donc pas susceptibles d'opposition comme le confirme l'article R. 831-6 du code de justice administrative. L'opposition n'est possible que si la décision contestée a été rendue par défaut.

La notion de défaut

Une décision de justice est considérée comme rendue par défaut lorsque ceux à qui le recours a été communiqué par le juge afin d'être mis en cause ne produisent pas, en défense, de mémoire écrit régulièrement déposé, éventuellement par un avocat lorsque celui-ci est obligatoire. Par définition, le requérant ou l'appelant n'est donc jamais « défaillant », car il a engagé la procédure par le dépôt d'une requête. L'opposant est nécessairement défendeur ou codéfendeur.

Être opposant exige d'avoir été mis en cause lors du premier procès et de ne pas avoir produit d'observations alors que l'on y était invité (CE 9 janvier 1991, M. Ahmed Aouad, *Dr. adm.* 1991 n° 151).

Lorsqu'une requête en appel n'a pas été communiquée à un tiers, ce dernier ne peut former opposition à l'arrêt rendu suite à cet appel. La méconnaissance de cette règle peut entraîner la condamnation du requérant à une amende pour recours abusif (CE 30 mai 1986, M. Nielot, req. n° 73878) ; il peut seulement se constituer tiers opposant si les conditions en sont réunies.

Si le ministère d'avocat est obligatoire, le dépôt d'un mémoire non signé par ce dernier est assimilé à un défaut. De même, une partie qui présente des observations orales lors d'une audience devant le Conseil d'État sans avoir préalablement déposé de conclusions écrites est tenue pour défaillante.

En revanche, certaines circonstances n'impliquent pas qu'un arrêt ait été rendu par défaut. Ainsi, une partie n'est pas considérée comme défaillante lorsque, dispensée du ministère d'avocat, elle dépose seule des conclusions écrites s'interdisant alors la présentation d'observations orales lors de l'audience. En effet, seuls les avocats aux conseils peuvent présenter des observations orales devant le Conseil d'État.

Pour qu'une opposition soit recevable, lorsqu'une décision a été rendue selon le principe du contradictoire, il faut que l'opposant, par hypothèse défaillant, ait un intérêt distinct de celui du requérant ou de l'appelant.

Par exemple, le Conseil d'État a jugé non recevable une opposition dans un cas où l'opposant avait demandé l'annulation du même arrêté préfectoral que l'autre partie (exemple d'un arrêté approuvant un plan d'urbanisme : CE 20 février 1980, Schwetzoff, *Lebon* p. 101). Un nouvel arrêt aurait eu un sens identique puisque les parties avaient le même intérêt juridique.

Les formes et le jugement de l'opposition

Le délai pour former opposition est de deux mois à compter de la notification de la décision attaquée. Les formes sont les mêmes que pour une requête ordinaire, c'est-à-dire avec recours au ministère d'un avocat si la matière n'en est pas dispensée.

L'opposition n'a pas d'effet suspensif. Il est donc inutile de provoquer un défaut et d'utiliser cette voie de recours comme manœuvre dilatoire en ne répondant d'abord pas à la requête en appel de l'adversaire et en faisant ensuite opposition à l'arrêt rendu ainsi par défaut afin d'échapper provisoirement aux effets du jugement d'appel.

En effet, ne pas répondre à une requête dans le délai imparti équivaut à un acquiescement aux faits qui y sont exposés sans constituer un obstacle à un éventuel recours en opposition (CE 23 mars 1988, Comité d'information et de sauvegarde de Saint-Léger-en-Yvelines, req. n° 64553).

L'opposition a pour effet de saisir à nouveau la juridiction qui a rendu la décision par défaut. L'article R.831-5 du code de justice administrative utilise la formule très claire selon laquelle « la décision qui admet l'opposition remet, s'il y a lieu, les parties dans le même état où elles étaient auparavant ».

Cette juridiction se prononce d'abord sur la recevabilité de l'opposition, puis statue à nouveau sur la requête initiale pour déclarer « non avenue » sa propre décision et en confirmer le dispositif ou, plus rarement, le modifier.

Ainsi, le Conseil d'État a déclaré recevable l'opposition d'un comité d'information et de sauvegarde d'une commune contre un arrêt à l'occasion duquel ce comité n'avait pas produit de réponse à la requête de la commune. Par sa décision initiale, la Haute Juridiction avait prononcé l'annulation d'un jugement du tribunal administratif ; celui-ci annulait un refus préfectoral de déclarer nulle de droit une délibération du conseil municipal de la commune nommant un architecte. Le Conseil d'État avait donc estimé légale la délibération du conseil municipal. À l'occasion du recours en opposition, il a déclaré non avenue sa première décision et a finalement rejeté le recours de la commune contre le jugement du tribunal au motif que la délibération litigieuse était en définitive nulle de droit (CE 23 mars 1988, Comité d'information et de sauvegarde de Saint-Léger-en-Yvelines, req. n° 64553).

Lorsque l'on n'a pas été partie au premier litige, condition essentielle de l'opposition, il est parfois possible de former une tierce opposition qui dans ses principes ressemble à l'opposition et en fait également une voie de rétractation.

3.2.3 La tierce opposition

De même que l'opposition, la tierce opposition permet de revenir, en toute matière, devant une juridiction administrative dont la décision est entachée d'un vice de procédure et d'obtenir un nouveau jugement sur le fond.

Cependant, par définition, seuls les tiers au procès ont la faculté d'utiliser cette voie de recours. Par conséquent, les conditions d'ouverture diffèrent également : il faut que ni le tiers opposant ni ceux qu'il représente n'aient été présents ou régulièrement appelés à l'instance (CJA, art. R. 832-1).

La qualité de tiers opposant

Pour se porter tiers opposant, il faut réunir trois critères appréciés dans le cadre du litige ayant donné lieu à la décision à l'encontre de laquelle on envisage une tierce opposition.

L'absence irrégulière de mise en cause ou l'irrégularité de la mise en cause

Le motif essentiel de la tierce opposition est l'absence juridique, c'est-à-dire soit la non-mise en cause d'un tiers, soit sa mise en cause irrégulière. Seul l'un de ces vices de procédure initiale confère la qualité de « tiers » justifiant son opposition au jugement.

L'absence de mise en cause n'ouvre droit à la tierce opposition que dans les cas où le tiers devait être appelé à l'instance initiale.

Ainsi, un département aurait dû être mis en cause dans un litige tendant à engager sa responsabilité suite à un accident de circulation sur une voie départementale (CE 12 juin 1987, Caisse d'assurance maladie de Mulhouse et M. Kamir, *Lebon* T. p. 995). En revanche, une compagnie d'assurances n'a pas, en sa seule qualité d'assureur d'une entreprise, à être appelée à l'instance introduite devant un tribunal administratif et tendant à la condamnation de l'entreprise à indemniser un office public d'habitations à loyer modéré (CE 4 décembre 1981, Sté anonyme UAP, *Lebon* p. 463 – dans le même sens, pour les assureurs de l'administration des P et T, à propos d'un litige indemnitaire : CE 9 mars 1990, Sté Via Assurances Nord et Monde IARD et autres, *Lebon* p. 61).

Le défaut de mise en cause ne devient donc irrégulier que si le tiers était réellement « intéressé » à la solution du litige initial. La mise en cause irrégulière d'un tiers n'est pas la mise en cause d'un tiers non intéressé au litige. Il y a mise en cause irrégulière lorsque, à la suite d'une erreur de procédure indépendante de la volonté du tiers intéressé, ce dernier n'a pu avoir connaissance du litige qui s'est donc déroulé en son absence. Dans ce cas, le tiers a bien été mis en cause mais il n'a pu en être averti.

L'exemple typique de mise en cause irrégulière concerne l'erreur relative à l'adresse du défendeur alors que son adresse réelle était connue par le demandeur et le tribunal. Le retour de l'enveloppe contenant la requête avec la mention « n'habite pas à l'adresse indiquée » ne constitue pas, dans ces conditions, une mise en cause régulière du défendeur. Celui-ci peut donc former une tierce opposition à la décision rendue en son absence (CE 1er octobre 1980, Nicolai, *RDP* 1981, p. 849).

En revanche, le gérant d'une société ne peut prétexter l'envoi d'un recours dirigé contre un permis de construire au profit de sa société au siège social de celle-ci pour tenter une tierce opposition dès lors que l'adresse de cette société était celle qui figurait sur le permis de construire et celle à laquelle le gérant a reçu notification du jugement du tribunal (CE 15 février 1980, SCI du 73 avenue du Commandant-Barré à Viry-Châtillon, *Lebon* T. p. 841).

Cette condition première liée à un vice de procédure ne suffit pas. Même si le tiers n'a pas été mis en cause dans l'instance, il faut par ailleurs qu'il n'y ait pas été représenté.

L'absence de représentation dans l'instance

Faute d'avoir été présent dans l'instance car non mis en cause, le tiers peut y être cependant régulièrement représenté. Si tel est le cas, la voie de la tierce opposition lui est fermée.

À titre d'exemple, le juge peut considérer que l'intérêt d'un locataire d'un immeuble est valablement représenté par le propriétaire de l'immeuble qui a été partie à l'instance. Dans ce cas, le locataire ne peut alors faire une tierce opposition alors qu'il n'a pourtant pas été mis en cause dans l'instance (CE 7 février 1962, Époux Parein, *Lebon* p. 92).

De même, lorsqu'un tiers donne mandat à une personne pour la représenter en justice (on parle alors de mandat conventionnel), il ne pourra former une tierce opposition à la décision qui sera rendue. Les mêmes règles s'appliquent pour les mandataires légaux, tels que le tuteur ou l'administrateur légal et le liquidateur judiciaire. En dehors de ces cas précis, le juge vérifie que la personne publique ou privée présente à l'instance ne pouvait valablement représenter celle qui veut former tierce opposition.

Dans le cadre de l'action des personnes publiques, un préfet ou un ministre ne représente pas régulièrement une commune. Ainsi, une commune, au profit de laquelle le préfet a pris un arrêté d'utilité publique, n'est pas représentée par le préfet dans une instance ouverte par l'exercice d'un recours pour excès de pouvoir contre la déclaration d'utilité publique (CE 7 décembre 1983, Cne de Lauterbourg, *Lebon* p. 491).

De même, dans le cadre d'un recours pour excès de pouvoir dirigé contre un arrêté préfectoral déclarant d'utilité publique l'édification d'un ensemble sportif, le ministre de la Jeunesse et des Sports n'a pu représenter la commune bien qu'il ait produit des observations devant le tribunal (CE 3 juillet 1985, Ministre du Temps libre et Consorts Pidancet, req. n° 35860 et 41547). La solution aurait été la même si le ministre avait produit un véritable mémoire en défense au nom et pour le compte de la commune. Dans un tel cas, la commune peut former tierce opposition au jugement qui a prononcé l'annulation de l'arrêté préfectoral en son absence. Cette tierce opposition serait sans doute d'autant plus facilement admise que la commune se trouvait lésée dans ses droits par le premier jugement.

Une atteinte aux droits du tiers opposant

La rétractation d'une juridiction ne présenterait aucun intérêt si le tiers bien qu'absent n'avait pas à se plaindre du contenu de la décision de justice. Il faut donc que le jugement à l'encontre duquel est dirigé le recours préjudicie aux droits du tiers.

Une association de gestion d'une école privée est, par exemple, admise à former une tierce opposition à un jugement d'annulation d'un arrêté du sous-préfet qui inscrivait d'office au budget de la commune la contribution de celle-ci aux frais de fonctionnement de l'école. Ce jugement prive, en effet, l'association gestionnaire de l'école de ressources qui auraient dû être inscrites au budget communal (CE 24 juillet 1987, Cne de Braine, req. n° 58310).

De même, une commune justifie d'un intérêt pour déposer une requête en tierce opposition contre une décision du Conseil d'État rendue en son absence et annulant partiellement un arrêté préfectoral approuvant le plan d'occupation des sols de cette commune (CE 10 décembre 1986, Cne de Vitry-sur-Seine, req. n° 52519).

En revanche, les droits du Syndicat national des agréés en architecture ne sont pas atteints par un jugement rejetant la demande d'annulation d'un refus ministériel d'inscription d'un architecte au tableau régional de l'ordre de la profession (CE 26 juillet 1985, Ministre de l'Urbanisme et du Logement c/ Syndicat national des agréés en architecture et maîtres d'œuvre en bâtiment, req. n° 37487).

D'une façon générale, les jugements qui rejettent une requête ou qui ne tranchent pas définitivement une question sont insusceptibles de préjudicier à un tiers et ne peuvent donc faire l'objet d'une tierce opposition. On peut citer, à titre d'exemple, les jugements « avant dire droit » qui ordonnent une mesure d'instruction. Il faut donc que le jugement intervenu en l'absence du tiers préjudicie définitivement à ses droits.

La procédure et le jugement de tierce opposition

La tierce opposition s'introduit devant la juridiction qui a rendu la décision contestée suivant les mêmes formes qu'une requête introductive d'instance, à la seule différence que la requête de tierce opposition comporte en annexe le texte du jugement critiqué.

Cependant, elle n'est soumise à aucune condition de délai. L'absence de notification du jugement permet également au tiers opposant de formuler ses moyens plus de deux mois après le dépôt de sa requête (CE 18 décembre 1987, M. Georges Masse, *Lebon* T. p. 905).

Il existe cependant des exceptions à ce principe.

Si le jugement intervenu sans mise en cause du tiers a été notifié ou signifié à ce tiers, ce dernier dispose du délai normal de deux mois pour former sa tierce opposition (CJA, art. R. 832-2). Le plus souvent, le bénéficiaire du jugement s'empressera de le notifier ou de le signifier à la personne qui apprendra alors qu'elle a succombé.

Devant les tribunaux administratifs de Mamoudzou, de Papeete et Nouméa, le délai de tierce opposition est de trois mois.

Comme pour les autres requêtes, cette voie de recours ne bénéficie pas de l'effet suspensif. Le jugement initial continue donc à s'appliquer tant que la juridiction ne s'est pas à nouveau prononcée sur le litige en examinant l'argumentation du tiers opposant. Cependant, si le préjudice qui a justifié la recevabilité de l'action risque de se traduire par des conséquences difficilement réparables et si ses moyens sont sérieux, l'intéressé peut solliciter du tribunal le sursis à exécution du jugement. Lorsque le juge admet le bien-fondé de la requête, il se rétracte et déclare « non avenue » sa décision initiale (dans l'affaire G. Masse précitée, le tiers opposant a obtenu que soit déclaré nul et non avenu un jugement qui l'avait condamné à payer à la ville d'Amiens une somme de 252 150,86 francs).

Il y a alors toujours rétroactivité de la décision juridictionnelle.

Si la tierce opposition est rejetée, le tiers devient ainsi partie au nouveau procès qu'il a lui-même suscité par sa tierce opposition et il dispose alors du droit de faire appel.

Les voies de rétractation permettent d'obtenir ce que les voies d'appel et de cassation ne peuvent procurer en autorisant l'intervention de personnes à priori non concernées par le litige, mais elles ne sont pas les seules voies de recours spéciales. En effet, le recours en rectification d'erreur matérielle correspond, lui aussi, à une situation bien précise et existe de façon parallèle aux voies classiques, sauf pour ce qui concerne la rectification d'un jugement de tribunal administratif qui ne peut être demandée que par voie d'appel.

De même que les voies de rétractation, ce recours fait revenir le requérant devant la juridiction dont il conteste la décision. La conclusion de cette requête tend donc à la rectification de la solution adoptée par le jugement. Cependant, la rectification d'une erreur matérielle ne peut être demandée que si elle a été commise par des juridictions statuant en dernier ressort.

3.2.4 Le recours en rectification d'erreur matérielle

Selon l'article R. 833-1 du code de justice administrative, « lorsqu'une décision d'une cour administrative d'appel ou du Conseil d'État est entachée d'une erreur matérielle susceptible d'avoir exercé une influence sur le jugement de l'affaire, la partie intéressée peut introduire devant la juridiction qui a rendu la décision un recours en rectification ».

L'exigence d'une erreur matérielle

Toutes les erreurs matérielles ne donnent pas lieu à rectification ; elles doivent réunir certains critères. Mais il convient, dans un premier temps, de cerner la notion d'erreur matérielle afin de la distinguer clairement des autres types d'erreurs imputables au juge.

La notion d'erreur matérielle

L'erreur matérielle s'oppose à l'erreur juridique du juge. Ainsi, le requérant ne peut fonder son recours en rectification d'erreur matérielle sur une mauvaise interprétation des textes applicables en la matière ou des conclusions de la requête par le juge. On n'intente pas un recours en rectification d'erreur au seul motif que l'on n'est pas satisfait de la décision rendue en dernier ressort par une juridiction. L'erreur matérielle est une erreur commise par le juge, qui résulte de la simple confrontation entre les pièces du dossier et la décision même du juge.

La seule difficulté consiste à distinguer la simple erreur matérielle qui peut se constater à la lecture des pièces du dossier de l'erreur d'appréciation des pièces du dossier par le juge. Par exemple, l'appréciation de l'appartenance d'un bien au domaine public au vu des pièces du dossier ne peut faire l'objet d'un recours en rectification d'erreur matérielle. Seul un recours en révision est alors possible si les conditions en sont réunies. Des erreurs, dans le texte d'un arrêt, sur la date d'une décision administrative, constituent des erreurs purement matérielles.

La notion d'erreur matérielle s'applique également, de façon extensive, à l'omission par le Conseil d'État de se prononcer sur le mérite d'une demande de première instance après avoir annulé un jugement du tribunal administratif ayant fait droit à cette demande, se contentant d'infirmer le motif retenu par les premiers juges (CE 14 février 1990, M. et Mme Gloviak et autres, *Lebon* p. 35 : dans cette affaire, le tribunal administratif de Versailles avait annulé, à la demande des époux Gloviak, un arrêté de permis de construire accordé à une SCI. Cette SCI avait fait appel de ce jugement et, par un arrêt du 25 janvier 1989, le Conseil d'État avait annulé ce jugement du tribunal administratif et avait rejeté la demande des époux Gloviak. Sur ce recours en rectification d'erreur matérielle présenté par ces derniers le 13 février 1989, le Conseil d'État a modifié les motifs et le dispositif de son précédent arrêt en considérant que le permis de construire litigieux était illégal, et qu'il convenait en conséquence de rejeter l'appel de la SCI contre le jugement du tribunal administratif qui se trouve ainsi entrer à nouveau en vigueur).

Le Conseil d'État a également commis une erreur matérielle en ne statuant pas sur une demande d'annulation d'un jugement refusant le sursis à exécution d'un permis de construire au motif que les appelants n'avaient pas fait appel du jugement rejetant le recours pour excès de pouvoir contre ce permis de construire. En effet, un appel avait, en réalité, été formé à l'encontre de cette première décision de justice (CE 28 juin 1985, MM. Néron et autres, *Lebon* p. 211).

Par ailleurs, le Conseil d'État a rappelé dans son arrêt de rectification qu'il rejetait la requête des intéressés contre le jugement du tribunal dont ils avaient effectivement fait appel. Le recours en rectification d'erreur matérielle n'apportait donc aux requérants qu'une satisfaction purement intellectuelle.

De même, l'absence de prise en compte par la Haute Juridiction d'observations complémentaires d'un requérant tendant à modifier l'indemnisation réclamée et la capitalisation des intérêts afférentes à celle-ci constitue une erreur matérielle. Cette négligence révèle une erreur purement matérielle, dès lors que les sommes réclamées étaient assorties de pièces justificatives, et non pas une interprétation juridique erronée des conclusions du requérant. Dans ce cas, le recours a fait bénéficier le requérant d'une indemnité supérieure à celle initialement fixée (CE 19 février 1988, Cie d'assurances La Baloise, *Lebon* T. p. 982).

Constitue également une erreur matérielle le fait de déclarer une collectivité publique responsable des deux tiers d'un accident et de ne laisser à sa charge qu'une indemnité correspondant au tiers du dommage subi par la victime (CE 6 février 1987, Ministre de la Défense c/ Cne de Vars, req. n° 68909).

Les erreurs matérielles ouvrant droit à rectification

Toute erreur matérielle n'est pas de nature à ouvrir un recours en rectification. L'adage en vertu duquel « nul ne peut invoquer en justice sa propre turpitude » s'applique dans ce cas. En effet, le requérant ne peut demander la rectification d'une erreur matérielle qui trouverait son origine dans ses propres mémoires ou productions au vu desquels le juge statue.

Par ailleurs, cette erreur matérielle non imputable à celui qui l'invoque doit avoir influé sur le sens de la décision juridictionnelle que l'on veut faire rectifier.

Dans tous les cas où le dispositif ou les motifs du jugement ou de l'arrêt prennent un sens différent en raison de l'erreur matérielle invoquée, le recours en rectification sera suivi d'effets. En revanche, une simple erreur sans incidence sur la solution du litige ne permet pas d'obtenir sa rectification.

Ainsi, un arrêt du Conseil d'État qui a sensiblement réduit l'indemnité de licenciement allouée par le tribunal à un agent communal n'a pas permis à ce dernier d'exercer un recours en rectification au seul motif que le Conseil d'État chiffrait à tort l'indemnisation à 75 000 francs au lieu des 70 000 francs prévus. Cette erreur n'a eu, en effet, aucune influence sur le sens de la décision du Conseil d'État qui n'entendait allouer à l'intéressée que 40 000 francs (CE 19 décembre 1986, Mme Laulaney, req. n° 73107).

Les formes et le jugement du recours en rectification

Ce recours doit être formé devant la juridiction qui a commis l'erreur. Il n'est ouvert qu'à l'encontre des décisions rendues en dernier ressort, c'est-à-dire qu'il concerne les arrêts du Conseil d'État et les arrêts des cours administratives d'appel.

En revanche, il est impossible de demander la rectification pour erreur matérielle d'un jugement de tribunal administratif à l'encontre duquel le seul recours ouvert est l'appel.

Toutefois, le président du tribunal administratif est autorisé à apporter « les corrections que la raison commande » à un jugement ou à une ordonnance lorsqu'il constate ou lorsque l'une des parties lui signale que ces décisions sont entachées d'une erreur ou omission matérielles et ce, dans un délai maximal d'un mois à compter de la notification aux parties de l'ordonnance ou du jugement (CJA, art. R.741-11).

Cette rectification se fait par ordonnance dont la notification ouvre à nouveau le délai d'appel contre la décision corrigée.

Le recours est introduit suivant les mêmes formes que celles de la requête initiale, c'est-à-dire qu'il faut respecter l'obligation de représentation par un avocat lorsqu'elle existe. Ainsi, la rectification d'un arrêt du Conseil d'État, dans une matière où le ministère d'avocat est obligatoire, doit être demandée par l'intermédiaire d'un avocat au Conseil d'État et à la Cour de cassation.

Lorsque les conditions de recevabilité du recours sont remplies, la cour administrative d'appel ou le Conseil d'État doivent rectifier l'erreur matérielle commise et statuer ainsi sur tout ou partie du litige dont ils avaient été initialement saisis – et cela en fonction de la portée de l'erreur matérielle commise lors du premier jugement de l'affaire ; un seul article du dispositif de l'arrêt sera à modifier en cas d'erreur sur le domicile du requérant ou sur le nom d'une commune, tandis que l'absence de prise en compte d'une demande complémentaire d'indemnité obligera le juge à un nouvel examen du dossier. Un nouvel arrêt sur le fond intervient alors, comme ce sera le cas dans le cadre du recours en révision.

Exceptionnellement, la demande de rectification d'erreur matérielle peut se heurter à une impossibilité juridique dans l'hypothèse où le texte initialement soumis au juge a été, entre temps, ratifié par une loi (voir en ce sens CE 12 juin 2002, M. Courty, req. n° 2411851 ; il s'agissait en l'espèce d'une ordonnance du 15 juin 2000 relative à la partie législative du code de la santé publique annulée par le Conseil d'État le 26 avril 2001, mais qui avait acquis rétroactivement valeur législative suite à sa ratification par une loi du 4 mars 2002).

3.2.5 Le recours en révision

Beaucoup moins spectaculaire que celle d'un procès criminel, la révision d'un procès administratif par le Conseil d'État obéit cependant à des règles très strictes sur le plan des cas d'ouverture du recours comme sur celui de ses conditions d'exercice.

Les cas d'ouverture du recours en révision

Les trois cas d'ouverture du recours en révision contre une décision contradictoire du Conseil d'État sont énumérés à l'article R. 834- 1 du code de justice administrative.

Il s'agit respectivement :
– des décisions rendues sur pièces fausses ;
– des cas où la partie a été condamnée faute d'avoir produit une pièce décisive qui était retenue par son adversaire ;
– d'une décision intervenue sans qu'aient été observées les dispositions du code de justice administrative relatives à la composition de la formation de jugement, à la tenue des audiences ainsi qu'à la forme et au prononcé de la décision.

Les décisions rendues sur pièces fausses

Une pièce n'est considérée comme fausse par le Conseil d'État que si son irrégularité peut être assimilée à un « faux » au sens pénal du terme, c'est-à-dire résultant de la volonté frauduleuse d'un fonctionnaire ou d'un officier public de dénaturer la substance ou les circonstances d'un acte. Une décision rendue sur la base d'un acte notarié rédigé en réalité par un simple particulier ou d'un procès-verbal de gendarmerie falsifié peut ainsi ouvrir un recours en révision.

En revanche, la simple description inexacte par un huissier des caractéristiques d'une parcelle soumise à un remembrement agricole ne permet pas de tenir pour faux le constat sur lequel le Conseil d'État s'est fondé pour statuer (CE 22 mars 1974, Grandvuillemin, *Lebon* T. p. 1126). Il en est de même de tout procès-verbal d'huissier relatant de façon inexacte les conditions de notification d'un acte administratif (CE 11 janvier 1961, David, *Lebon* p. 30).

Les pièces décisives retenues par l'adversaire

Il s'agit à la fois des pièces fournies par l'adversaire lui-même et celles qui transitent par lui.

Il faut donc que la pièce détenue par l'adversaire ait joué un rôle déterminant dans la solution adoptée par le juge. La notion de pièce décisive correspond à l'idée déjà évoquée à propos de la rectification d'erreur matérielle selon laquelle le juge ne peut se rétracter au seul motif d'éléments sans incidence sur le fond du litige pour engager un procès en révision.

C'est le cas, par exemple, d'un procès-verbal de réunion d'une commission dont le contenu révélait l'inexactitude des circonstances de fait retenues par le Conseil d'État pour rejeter une requête ; en l'espèce, celle dirigée contre un arrêté ministériel refusant à un administré l'autorisation d'exercer la profession d'orthophoniste (CE sect. 5 décembre 1975, Murawa, *Lebon* p. 634).

En matière de pension, a été considéré comme décisif le mémoire d'un requérant déposé à temps au greffe de la cour régionale des pensions mais gardé par le service des pensions. Le Conseil d'État avait, en effet, rejeté le pourvoi en cassation du requérant pour défaut de motivation alors que la pièce retenue contenait précisément les moyens du recours (CE sect. 16 janvier 1931, Lanoë, *Lebon* p. 72).

En revanche, une pièce qui ne contient que des éléments connus du requérant et dont il a déjà pu se prévaloir n'est pas une pièce décisive (CE 25 juin 1958, Sté des automobiles Berliet, *Lebon* p. 386).

Il faut que la pièce considérée comme décisive soit réellement détenue par l'adversaire. À cet égard, il a été jugé que le fait pour l'administration de ne pas avoir retrouvé une pièce équivalait à l'avoir « retenue » (CE sect. 5 avril 1996, Treiber, *Lebon*, p. 122).

Par ailleurs, le Conseil d'État a précisé que pour donner lieu à révision du procès, les pièces décisives retenues ne doivent pas l'avoir été par le tribunal administratif à l'occasion de la transmission au Conseil d'État du dossier du jugement frappé d'appel (CE 1er avril 1987, Sté Tonon Laburthe. Il s'agissait en l'espèce de constats d'huissiers, req. n° 68005 à 68008). En effet, un tribunal n'est jamais l'adversaire de la partie succombante.

La violation des règles de procédure

Le Conseil d'État ne dispose pas, dans ce cas, d'une liberté d'appréciation aussi importante que dans les deux autres cas d'ouverture du recours en révision. Il faut que soient méconnues les règles énoncées à l'article R. 834-1 du code de justice administrative. Cette liste est limitative et strictement interprétée par le Conseil d'État. Une erreur matérielle ne peut donc ouvrir un recours en révision (voir en ce sens pour une non-violation des règles relatives à la tenue de l'audience pour la non-prise en compte d'une note en délibéré ne faisant état d'aucune circonstance de fait ou de droit rendant nécessaire la réouverture de l'instruction : CE 12 juillet 2002, M. et Mme Leniau, req. n° 236125).

Les conditions d'exercice du recours en révision

Les modalités de ce recours sont simples. Ce recours n'est autorisé qu'à l'encontre des arrêts du Conseil d'État et doit être porté devant celui-ci. Il représente donc, avec le recours en rectification d'erreur matérielle, un moyen de pallier, pour des cas précis, l'impossibilité d'attaquer les décisions de la Haute Juridiction par les voies classiques de recours.

Le recours doit, sauf exceptions, être présenté par l'intermédiaire d'un avocat au Conseil d'État et à la Cour de cassation, quelle que soit la matière sur laquelle porte le fond du litige. Seuls sont dispensés d'avocats les recours en révision introduits par l'État et ceux relatifs aux dommages de guerre.

Le délai de recours est de deux mois à compter de la notification de la décision. Aucune prorogation n'est admise.

Si le recours est justifié par l'un des trois cas d'ouverture possibles, le Conseil d'État le déclare recevable et juge à nouveau l'affaire. Il peut, ensuite, confirmer dans son dispositif la solution qu'il avait apportée au litige dans son arrêt frappé de révision. Les chances d'une décision contraire sont plus sérieuses si le recours en révision repose sur la rétention par l'adversaire d'une pièce décisive ou sur un faux que s'il est motivé par le non-respect d'une règle de procédure.

3.2.6 Le recours dans l'intérêt de la loi

À l'origine, ce recours formé devant le Conseil d'État n'a pu être exercé qu'à l'encontre des décisions juridictionnelles devenues définitives. Par la suite, la jurisprudence elle-même l'a étendu aux actes administratifs non juridictionnels (CE 10 avril 1908, Ministre de l'Intérieur, *Lebon*

p. 410). Il s'agit d'une action en vue du respect de la légalité par l'administration ou par le juge. Elle ne présente qu'un intérêt mineur pour l'administré, mais doit être mentionnée en raison de ses particularités. En effet, seuls les ministres peuvent l'exercer. Même s'il s'agit d'un recours relatif à un jugement, les parties à l'instance ne sont pas nécessairement associées à cette procédure.

Par ailleurs, aucune condition de délai ne s'impose au requérant.

Mais, surtout, l'objet précis de la demande du ministre et ses effets distinguent ce recours des recours classiques contre une décision administrative ou contre un jugement.

Les conclusions de ce recours tendent à l'annulation de la décision concernée. Mais il est admis depuis 1959 que le recours dans l'intérêt de la loi peut être formé à l'encontre des seuls motifs d'une décision juridictionnelle (CE 12 juin 1959, Ministre des Affaires économiques et financières c/ Filaire, *Lebon* p. 365), alors qu'un recours traditionnel contre un jugement ne peut porter que sur le dispositif dudit jugement.

Lorsque l'annulation de la décision critiquée est prononcée, elle ne peut porter atteinte aux droits des bénéficiaires de la décision administrative ou juridictionnelle. En effet, la censure du Conseil d'État a simplement valeur « doctrinale ».

Une illustration permet de se rendre compte de l'intérêt d'une telle annulation.

Le 29 mars 1988, le ministre de l'Intérieur a demandé au Conseil d'État d'annuler, dans l'intérêt de la loi, un jugement du tribunal administratif de Rennes en date du 5 février 1987 rejetant la demande de la Caisse régionale de crédit agricole et mutuel du Finistère qui tendait au remboursement, par le département du Finistère, d'une avance qui lui avait été consentie, ainsi qu'à la condamnation du département à réparer le préjudice qu'il lui avait causé.

Le Conseil d'État a fait droit à cette demande après avoir relevé que la convention à l'origine du litige par laquelle la caisse régionale de crédit agricole avait accepté de mettre à la disposition du préfet une « avance bancaire de trésorerie » de 900 000 francs afin de faciliter la gestion d'un restaurant administratif n'avait pas pour objet l'exécution d'une mission de service public et ne comportait aucune clause exorbitante du droit commun ; le tribunal administratif n'était donc pas compétent pour statuer sur la demande, même pour la rejeter (CE 10 décembre 1997, Ministre de l'Intérieur, req. n° 110600).

La Haute Juridiction a, en outre, précisé que le refus d'un ministre d'exercer ce recours dans l'intérêt de la loi, à la demande d'un justiciable, ne peut être discuté devant le juge de l'excès de pouvoir (CE 29 décembre 1989, M. Joseph Vincent, req. n° 90086).

4

Les procédures juridictionnelles d'urgence

Tout plaideur cherche à obtenir une solution à son litige et, dans un premier temps, à faire cesser l'application d'une décision administrative ou juridictionnelle défavorable dans les délais les plus brefs.

Chaque fois que l'on évoque l'urgence dans le cadre contentieux, le justiciable pense tout naturellement au juge des référés dont il sait qu'il peut être saisi rapidement et statuer dans les meilleurs délais. La justice administrative, dotée depuis très longtemps d'un juge du référé, a pourtant souffert de la lenteur relative de cette procédure qui, au surplus, ne trouvait pas à s'appliquer, sauf exceptions introduites en 1995 sous la forme de la suspension provisoire d'exécution, aux demandes visant à faire suspendre les effets d'une décision administrative. Le justiciable était en effet contraint de saisir le tribunal administratif dans sa formation collégiale pour tenter d'obtenir, dans un délai d'un à deux mois le sursis à exécution de la décision en cause.

On comprend dans ces conditions la volonté délibérée des justiciables et de leurs avocats de tenter de démontrer que l'administration s'était rendue coupable d'une voie de fait à seule fin de saisir le juge judiciaire, alors compétent, et plus précisément le président du tribunal de grande instance qui pouvait rendre une ordonnance dans des délais beaucoup plus brefs.

L'une des dernières illustrations de cette tentative de détournement des compétences juridictionnelles à l'occasion du refus des autorités françaises de laisser débarquer à Honfleur deux passagers clandestins, étrangers en situation irrégulière, a permis au Tribunal des conflits, dont les membres ont été départagés comme c'est alors la règle par le ministre de la Justice, de rappeler qu'en l'absence de voie de fait la compétence reste adminis-

trative (TC préfet de Police de Paris c/ TGI de PARIS 12 mai 1997, Lebon p. 528).

C'est à la suite de cette affaire, qui a défrayé la chronique même non juridique, que les pouvoirs publics ont décidé la mise en place d'une commission visant à rechercher une solution en vue de doter le juge du référé administratif de pouvoirs identiques à ceux du juge du référé civil. L'étude de cette commission a donné naissance à la loi du 30 juin 2000 relative au référé devant les juridictions administratives.

Entrée en vigueur le 1er janvier 2001, cette loi a enrichi les procédures de référé de techniques beaucoup plus rapides et efficaces dont le « référé-liberté ».

Le code de justice administrative distingue désormais trois types de référés ; les référés d'urgence, les référés ordinaires et les référés spéciaux.

On peut ainsi, schématiquement, distinguer les référés d'urgence et les référés ordinaires et spéciaux, la procédure spécifique réservée à la contestation des arrêtés de reconduite à la frontière faisant l'objet d'un développement particulier.

4.1 Les référés d'urgence

Des procédures de référé sont à la disposition des justiciables pour obtenir rapidement du juge des mesures dont le prononcé est cependant conditionné par l'urgence.

Dans tous les cas, le juge des référés ne prononcera que des mesures présentant un caractère « provisoire » et le code de justice administrative rappelle qu'il n'est pas saisi du « principal » (CJA, art. L. 511-1), c'est-à-dire du fond du litige qui oppose ou opposera par ailleurs le justiciable à l'administration.

L'article L. 521-4 du code de justice administrative prévoit expressément que le juge des référés, saisi par toute personne intéressée, peut, à tout moment, au vu d'un élément nouveau, modifier les mesures qu'il avait ordonnées ou y mettre fin.

Le Conseil d'État a précisé la notion d'élément nouveau en considérant qu'une partie pouvait présenter comme « nouveau » un moyen qu'elle aurait pu présenter dès la saisine initiale du juge des référés (CR 26 juin 2002, Ministre de l'Éducation nationale c/ Mme Charlois-Duméril, req. n° 242703).

À ce titre, le juge du référé ne peut, sans excéder sa compétence, ni décider l'annulation d'une décision administrative ni prononcer une injonction qui, ayant des effets identiques à la mesure d'exécution que devrait prendre l'administration à la suite d'une annulation pour excès de pouvoir, n'aurait pas le caractère d'une mesure « provisoire ».

Ainsi, si le juge des référés peut enjoindre à un préfet d'instruire une demande de titre de séjour d'un étranger et de lui délivrer un récépissé valant autorisation de séjour, il ne peut lui donner ordre de lui délivrer un titre de séjour (CE 12 novembre 2001, Ministre de l'Intérieur c/ Mlle Zhor Bechar, ordonnance du juge des référés du Conseil d'État n° 239794).

Au sein des tribunaux administratifs et des cours administratives d'appel, les présidents assurent le rôle de juge des référés ainsi que les magistrats qu'ils désignent à cet effet et qui, sauf absence ou empêchement, doivent avoir une ancienneté minimale de deux ans et avoir atteint le grade de premier conseiller (CJA, art. L. 511-2).

Pour les litiges qui relèvent de la compétence du Conseil d'État, sont juges du référé le président de la section du contentieux ainsi que les conseillers d'État qu'il désigne à cet effet (CJA, art. L. 511-2 alinéa 2).

Dans tous les cas, l'urgence doit s'apprécier non au jour du dépôt de la requête mais au jour où le juge statue en tenant compte naturellement des éléments qui sont apportés lors de l'audience publique organisée dans le cadre des référés-suspension et référés-liberté.

Il en est ainsi par exemple que la demande de suspension présentée par une candidate contre sa décision de non-admission à un concours dont les résultats avaient été modifiés, après proclamation de son admission, par l'administration qui avait changé les coefficients de certaines épreuves (aux lieu et place du jury seul compétent sous réserve d'en aviser les candidats *avant* l'épreuve).

Le juge des référés du Conseil d'État a considéré qu'il n'y avait plus lieu à statuer sur cette demande dès lors qu'à l'audience de référé du 30 octobre 2001, les représentants du ministère de l'Éducation nationale ont produit une décision du 24 octobre 2001 signée du président du jury qui fait figurer l'intéressée parmi les candidats inscrits sur la liste complémentaire et ont confirmé l'indication figurant dans leurs écrits suivant laquelle l'intéressée serait nommée dans les prochains jours en qualité de professeur stagiaire (CE 31 octobre 2001, Mme Dourel, ordonnance du juge des référés n° 239050).

Lorsqu'il est saisi en appel des ordonnances de référé-liberté ou en cassation, le Conseil d'État vérifie également si, au jour où il statue, l'urgence existe toujours ; tel n'est pas le cas par exemple d'un référé-liberté dirigé contre une décision du président du Centre national d'art et culture Georges Pompidou en date du 17 octobre 2001 prescrivant la fermeture de deux accès au restaurant exploité dans ce centre, décision dont les effets avaient cessé le jour de l'audience d'appel du 2 novembre 2001 (CE 2 novembre 2001, SNC Costes, ordonnance du juge des référés n° 239617).

À l'inverse, l'urgence persiste pour une demande de suspension portant sur une décision ayant commencé de produire ses effets depuis un certain délai avant l'audience mais dont les effets sont susceptibles de se poursuivre après l'audience.

C'est le cas par exemple d'une demande de référé-suspension évoquée à une audience du juge des référés du Conseil d'État du 30 octobre 2001 présentée contre une décision du ministre de la Culture et de la Communication en date du 8 août 2001 accordant un visa d'exploitation, assorti d'une interdiction aux mineurs de moins de seize ans, au film intitulé « Le pornographe » (CE 30 octobre 2001, Assoc. Promouvoir, ordonnance de référé n° 239253).

Selon le juge des référés du Conseil d'État, la protection des mineurs voulue par le législateur ne saurait cesser de produire ses effets lorsque l'ouvrage dont la diffusion requiert des mesures de protection est l'objet d'une exploitation publique depuis un certain délai. En l'espèce il ressortait des indications données à l'audience publique par la société de production que l'exploitation commerciale de ce film, vu par 51 000 spectateurs, devait se poursuivre postérieurement à l'ordonnance (14 salles en province et 4 à Paris), permettant ainsi à des mineurs de seize à dix-huit ans d'assister dans les jours et semaines suivant l'audience à la projection du film en cause que l'association requérante entendait faire classer « X ».

Malgré l'urgence reconnue, la demande a été rejetée après projection du film litigieux, au motif que tant la manière dont la scène de sexe non simulée que comportait ce film, que sa durée par rapport à la durée totale du film établissaient que ni le sujet du film ni l'intention de l'auteur (M. Bonello), n'ont eu d'autres fins que d'illustrer des idées et des thèmes étrangers à l'exposition et à l'exploitation de scènes à caractère sexuel. Il n'y avait donc pas de doute sérieux quant à la légalité du visa d'exploitation assorti d'une interdiction aux mineurs de moins de seize ans.

La catégorie des référés d'urgence résulte, à l'exception du référé-conservatoire, de la loi du 30 juin 2000 relative au référé devant les juridictions administratives qui a introduit dans le livre V du code de justice administrative un titre consacré au « juge des référés statuant en urgence ».

On distingue désormais trois types de référés d'urgence :
– le référé-suspension ;
– le référé-liberté ;
– le référé-conservatoire.

Soumis à des règles communes, les trois référés se distinguent néanmoins quant à leur objet et leurs effets.

4.1.1 Les règles communes aux trois référés d'urgence

Le contenu de la requête en référé

La requête visant au prononcé de mesures d'urgence doit contenir l'exposé au moins sommaire des faits et moyens et justifier de l'urgence de l'affaire (CJA, art. R. 522-1).

Le requérant doit expliquer très clairement et concrètement au juge des référés en quoi il y a urgence à prononcer la mesure sollicitée ; les premières décisions rendues en la matière par le Conseil d'État confirment, on le verra, l'importance de cette démonstration concrète de l'urgence.

Le dépôt de la requête en référé

Contrairement aux autres requêtes en référé, voire au fond, le code de justice administrative exige du requérant qu'il précise sur la requête elle-même et sur l'enveloppe qui la contient, en cas d'envoi par la poste, le mention « Référé » (CJA, art. R. 522-3). Cette exigence formaliste s'explique par le souci d'une instruction urgente de cette requête dont le greffe appréciera ainsi immédiatement l'urgence.

Il est par ailleurs imposé à l'expéditeur d'une requête en référé-urgence par voie postale de l'adresser par lettre recommandée (CJA, art. R. 523-3).

Les requêtes en référé-urgence sont dispensées du droit de timbre et le référé-liberté est dispensé du ministère d'avocat à la différence des deux autres référés qui suivent le même sort que la demande principale.

L'instruction et le jugement de la requête en référé

La requête est notifiée par le greffe aux défendeurs, les délais « les plus brefs » étant accordés aux parties pour fournir leurs observations ; ces délais doivent être rigoureusement observés faute de quoi il est passé outre sans mise en demeure (CJA, art. R. 522-4).

Les délais de réponse impartis pourront ainsi être de l'ordre de deux à trois jours, l'usage de la télécopie facilitant le respect du contradictoire ; ainsi le mémoire en défense du préfet peut parvenir au greffe du tribunal par télécopie et remis au requérant au début d'une audience de référé-liberté sans que soit méconnu le principe du contradictoire devant le juge des référés dès lors surtout que le juge a suspendu temporairement son audience pour permettre à la commune demanderesse d'étudier le mémoire du préfet (CE 22 mars 2001, Cne d'Éragny-sur-Oise, req. n° 231463 : en l'espèce la commune demandait au juge des référés d'enjoindre au préfet d'émettre l'avis préalable requis par l'article L. 2121-30 du code général des collectivités territoriales sur la désaffectation des locaux municipaux affectés à une école maternelle et invoquait l'atteinte au principe de libre administration des collectivités locales. Cette demande, rejetée en première instance, l'a été également en appel dès lors que, précisément, dans le cadre de son mémoire en défense « télécopié » au tribunal, le préfet avait exprimé un avis motivé défavorable au projet. La commune ne pouvait donc se plaindre de ce que sa demande d'injonction au préfet ait été rejetée puisque le préfet avait émis l'avis exigé par le code général des collectivités territoriales).

L'innovation majeure de ces référés-urgence est prévue à l'article L. 522-1 du code de justice administrative qui prévoit que « le juge des référés statue au terme d'une procédure contradictoire écrite ou orale ».

Jointe à la rapidité remarquable de ces procédures, l'oralité contribue à combattre, dans ce domaine particulier du contentieux administratif, l'image d'une procédure lente et écrite.

L'audience revêt à cet égard une importance essentielle imposant à l'avocat habitué au contentieux administratif classique et aux représentants des administrations d'abandonner le traditionnel « rapport aux observations écrites ».

Pour les demandes de référé-suspension et de référé-liberté, le juge informe sans délai et par tous moyens les parties de la date et de l'heure de l'audience publique (CJA, art. R. 522-6). Cette audience – qui ne s'impose que pour ces deux référés, liberté et suspension (voir a contrario pour un référé-expertise : CE 24 juin 2002, Département de la Seine-Maritime, req. n° 240271) – est publique mais elle se déroule sans conclusions de commissaire du gouvernement, sauf si le juge du référé décide de renvoyer l'affaire à une formation collégiale.

L'instruction n'est close qu'à l'issue de cette audience permettant ainsi aux parties d'apporter tous éléments nouveaux à cette occasion et, éventuellement au juge d'informer les parties d'un moyen d'ordre public susceptible de fonder la décision à intervenir.

L'audience peut donner lieu à la rédaction d'un procès-verbal établi par le juge et le greffier, ce qui constitue d'ailleurs une formalité obligatoire si l'affaire est renvoyée ensuite à la formation collégiale du tribunal (CJA, art. R. 522-3) et en toute hypothèse le juge des référés doit viser et analyser dans son ordonnance non seulement, comme pour les jugements, l'ensemble des moyens formulés dans les mémoires déposés avant l'audience, mais également les moyens nouveaux invoqués par les parties à l'audience ainsi que les moyens d'ordre public qu'il aurait lui-même soulevés (voir en ce sens CE 26 octobre 2001, M. et Mme Aiguebonne et autres, req. n° 234300).

L'importance de l'oralité des débats et de l'instruction qui se déroule ainsi à l'audience a déjà été illustrée par plusieurs décisions du Conseil d'État.

C'est ainsi que dans une affaire jugée le 13 février 2001, le juge des référés du Conseil d'État a rejeté une demande de suspension présentée par une société commercialisant des semences importées dont certains lots avaient révélé la présence d'OGM dès lors qu'il est apparu, au cours de l'audience de référé, notamment à la suite des questions posées à cet égard par le juge des référés qu'aucune décision n'avait été prise à l'égard de la société requérante au sujet de la campagne de vente de semences en cours pour l'hiver 2000-2001.

Seules des instructions avaient été données par le ministre aux services départementaux pour la campagne 1999-2000 tandis que des courriers avaient été adressés aux clients de la société en cause au cours de l'année 2000 pour leur préciser que le gouvernement avait « souhaité » que les récoltes issues des semences fassent l'objet d'un étiquetage et leur demandait de mettre en place un dispositif d'« auto-contrôle ».

Le juge déduit de cette instruction orale qu'il n'est saisi d'aucune décision dont la suspension présenterait un caractère d'urgence (CE 13 février 2001, Sté Golden Harvest Zelder, req. n° 228962).

À l'inverse, le juge des référés a pu tenir comme établies les allégations d'un requérant en l'absence d'observations écrites de l'administration et en son absence à l'audience de référé (CE 22 mars 2002, Ministre de la Justice c/ M. Caze, ordonnance de référé n° 244279).

Le juge des référés peut décider de reporter la clôture de l'instruction à une date postérieure à l'audience : il en informe les parties qui pourront alors déposer des productions complémentaires après l'audience et avant la clôture d'instruction en les adressant directement aux autres parties, sous réserve d'apporter au juge la preuve de ces diligences (CJA, art. R. 522-8). Il s'agit, là encore, d'une innovation majeure dans le contentieux administratif.

Le greffe n'est plus l'intermédiaire obligé entre les parties qui doivent s'échanger directement leurs pièces produites postérieurement à l'audience, le juge en étant seulement tenu informé grâce à la preuve de cette communication.

On retrouve, dans la phase postérieure à l'audience, le principe civiliste de la communication spontanée des pièces sous le contrôle du juge. Commandée par l'urgence, cette dérogation au rôle d'interface du greffe se comprend parfaitement même si une discussion sur les modes de preuve de cette communication ne manquera pas de s'instaurer.

En toute hypothèse, si l'affaire est renvoyée à une audience ultérieure, l'instruction est nécessairement rouverte (CJA, art. R. 522-8 dernier alinéa).

L'ordonnance est notifiée sans délai et par tous moyens aux parties.

Elle ne prend effet en principe, contrairement aux jugements, qu'à partir du jour où la partie qui doit s'y conformer en a reçu la notification. Toutefois le juge du référé peut décider qu'elle sera exécutoire dès qu'elle aura été rendue (CJA, art. R. 522-13).

En cas de particulière urgence, le juge du référé peut même communiquer aux parties, le jour même de l'audience, le dispositif de l'ordonnance assorti de la formule exécutoire.

Le cas particulier du défaut d'audience

L'article L. 522-3 du code de justice administrative institue au profit du juge des référés d'urgence les mêmes pouvoirs que ceux accordés au président du tribunal administratif par l'article R. 222-1.

Selon l'article L. 522-3 précité, lorsque la demande ne présente pas un caractère d'urgence ou lorsqu'il apparaît manifeste, au vu de la demande, que celle-ci ne relève pas de la compétence de la juridiction administrative, qu'elle est irrecevable ou mal fondée, le juge des référés peut la rejeter par une ordonnance motivée sans audience ni même engagement d'une procédure contradictoire.

L'utilisation de ces ordonnances dites de « tri » permet au juge du référé d'éviter l'engagement d'une instruction contradictoire puis la tenue d'une audience dans tous les cas où la requête encourt de toutes manières un rejet certain. À cet égard le Conseil d'État a d'ores et déjà admis, dans le cadre du contrôle de cassation qu'il exerce en la matière sur les ordonnances de tri, que le juge des référés qui a engagé la procédure contradictoire de référé peut fort bien rejeter la requête sur le fondement des dispositions de l'article L. 522-3, c'est-à-dire sans tenir une audience publique si cette instruction fait apparaître que cette requête est manifestement mal fondée (CE 16 février 2001, M. Breuco, req. n° 229246).

EXEMPLE

CE 22 mars 2001, M. MEYET, ordonnances du juge des référés n° 231601 et n° 231631

Le requérant demandait au juge des référés du Conseil d'État de suspendre pour une durée de deux mois, « la décision, exprimée verbalement le 19 mars 2001, par laquelle le Premier ministre interdit aux membres du Gouvernement élus lors des élections municipales des 11 et 18 mars 2001 qui briguent un poste de maire de cumuler l'exercice de cette fonction élective et la poursuite de leur activité ministérielle » et d'enjoindre au Premier ministre, en application des dispositions relatives au référé-liberté, de renoncer à la mise en application de la règle d'incompatibilité qu'il a édictée et de laisser toute latitude dans le domaine considéré aux intéressés.

Ces demandes ont été rejetées sans audience ni instruction contradictoire, la première comme manifestement mal fondée au motif qu'en exprimant le souhait que les membres de son Gouvernement n'exercent pas en même temps des fonctions de maire, le Premier ministre n'a édicté aucune règle de droit positif et n'a porté atteinte à aucune liberté fondamentale, la seconde comme manifestement irrecevable faute d'être dirigée contre une décision susceptible de recours.

4.1.2 Le référé-suspension

L'article L. 521-1 du code de justice administrative dispose que : « Quand une décision administrative, même de rejet, fait l'objet d'une requête en annulation ou en réformation, le juge des référés, saisi d'une demande en ce sens, peut ordonner la suspension de l'exécution de cette décision ou de certains de ses effets, lorsque l'urgence le justifie et qu'il est fait état d'un moyen propre à créer, en l'état de l'instruction, un doute sérieux sur la légalité de la décision. »

L'intérêt pratique de cette procédure, qui a succédé au 1er janvier 2001, au sursis à exécution réside dans la possibilité pour un justiciable d'obtenir rapidement la suspension de la décision dont il demande par ailleurs au tribunal qu'il en prononce l'annulation ou la réformation.

Dans la mesure où le recours sur le fond n'a lui-même, sauf dispositions législatives spéciales, aucun effet suspensif, comme le rappelle l'article L. 4 du code de justice administrative, on comprend l'intérêt qui s'attache à pouvoir obtenir aussi rapidement la suspension de la décision attaquée.

Ce droit d'obtenir la suspension provisoire d'un acte administratif a d'ailleurs été consacré par le Conseil constitutionnel comme une garantie fondamentale des droits des administrés (Cons. Constit. 23 janvier 1987, Conseil de la concurrence, *AJDA* 1987, p. 345, note J. Chevallier).

Au surplus le texte de l'article L. 521-1 du code de justice administrative prévoit qu'il peut porter, à l'inverse du sursis à exécution, sur une décision administrative de rejet. Cette mesure est soumise à des conditions de forme et de fond dont le juge peut librement tirer les conséquences dans sa décision.

Les conditions de forme de la demande de suspension

La demande de suspension est régie par les articles L. 521-1 et R. 522-1 et suivants du code de justice administrative. La suspension peut être demandée à un tribunal administratif ou au Conseil d'État lorsque ce dernier est saisi d'un recours qui doit lui être déféré en premier et dernier ressort.

Le requérant doit présenter sa demande au juge des référés à l'occasion d'un recours déposé devant le tribunal administratif en vue d'obtenir l'annulation ou la réformation de la décision attaquée. Il n'est pas possible par exemple de demander au juge des référés de suspendre une décision administrative sans solliciter parallèlement du tribunal dans sa formation collégiale l'annulation ou la réformation de cette décision.

Il n'est pas davantage possible de solliciter la suspension d'un simple comportement de l'administration qui ne se traduit pas dans une décision administrative. On a vu en effet, au titre des caractéristiques communes aux trois procédures d'urgence, que le défaut de décision pouvait justifier le rejet, sans audience publique, d'une demande de suspension tandis que l'audience elle-même pouvait révéler l'absence de décision prise à l'égard du requérant.

Cette exigence de la contestation d'une décision a cependant été atténuée par le Conseil d'État dans les hypothèses où le recours en annulation ou réformation d'une décision doit être précédé d'un recours préalable obligatoire qui donnera lieu à une nouvelle décision, seule susceptible de faire l'objet du recours en annulation. Compte tenu de l'urgence qui s'attache par principe à la demande de suspension, le Conseil d'État a admis la recevabilité d'une demande de suspension avant même l'expiration du délai valant décision implicite de rejet, notamment en matière d'autorisation ou de refus d'équipements médicaux pour lesquels le délai de gestation est de ... six mois (CE Juge des référés 26 avril 2001, Fondation Lenval, req. n° 231870 – voir également dans le même sens pour la demande de suspension d'une décision du directeur de l'agence française de sécurité sanitaire des produits de santé, décision dont la contestation contentieuse suppose un recours préalable auprès d'une commission : CE sect. 12 octobre 2001, Sté Produits Roche, *AJDA* 2002, p. 123).

Les conclusions à fin de suspension doivent être expresses et présentées dans une requête distincte de celle tendant à l'annulation ou à la réformation de la décision administrative, sous peine d'irrecevabilité (CJA, art. R. 522-1). Il faut donc rédiger deux mémoires différents.

Le requérant doit être représenté par un avocat lorsque la matière, objet du litige principal, exige cette intervention.

Les conditions de fond de la suspension

Le requérant doit justifier, dans sa requête de l'urgence de la mesure de suspension et faire état d'un moyen propre à créer, en l'état de l'instruction, un doute sérieux quant à la légalité de la décision attaquée.

Les premières décisions rendues en la matière par le Conseil d'État ont permis de donner une définition précise de la notion d'urgence dont la preuve incombe au requérant, y compris lorsqu'il s'agit pour lui de contester une décision à objet purement pécuniaire ou de rejet.

Le principe de l'appréciation immédiate de l'urgence

Le requérant doit impérativement démontrer, selon les précisions apportées par le juge des référés du Conseil d'État, que « l'exécution de l'acte porte atteinte, de manière suffisamment grave et immédiate à sa situation, aux intérêts qu'il entend défendre ou à un intérêt public ».

Ainsi a été rejetée une demande de suspension, formée par des exploitants de salles indépendantes, d'une décision de la commission nationale d'équipement commercial autorisant la création d'un multiplexe de huit salles de cinéma, dans la mesure où l'immeuble censé abriter ce multiplexe n'était pas encore construit et où le permis de construire n'avait pas encore été délivré (CE 1er février 2001, Mme Combret et autres, req. n° 228875-229018).

La même solution a été adoptée pour la demande de suspension d'une décision de la CNEC autorisant la création d'un centre commercial de 13 670 m² à la SA Casino Guichard-Perrachon (CE 9 novembre 2001, SA Guimatho et SA Dijori, ordonnance du juge des référés n° 239675 et 239676).

Selon une pédagogie jurisprudentielle remarquable et nécessaire dans ces contentieux nouveaux tant à l'égard des justiciables que des juges des référés du premier degré, le juge des référés du Conseil d'État a pris soin de préciser que si l'ouverture au public du centre commercial en cause dont la création était autorisée par la commission nationale d'équipement commercial était imminente, les requérantes, qui exploitent des « supermarchés » dont l'activité pourrait s'en trouver affectée, justifieraient de la condition d'urgence posée par l'article L. 521-1 du code de justice administrative. Le juge ajoutait que toutefois cette ouverture ne pourra intervenir avant l'achèvement des travaux de construction des ouvrages qui abriteront ces installations commerciales, ouverture qui n'était prévue que pour septembre 2002.

Les conclusions à fin de suspension ont été rejetées, sans que cette décision ne fasse obstacle, comme elle le précise elle-même, à ce que, si l'ouverture au public devenait imminente avant que le Conseil d'État n'ait statué sur les conclusions d'annulation, une nouvelle demande de suspension soit présentée au juge des référés.

À l'inverse, le juge des référés du Conseil d'État a considéré qu'il y avait urgence à suspendre la décision du ministre de l'éducation nationale relative à la mise en place d'un enseignement bilingue en langues régionales à compter de la rentrée 2001, sous forme de l'intégration au service public des établissements associatifs Diwan compte tenu notamment des diverses mesures déjà mises en place pour l'affectation et l'intégration des enseignants relevant de ces établissements.

Selon le juge des référés, la scolarité d'un nombre non négligeable d'élèves serait gravement perturbée par la mise en œuvre de méthodes d'enseignement susceptibles d'être ensuite abandonnées. L'ensemble de ces circonstances révèle selon lui, bien que la mise en place des classes et établissements « langues régionales » ne puisse en principe intervenir qu'après des consultations qui n'ont pas encore eu lieu, une « situation d'urgence » au sens de l'article L. 521-1 du code de justice administrative justifiant que soit prononcée la suspension de l'exécution des actes contestés en tant qu'ils concernent l'enseignement bilingue par la méthode de l'« immersion » jusqu'à ce qu'il ait été statué sur le recours pour excès de pouvoir formé à leur encontre (CE 30 octobre 2001, SNES et UNSA Éducation et autres, ordonnance du juge des référés n° 238654, 238656, 238680).

L'urgence et l'intérêt général

L'appréciation « globale et objective » de l'urgence peut se trouver affectée par la prise en considération d'un intérêt général qui soit vient au secours de l'urgence soit au contraire la fait disparaître.

Ainsi, dans une affaire jugée le 20 mars 2001, le juge des référés du Conseil d'État a décidé de suspendre l'exécution de l'article L. 112-9 du code monétaire et financier dans sa rédaction résultant d'une ordonnance du 14 décembre 2000, en tant qu'il réintroduisait par erreur et contre la volonté du législateur des dispositions abrogées en... 1986. Les dispositions en cause avaient en effet pour effet d'interdire l'usage des cartes de crédit pour des transactions d'un montant de 10 000 F portant sur des bijoux, pierreries, objets d'art, de collection et d'antiquités et assortissaient leur méconnaissance d'une amende fiscale d'un montant égal à 25 % des sommes en cause.

Faute pour le ministre de l'Économie et des Finances de pouvoir préciser la date à laquelle l'abrogation des dispositions litigieuses pourrait intervenir, le juge des référés a considéré que la condition d'urgence posée à l'article L. 521-1 du code de justice administrative devait être regardée comme remplie eu égard tant aux inconvénients que ces dispositions présentent pour la vie économique qu'à l'intérêt général qui s'attache à ce que cessent sans délai d'apparaître comme faisant partie de l'ordre juridique des dispositions qui après avoir été abrogées n'y ont été réintroduites que du fait d'une erreur matérielle (CE 20 mars 2001, Syndicat des horlogers, bijoutiers, joailliers et autres, req. n° 230462).

De même, la décision du conseil général de la Banque de France en date du 6 juillet 2001 modifiant pour la période du 1er septembre 2001 au 30 avril 2002 certaines règles relatives au temps de travail de personnels concourant directement à l'exécution des opérations liées à la mise en circulation des billets de banque et des pièces métalliques libellés en euros n'a pas été suspendue faute d'urgence.

En effet, la mesure litigieuse ne s'appliquait que pour une durée de huit mois et ne concernait environ que 1 550 personnes concourant aux opérations en cause sur les 17 000 salariés de la banque. Eu égard aux exigences qui s'attachent à la bonne exécution des opérations afférentes à la mise en circulation des nouveaux instruments de paiement, lesquelles relèvent des missions de service public attribuées par le législateur à la Banque de France, il n'apparaissait pas, en l'état de l'instruction, que l'urgence justifiait la suspension demandée. (CE 13 septembre 2001, Fédération CFDT des syndicats de banques et sociétés financières, ordonnance du juge des référés n° 237773).

À l'inverse, l'urgence n'a pas été admise pour une décision préfectorale autorisant pour une durée de treize ans une société à exploiter une décharge de déchets ménagers et assimilés destinée à recevoir environ 270 000 tonnes de déchets par an. L'instruction ne faisait pas apparaître des éléments précis relatifs à la réalité de risques sérieux pour l'environnement que pourrait entraîner dans l'immédiat le fonctionnement de la décharge, d'ailleurs mise en service depuis quelques semaines à la date de la demande de suspension. Le Conseil d'État a surtout relevé qu'à défaut de toute autre solution permettant, à court terme, de stocker une telle quantité des déchets dans le département, les autorités compétentes se trouveraient, en cas de suspension, dans l'obligation de faire transporter les déchets dans un département voisin afin de les y éliminer. La Haute Juridiction en déduit que, dans ces conditions, il n'apparaît pas que l'urgence, qui doit s'apprécier objectivement et globalement, justifiait la suspension de l'exécution de l'arrêté attaqué.

Il appartient dans tous les cas au juge des référés d'apprécier concrètement, compte tenu des justifications fournies par le requérant, si les effets de l'acte litigieux sont de nature à caractériser une urgence justifiant que, sans attendre le jugement de la requête au fond, l'exécution de la décision soit suspendue. (CE 28 février 2001, Préfet des Alpes-Maritimes, Sté Sud-Est Assainissement, req. n° 229562, 229563, 229721).

Le Conseil d'État peut, à l'occasion de son contrôle de cassation d'une ordonnance de référé-suspension, considérer à l'inverse du juge des référés que l'urgence imposait la suspension. Une affaire jugée le 22 février 2002 illustre cette hypothèse (CE 22 février 2002, Sté des Pétroles Shell, req. n° 235345). Il s'agissait en l'espèce d'une demande tendant à la suspension d'un arrêté préfectoral fixant des prescriptions spéciales applicables à une station-service exploitée par la société des Pétroles SHELL à Bellegarde-sur-Valserine ; ces prescriptions, sous forme de travaux importants, devaient être exécutées dans un délai de trois mois.

Pour la mise en œuvre de la condition d'urgence de la mesure de suspension sollicitée, le juge des référés du tribunal administratif de Lyon devait procéder à une appréciation « globale de l'ensemble des circonstances de l'espèce » et il pouvait valablement comparer d'une part les contraintes que l'exécution dans le délai prescrit par l'arrêté préfectoral impliquait pour l'exploitant de la station-service et d'autre part les avantages que la réalisation immédiate des travaux prescrits par cet arrêté pouvait présenter pour la prévention des risques d'accident. Le principe même de ce rapprochement des deux termes à prendre en considération a été jugé satisfaisant par le Conseil d'État. Son application dans les circonstances de l'espèce a cependant été jugée constitutive d'une appréciation des faits entachée de dénaturation.

En effet, le juge des référés avait estimé que la condition d'urgence à prononcer la suspension n'était pas remplie alors même qu'il avait constaté, d'une part que l'exécution des prescriptions imposées par l'arrêté préfectoral impliquait soit la réalisation de « travaux importants » soit l'arrêt de l'exploitation de la station-service et d'autre part que selon une étude de dangers établie par le bureau Véritas en février 2000 et un rapport complémentaire de mai 2001, les risques de fuite de carburant étaient « extrêmement improbables ».

Le Conseil d'État a donc, après avoir annulé l'ordonnance de référé ayant rejeté la demande de suspension, prononcé la suspension de l'arrêté préfectoral en cause.

Le cas particulier des décisions à caractère pécuniaire

Dans le cadre traditionnel de la procédure de sursis à exécution, applicable jusqu'au 1er janvier 2001, le juge administratif se refusait à prononcer le sursis à exécution d'une décision à caractère pécuniaire en considérant que les conséquences résultant d'une telle décision pouvaient toujours être réparées sous forme de remboursement de la somme litigieuse en cas de succès de l'action en annulation engagée sur le fond.

Ainsi n'étaient pas considérées comme difficilement réparables les conséquences d'une décision de retenue sur traitement ou de suspension de traitement d'un agent public (CE 18 juin 1954, Préfet du Var, *Lebon* p. 365).

Le Conseil d'État a été amené, dès le 19 janvier 2001, à se prononcer sur cette question dans le cadre du nouveau référé-suspension (CE 19 janvier 2001, Confédération nationale des radios libres, *AJDA* 2001, p. 152). Dans cette affaire, la confédération nationale des radios libres demandait au juge des référés du Conseil d'État de suspendre l'exécution d'un arrêté ministériel du 11 octobre 2000 portant extension d'un accord professionnel conclu le 3 juin 1999 dans le secteur des activités de radio et diffusion de programmes de télévision.

Pour justifier de l'urgence la requérante se bornait à faire valoir que la collecte des sommes dues au titre de la formation professionnelle intervient chaque année à la fin du mois de février et que la suspension des effets de la décision contestée permettrait d'éviter de pénaliser les employeurs concernés. Il s'agissait donc en l'espèce de la contestation d'une décision à objet pécuniaire.

Le Conseil d'État a considéré que l'urgence pouvait être établie alors même que la décision contestée n'aurait un objet ou des répercussions que purement financiers et que, en cas d'annulation, ses effets pourraient être effacés par une réparation pécuniaire.

C'est là l'apport majeur de la nouvelle procédure de référé-suspension par rapport à l'ancienne procédure de sursis à exécution, même si, en l'espèce, le Conseil d'État a rejeté la demande de suspension.

En effet, la justification présentée sur le risque de pénalisation des employeurs, n'était pas, en l'absence de justification particulière, de nature à caractériser la condition d'urgence à laquelle est subordonné le prononcé d'une mesure de suspension dès lors que les cotisations mises à la charge des entreprises entrant dans le champ d'application de l'accord étendu par la décision attaquée ne portaient sur leur masse salariale qu'au taux de 0,9 %.

Le cas particulier des décisions de rejet

Dans le cadre de l'ancienne procédure de sursis à exécution, le juge administratif refusait en principe de prononcer le sursis à exécution d'une décision de rejet au motif qu'une telle mesure aboutissait à donner une injonction à l'autorité compétente de prendre la décision contraire (CE ass. 23 janvier 1970, Ministre d'État chargé des affaires sociales c/ Sieur Amoros et autres, *Lebon* p.51).

Exceptionnellement, ce même arrêt du Conseil d'État acceptait le sursis à exécution d'une décision de rejet si son maintien entraînait une modification dans la situation de droit ou de fait de l'intéressé telle qu'elle existait antérieurement.

Ainsi, la décision de non-renouvellement d'un titre de séjour pouvait faire l'objet d'un sursis à exécution tandis que la solution inverse était retenue pour une demande de sursis dirigée contre un refus d'entrée sur le territoire français (CE 27 janvier 1984, Eksir et autres, *Lebon* p.30).

Le Conseil d'État avait récemment assoupli les conditions d'octroi du sursis à exécution d'une décision de rejet en tenant compte des nouvelles dispositions de la loi du 8 février 1995, désormais codifiées aux articles L. 911-1 et L. 911-2 du code de justice administrative, relatives aux injonctions d'exécution.

Dans une décision en date du 20 décembre 2000 (M. Ouatah, *AJDA* 2001, p. 149, chr. M. Guyomar et P. Collin), le Conseil d'État a précisé que le juge administratif pouvait ordonner qu'il soit sursis à l'exécution d'une décision de rejet d'une demande si, outre la condition de risque de préjudice difficilement réparable vérifiée, il apparaît que l'un au moins des moyens invoqués paraît de nature à justifier que le juge saisi du principal, non seulement annule cette décision, mais aussi adresse à l'autorité administrative qui l'a prise l'une des injonctions prévues par les dispositions de la loi du 8 février 1995.

Dans une telle hypothèse, il appartient au juge d'assortir le prononcé du sursis de l'indication des obligations qui en découleront pour l'administration et qui pourront consister à réexaminer la demande dans un délai déterminé ou, le cas échéant, à prendre toutes mesures conservatoires utiles prescrites par le juge compte tenu de l'objet du litige, des moyens retenus et de l'urgence.

En l'espèce la demande de M. Ouatah, dirigée contre le refus du consul général de France à Tunis de lui délivrer un visa, a été rejetée faute pour l'intéressé d'établir l'existence d'un préjudice difficilement réparable et un moyen de nature à justifier l'annulation de la décision.

Le Conseil d'État a transposé cette jurisprudence dans le cadre du nouveau référé-suspension par un arrêt en date du 14 mars 2001 (CE 14 mars 2001, Ministre de l'Intérieur c/ Mme Ameur, req. n° 229773). Il s'agissait en l'espèce d'un recours contre une décision refusant la délivrance d'un titre de séjour. L'intéressée avait sollicité en référé la suspension de l'exécution de cette décision. Le Conseil d'État a précisé qu'il appartient au juge des référés, saisi d'une telle demande, d'apprécier et de motiver l'urgence compte tenu de l'incidence immédiate du refus de titre de séjour sur la situation concrète de l'intéressée. Selon la Haute Juridiction, cette condition d'urgence sera en principe constatée, comme dans le cadre de l'ancien sursis à exécution, dans le cas d'un refus de renouvellement du titre de séjour, comme d'ailleurs d'un retrait de celui-ci.

Dans les autres cas, il appartient au requérant de justifier de circonstances particulières caractérisant la nécessité pour lui de bénéficier à très bref délai d'une mesure provisoire dans l'attente d'une décision juridictionnelle statuant sur la légalité de la décision litigieuse.

Compte tenu de l'existence d'une procédure de recours à caractère suspensif en matière de décision de reconduite des étrangers à la frontière, procédure qui lui permet de contester le refus de titre de séjour non définitif qui en constitue le fondement, le Conseil d'État considère que la seule circonstance que l'intéressée se trouvait dans l'un des cas où le préfet pouvait décider sa reconduite à la frontière n'est pas, par elle-même, de nature à caractériser une situation d'urgence ouvrant au juge des référés le pouvoir de prononcer la suspension du refus de titre de séjour en application des dispositions de l'article L. 521-1 du code de justice administrative.

En l'espèce, l'intéressée qui ne disposait que d'un visa de court séjour, avait sollicité la délivrance d'une carte de séjour portant la mention « vie privée et familiale » sur le fondement du 7° de l'article 12 bis de l'ordonnance du 2 novembre 1945.

En première instance le juge des référés avait prononcé la suspension de l'exécution de la décision de refus opposé par le préfet en relevant que la condition d'urgence était remplie eu égard à l'indication de quitter le territoire dans un délai d'un mois sous peine de poursuites pénales et de reconduite à la frontière. L'ordonnance ainsi rendue a été annulée par le Conseil d'État dès lors que le juge n'avait pas recherché si la requérante justifiait de circonstances particulières caractérisant la nécessité pour elle de bénéficier de la suspension demandée.

En dehors du domaine particulier des droits des étrangers, le juge des référés du Conseil d'État a été amené à prononcer la suspension d'une décision implicite de rejet du Premier ministre (CE 24 décembre 2001, Assoc. AIDOP, req. n° 240713). Dans cette affaire, l'association requérante, qui a pour but de défendre les intérêts des aides-opératoires instrumentistes en chirurgie, a demandé au Premier ministre de prendre le décret en Conseil d'État prévu par l'article 38 de la loi du 27 juillet 1999 portant création d'une couverture maladie universelle, devenu l'article L. 4311-13 du code de la santé publique.

Selon cette disposition législative, les personnels aides-opératoires et aides-instrumentistes exerçant cette activité depuis plus de six ans pouvaient être autorisés, par dérogation aux dispositions du code définissant les actes réservés aux infirmiers, à pratiquer des actes d'assistance auprès d'un praticien au cours d'une intervention chirurgicale, sous réserve d'avoir satisfait, avant le 31 décembre 2002, à des épreuves de vérification des connaissances dans des conditions déterminées par décret en Conseil d'État.

L'association, dont on comprend dans ces conditions l'impatience, a donc demandé au Conseil d'État d'annuler le refus implicite résultant du silence gardé par le Premier ministre sur sa demande pendant deux mois et la suspension de cette décision.

Le juge des référés du Conseil d'État a fait droit à ces demandes en prononçant dans un premier temps la suspension de la décision implicite en cause au double motif du doute sérieux quant à sa légalité et à l'urgence de la mesure sollicitée.

Sur le premier point le juge des référés a rappelé que l'exercice du pouvoir réglementaire comporte l'obligation de prendre dans un délai « raisonnable » les mesures qu'implique nécessairement l'application d'une loi hors le cas où les engagements internationaux de le France y feraient obstacle et a précisé qu'en l'espèce le législateur avait imparti au Gouvernement un délai pour pourvoir à l'application de la loi (1er janvier 2000). Le retard mis à prendre le décret en Conseil d'État a été jugé « anormal ».

En ce qui concerne l'urgence, l'exigence pour les personnels en cause de passer des épreuves de vérification de leurs connaissances avant le 31 décembre 2002, pour lesquels ils doivent se préparer en temps utile, impliquait que soient précisés, dans les meilleurs délais, la nature et le contenu de ces épreuves.

En application de la suspension ainsi prononcée, le juge des référés a enjoint au ministre de l'Emploi et de la Solidarité de saisir la section sociale du Conseil d'État du projet de décret dans un délai qui ne saurait excéder trois mois à compter de la notification de l'ordonnance de référé, faute de quoi l'État serait condamné à verser une astreinte de 152,45 euros par jour jusqu'à complète exécution de l'ordonnance.

Cette injonction a été suivie d'effet puisque, dans un délai de trois mois, la section sociale du Conseil d'État a été saisie du projet de décret en question (CE 7 juin 2002, Assoc. Aidop, ordonnance du référé n° 240713).

La décision du juge des référés

Le juge des référés n'est pas tenu de prononcer la suspension demandée même si les conditions d'urgence et de doute sérieux sont vérifiées ; il dispose en effet d'un pouvoir discrétionnaire qui lui permettrait, par exemple, de refuser de prononcer la suspension si un motif d'intérêt général s'y opposait (voir en ce sens CE 12 février 2001, Assoc. France Nature Environnement et autres, req. n° 229797, 229876, 230026 : le juge des référés du Conseil d'État considère qu'aucune considération d'intérêt général n'est de nature à justifier que le juge s'abstienne de prononcer la suspension d'un arrêté du ministre de l'Environnement du 8 janvier 2001 autorisant le préfet à déroger aux dates de fermeture pour permettre la chasse en petites quantités des oies, des pigeons ramiers et des grives jusqu'au 20 février).

Le juge des référés doit préciser, dans son ordonnance, le moyen précis qui justifie le doute sérieux quant à la légalité de la décision attaquée ; ainsi, dans une affaire jugée le 14 mars 2001 (Ministre de l'Intérieur c/ M. Massamba, req. n° 229864), le Conseil d'État a annulé pour défaut de motivation une ordonnance de référé du tribunal administratif de Limoges prononçant la suspension de deux arrêtés du ministre de l'Intérieur prononçant l'expulsion et l'assignation à résidence d'un étranger. Le juge des référés s'était en effet borné à affirmer que le moyen tiré de l'erreur de droit était de nature à créer un doute sérieux sur la légalité de la décision d'expulsion alors que plusieurs moyens d'erreur de droit étaient invoqués par le requérant.

Après avoir annulé l'ordonnance, le Conseil d'État a évoqué l'affaire et rejeté la demande de suspension au motif qu'eu égard à la gravité des faits qui étaient reprochés à l'intéressé et à l'objet d'une mesure d'expulsion prononcée pour nécessité impérieuse pour la sécurité publique, aucun des moyens présentés par le requérant devant le tribunal administratif n'était de nature, en l'état de l'instruction, à créer un doute sérieux quant à la légalité des décisions attaquées.

4.1.3 Le référé-liberté

Véritable révolution par la rapidité de la procédure qu'il met à la disposition des administrés, sans les obliger soit à invoquer abusivement la voie de fait pour se tourner vers le président du tribunal de grande instance plus prompt à prendre des mesures dans l'urgence ou vers le préfet s'agissant d'actes de collectivités locales pour lesquels l'intéressé dispose du déféré-suspension 48 heures, le référé-liberté, prévu à l'article L. 521-2 du code de justice administrative suppose que soit atteinte une liberté fondamentale de manière grave et manifestement illégale dans l'exercice d'un des pouvoirs de l'administration ou d'un organisme privé en charge d'un service public. Dans ce cadre la décision du juge interviendra en principe dans les 48 heures.

Le texte de l'article L. 521-2 CJA dispose que : « Saisi d'une demande en ce sens justifiée par l'urgence, le juge des référés peut ordonner toutes mesures nécessaires à la sauvegarde d'une liberté fondamentale à laquelle une personne morale de droit public ou un organisme de droit privé chargé de la gestion d'un service public aurait porté, dans l'exercice d'un de ses pouvoirs, une atteinte grave et manifestement illégale. Le juge statue dans un délai de 48 heures. »

Il faut souligner l'intérêt pratique de ce nouveau référé qui, à la différence du précédent, ne suppose pas qu'un acte administratif soit intervenu puis contesté devant le tribunal et vise toujours à ce qu'une injonction de faire ou de ne plus faire soit adressée à la personne mise en cause par le juge du référé.

On peut, même sans acte administratif préalable, saisir le juge du référé-liberté pour demander que cesse un « comportement » de l'administration attentatoire à une liberté fondamentale. Certes, ce comportement pourra se traduire dans un décision administrative dont le justiciable demandera la suspension au juge des référés ou pourra cesser par l'intervention d'une décision administrative que le juge des référés ordonnera à l'administration de prendre.

Pour faciliter l'exercice de cette procédure, le code de justice administrative prévoit que le ministère d'avocat n'est pas obligatoire. Cette dispense d'avocat, tout à fait louable dans son principe, peut exposer les justiciables imprudents et téméraires à la condamnation pour requête abusive comme en témoigne une ordonnance du 21 janvier 2002 du juge des référés du Conseil d'État (Auto-école Bergson, req. n° 242051). Cette ordonnance rejette la demande présentée au titre de l'article L. 521-2 pour obtenir la suspension d'une circulaire du ministre des Transports relative à la répartition des places d'examen au permis de conduire appliquée depuis plus de dix-sept ans !

Outre que cette dernière circonstance rendait difficilement plausible l'urgence invoquée, la circulaire en cause ne pouvait, à raison de son objet, porter atteinte à une liberté fondamentale. La société requérante a donc vu sa requête rejetée et a été condamnée à une amende de 1 000 euros pour requête abusive.

L'exigence minimale d'un litige relevant du juge administratif

Le juge des référés du Conseil d'État a considéré qu'il n'entrait pas dans le pouvoir du juge des référés d'ordonner à une autorité administrative de prendre une « décision » assimilable à un acte de gouvernement, acte dont on sait que le juge administratif ne veut pas connaître en matière d'excès de pouvoir. Le juge des référés du Conseil d'État a rejeté pour ce motif la demande d'un administré, présentée sur le fondement des dispositions relatives au référé-liberté, et tendant à enjoindre au président de la république de déférer au conseil constitutionnel la loi sur la sécurité quotidienne adoptée définitivement par l'Assemblée nationale le 31 octobre 2001 ; reprenant la formule habituelle du Conseil d'État, le juge des référés a rejeté cette demande en rappelant que le fait pour le président de la République de s'abstenir d'user de cette faculté de saisir le Conseil constitutionnel est indissociable de l'ensemble de la procédure législative et qu'il touche ainsi aux rapports entre les pouvoirs publics constitutionnels, échappant par là même à la compétence de la juridiction administrative (CE 7 novembre 2001, M. Tabaka, ordonnance n° 239761).

Le juge des référés du Conseil d'État a tenu à poser les grands principes de ce nouveau référé à l'usage des justiciables comme en témoigne, notamment, une ordonnance de référé du 12 novembre 2001, Cne de Montreuil-Bellay (ordonnance n° 239840).

Selon cette décision, la mise en œuvre de la protection juridictionnelle particulière instituée par l'article L. 521-2 du code de justice administrative implique qu'il soit satisfait non seulement à la condition d'urgence inhérente à la procédure de référé, mais également que l'illégalité commise par une personne publique revête un caractère manifeste et ait pour effet de porter une atteinte grave à une liberté fondamentale. Il résulte au surplus tant des termes de l'article L. 521-2 du code de justice administrative que du but dans lequel la procédure qu'il instaure a été créée que doit exister un rapport direct entre l'illégalité relevée à l'encontre de l'autorité administrative et la gravité de ses effets au regard de l'exercice de la liberté fondamentale en cause.

Les deux conditions cumulatives du référé-liberté

Les conditions du référé-liberté sont, outre l'urgence déjà évoquée plus haut pour l'ensemble des référés d'urgence, la mise en cause d'une liberté fondamentale, sous forme d'une atteinte directe à cette liberté revêtant le double caractère de gravité et manifestement illégale ; le juge des référés du Conseil d'État a déjà eu l'occasion de souligner avec force que l'urgence et l'atteinte à une liberté fondamentale constituaient des conditions cumulatives ; selon ses propres termes, « la mise en œuvre de la protection juridictionnelle particulière prévue par l'article L. 521-2 du code de justice administrative implique que soient cumulativement réunies les conditions qui en autorisent l'application » (CE 27 mars 2001, Ministre de l'Intérieur c/ M. Ahmed Djalout, ordonnance de référé n° 231735).

L'urgence

L'urgence doit être établie et démontrée par le demandeur et non simplement affirmée. Ainsi, il ne suffit pas d'évoquer dans ses écrits une « situation particulièrement dommageable » sans apporter, en particulier au cours de l'audience publique, le moindre élément concret d'appréciation. (voir en ce sens CE 23 mars 2001, Sté Lidl, ordonnance de référé n° 231559 : il s'agissait en l'espèce d'une demande de suspension de la décision d'un maire refusant de prononcer la levée des scellés apposés sur la porte d'un bâtiment à usage commercial).

Dans tous les cas, l'urgence ne doit pas résulter de la propre carence de l'administré qui se retrouve, de son propre fait, dans une telle situation d'urgence ; ainsi un particulier qui était informé depuis le mois de mars 2000 de la condition à laquelle était soumis le renouvellement de son passeport ne peut, en janvier 2001, invoquer la nécessité prochaine d'un déplacement à l'étranger pour justifier l'urgence à enjoindre au consul général de France à Genève de lui renouveler son passeport (CE 9 janvier 2001, M. Deperthes, ordonnance du juge des référés n° 228928).

La notion de liberté fondamentale

Les justiciables, les praticiens et la doctrine attendaient avec intérêt les premières ordonnances de référé-liberté du Conseil d'État pour connaître le contenu de la notion de liberté fondamentale susceptible d'autoriser la mise en œuvre de cette procédure novatrice par sa rapidité.

L'on peut d'ores et déjà établir la liste des principales libertés reconnues comme faisant l'objet de la protection particulière ainsi instituée et celles exclues par cette disposition.

Les libertés qualifiées de « fondamentales »

La liberté d'entreprendre est considérée comme une liberté fondamentale à laquelle se rattache la liberté du commerce et de l'industrie. Il en est de même de la libre disposition de son bien par un propriétaire (CE 23 mars 2001, Sté Lidl, ordonnance du juge des référés n° 231 559) ou de la liberté contractuelle (CE 12 novembre 2001, Cne de Montreuil-Bellay, ordonnance du juge des référés n° 239840), ou encore du droit de propriété (voir a contrario CE 11 octobre 2001, Cne de Saint-Bauzille-de-Putois, ordonnance de référé n° 238869 : un permis de construire, dont l'objet est d'assurer la conformité de la construction projetée avec la réglementation applicable, est accordé sous réserve des droits des tiers et n'est ainsi pas susceptible de porter par lui-même atteinte à une liberté fondamentale, ce qui le différencie à cet égard d'un refus d'une autorisation d'une commission d'équipement commercial à la création d'une grande surface).

Le Conseil d'État considère également que la liberté d'aller et venir constitue une liberté fondamentale (CE 2 avril 2001, Ministre de l'Intérieur c/ Consorts Marcel, ordonnance de référé n° 231965 : rétention illégale des cartes nationales d'identité et des passeports par l'autorité administrative ; CE 11 octobre 2001, M. Tabibou, ordonnance de référé n° 238917 : refus de renouvellement ou de délivrance d'un passeport à un citoyen français), liberté également reconnue aux étrangers en situation régulière (CE 12 novembre 2001, Ministre de l'Intérieur c/ Mlle Bechar, ordonnance du juge des référés n° 23979).

De même, figure au nombre des libertés fondamentales pour les ressortissants étrangers, qui ne bénéficient pas de la liberté d'entrée sur le territoire français, le droit constitutionnel d'asile qui a pour corollaire non seulement la possibilité de demander la qualité de réfugié mais aussi de solliciter du ministre de l'Intérieur l'asile territorial. L'exercice de cette possibilité suppose que le demandeur soit autorisé à demeurer sur le territoire national jusqu'à ce qu'il ait été statué sur sa demande (CE 12 novembre 2001, Ministre de l'Intérieur c/ Mme Farhoud, ordonnance du juge des référés n° 239792).

Le droit à la sûreté reconnu par l'article 2 de la Déclaration des droits de l'homme et du citoyen du 26 août 1789, à laquelle se réfère la Constitution du 4 octobre 1958 et par l'article 5 de la Convention européenne de sauvegarde des droits de l'homme et des libertés fondamentales peut également être invoqué au titre de ces libertés fondamentales mais n'a pas pour objet de prévenir des risques de départ d'incendie ; si l'autorité administrative a pour obligation d'assurer la « sécurité » publique, la méconnaissance de cette obligation ne constitue pas par elle-même une atteinte grave à une « liberté fondamentale » au sens de l'article L. 521-2 du code de justice administrative (CE 20 juillet 2001, Cne de Mandelieu-La Napoule, ordonnance du juge des référés n° 236196 : en l'espèce le préfet avait saisi le juge des référés pour lui demander d'enjoindre au maire de replacer une barrière métallique à l'entrée d'une voie privée donnant accès au massif de l'Estérel pour en interdire l'accès aux automobilistes).

Pour les collectivités locales, le principe de libre administration des collectivités territoriales énoncé par l'article 72 de la Constitution, est au nombre de ces libertés fondamentales comme l'a rappelé le Conseil d'État dans une décision du 18 janvier 2001, Cne de Venelles (req. n° 229247). Dans cette affaire, le Conseil d'État annule une ordonnance du juge des référés de Marseille qui avait donné injonction au maire de cette commune de réunir son conseil municipal pour désigner des délégués au conseil de la communauté d'agglomération du pays d'Aix alors même que ce refus ne concernait que les rapports internes au sein de la commune et ne pouvait être « regardé » comme méconnaissant le principe de libre administration des collectivités locales.

Ce refus ne portait davantage aucune atteinte à la liberté d'expression des conseillers municipaux ou au droit d'expression de la démocratie locale.

En revanche, le fait pour un établissement public de coopération intercommunale de commencer à délibérer sur des affaires relevant de compétences qui ne lui ont pas encore été transférées par les communes membres constitue une atteinte grave et manifestement illégale à la libre administration des collectivités territoriales (CE 12 juin 2002, Cne de Fauillet et autres, req. n° 246618).

Le droit de libre expression du suffrage constitue, pour les électeurs une liberté fondamentale (CE 7 février 2001, Cne de Pointe-à-Pitre, ordonnance de référé n° 229921, 229922 : en l'espèce, le refus du maire de communiquer à un électeur le liste électorale et les tableaux rectificatifs de façon distincte pour chaque bureau de vote n'a pas été considéré comme portant atteinte au principe de libre expression du suffrage).

La liberté d'opinion des citoyens figure de même au nombre des libertés fondamentales dont peuvent se prévaloir les fonctionnaires sous réserve de démontrer que la décision les concernant a été prise pour des motifs étrangers à leurs compétences professionnelles ou à l'intérêt du service (CE 28 février 2001, M. Casanovas, req. n° 229163). Dans cette affaire, le Conseil d'État précise que si la décision mettant fin aux fonctions d'un agent public à la suite d'un refus de titularisation n'est pas, « *par son seul objet* », de nature à porter atteinte à une liberté fondamentale, les « *motifs* » sur lesquels se fonde cette décision peuvent, dans certains cas, révéler une telle atteinte si elle prend en compte les opinions personnelles que l'intéressé a pu manifester en dehors du service.

Le principe du caractère pluraliste de l'expression des courants de pensée et d'opinion a été consacré comme une liberté fondamentale, non atteinte de manière manifestement illégale par la décision de CANAL + d'organiser un débat télévisé entre M. Seguin et M. Delanoë avant le premier tour des élections municipales à Paris (CE 24 février 2001, M. Jean Tiberi, ordonnance du juge des référés n° 230611).

Les libertés n'entrant pas dans la catégorie de libertés fondamentales

La jurisprudence nous fournit déjà quelques exemples de droits et libertés non considérés comme bénéficiant du régime de protection particulière de l'article L. 521-2 du code de justice administrative.

Les élèves et étudiants doivent ainsi « savoir » qu'ils ne peuvent invoquer aucune liberté fondamentale de n'avoir pas deux enseignements optionnels qui se chevauchent (CE 5 octobre 2001, Ministre de l'Éducation nationale, req. n° 238676) ou d'accéder à un troisième cycle (CE 24 janvier 2001, Université Paris VIII Vincennes-Saint-Denis, ordonnance du juge des référés n° 229501).

De même, les conditions dans lesquelles une entreprise se trouve continuer à occuper et à utiliser des aires publiques de carénage d'un port de plaisance ne mettent en cause aucune liberté fondamentale quand bien même cette occupation méconnaîtrait le principe d'égalité des usagers devant le service public et la continuité de celui-ci (CE 31 janvier 2001, Cne de Saint-Laurent-du-Var, ordonnance du juge des référés n° 229644).

Une commune ne peut davantage invoquer une liberté fondamentale pour s'opposer à une décision d'un conseil général de procéder à l'abattage de plusieurs platanes sur le territoire de la commune sur des dépendances dont cette commune serait propriétaire (CE 19 novembre 2001, Cne de Escueillens et Saint-Just-de-Belengard, ordonnance de référé n° 240174).

De même enfin, le juge des référés du Conseil d'État a rappelé que si le Conseil constitutionnel avait qualifié d'objectif de valeur constitutionnelle « la possibilité pour toute personne de disposer d'un logement décent », il n'avait pas consacré l'existence d'un droit au logement ayant rang de valeur constitutionnelle (CE 3 mai 2002, Association de réinsertion sociale du Limousin et autres, req. n° 245697).

La notion d'atteinte grave et « directe » à une liberté fondamentale

La gravité de l'atteinte à la liberté fondamentale en cause doit s'apprécier en tenant compte des limitations de portée générale qui ont été introduites par la législation pour permettre certaines interventions jugées nécessaires de la puissance publique dans les relations entre particuliers.

Cette formule, déjà utilisée par le Conseil d'État pour autoriser des atteintes à la liberté d'entreprendre par le pouvoir réglementaire dans des secteurs où la loi est déjà intervenue de manière particulièrement restrictive, s'applique précisément en matière d'urbanisme où la loi reconnaît aux personnes publiques le droit de disposer, dans certaines zones, d'un droit d'acquisition prioritaire d'un bien librement mis en vente par son propriétaire.

C'est dire que le simple fait pour une commune d'exercer son droit de préemption ne saurait être considéré comme attentatoire par principe à une liberté fondamentale ; en l'espèce, aucune atteinte n'a été retenue dès lors surtout que la promesse de vente avait été conclue sous la condition suspensive que toute personne publique renonce à l'exercer, ce qui n'a pas été le cas.

Un exemple de cette appréciation relative de l'atteinte à une liberté fondamentale en fonction des atteintes législatives antérieures résulte d'une ordonnance du juge des référés du Conseil d'État en date du 1er mars 2002 (M. Bonfils, req. n° 243651). Dans cette affaire, l'exploitant de quatre établissements d'auto-écoles avait demandé au juge des référés de suspendre, par application de l'article L. 521-2 du code de justice administrative, un arrêté du 30 janvier 2002 du préfet de la Moselle portant retrait et refus de renouvellement de son agrément pour l'exploitation de ces établissements. Cette demande a été rejetée dès lors qu'il résulte des dispositions législatives du code de la route que l'activité d'enseignement de la conduite des véhicules terrestres à moteur ne peut être exercée que sous réserve de l'obtention d'une autorisation administrative et que les restrictions apportées en ce domaine à la liberté d'entreprendre, à la liberté du commerce et de l'industrie ou au libre exercice d'une activité professionnelle résultent de la loi elle-même.

Pour le juge des référés, il en résulte que lorsque le préfet fait usage, dans les conditions et pour les motifs que la loi prévoit, de son pouvoir de retirer ou de ne pas renouveler l'agrément précédemment accordé à un établissement d'auto-école, « il ne peut être regardé comme portant atteinte à une liberté fondamentale au sens de l'article L. 521-2 du code de justice administrative ».

Le même raisonnement a été adopté pour rejeter une demande de référé-liberté formée par une société de transports à l'encontre d'un arrêté préfectoral lui retirant les licences communautaires de transport qu'elle détenait ; en effet l'activité de transport routier public ne peut être exercée, selon les dispositions de la loi du 30 décembre 1982 dite d'orientation des transports intérieurs, que sous réserve de l'obtention de licences délivrées par l'administration. Les restrictions apportées en ce domaine au libre exercice d'une activité professionnelle résultaient donc de la loi elle-même excluant toute atteinte par l'autorité administrative (CE 26 mars 2002, Sté Route Logistique Transports, ordonnance du juge des référés n° 244426).

Le caractère « direct » de cette atteinte, affirmé dans l'arrêt du Conseil d'État en date du 12 novembre 2001 (Cne de Montreuil-Bellay, ordonnance n° 239840), exclut que soit mise en œuvre systématiquement la procédure de protection particulière de l'article L. 521-2 du code de justice administrative chaque fois qu'une des libertés fondamentales est concernée par l'acte ou le comportement de l'administration.

Il appartient au requérant de démontrer que la liberté en cause est « directement » atteinte. Ainsi, si le refus par l'administration de restituer le permis de conduire à un chauffeur-livreur a une incidence sur les conditions d'exercice de sa profession et si cette incidence est de nature à faire réputer remplie la condition d'urgence posée par l'article L. 521-2, ce refus ne porte pas « par lui-même atteinte à une liberté fondamentale » (CE 15 mars 2002, M. Delaplace, ordonnance de référé n° 244078).

De même, les conditions dans lesquelles il est fait application par une personne morale de droit public des règles figurant à l'article L. 122-12 du code du travail relatives au maintien des contrats de travail en cas de transfert d'entreprise (en l'espèce, il s'agissait de la liquidation d'une association gérant une école de musique reprise par la commune) ne sont pas considérées comme touchant « par elles-mêmes » à l'exercice d'une liberté fondamentale (CE 13 mars 2002, Mme Mori et autres, ordonnance de référé n° 243927).

La même solution s'applique à un permis de construire qui ne peut comporter par lui-même aucune atteinte au droit de propriété d'un voisin qui considérerait que la construction empiéterait sur son propre terrain, l'emprise ne pouvant résulter que de l'édification ultérieure de la construction elle-même (CE 11 octobre 2001, Cne de Saint-Bauzille-du-Putois, ordonnance de référé n° 238869).

La notion d'atteinte « manifestement illégale »

Prévue expressément par l'article L. 521-2 du code de justice administrative, cette dernière condition doit naturellement être appréciée au cas par cas par le juge du référé.

Au vu des premières décisions rendues en la matière, il apparaît que cette condition ne sera pas vérifiée si l'appréciation de l'illégalité invoquée pose problème.

Ainsi, le juge des référés du Conseil d'État a rejeté une demande présentée par le GIE Sport Libre tendant à enjoindre à la ligue nationale de football de ne conférer aucune exclusivité à aucune radio pour les manifestations qu'elle organise et de maintenir la possibilité de rendre compte librement en direct par voie radiophonique de ces manifestations et compétitions au motif que la solution de ce litige était liée à la question de savoir si la relation en direct par voie radiophonique d'une compétition sportive relève de la notion de « droits d'exploitation » prévus par la loi du 16 juillet 1984 et si les règles qui, pour la télévision, découlent de cette loi sont également applicables à la radiodiffusion. Eu égard à l'ambiguïté d'une disposition de cette loi à raison de l'emploi simultané, dans un même alinéa, des termes « services de communication audiovisuelle » et « images », le juge des référés a considéré que l'illégalité susceptible d'entacher la décision de la Ligue nationale de football n'était pas « manifeste » (CE 18 mars 2002, GIE Sport Libre, ordonnance de référé n° 244081).

La demande d'un objecteur de conscience tendant à ce qu'il soit enjoint à l'administration de suspendre la décision qui l'a incorporé au titre du service national des objecteurs de conscience a de la même façon été rejetée au motif que les décisions contestées de l'administration lui refusant de le faire bénéficier d'une durée de service en tous points identique à celle du service militaire actif n'étaient pas entachées d'une illégalité manifeste.

L'intéressé invoquait en ce sens les constatations du Comité des droits de l'homme, organe non juridictionnel institué par l'article 28 du Pacte international sur les droits civils et politiques, constatations qui ne revêtent pas de caractère contraignant à l'égard de l'État auquel elles sont adressées. Au surplus, la différence de durée entre les deux types de service national, qui n'était plus que de deux mois depuis le décret du

28 août 2001, n'apparaissait pas « dépourvue de fondement raisonnable et objectif » eu égard à l'objectif du législateur « visant par l'institution d'une différence de durée, à s'assurer indirectement de la sincérité des motifs qui animent l'objecteur de conscience » (CE 11 octobre 2001, M. Hauchemaille, ordonnance de référé n° 238849).

4.1.4 Le référé-conservatoire

Il est prévu à l'article L. 521-3 du code de justice administrative en ces termes : « En cas d'urgence et sur simple requête qui sera recevable même en l'absence de décision administrative préalable, le juge des référés peut ordonner toutes mesures utiles sans faire obstacle à l'exécution d'aucune décision administrative. »

Ce référé « conserve » encore un intérêt depuis la mise en place, au 1er janvier 2001, des deux nouveaux référés suspension et liberté chaque fois que les conditions, autre que l'urgence, requises pour la mise en œuvre de ces référés ne sont pas réunies.

Il trouve matière à s'appliquer principalement pour obtenir du juge des référés des injonctions à l'égard de personnes privées et à l'égard de personnes publiques, sans que soit paralysée à cette occasion une décision de l'administration.

Dans les deux cas, le demandeur à l'injonction doit justifier à la fois de l'urgence de la mesure sollicitée mais également de son utilité. Il est à cet égard significatif que ce référé soit dénommé, parmi les rubriques de classement des requêtes au sein des juridictions administratives, « référé-mesures utiles ». De même, l'utilité invoquée doit nécessairement se rattacher à un litige actuel ou futur susceptible de relever des juridictions administratives.

Le référé-conservatoire à l'égard de personnes privées

Le référé-expulsion du domaine public

Ce référé est très souvent utilisé par l'administration pour obtenir, dans les meilleurs délais, une injonction de quitter les lieux, au besoin sous astreinte, à l'encontre de particuliers, agents publics ou sociétés occupant sans titre des dépendances du domaine public.

Sous réserve de démontrer l'urgence à reprendre possession de ses locaux pour les besoins de ses services publics, qui démontrera par là même l'utilité de la mesure sollicitée, l'autorité administrative, qui n'aura pas besoin en la circonstance d'être autorisée par l'organe délibérant de la collectivité ou de l'établissement public pour saisir le juge des référés, pourra obtenir une ordonnance enjoignant à l'intéressé et à tous « occupants de son chef » de quitter les lieux.

Ainsi, dans une affaire jugée le 28 mai 2001 (Sté Codiam, req. n° 230692), le Conseil d'État a confirmé sur le fond une ordonnance du juge des référés de Melun ordonnant, à la demande de l'Assistance publique-Hôpitaux de Paris, la libération des locaux occupés sans titre par une société à l'hôpital Charles-Foix-Jean Rostand à Ivry-sur-Seine pour les besoins de l'exploitation d'une cafétéria-boutique et d'un service de mise à disposition de téléviseurs dans les chambres des patients. Il y avait en effet urgence à prononcer cette expulsion dans la mesure où la délégation du service public en cause avait été attribuée à une autre société avec effet au 1er janvier 2001 ; le Conseil d'État a en conséquence condamné la société occupante « à libérer immédiatement les locaux » en cause.

Pour échapper à cette demande, l'occupant du domaine public ne saurait arguer du fait qu'il a formé un recours pour excès de pouvoir contre la décision ayant mis fin à son occupation ; le Conseil d'État considère en effet qu'il ne s'agit pas là d'une contestation sérieuse de la demande d'expulsion (CE 2 mars 1990, Mme Peugnez, *Lebon* p. 59 ; il s'agissait en l'espèce de l'expulsion d'une gardienne d'une école maternelle).

Cette procédure trouve principalement à s'appliquer en matière de demandes d'expulsion de gens du voyage occupant sans titre des dépendances du domaine public communal, ferroviaire ou maritime, la compétence du juge administratif disparaissant si la parcelle domaniale occupée fait partie des dépendances de la voirie routière dont le contentieux relève exclusivement du juge judiciaire.

Dans tous les cas, le juge apprécie l'urgence en fonction des circonstances de chaque affaire et au moment où il rend son ordonnance de référé. Ainsi, le juge accepte d'ordonner en référé-urgence l'expulsion d'un occupant sans titre du domaine public en raison de la perturbation qu'il occasionne au bon fonctionnement du service public.

Sont ordonnées, par exemple, les expulsions d'un camping municipal pour occupation au-delà de la durée maximale autorisée et sans paiement des redevances (CE 11 décembre 1985, Cne de Castres c/MM. Peter et autres, req. n° 68887), d'une société de l'immeuble d'un casino après résiliation d'un traité de concession l'autorisant à occuper cet immeuble (CE 23 février 1987, Ville de Biarritz, Sté Soccabia, req. n° 63360-64717), ou encore d'un gardien-chauffagiste d'un logement de fonction d'un lycée d'enseignement professionnel (CE 15 janvier 1988, M. Quenchen, req. n° 909493).

Le référé-injonction de cesser ou reprendre des travaux ou activités de service public

En dehors de l'expulsion du domaine public, l'administration peut solliciter du juge des référés qu'il soit enjoint à une personne privée de cesser des travaux entrepris, y compris en vertu d'un permis de construire, si ces travaux sont de nature à porter atteinte au domaine public (CE 16 janvier 1985, M. Armand Codorniu, *Dr. adm.* 1985, n° 104) ou de cesser l'exploitation d'un remonte-pente à une date précise pour permettre la réorganisation du service public suite à la résiliation de la convention de concession avec cette société (CE 24 février 1982, Entreprise industrielle et financière pour les travaux publics et le bâtiment, *Lebon* p. 87).

Le juge des référés peut également ordonner à un entrepreneur de travaux publics de rapporter des matériels qu'il a retirés du chantier où il travaillait (CE 13 juillet 1956, Office d'HLM de la Seine, *Lebon* p. 343).

Le référé-exécutoire

De manière plus originale, le juge des référés peut conférer un caractère exécutoire à des créances d'organismes privés ou publics non dotés du pouvoir d'émettre des titres exécutoires en donnant injonction aux personnes privées de payer les sommes correspondant aux créances en cause. Le Conseil d'État en a posé le principe dans un arrêt d'assemblée du 4 mars 1991, Société des Bourses françaises (*Lebon* p. 78) en ordonnant, dans le dispositif de son arrêt, à une personne privée de verser la somme correspondant au montant de la sanction financière prononcée par cet organisme.

Les caisses d'allocations familiales peuvent de la même façon solliciter du juge des référés qu'il soit enjoint à leurs allocataires de reverser les sommes indûment perçues en matière d'allocation personnalisée au logement sous réserve de démontrer l'urgence à récupérer ces sommes avant que l'allocataire ne disparaisse dans la nature, faute de quoi seul un recours au fond est possible devant le tribunal administratif qui pourra cependant statuer à juge unique dans ce type de litige figurant expressément à l'article R. 222-13, 3° du code de justice administrative (voir pour un exemple d'ordonnance de référé conservatoire, TA de CAEN, 16 janvier 2001, Caisse d'allocations familiales de la Manche, req. n° 001978).

Le référé-conservatoire à l'égard de personnes publiques : le référé-communication

L'illustration la plus concrète et la plus utile de ce référé-conservatoire pour l'administré est incontestablement la possibilité pour lui, dans la perspective d'un recours à exercer dans un bref délai devant le juge administratif, d'obtenir la communication de certains documents lui apparaissant utiles.

La référence à l'exercice prochain d'un recours devant une juridiction judiciaire interdira au juge du référé « administratif » de se prononcer sur la demande de communication (voir en ce sens CAA Nantes, 12 juin 1997, M. A. Théomine, req. n° 96NT01674 : demande visant à ordonner à une commune la communication de documents relatifs à la vente d'un immeuble appartenant au domaine privé de cette commune en vue d'engager un recours devant la cour d'appel de Caen. Cette demande a été rejetée dès lors qu'elle n'était « manifestement pas susceptible de se rattacher à un litige dont le juge administratif serait compétent pour connaître »).

Le Conseil d'État admettait, sous l'ancien et unique régime du référé-urgence de l'article R. 102 du code des tribunaux administratifs (remplacé par l'article R. 130 du code des tribunaux administratifs et des cours administratives d'appel devenu désormais L. 521-3 du code de justice administrative) que le juge du référé puisse inviter l'administration – dans tous les cas d'urgence – à mettre les intéressés à même de former un recours en leur communiquant les décisions les concernant (CE 11 mai 1979, Ministre de la Santé et de la Famille c/Espinasse, *Lebon p.* 214 – CE 6 juin 1980, Ministre du Travail et de la Participation c/Mme Amiel, *Lebon* T. p. 835).

À défaut d'urgence – par exemple pour un recours en indemnité dont l'introduction n'est pas soumise à des délais aussi brefs – la demande de communication était rejetée (CE 26 juin 1989, Ministre des Postes et Télécommunications c/ Sté Jet Services, *CJEG* 1991 p. 107).

Logiquement, la Haute Juridiction a réaffirmé ce principe en énonçant – de façon plus extensive – que le juge des référés du tribunal administratif compétent tient des dispositions de l'article R. 130 du code des tribunaux administratifs et des cours administratives d'appel « le pouvoir d'inviter l'administration, dans tous les cas d'urgence, à mettre les intéressés à même de former un recours en leur communiquant non seulement les décisions qui les concernent, mais encore les documents annexes nécessaires pour apprécier la portée et la légalité des décisions dont ils entendent solliciter l'annulation pour excès de pouvoir », et il lui appartient, « au vu de la requête dont il est saisi, d'apprécier, s'il y a lieu, le bien-fondé de la communication sollicitée » (CE 5 décembre 1990, Assoc. Te Pohue Ia Metai Ote Henua, *CJEG* 1991 p. 106).

Dans cette dernière affaire, le Conseil d'État a ainsi considéré que la communication de conventions entre une commune et des entrepreneurs pouvait être ordonnée en référé au bénéfice d'une association dès lors que celle-ci pouvait exercer un recours pour excès de pouvoir contre les actes « détachables » de ces contrats. La mesure sollicitée était donc à la fois urgente et utile.

À l'inverse, la demande perd naturellement toute « utilité » si, à la date à laquelle le juge des référés statue, le requérant a déjà saisi le tribunal au fond de son recours ; dans ce cas, il appartient au juge saisi de ce recours de faire usage de ses pouvoirs généraux d'instruction qui lui sont dévolus pour ordonner, le cas échéant, les communications nécessaires à la solution du litige (voir en ce sens CAA Bordeaux, 2 mars 2000, M. Bolus, req. n° 97BX31704 : le document sollicité en référé était une convention d'exploitation d'une ligne de transport non urbain en Guadeloupe en vue d'exercer un recours en interprétation déjà engagé devant le tribunal administratif de Basse-Terre).

Les mesures ne pouvant être ordonnées en référé-conservatoire

L'article L. 521-3 du code de justice administrative précise que les mesures ordonnées en référé ne peuvent faire obstacle à l'exécution d'aucune décision administrative, la condition de « l'absence de préjudice au principal » figurant dans l'ancien article R. 130 du code des tribunaux administratifs et des cours administratives d'appel ayant été supprimée dans le cadre des nouveaux référés-urgence.

Il est donc impossible et inutile de saisir le juge des référés pour obtenir plus rapidement ce que seuls le tribunal, la cour administrative d'appel ou le Conseil d'État, en formation collégiale, peuvent décider.

Ainsi, le juge des référés ne peut prononcer en référé l'annulation d'une décision administrative (CE 16 juin 1999, Mme Jehan-Rioult, req. n° 103.233 : rejet d'une demande en référé visant à prononcer l'annulation d'une décision du recteur de l'académie de Caen attribuant le poste d'assistante sociale auprès du CROUS de Caen).

Cependant, il peut, par exemple, on l'a vu plus haut, ordonner l'arrêt de travaux de construction engagés par un particulier ou un entrepreneur en vertu d'une autorisation administrative. En effet, selon le Conseil d'État, le permis de construire ne figure pas au nombre des décisions dont le code de justice administrative interdit au juge des référés de paralyser l'exécution. L'interruption des travaux fait obstacle à leur exécution, mais prive seulement d'effet une simple « autorisation » accordée à une personne privée.

Les principaux exemples jurisprudentiels concernent précisément des cas où l'administration avait elle-même saisi le juge des référés à l'encontre de particuliers titulaires de permis de construire, mais dont les constructions paraissaient empiéter sur le domaine public (CE sect. 25 janvier 1980, Sté des terrassements mécaniques et Mariani, *AJDA* 1980 p. 650 concl. Rougevin-Baville – CE 16 janvier 1985, Armand Codorniu, *Dr. adm,* 1985 n° 104).

En revanche, si l'administré décide de saisir le juge du référé d'une demande de communication de document administratif en vue de l'exercice urgent d'un recours, il ne doit pas avoir préalablement formulé cette demande auprès de l'administration. Le juge du référé ne pourrait en effet faire droit à sa demande sans empêcher l'exécution de la décision de refus de l'administration (CE 21 octobre 1983, Ministre de l'Agriculture c/Touzan, *Lebon* p. 422).

De même, il a été jugé, dans le cadre de nouvelles dispositions de l'article L. 521-3 du code de justice administrative, qu'il ne pouvait être enjoint au maire d'une commune ayant refusé de saisir son conseil municipal de procéder à cette convocation, puisque le juge du référé ferait alors obstacle à l'exécution de cette décision de refus (CE 18 janvier 2001, M. Morbelli, req. n° 229247).

Cette réserve de l'interdiction de faire obstacle à l'exécution d'une décision administrative est cependant moins gênante depuis l'entrée en vigueur des procédures de référé d'urgence au 1er janvier 2001 puisque l'on sait qu'il est possible d'obtenir, dans le cadre du référé-suspension, qu'il soit enjoint à l'administration de prendre la mesure qu'elle se refusait de prendre s'il est démontré, outre l'urgence, qu'il existe un doute sérieux quant à la légalité de cette décision de refus.

Enfin, le juge des référés du Conseil d'État a eu l'occasion de préciser que s'il est possible au juge des référés de prononcer des injonctions à l'égard de l'administration en application de l'article L. 521-3 du code de justice administrative, l'injonction de prendre un texte réglementaire n'entre pas dans le champ des mesures, de nature provisoire ou conservatoire, que le juge des référés peut ordonner sur le fondement de cet article (CE 29 mai 2002, Syndicat « Lutte pénitentiaire », ordonnance de référé n° 247100 : rejet d'une demande tendant à enjoindre à des ministres de prendre un arrêté réglementaire nécessaire à l'application d'un décret relatif à l'attribution d'une prime de sujétions spéciales à certains personnels de l'administration pénitentiaire).

4.2 Les référés ordinaires

Ordinaires par leur défaut d'urgence et les pouvoirs dont dispose le juge des référés, ces référés sont, comme les précédents, au nombre de trois : le référé-constat, le référé-instruction et le référé-provision.

4.2.1 Le référé-constat

Ce référé a succédé au 1er janvier 2001 à l'ancien constat d'urgence et figure désormais à l'article R. 531-1 du code de justice administrative : « S'il n'est rien demandé de plus que la constatation de faits, le juge des référés peut, sur simple requête qui peut être présentée sans ministère d'avocat et même en l'absence d'une décision administrative préalable, désigner un expert pour constater sans délai les faits qui seraient susceptibles de donner lieu à un litige devant la juridiction. Avis en est donné immédiatement aux défendeurs éventuels [...]. »

Ce texte a le mérite de la clarté par la simplicité de son énoncé et de la procédure qu'il instaure, réduite à sa plus simple expression puisqu'elle se limite à l'avertissement des défendeurs éventuels de la désignation de l'expert, sans qu'il y ait lieu naturellement à la tenue d'une audience publique.

La nouveauté tenant à la suppression de la condition d'urgence n'interdit pas de tirer les leçons de la jurisprudence antérieure tout en soulignant que si l'urgence ne conditionne plus la recevabilité de la demande, elle sous-tend encore les dispositions de l'article R. 531-1 qui évoquent la désignation « sans délai » de l'expert et l'avis donné « immédiatement » aux défendeurs éventuels.

L'objet du référé-constat

Cette mesure vise uniquement à décrire, relater et exposer des faits ; elle a la même finalité qu'un constat d'huissier requis dans le cadre de l'instruction. À cet égard, pour demander un constat, le requérant doit démontrer que des circonstances particulières l'empêchent de recourir au ministère d'huissier ou que les faits à constater présentent un caractère « technique » justifiant le recours à un homme de l'art pour décrire correctement ces faits. Le rôle du juge ne consiste pas en effet à fournir aux requérants les éléments de preuve qu'il leur appartient normalement de recueillir (CE 26 juillet 1982, SA Sous-traitants associés de l'électronique, *Lebon* p. 312).

Si tel est le cas, il est possible de solliciter du juge qu'il désigne un expert pour décrire l'état d'un immeuble sinistré, d'une chaussée défectueuse à l'origine d'un accident ou encore les conditions dans lesquelles un malade a été hospitalisé (voir par exemple, sur ce dernier point CE sect. 7 février 1969, M. Barek, *Lebon* p. 87).

À la différence de la mission de l'expert désigné par voie de référé-expertise, il ne s'agit pas ici de rechercher les causes d'un dommage ou d'évaluer un préjudice, c'est-à-dire de fournir un élément du débat de fond ultérieur, mais de préserver un moyen de preuve éphémère en vue de cette procédure contentieuse (voir en ce sens CAA Marseille, 5 octobre 1999, M. et Mme Giovannangeli-Fleurence, req. n° 96MA02702 : il n'appartient pas au juge des référés, dans le cadre des dispositions relatives au constat – à l'époque d'urgence – d'ordonner une expertise en vue de déterminer les dommages que les travaux effectués pour le compte de la commune ont pu causer à la propriété des demandeurs).

En pratique, il est préférable de faire rapidement suivre sa demande de constat d'une action en référé-expertise désignant le même expert pour rechercher les causes et l'évaluation de ces dommages, notamment en matière de dommages aux biens ou aux personnes.

Les conditions de fond du référé-constat

La constatation de faits pouvant donner lieu à un litige administratif

Les faits à consigner dans le constat doivent être de nature à ouvrir une action en justice devant le juge administratif. S'ils sont éloignés de toute procédure contentieuse, le constat ne peut être ordonné.

À titre d'exemple, dans une affaire jugée le 31 octobre 1986 (CE 31 octobre 1986, M. R. Roland, req. n° 74378), le Conseil d'État avait clairement illustré la condition de rattachement du constat à un litige administratif éventuel.

Le requérant avait demandé au président du tribunal administratif de désigner en référé un expert pour faire constater que les prélèvements d'organes effectués en exécution d'une décision du juge d'instruction du tribunal de grande instance ne seraient pas nécessaires pour déterminer toutes les causes du décès de sa mère. L'intéressé avait également requis du juge d'ordonner un constat d'urgence relatif aux conditions dans lesquelles avait été prescrite l'inhumation du corps.

Sur la première partie de la demande, le Conseil d'État a confirmé l'ordonnance de rejet du président du tribunal administratif en relevant qu'une telle demande concernait la procédure pénale devant le juge d'instruction et était manifestement insusceptible de se rattacher à un litige administratif.

La seconde partie de la demande a également été rejetée, faute pour le requérant de donner une quelconque « indication des faits dont la constatation serait utile à la solution d'un litige susceptible d'être porté devant le tribunal ».

L'utilité

La notion d'utilité prescrite par les textes pour le référé-conservatoire a toujours été exigée par le juge en matière de constat d'urgence et doit naturellement être maintenue pour le nouveau référé-constat.

Ainsi, une demande du constat de l'état d'avancement de travaux de construction d'un barrage et de l'interconnexion de réseaux d'alimentation en eau potable ne présentait aucun caractère d'utilité dès lors que le ministère de l'Environnement avait rendu public un rapport d'une agence de bassin réunissant les informations et les faits sur lesquels devait porter le constat (CE 16 décembre 1987, Comité Stop Nogent-sur-Marne, req. n° 86831).

Il en est de même de la demande tendant à ce que le juge des référés fasse constater la suspension du versement de la rémunération servie à une étudiante préparant une thèse par un institut de recherche ; point n'est besoin en effet d'un expert pour faire constater la cessation de cette rémunération (CAA Paris, 11 juillet 2001, Mme Debergue, req. n° 00PA02741).

De même, la demande de constat sera rejetée si les faits à constater peuvent l'être de la même façon par un huissier s'agissant de faits ne présentant pas de spécificité technique ; on comprend ainsi qu'une demande de référé-constat relative à l'occupation d'une usine par son personnel ou à la description des conditions de circulation automobile devant un immeuble soit rejetée (voir en ce sens CE 26 juillet 1982, SA Sous-traitants associés de l'électronique, *Lebon* p. 312 – CE 7 janvier 1983, MAAF, *Dr. adm.* 1983, n° 67).

Ce rejet s'imposera davantage encore si les requérants ont eux-mêmes d'ores et déjà fait établir un constat d'huissier pour décrire, par exemple, les désordres causés à leur habitation par une inondation (CAA Marseille, 5 octobre 1999, M. et Mme Giovannangeli-Fleurence, req. n° 96MA02702).

La procédure de référé-constat

En raison de son objet, la procédure du référé-constat est plus réduite que celle des référés d'urgence. La demande de constat présentée, par exemple, au greffe du tribunal administratif territorialement compétent avec ou sans avocat – au choix du requérant – n'est pas nécessairement communiquée à la partie adverse par le juge.

Seule l'ordonnance rendue par le président de la juridiction est notifiée par le greffe au défendeur afin qu'il puisse assister aux opérations de constat. Celui-ci, à défaut de la procédure préalable, doit avoir un caractère contradictoire, c'est-à-dire que la demande de constat du requérant n'est pas transmise à l'adversaire qui pourra cependant assister contradictoirement à cette opération.

Il n'existe pas d'audience de constat. Le président ou son délégué rédige le texte de l'ordonnance après avoir choisi l'expert jugé spécialiste de la matière concernée.

Seul le demandeur peut faire appel d'une ordonnance de constat, si le juge rejette sa demande ou en limite l'objet et ce, dans les quinze jours à compter de sa notification, devant le président de la cour administrative d'appel territorialement compétente.

Les adversaires ne sont pas réellement « parties » au litige faute d'avoir été « mis en cause » dans une instance qui ne leur est pas ouverte. Cependant, à défaut de pouvoir faire appel, ils peuvent former tierce-opposition devant le juge qui a rendu l'ordonnance et ce, dans un délai de quinze jours à compter de la notification de l'ordonnance, sous réserve de démontrer que l'ordonnance « préjudicie à leurs droits », ce qui semble peu plausible s'agissant d'un simple « constat » de faits.

4.2.2 Le référé-instruction

L'article R. 532-1 du code de justice administrative prévoit que « le juge des référés peut, sur simple demande, et même en l'absence de décision administrative, prescrire toute mesure utile d'expertise ou d'instruction ».

L'alinéa 2 de ce même article reprend ce que l'on dénomme le « référé-préventif », institué par un décret du 29 mai 1997, en précisant que le juge des référés « peut notamment charger un expert de procéder, lors de l'exécution de travaux publics, à toutes constatations relatives à l'état des immeubles susceptibles d'être affectés par des dommages ainsi qu'aux causes et à l'étendue des dommages qui surviendraient effectivement pendant la durée des travaux ».

Avant d'évoquer ce référé-préventif, il convient d'exposer la jurisprudence relative à la notion d'utilité des mesures ainsi sollicitées et de préciser l'objet limité des mesures d'expertise pouvant être ordonnées.

L'utilité des mesures d'instruction ou d'expertise

Le requérant ne doit pas croire que le rôle du juge des référés consiste à rassembler pour lui des éléments de preuve en vue d'une action contre une personne publique. Si tel était le cas, le juge serait submergé de requêtes. Pour reprendre une formule jurisprudentielle, si l'on ne peut demander au juge des référés une expertise à seule fin de se dispenser de prouver les faits invoqués par le requérant, ce dernier peut « user du droit, qui appartient à tout justiciable, de demander au juge du référé de prescrire, dans le respect d'une procédure contradictoire, des mesures d'investigation utiles à l'appréciation des faits par le juge du fond (CAA

Marseille 20 février 2001, Cabinet ETA CCI de Marseille-Provence, Sté OTH Méditerranée, req. n° 99MA001544, 01559, 01560).

Sont ainsi jugées utiles les mesures d'instruction ou d'expertise destinées à recueillir des informations sur le contenu d'un dossier administratif ou l'origine et l'étendue d'un préjudice physique, matériel ou commercial sous réserve qu'elles permettent d'éclairer le juge du fond dans la perspective d'une action contentieuse née ou à naître, et que ce contentieux relève, au moins pour partie, du juge administratif et ne soit pas entaché d'une irrecevabilité manifeste.

L'exigence minimale d'un contentieux « administratif »

En matière de référé-expertise, le Tribunal des conflits a précisé en 1988, que le juge des référés doit accepter la demande qui lui est présentée « dès lors que le fond du litige est de nature à relever, fût-ce pour partie, de la compétence du tribunal administratif » (T.C. 17 octobre 1988, SA Entreprise Niay, *Lebon* p. 495).

Ainsi, la demande de référé-expertise peut être dirigée par un maître d'ouvrage public non seulement à l'encontre de ses cocontractants mais également leurs sous-traitants, voire l'assureur des entreprises cocontractantes.

Dès lors que les travaux ou l'ouvrage réalisés pas les cocontractants répondent à la définition de travaux ou d'ouvrages publics, le juge du référé administratif pourra désigner un expert même si à la suite du dépôt du rapport de l'expert, les actions au fond contre les cocontractants ou contre leurs assureurs ou sous-traitants relèveront de juridictions différentes.

Cette conception extensive de la compétence du juge du référé cesse, selon le Tribunal des conflits, s'il s'agit dans le cadre d'une instance en référé déjà engagée, d'ordonner une mesure d'instruction qui porte « à titre exclusif sur un litige dont la connaissance au fond n'appartient manifestement pas à l'ordre de juridiction auquel il appartient » (TC 5 juillet 1999, Préfet de la Marne, req. n° 3154 ; il s'agissait en l'espèce d'un appel en intervention forcée du préfet de la Marne et du préfet de l'Aisne devant le juge du référé judiciaire).

L'exigence d'une perspective contentieuse non manifestement irrecevable

Pour s'opposer à une demande d'expertise, le ou les défendeurs peuvent tenter de démontrer que ladite expertise ne sera pas utile dans la mesure où l'action engagée ou à engager sur le fond se trouve entachée d'une irrecevabilité manifeste.

Il en sera ainsi de la demande d'expertise graphologique de ses copies présentée par un candidat malheureux à un examen de médecine alors que non seulement les délais de recours contre les résultats de cet examen semblaient expirés, ce que contestait l'intéressé, mais également l'attestation de résultats faisait apparaître qu'il ne s'était pas présenté à 3 des 6 modules nécessaires pour l'obtention de l'examen et que, compte tenu du nombre de postes disponibles et de son rang de classement, il n'avait de toutes manières aucune chance d'être admis (CAA Marseille 23 janvier 2001, M. Khadri, req. n° 99MA01571).

À l'inverse, les entreprises ayant participé à la réalisation d'un centre pénitentiaire à Perpignan n'ont pu faire rejeter la demande d'expertise formulée par le ministre de la Justice sur les désordres constatés dans ce centre pénitentiaire en se bornant à soutenir, sans le démontrer, que leur responsabilité décennale ne pourrait plus être engagée ; ce faisant, elles ne démontraient pas que les actions que pourrait éventuellement engager le ministre de la Justice seraient entachées d'une irrecevabilité manifeste (CAA Marseille 23 janvier 2001, Sté SOGEA et autres, req. n° 97MA11472).

La même objection a été opposée dans le cadre d'un litige contractuel déjà engagé devant le juge du fond à propos de la prétendue forclusion de la demande principale relative au décompte général et définitif d'un marché qui rendrait l'expertise « frustratoire » ; cette forclusion n'affectait en réalité qu'une réclamation relative à une demande tendant à l'indemnisation de sujétions imprévues, au demeurant reprise dans la demande portant sur le décompte général et définitif du marché (CAA Marseille 20 mars 2001, Département du Var Sté Var Aménagement Développement, req. n° 98MA00724).

D'une manière générale, on ne saurait considérer comme manifestement irrecevable une demande au fond dont l'issue dépend pour partie des résultats des opérations d'expertise ; ainsi on ne pourrait opposer l'exception de prescription décennale en matière de dommages liés à des actes médicaux, instituée par la loi du 4 mars 2002, à une action tendant à mettre en jeu la responsabilité d'un établissement hospitalier, à l'occasion d'une demande en référé portant, notamment, sur la date de consolidation des blessures de la victime.

De même, la demande d'expertise ne sera pas jugée utile si aucune perspective contentieuse n'est envisageable : a ainsi été rejetée une demande d'expertise visant à décrire le réseau d'eau d'une commune appartenant anciennement à une section de communes et attribué à une nouvelle commune, faute de s'inscrire « dans une perspective contentieuse » (CAA Lyon 6 juin 2000, Section de commune de Montouaix, req. n° 97LY02595).

L'utilité des mesures d'instruction ou expertise après saisine du juge du fond

Comme le rappelle habituellement la jurisprudence administrative, « ni les dispositions de l'article R. 532-1 du code de justice administrative, ni aucun autre texte ou règle générale de procédure applicable devant le juge administratif n'interdisent au juge des référés de prescrire une expertise après saisine du juge du fond, dès lors que cette mesure remplit la condition d'utilité fixée par ces dispositions ».

La condition d'utilité ne sera pas considérée comme remplie dans le cadre d'un recours pour excès de pouvoir déjà engagé si la demande porte exclusivement sur la communication d'un dossier ou de documents dont le juge du fond peut prescrire la communication dans le cadre de son pouvoir d'instruction. En effet, dans ce cas, la communication perd toute « utilité » puisqu'il appartient au tribunal, saisi du recours, d'ordonner le cas échéant la production du dossier au vu duquel la décision attaquée a été prise.

A ainsi été rejetée une demande visant à obtenir en référé la communication du dossier administratif au vu duquel le licenciement d'un agent public pour insuffisance professionnelle avait été prononcé, alors que cet agent avait déjà demandé au tribunal administratif de prononcer l'annulation de ce licenciement (CAA Nancy 27 janvier 2000, M. Casanovas, req. n° 99NC02154).

Le même sort a été réservé à la demande d'une enseignante portant sur une expertise permettant d'établir la réalité de ce qui lui était reproché dans ses rapports avec ses élèves, demande en relation avec les décisions plaçant l'intéressée en congé de longue durée, décisions déférées sur le fond au tribunal administratif (CAA Marseille 20 mars 2001, Mme Tiraspolsky, req. n° 00MA1659).

L'utilité de la mesure sera plus facilement admise, même dans le cadre d'un recours pour excès de pouvoir, si la demande porte sur une mesure d'ordre technique ou médical, dépassant les simples pouvoirs d'instruction du juge chargé au fond du dossier.

Ainsi a été jugée « utile » une mesure d'expertise médicale portant sur l'aptitude d'une fonctionnaire à reprendre son travail alors même que cet agent avait d'ores et déjà exercé un recours pour excès de pouvoir devant le juge du fond pour contester les décisions la plaçant en congé de longue maladie et la maintenant dans cette fonction (CAA Paris 31 décembre 2001, Mme Mugerin, req. n° 01PA03519).

Il en sera *a fortiori* de même dans le cadre d'un recours de plein contentieux indemnitaire déjà engagé devant le tribunal s'il s'agit d'évaluer les préjudices subis par les victimes (CAA Lyon 26 juin 2001, Département de la Côte-d'Or, req. n° 01LY00222).

En toute hypothèse, le juge des référés ne pourra ordonner la communication de documents couverts par un secret protégé par la loi sans l'autorisation de celui dans l'intérêt duquel le secret a été édicté, qu'il s'agisse de pièces n'émanant pas de l'administration mais qu'elle détient ou de pièces émanant de l'administration ou d'un organisme de contrôle dépendant de l'État, tels les passages des informations couvertes par le secret en matière économique et bancaire (CE 4 juillet 2001, Ministre de l'Économie, des Finances et de l'Industrie c/ Association des Épargnants de France, req. n° 207090).

Dans cette dernière affaire, la demande visait plus précisément à obtenir la désignation d'un expert en vue d'établir et de décrire la situation d'une société d'assurance-vie en liquidation judiciaire avant son rachat en 1994 et impliquait que soient communiquées à cet expert des pièces couvertes par le secret sans l'accord de ceux dans l'intérêt desquels le secret avait été institué.

L'ordonnance du magistrat de première instance a été annulée en tant qu'elle impliquait cette transmission à l'expert, le Conseil d'État prenant soin de souligner par ailleurs que la demande initiale ne supposait pas que soit vérifiée l'urgence dès lors qu'il s'agissait d'un référé-instruction et non d'un référé-communication.

L'utilité d'une nouvelle expertise

Il est possible, en dehors même d'une extension de l'expertise initiale à d'autres parties dont la mise en cause paraît utile, de solliciter une seconde expertise s'il apparaît que des éléments nouveaux sont survenus depuis la première expertise ou qu'il y a lieu d'obtenir des éléments complémentaires, suite au dépôt du rapport d'expertise initiale (voir a contrario CE 14 mars 1997, Sté SOGEA Sud-Ouest SNC, req. n° 161417).

Dans cette dernière décision, le Conseil d'État a rejeté la demande d'expertise complémentaire comme non utile en rappelant qu'en toute hypothèse cette demande ne saurait se fonder uniquement sur la critique des conditions dans lesquelles ont été menées les opérations de l'expertise initiale, critique qui ne peut être formulée qu'à l'occasion d'une action au fond.

Il appartiendra aux demandeurs de justifier de cette utilité, faute de quoi la nouvelle expertise sollicitée ne sera pas ordonnée (voir en ce sens CAA Paris 6 mars 2001, Syndicat des copropriétaires de l'immeuble 15 boulevard de la Chapelle, req. n° 00PA03712).

L'objet limité des mesures d'expertise

Comme pour les expertises ordonnées par le tribunal, la mission de l'expert désigné en référé ne saurait porter sur une question de droit, telle que la méconnaissance éventuelle par un entrepreneur des prescriptions du cahier des clauses administratives générales d'un marché public (CAA Marseille 20 février 2001, Cabinet et CCI de Marseille-Provence Sté OTH Méditerranée, req. n° 99MA01544, 01559, 01560) ou la qualification juridique des faits.

Ainsi, un expert ne peut se voir confier la mission de dire « si les causes d'interruption des travaux présentaient un caractère de gravité, d'imprévisibilité et d'irrésistibilité suffisant pour pouvoir être regardés comme des événements de force majeure » (CE 10 décembre 1975, Sté générale de construction industrielle dite Cotraba, *Lebon* T. p. 1201) ou de rechercher si un dommage présente un caractère « anormal et spécial » (CE 11 janvier 1980, Mme Veiller, *Dr. adm.* 1980, n° 311).

Cette jurisprudence se fonde sur le fait que ces notions « juridiques » de force majeure ou d'anormalité et de spécialité d'un préjudice conditionnent la solution de litiges qu'il appartient au seul tribunal, et non à l'expert, de trancher.

Il en serait de même d'une demande d'expertise visant à faire reconnaître par un expert le caractère « exceptionnellement dangereux » d'un ouvrage public dès lors que l'on sait que le fait de reconnaître à un ouvrage public la qualité d'ouvrage exceptionnellement dangereux constitue bien « une opération de qualification juridique des faits » (voir en ce sens conclusions Le Chatelier sous CE sect. 5 juin 1992, Ministre de l'Équipement, du Logement, des Transports et de la Mer c/ M. et Mme Cala, *RFDA* 1993, p. 68).

Le référé-préventif

Le domaine et l'objet de ce référé sont extrêmement limités par l'alinéa 2 précité de l'article R. 532-1 du code de justice administrative.

Il ne peut intervenir que dans le cadre de « travaux publics » et vise exclusivement à confier à un expert le soin de faire des « constatations » relatives à l'état d'immeubles susceptibles de connaître des désordres à l'occasion de la réalisation de ces travaux publics à proximité.

Le plus souvent, ce référé-préventif est initié par le maître d'ouvrage des travaux publics en cause aux fins d'éviter que soient imputés à la réalisation de ces travaux des désordres qui préexistaient dans les immeubles riverains. Pour engager utilement cette procédure, le demandeur doit recueillir l'identité des propriétaires des immeubles concernés de manière à respecter le principe du contradictoire. C'est à cette occasion que les riverains entendent, à tort, voir confier à l'expert la mission d'évaluer les conséquences de la réalisation de ces travaux sur la valeur vénale de leur immeuble ou de leur commerce.

C'est ainsi qu'un expert a été désigné le 10 février 2000 par le président du tribunal administratif de Rouen aux fins de dresser un constat de l'état des immeubles riverains des travaux de construction d'une ligne de métrobus ; cette mission n'a pu être étendue, à raison de son caractère préventif, à la recherche des incidences administratives, techniques, financières ou commerciales sur l'exploitation d'un fonds de commerce riverain (CAA Douai 17 octobre 2000, Sté Dafy Moto, req. n° 00DA00479).

4.2.3 Le référé-provision

Traditionnellement refusé par le juge des référés qui considérait que l'octroi d'une provision à valoir sur l'indemnisation d'une victime « préjudiciait au principal » c'est-à-dire anticipait sur la solution d'un litige soumis au tribunal dans sa formation collégiale, le référé-provision a été institué pour la première fois en septembre 1988 tout en étant conditionné, à l'époque, par le dépôt, au plus tard le jour où le juge du référé se prononçait, d'une requête au fond devant le tribunal administratif.

Cette condition ne figure plus dans le cadre du nouveau référé-provision institué par le décret du 22 novembre 2000 ; le référé-provision est devenu une procédure totalement autonome comme le confirme le libellé même de l'article R. 541-1 du code de justice administrative : « Le juge des référés peut, même en l'absence d'une demande au fond, accorder une provision au créancier qui l'a saisi lorsque l'existence de l'obligation n'est pas sérieusement contestable. Il peut, même d'office, subordonner le versement de la provision à la constitution d'une garantie. »

La condition de l'octroi d'une provision : une obligation de réparation non sérieusement contestable

La seule condition imposée par l'article R. 541-1 du code de justice administrative est que l'existence de l'obligation de réparation invoquée par le créancier ne soit pas « sérieusement contestable ». Le requérant doit ainsi démontrer dans sa requête que la responsabilité de l'administration à son égard n'est pas sérieusement contestable.

Au vu de la jurisprudence intervenue sous l'ancien régime de l'article R. 129 du code des tribunaux administratifs et des cours administratives d'appel, qui régissait le référé-provision, on peut considérer qu'il en sera ainsi principalement lorsque le demandeur n'aura pas à établir l'existence d'une faute à la charge de l'administration pour obtenir réparation.

Il s'agira par exemple d'une demande de provision présentée par un requérant en situation de tiers par rapport à un ouvrage ou des travaux publics, sous réserve qu'il démontre le lien de causalité entre son préjudice et l'ouvrage ou les travaux publics, ainsi que le caractère « anormal » et « spécial » de son préjudice.

Le simple fait pour le défendeur de signer une transaction portant sur une partie du préjudice n'est pas considérée comme valant reconnaissance du caractère non sérieusement contestable de l'obligation pour l'ensemble du préjudice ni du caractère anormal et spécial de ce préjudice (CE 20 décembre 2000, Société des autoroutes du Sud de la France, req. n° 212293 ; il s'agissait en l'espèce d'une lettre de la société de autoroutes du Sud de la France proposant, dans le cadre d'une offre transactionnelle, de prendre en charge les travaux d'isolation phonique d'une maison située à proximité d'une autoroute).

Il en sera de même *a fortiori* pour les demandes présentées dans le cadre d'un régime législatif de responsabilité sans faute de l'État, qu'il s'agisse des dommages résultant de crimes ou délits commis à force ouverte ou par violence du fait d'attroupements ou de rassemblements armés ou non armés (loi du 7 janvier 1983, art. 92) ou du refus de l'État de prêter le concours de la force publique pour l'exécution de décisions de justice (loi du 5 juillet 1991 sur les procédures civiles d'exécution, art. 13).

Enfin, la demande de provision pourra être présentée même dans le cadre d'un régime de responsabilité pour faute chaque fois que la faute résultera à l'évidence des pièces du dossier ou d'un rapport d'expertise déposé à la suite d'une précédente requête en référé-expertise.

Cette procédure peut ainsi être avantageusement utilisée dans le contentieux de la responsabilité hospitalière publique dans tous les cas où les conclusions de l'expert désigné en référé mettent en évidence des fautes médicales ou de soins à l'origine du préjudice de la victime.

À l'inverse, il convient de s'abstenir de déposer le même jour ou parallèlement une demande de référé-expertise portant notamment sur la recherche d'un éventuel manquement aux règles de l'art médical ou technique et une demande de provision ; la recherche d'un éventuel manquement suffit en effet à démontrer le caractère « contestable » de l'obligation.

La procédure de référé-provision

La demande de référé-provision fait l'objet d'une instruction rapide limitant le contradictoire à sa plus simple expression.

Le Conseil d'État a ainsi jugé que toutes les procédures de référé, dont le référé-provision, pouvaient, sans porter atteinte au caractère contradictoire de la procédure, être menées sans que les mémoires en défense dussent être communiqués au demandeur ; en effet l'ensemble de ces procédures, de caractère provisoire, échappe au domaine d'application de l'article 6 paragraphe 1 de la Convention européenne de sauvegarde des droits de l'homme et des libertés fondamentales sur le droit à un « procès » équitable (CE 5 avril 1996, Syndicat des avocats de France, req. n° 116594).

Il s'ensuit que lorsque le juge des référés communique au demandeur un mémoire en défense, bien qu'il n'y soit pas tenu, la brièveté du délai dont ce demandeur peut éventuellement disposer pour y répondre est sans influence sur la régularité de la procédure (CE 22 mars 1999, M. Soudain, req. n° 186336).

On ne peut que conseiller aux personnes publiques ou privées défenderesses dans une procédure de référé-provision de produire un mémoire en défense dès lors que si le simple fait de contester l'obligation ne la rend pas sérieusement « contestable », le silence, qualifié de « morosité », est analysé par le juge comme la reconnaissance du caractère non sérieusement contestable de l'obligation de réparation.

Cette manifestation écrite s'impose d'autant plus que la tenue d'une audience n'est pas considérée comme obligatoire (CE 20 mars 2000, Département des Hauts-de-Seine, req. n° 199013).

La décision accordant la provision

Même si la condition d'une obligation non sérieusement contestable est vérifiée, le juge des référés n'est pas tenu d'accorder cette provision. Il dispose en la matière d'un pouvoir dit « discrétionnaire » dès lors que l'article R. 541-1 du code de justice administrative prévoit seulement que le juge « peut » accorder une provision au créancier.

Le montant de la provision peut être égal à la totalité des sommes en cause (CE 20 mars 2000, Département des Hauts-de-Seine, req. n° 199013) et la condamnation peut être mise à la charge solidaire de plusieurs défendeurs (CE 19 novembre 1993, Port autonome de Marseille, *Lebon* p. 324).

Le juge des référés peut, même d'office c'est-à-dire sans que la demande lui soit présentée par l'administration débitrice, subordonner le versement de le provision qu'il accorde à la constitution d'une garantie.

Cette dernière condition sert à éviter tout risque de perte définitive de la somme avancée par le débiteur dans l'hypothèse notamment d'un créancier peu solvable ainsi que d'une appréciation excessive du préjudice et de la provision correspondante, voire, exceptionnellement du principe même de l'obligation du créancier.

De même qu'une juridiction peut revenir, dans l'examen au fond d'une demande d'annulation, sur le doute « sérieux » quant à la légalité de la décision qui avait fait l'objet d'une suspension en référé, un tribunal peut considérer que l'appréciation du caractère non sérieusement contestable de l'obligation n'était pas fondée. Le bénéficiaire de la provision peut donc être tenu de constituer une caution bancaire ou une hypothèque de manière à garantir le reversement éventuel de cette provision.

La fixation définitive du montant de la dette

Compte tenu de la suppression de la condition d'une instance au fond parallèle par les dispositions du décret du 22 novembre précité, entrées en vigueur au 1er janvier 2001, l'administration ou une entreprise privée, voire un architecte ayant participé par exemple à des travaux publics, peuvent se voir condamnés à verser une provision à leur adversaire sans connaître le montant de leur dette définitive reposant sur leur obligation de réparation jugée non sérieusement contestable.

Ce montant sera le plus souvent établi dans le cadre de l'instance au fond que ne manquera pas d'engager le créancier bénéficiaire de la provision qui demandera au Tribunal de confirmer le principe du caractère non sérieusement contestable de l'obligation de réparation et de l'indemniser de son entier préjudice en complément de la provision déjà versée en référé.

Si le créancier n'a pas engagé d'action au fond en sollicitant du tribunal administratif la condamnation « définitive » du défendeur, ce dernier peut, en vertu du nouvel article R. 541-4 du code de justice administrative « saisir le juge du fond d'une requête tendant à la fixation définitive du montant de sa dette ».

Destinée à éviter à la personne condamnée en référé-provision de voir peser sur elle une future action du bénéficiaire de la provision dans le délai de la prescription quadriennale, qui commencera à courir le 1er janvier de l'année suivant celle de l'ordonnance de référé-provision, cette procédure présente l'originalité de pouvoir être initiée par l'administration elle-même qui sollicitera du juge du fond que soit fixée sa dette, c'est-à-dire le montant de sa condamnation. Il s'agit là, à n'en pas douter, d'une nouveauté fondamentale qui ouvre à l'administration, ou toute autre personne publique ou privée, une voie de recours contre elle-même en vue de connaître le montant définitif de son obligation.

Comme pour les justiciables, cette action est enfermée dans un délai de deux mois à compter de la notification de la décision de provision rendue en première instance ou en appel.

À la différence de cette nouvelle action en « confirmation » de l'ordonnance, l'administration dispose de voies de recours contre l'ordonnance fixant la provision.

La contestation de l'ordonnance de référé-provision

L'ordonnance se prononçant sur la demande de provision peut faire l'objet d'un appel dans les quinze jours de sa notification auprès de la cour administrative d'appel.

Si cette ordonnance accorde la provision, le juge d'appel peut en prononcer le sursis à exécution si l'exécution de cette ordonnance risque d'entraîner des conséquences difficilement réparables et si les moyens énoncés à son encontre paraissent, en l'état de l'instruction, sérieux et de nature à justifier son annulation et le rejet de la demande.

Si la décision sur la provision est prise par le président de la cour administrative d'appel, l'ordonnance peut faire l'objet d'un pourvoi en cassation devant le Conseil d'État dans les quinze jours de sa notification. Le juge de cassation peut également prononcer le sursis à exécution de l'ordonnance accordant la provision dans les mêmes conditions de moyens sérieux et de risque de conséquences difficilement réparables. (art. R. 541-6 CJA).

4.3 Les référés particuliers

Le titre V du livre V du code de justice administrative consacré au référé comprend les « dispositions particulières » relatives à certains contentieux.

Si l'on exclut le référé en matière fiscale (CJA, art. L. 552-1 et L. 552-2) et des régimes de suspension dans des domaines très spécifiques, tels que les marchés ou les délibérations des établissements publics de santé (CJA, art. L. 554-5 et L. 554-6), les marchés des établissements d'enseignement (CJA, art. L. 554-7) ou encore la suspension des actes des fédérations sportives sur demande du ministre chargé des sports (CJA, art. L. 554-8) qui ne concernent pas le contentieux administratif général, les principaux référés particuliers concernent le référé-précontractuel en matière de marchés publics, le référé en matière de communication audiovisuelle, les suspensions sur déférés préfectoraux ou encore la suspension en matière d'urbanisme et de protection de la nature et de l'environnement.

4.3.1 Le référé-précontractuel en matière de passation de contrats et marchés

« Importé » du droit communautaire et notamment de deux directives du 29 décembre 1989 et 25 février 1992, ce référé introduit en droit français en 1992 apparaissait à l'époque révolutionnaire par l'ampleur des pouvoirs d'injonction qu'il conférait au juge du référé administratif à l'encontre de l'administration en vue de l'obliger à respecter ses obligations de publicité et de mise en concurrence dans le secteur des marchés publics.

Codifié aux articles L. 22 et L. 23 du code des tribunaux administratifs et des cours administratives d'appel, ce référé figure aujourd'hui aux articles L. 551-1 et L. 551-2 du code de justice administrative sans avoir subi de modification essentielle, à l'exception d'une disposition destinée à renforcer l'effectivité de cette procédure.

Il concerne respectivement les marchés publics et délégations de services publics (CJA, art. L. 551-1) et les marchés publics de fournitures et de travaux dans les secteurs de l'eau, de l'énergie, des transports et des télécommunications (CJA, art. L. 551-2).

Le référé-précontractuel de droit commun

Les conditions de saisine du juge du référé-précontractuel

Les conditions de forme

Elles concernent à la fois le délai de saisine et les personnes aptes à saisir le juge du référé.

Délai de saisine

Le juge du référé doit être saisi avant la signature du contrat litigieux. Une fois le contrat saisi, seul le juge du fond, c'est-à-dire le tribunal administratif dans sa formation collégiale pourra être saisi sans qu'il puisse disposer de pouvoirs aussi importants et efficaces que le juge du référé.

Une course de vitesse s'instaure ainsi entre l'entreprise requérante et l'entreprise en voie de signature du marché ; si ce dernier est conclu, le juge du référé ne pourra que se déclarer incompétent et constater qu'il n'y a plus lieu à statuer (CE 1er avril 1998, Courly, req. n° 185054).

Le juge du référé ne peut, pour contourner cet obstacle lié à la rapidité de la signature, contrôler la validité de cette signature telle que la régularité de la délégation reçue par l'autorité qui a signé le marché (CE 8 février 1999, Sté Campenon Bernard SGE, req. n° 188100).

Pour éviter des saisines inefficaces, la loi du 30 juin 2000 relative au référé devant les juridictions administratives a complété l'article L. 551-1 du code de justice administrative en prévoyant que dès qu'il est saisi, le juge du référé « peut enjoindre de différer la signature du contrat jusqu'au terme de la procédure et pour une durée maximum de vingt jours ».

Cette réforme s'imposait d'autant plus que la saisine du juge devait être précédée, avant la décret du 23 novembre 2000 pris pour l'application de la loi précitée, d'un recours préalable auprès de la personne morale coupable d'un manquement aux obligations de publicité et de mise en concurrence ; le silence gardé sur cette demande pendant dix jours valait refus et autorisait en conséquence l'entreprise requérante à saisir le juge du référé.

Le décret du 23 novembre 2000 a mis fin à cette exigence qui semait un obstacle supplémentaire dans la course de vitesse engagée par l'entreprise s'estimant lésée contre l'entreprise signataire.

Les personnes pouvant saisir le juge du référé-précontractuel

Les personnes habilitées à agir sont celles qui ont un intérêt à conclure le contrat et qui sont susceptibles d'être lésées par le manquement invoqué, c'est-à-dire le plus souvent l'une des entreprises ayant répondu à l'appel d'offres ou à l'avis de publicité dans le cadre d'une délégation de service public.

Lorsque le contrat doit être conclu par une collectivité territoriale ou un établissement public local, le préfet du département peut également saisir le juge du référé.

Enfin, lorsque la commission des communautés européennes a notifié à l'État les raisons pour lesquelles elle estime qu'une violation claire et manifeste des obligations de publicité et de mise en concurrence d'origine communautaire ou résultant de l'accord sur l'Espace économique européen a été commise, le juge du référé-précontractuel peut être saisi :
- par le ministre de tutelle lorsqu'il s'agit d'un contrat passé par un établissement public de l'État non industriel et commercial ou par le préfet lorsqu'il s'agit d'un contrat passé par une collectivité territoriale ou un établissement public local non industriel et commercial ;
- par le ministre ou le préfet intéressé lorsqu'il s'agit d'un contrat passé par une personne morale de droit privé pour le compte de l'État, d'une collectivité territoriale ou d'un établissement public ayant un caractère autre qu'industriel et commercïal et relevant de l'État ou d'une collectivité territoriale (CJA, art. L. 532-1 alinéa 4 et R. 551-3).

Les conditions de fond

La nature du contrat

Pour que le juge du référé soit valablement saisi, il convient de s'assurer que le contrat dont la passation est contestée entre bien dans l'une des catégories visées à l'article L. 551-1 du code de justice administrative soit un marché public ou une délégation de service public.

Ainsi, le juge du référé est à bon droit saisi d'un recours en manquement à propos d'un véritable marché public (CE 20 mai 1998, Communautés de communes du Piémont du Baar, Service des eaux et assainissement du Bas-Rhin, req. n° 188239).

À l'inverse, le juge du référé n'est pas compétent si le contrat en cause ne constitue pas une délégation de service public mais une simple concession domaniale (voir en ce sens CE 12 mars 1999, Ville de Paris, req. n° 186085 : il s'agissait en l'espèce du renouvellement de la concession d'exploitation d'un café-restaurant « L'Orée du Bois » situé dans le bois de Boulogne à Paris ; le Conseil d'État a jugé que la procédure de référé-précontractuel n'était pas applicable car si l'activité de ce restaurant contribuait à l'accueil de touristes dans la capitale, elle ne constituait pas une activité de service public pouvant donner lieu à délégation).

La nature des manquements

Le juge du référé-précontractuel ne peut intervenir que si le requérant invoque et démontre des manquements aux obligations de publicité et de mise en concurrence dans la passation du marché public ou de la délégation de service public.

Le juge doit ainsi vérifier les motifs de l'exclusion d'un candidat de la procédure d'attribution d'un marché (voir en ce sens CE 6 novembre 1998, Assistance publique-Hôpitaux de Marseille, req. n° 194960 – CE 29 juillet 1998, Garde des Sceaux, Ministre de la Justice c/ Sté Génicorp, req. n° 177952) mais il ne dispose pas du pouvoir de comparer les mérites respectifs des candidats (CE 29 juillet 1998, Syndicat mixte des transports en commun de l'agglomération clermontoise, Sté SPIE Batignolles et ANF Industries, *Lebon*. T. p. 1098).

Le Conseil d'État a ainsi considéré que l'autorité administrative ne méconnaît pas les règles de la concurrence en apportant à la consultation des adaptations correspondant à des éléments d'informations complémentaires apparues nécessaires en cours de procédure et portées à la connaissance des candidats (CE 29 juillet 1998, Éditions Dalloz Sirey et Sté ORT, *Lebon* p. 330).

En revanche, l'autorité administrative ne respecte pas les règles de publicité et de concurrence en prorogeant les dates de validité des offres présentées par 5 candidats en ne recueillant l'accord que de 3 d'entre eux (CE 13 décembre 1996, Syndicat intercommunal pour la revalorisation des déchets du secteur Cannes Grasse et autres, *Lebon* p. 488).

Les pouvoirs du juge du référé-précontractuel

Le juge du référé-précontractuel dispose de pouvoirs d'injonction importants ; il peut en effet :
– ordonner à l'auteur du manquement de se conformer à ses obligations ;
– suspendre la passation du contrat ou de toute décision qui s'y rapporte ;
– annuler ces décisions et supprimer les clauses ou prescriptions destinées à figurer dans le contrat et qui méconnaissent les obligations de publicité et de mise en concurrence.

Ainsi, à l'occasion de la première application de cette procédure, le président du tribunal administratif de Caen avait ordonné le sursis de la signature d'une convention emphytéotique entre la ville de Cabourg et une société portant sur la rénovation et l'exploitation du casino et avait annulé la délibération du conseil municipal autorisant la signature de ce contrat. La procédure de publicité communautaire n'avait pas en effet été respectée (TA Caen 9 septembre 1992, SA d'organisation de loisirs et de spectacles [SOLS], *Lebon* p. 619).

De même, dans l'affaire précitée, jugée le 13 décembre 1996, le Conseil d'État a confirmé la suspension de la passation du marché et ordonné au syndicat intercommunal de reprendre l'ensemble de la procédure de délégation de service public portant sur l'enlèvement des ordures ménagères.

La procédure de référé-précontractuel

La décision du juge du référé doit en principe intervenir dans les vingt jours de sa saisine.

Compte tenu de l'importance des pouvoirs accordés au juge du référé, le Conseil d'État a considéré que sa décision ne pouvait intervenir qu'à l'issue d'une procédure contradictoire comportant notamment une audience publique (CE ass. 10 juin 1994, Cne de Cabourg, *Lebon* p. 300 : le Conseil d'État a confirmé sur le fond l'ordonnance précitée du TA de Caen annulée pour vice de forme à raison de l'absence d'audience publique).

Cette procédure contradictoire comportant une audience publique s'imposait d'autant plus que les ordonnances du juge du référé-précontractuel sont rendues en premier et dernier ressort et ne peuvent faire l'objet que d'un recours en cassation dans les quinze jours de la notification.

Le référé-précontractuel dans les secteurs dits « exclus » de l'eau, de l'énergie, des télécommunications et des transports

Une procédure similaire est instituée par l'article L. 551-2 du code de justice administrative mais les pouvoirs du juge du référé se limitent en la matière – outre l'injonction de ne pas signer le contrat en cause pendant un délai identique de vingt jours – à ordonner à l'auteur du manquement de se conformer à ses obligations, sous peine d'une astreinte provisoire voire définitive, en tenant compte des difficultés rencontrées pour l'exécution de l'injonction et de l'intérêt public.

4.3.2 Le référé en matière de communication audiovisuelle

En cas de manquement aux obligations résultant de la loi du 30 septembre 1986 relative à la liberté de communication et pour l'exécution des missions du Conseil supérieur de l'audiovisuel (CSA), le président de celui-ci peut demander au président de la section du contentieux du

Conseil d'État qu'il soit ordonné à la société de télévision responsable, de se conformer aux dispositions de la loi et de mettre fin à l'irrégularité ou d'en supprimer les effets (loi du 30 septembre 1986, art. 42-10). Le président de la section du contentieux du Conseil d'État, statuant en référé, peut alors prendre, au besoin d'office, toute mesure conservatoire sous forme d'ordonnance et prononcer une astreinte pour l'exécution de celle-ci.

Ainsi, il a enjoint à TF1 de se conformer à l'obligation de ne pas dépasser les temps fixés pour la diffusion des messages publicitaires, sous peine d'astreintes proportionnelles à la durée de dépassement (CE Commission nationale de la communication et des libertés c/ Sté TF 1, ordonnance du 16 mars 1988, *Lebon* p. 124). Il a également été demandé à une chaîne de télévision de ne pas diffuser un film érotique à une heure de grande audience (CE Commission nationale de la communication et des libertés c/ Sté La Cinq, ordonnance du 20 octobre 1988, *Lebon* p. 352).

Le président de la section du contentieux peut, après avoir fixé une astreinte, en modérer le taux lors de la liquidation (CE Commission nationale de la communication et des libertés c/ Sté Télévision française TF1, ordonnance du 21 septembre 1988, *Lebon* p. 310) et renvoyer à la section elle-même l'examen d'une demande qui soulève une difficulté (CE sect. 20 janvier 1989, Commission nationale de la communication et des libertés c/ Sté La Cinq, *AJDA* 1989 p. 136 : au sujet d'une décision de la Commission nationale de la communication et des libertés, prédécesseur du CSA, relative à la fixation d'un maximum de publicité autorisé).

L'originalité de cette procédure de référé mérite d'être soulignée dès lors que l'initiative en est exclusivement réservée au président du Conseil supérieur de l'audiovisuel et qu'elle doit être diligentée directement devant le président de la Section du contentieux du Conseil d'État disposant du pouvoir de donner des injonctions à des sociétés et de fixer des astreintes à leur encontre.

4.3.3 La suspension sur déférés préfectoraux

Les procédures ainsi instituées au profit du représentant de l'État à l'égard des actes pris par les collectivités territoriales ou leurs établissements publics accompagnent nécessairement, comme la demande de suspension formée par les administrés, une demande principale en annulation formée par voie de déféré préfectoral mais se distinguent de la suspension de droit commun par dispense de la condition d'urgence et par les pouvoirs du juge des référés.

La demande de suspension préfectorale de principe

L'article L. 554-1 du code de justice administrative, qui renvoie sur ce point à l'article L. 2131-6 alinéa 3 du code général des collectivités territoriales, prévoit que si le préfet assortit sa demande d'annulation d'un acte d'une collectivité territoriale d'une demande de suspension, « il est fait droit à cette demande si l'un des moyens invoqués paraît, en l'état de l'instruction, propre à créer un doute sérieux quant à la légalité de l'acte attaqué », le juge devant statuer dans le délai d'un mois.

Contrairement au droit commun du référé-suspension, le juge n'a pas l'opportunité d'apprécier s'il doit ou non prononcer la suspension ; en estimant que l'un des moyens invoqués est de nature à créer un doute sur la légalité de l'acte attaqué, il s'oblige à prononcer la suspension.

Le délai d'un mois prévu par la disposition précitée n'est cependant pas prescrit à peine de nullité de la décision du juge (CE 13 mai 1987, Comité de sauvegarde du patrimoine de Montpellier, *Dr. adm.* 1987, n° 340).

La décision du juge des référés peut faire l'objet d'un appel dans les quinze jours devant la cour administrative d'appel. (CE 14 mars 2001, Centre de gestion de la fonction publique territoriale du Vaucluse, req. n° 230487).

La demande de suspension préfectorale concernant l'urbanisme, les marchés ou les délégations de service public

L'article L. 554-2 du code de justice administrative énonce que les actes déférés par le préfet au tribunal administratif dans les matières précitées sont suspendus dans les conditions prévues par l'alinéa 4 de l'article L. 2131-6 du code général des collectivités territoriales.

Cet article précise que jusqu'à ce que le président du tribunal administratif ait statué, la demande de suspension formulée dans les dix jours à compter de la réception de l'acte par le préfet, suspend, sans référence aucune au doute sérieux ni même à l'appréciation du juge, l'acte attaqué, qui ne redevient exécutoire qu'au terme d'un délai d'un mois si le juge du référé n'a toujours pas statué sur la demande de suspension.

Cet effet suspensif automatique est donc lié uniquement à la date de dépôt de la demande de suspension.

La demande de suspension préfectorale en matière de liberté publique

L'article L. 554-3 du code de justice administrative renvoie sur ce point à l'article L. 2131-6 alinéas 5 et 6 du code général des collectivités territoriales dont les dispositions instituent ce qu'il est convenu d'appeler le « référé-48 heures » : « Lorsque l'acte attaqué est de nature à compromettre une liberté publique ou individuelle, le président du tribunal administratif ou le magistrat délégué à cet effet en prononce la suspension dans les quarante huit heures. La décision relative à la suspension est susceptible d'appel devant le Conseil d'État dans la quinzaine de sa notification. En ce cas, le président de la section du contentieux du

Conseil d'État ou un conseiller délégué à cet effet statue dans un délai de quarante huit heures. »

Cette disposition s'est récemment appliquée en matière d'arrêtés municipaux instituant des « couvre-feux » pour les mineurs non accompagnés. Ainsi, dans une affaire jugée le 2 août 2001, le juge des référés du Conseil d'État a confirmé le rejet, par le président du tribunal administratif de Marseille, de la demande de suspension présentée par le préfet du Vaucluse à l'encontre d'un arrêté du maire d'Orange interdisant aux mineurs de moins de 13 ans non accompagnés de circuler, dans deux secteurs de la ville entre 22 h 00 et 6 h 00 et prescrivant la reconduite des mineurs en infraction à leur domicile par les agents de la police nationale ou municipale (Préfet de Vaucluse, req. n° 236821).

Le juge du Conseil d'État a considéré en effet qu'en prenant ces dispositions, le maire d'Orange a essentiellement entendu « assurer la protection des mineurs de moins de 13 ans contre les dangers auxquels ils sont particulièrement exposés le soir et dans la nuit et qui tiennent tant au risque d'être personnellement victimes d'actes de violence qu'à celui d'être mêlés, incités ou accoutumés à de tels actes compte tenu, notamment, de l'augmentation de la délinquance et de l'afflux de population pendant la période de l'été ».

Rappelant que « la légalité de mesures restreignant la liberté de circulation des mineurs dans un but de police est subordonnée à la double condition qu'elles soient justifiées par l'existence de risques particuliers dans les secteurs pour lesquels elles sont édictées et qu'elles soient adaptées par leur contenu à l'objectif de protection pris en compte », le Conseil d'État estime qu'en l'espèce l'augmentation de la délinquance dans les quartiers en cause justifiait cette mesure.

Seule la disposition prévoyant l'exécution d'office de l'arrêté contesté par la reconduite au domicile des mineurs trouvés sur la voie publique, alors que cette mesure n'est légale qu'en cas d'urgence, ainsi que la prise d'effet de l'interdiction à 22 h 00, qui paraissait excessive, auraient justifié la suspension demandée.

Cette demande a cependant été rejetée au motif qu'au cours de l'audience de référé, le maire d'Orange a pris l'engagement de modifier son arrêté sur ces deux points en fixant la période d'interdiction de 23 h 00 à 6 h 00 et en prévoyant expressément que la reconduite au domicile ne pouvait avoir lieu qu'en cas d'urgence.

À l'inverse, dans une affaire jugée le 30 juillet 2001 (Préfet d'Eure-et-Loir, req. n° 236657), le juge des référés du Conseil d'État a confirmé une ordonnance du président du tribunal administratif d'Orléans suspendant pour partie (l'un des secteurs mentionnés en annexe) un arrêté du maire de Luce en tant que l'interdiction de circulation des mineurs de 13 ans non accompagnés d'un adulte ne pouvait recevoir application pour l'ensemble des périodes scolaires dès lors qu'il n'était pas établi qu'en dehors de la période estivale, les intéressés se trouvaient exposés à un risque grave pour leur sécurité. De même, il n'était pas démontré que pendant le reste de l'année, les vendredi, samedi et dimanche, la circulation des intéressés sans l'accompagnement requis présente pour eux un risque justifiant l'atteinte portée à la liberté d'aller et venir. Il s'agissait là d'un moyen propre à créer un doute sérieux quant à la légalité de l'arrêté attaqué et à justifier la suspension partielle de cet arrêté.

Compte tenu de la rapidité de cette procédure, l'arrêté municipal en date du 17 juillet 2001 a pu ainsi être suspendu dès le 25 juillet en première instance et le 30 juillet en appel.

4.3.4 La suspension en matière d'urbanisme et de protection de la nature et de l'environnement

Deux régimes particuliers de suspension sont prévus par le code de justice administrative en cette matière, régimes qui ont en commun de dispenser le requérant d'établir l'urgence et d'imposer au juge des référés de prononcer la suspension si la condition prévue par le code de l'environnement, auquel renvoie expressément le code de justice administrative, est vérifiée.

La suspension pour défaut d'étude d'impact (CJA, art. L. 554-11 – C. env., L. 122-2)

Lorsqu'une demande d'annulation contre une autorisation ou une décision d'approbation d'un projet soumis à étude d'impact est fondée précisément sur le fait que cette étude d'impact n'a pas été réalisée, « le juge des référés, saisi d'une demande de suspension de la décision attaquée, y fait droit dès que cette absence est constatée » (C. env., art. L. 122-2).

Pratiquement, ce régime de suspension concerne les autorisations ou décisions d'approbation de projets relatifs à la réalisation d'aménagements ou d'ouvrages dont l'importance des dimensions ou l'incidence sur le milieu naturel peuvent porter atteinte à ce dernier, justifiant ainsi la réalisation préalable d'une étude d'impact.

Il existe une exception à cette obligation relative aux aménagements, ouvrages ou travaux dont le coût est inférieur à 1 900 000 euros.

Certains ouvrages dits sensibles répondant à ce critère financier ne sont toutefois pas concernés par cette dispense d'étude d'impact. Il s'agit des opérations de remembrement rural, des aménagements de stockages souterrains de gaz, d'hydrocarbures ou de produits chimiques, et des créations de sones d'aménagement concerté (ZAC) sauf si la décision de création de la zone prévoit le maintien des règles d'urbanisme local en vigueur (voir la liste complète de ces non-dérogations à l'annexe III du décret du 12 octobre 1977 pris pour l'application de l'article 2 de la loi du 10 juillet 1976 relative à la protection de la nature).

Le maître d'ouvrage, ainsi que les requérants potentiels, doivent savoir que lorsqu'une étude d'impact s'impose, elle ne saurait se limiter à la présence, dans le dossier soumis à enquête publique, d'un simple document intitulé « étude d'impact ».

Une étude d'impact digne de ce nom doit comporter, au moins de façon sommaire :
– une analyse de l'état initial du site et de l'environnement ;
– l'étude des modifications que le projet engendrerait ;
– les mesures envisagées pour supprimer, réduire et, si possible, compenser les conséquences dommageables pour l'environnement.

Sous l'ancien régime du sursis à exécution, le Conseil d'État avait assimilé à l'absence d'étude d'impact l'insuffisance qualitative de cette étude et admis que soit prononcé le sursis à exécution (voir en ce sens CE 29 juillet 1983, Cne de Roquevaire, *Lebon* p. 353).

La même jurisprudence doit donc s'appliquer dans le cadre du référé-suspension.

La suspension en cas d'avis défavorable du commissaire enquêteur

Selon l'article L. 123-12 alinéas 1 et 2 du code de l'environnement, auquel renvoie l'article L. 554-12 du code de justice administrative, « le juge administratif des référés, saisi d'une demande de suspension d'une décision prise après des conclusions défavorables du commissaire-enquêteur ou de la commission d'enquête, fait droit à cette demande si elle comporte un moyen propre à créer, en l'état de l'instruction, un doute sérieux quant à la légalité de celle-ci. Les dispositions de l'alinéa précédent s'appliquent également lorsqu'une décision a été prise sans que l'enquête publique requise par la présente loi ait eu lieu ».

Dans une telle hypothèse, il suffira au requérant de se prévaloir soit de l'absence d'enquête publique soit des motifs retenus par la commission d'enquête ou le commissaire enquêteur à l'appui de l'avis défavorable pour « semer » dans l'esprit du juge un doute sérieux sur la légalité de la décision attaquée et « récolter » ainsi la suspension de la décision. (voir sous l'empire du sursis à exécution CE 1er mars 1991, Association des amoureux du littoral et des sites trebeurdinais et autres, req. n° 116339 et 116340).

4.4 Le contentieux des arrêtés de reconduite à la frontière

Ce contentieux, régi par les articles L. 776-1 et suivants du code de justice administrative, a connu une évolution sensible depuis son entrée en vigueur.

La notion de « reconduite à la frontière » a été introduite dans le droit français par une loi du 10 janvier 1980 modifiant l'ordonnance du 2 novembre 1945 relative aux conditions d'entrée et de séjour des étrangers en France. Le texte de cette ordonnance a été modifié à plusieurs reprises notamment par la loi n° 92-190 du 26 février 1992 *(JO*

29 février 1992) visant à tirer les conséquences juridiques de la convention additionnelle dite de Schengen signée par la France le 19 juin 1990 et relative à la liberté de circulation intérieure des personnes au sein de l'espace européen ainsi que par une loi du 11 mai 1998 qui a modifié les délais de recours.

Il s'agissait, à l'origine d'un moyen d'exécution forcée des mesures d'expulsion des étrangers en situation irrégulière.

Avec une loi du 29 octobre 1981, cette mesure de reconduite à la frontière a pu également être prononcée par le juge pénal soit à titre de peine complémentaire facultative, soit à titre de peine de substitution.

La loi du 9 septembre 1986, dite « loi Pasqua », a maintenu cette possibilité de sanction pénale, mais a fait de la reconduite à la frontière une mesure administrative de la compétence des préfets. Les arrêtés préfectoraux pouvaient alors faire l'objet d'un recours devant les tribunaux administratifs que le requérant était susceptible d'assortir d'une demande de sursis à exécution.

Cependant l'intérêt de ce sursis s'avérait très limité en raison du départ effectif de l'étranger concerné avant qu'un éventuel sursis soit prononcé et alors même que l'expulsion et la reconduite à la frontière sont deux mesures bien distinctes. La première est prononcée par le ministre de l'intérieur et vise à éloigner du territoire un étranger dont la présence menace gravement l'ordre public. La seconde ne tend qu'à mettre fin au séjour en France d'un étranger qui y est entré ou y demeure dans des conditions irrégulières. Par ailleurs, si l'expulsion fait obstacle, tant qu'elle n'est pas rapportée, au retour de l'étranger sur le sol français, la reconduite à la frontière ne s'oppose pas à ce qu'ultérieurement l'intéressé pénètre à nouveau sur le territoire, muni des documents légalement requis.

En 1989, un texte adopté par le Parlement avait prévu que les tribunaux judiciaires étaient compétents pour connaître de ces arrêtés préfectoraux.

Selon le Conseil constitutionnel, la garantie des droits des intéressés pouvait cependant être satisfaite aussi bien par la juridiction administrative que judiciaire (Cons. constit. 28 juillet 1989, n° 89261, *JO* 11 août 1989 p. 9679). Par conséquent, il devenait impossible de faire échec à la compétence générale du juge administratif d'annulation des actes de la puissance publique, y compris dans le domaine de l'expulsion des étrangers. Le texte en question (loi du 2 août 1989) a donc été promulgué sans la disposition prévoyant la compétence des tribunaux judiciaires (art. 10) ; les arrêtés de reconduite à la frontière se trouvaient dans ces conditions soumis à nouveau au droit commun du contentieux administratif.

La loi du 10 janvier 1990 a, enfin, organisé un régime contentieux spécifique en la matière, dominé par l'idée d'urgence qu'il s'agisse du dépôt des requêtes, de l'audience, du jugement ou de l'appel. L'ensemble de ce dispositif fait apparaître des moyens utiles de défense de la part des personnes concernées en vue d'obtenir l'annulation des décisions attaquées et connaît un champ d'application bien délimité.

4.4.1 Le dépôt des requêtes

Le requérant étranger doit impérativement former son recours en annulation contre l'arrêté préfectoral soit dans les quarante-huit heures de la notification de cet arrêté par la voie administrative, c'est-à-dire en main propre, soit dans les sept jours en cas de notification par voie postale, délai au terme duquel l'arrêté devient exécutoire.

Ce bref délai n'est opposable que s'il est mentionné, ainsi que les voies de recours dans la notification de l'arrêté (CE président de la section du contentieux, 26 juillet 1991, Siby, *Lebon* p. 1097), cette mention pouvant se faire régulièrement en langue française, quelle que soit la nationalité de l'étranger (CE président de section, 15 mai 1991, Mlle Mbala, *Lebon* p. 192).

À la différence des délais de recours de droit commun, ces délais ne sont pas « francs », c'est-à-dire qu'ils incluent le jour même de la notification dans la computation du délai, et il n'est pas possible de les proroger, par exemple, grâce à l'exercice d'un recours administratif, la seule prorogation ne jouant que jusqu'au premier jour ouvrable suivant en cas de jour férié ou chômé (CE 27 mars 2000, Préfet des Hauts-de-Seine, *RFDA* 2000, p. 705).

Ce recours présente la particularité de suspendre immédiatement et automatiquement l'exécution de la décision de reconduite à la frontière jusqu'à la décision du président du tribunal. Le requérant, alors en instance de départ, est maintenu en rétention sur décision du préfet soit dans un local administratif, soit dans un local de police ou de gendarmerie.

La requête doit être déposée, en principe au greffe du tribunal administratif, au besoin, en cas d'application du délai de quarante-huit heures, sous forme de dépôt dans la boîte à lettres horodatrice du tribunal accessible 24 heures sur 24 de l'extérieur du tribunal.

Ce dépôt peut se faire, exceptionnellement, auprès de l'autorité administrative qui assure la « garde » de l'intéressé ou auprès du greffe du tribunal de grande instance devant lequel il pourra comparaître si le préfet demande la prolongation de la rétention à l'autorité judiciaire.

On aboutit alors à cette situation particulière qui permet à un requérant de déposer un recours à l'encontre d'un acte administratif devant le tribunal de grande instance. De même que le responsable du local de rétention administrative, le greffe du tribunal de grande instance doit disposer d'un registre spécial pour inscrire la date et l'heure du dépôt de la requête.

En cas de dépôt de la requête devant l'une de ces deux autorités, administrative ou judiciaire, celles-ci la transmettent sans délai au tribunal administratif compétent, en principe par télécopie.

Le formalisme de la requête est peu rigoureux. La requête doit comporter le nom et l'adresse – le plus souvent provisoire – du requérant, ainsi que l'exposé des faits et des motifs de la demande d'annulation. Elle n'est produite qu'en un exemplaire et il appartient à l'administration de produire la décision attaquée. En pratique, l'administration préfectorale transmet directement les notifications des arrêtés de reconduite à la frontière au greffe du tribunal compétent, indépendamment de toute procédure contentieuse.

Le procès-verbal de notification et les pièces justificatives sont ainsi transmis au tribunal avant même que le requérant ne dépose sa requête.

Le ministère d'avocat n'est pas obligatoire, mais l'intéressé peut demander la désignation d'un avocat d'office par le bâtonnier de l'ordre des avocats auquel cette requête a également été transmise par télécopie.

Le requérant peut demander le concours d'un interprète assermenté pour l'audience (CJA, art. R. 776-11).

4.4.2 **L'audience**

Le président du tribunal administratif ou son délégué doit statuer dans les quarante-huit heures de l'enregistrement de la requête en annulation. Les parties sont averties de la date, de l'heure et du lieu de l'audience publique par tous moyens : télécopie ou téléphone.

La procédure est dérogatoire par rapport au droit commun : l'audience peut, en effet, avoir lieu sous forme d'« audience foraine » (L'expression « audience foraine » provient de la procédure civile où le tribunal d'instance peut tenir des audiences en dehors de son siège légal, par exemple dans des mairies, pour se rapprocher des justiciables.) au siège de la juridiction judiciaire la plus proche de l'endroit où le requérant est retenu.

L'ordonnance de clôture d'instruction ne peut être rendue au cours de l'instruction du dossier. Jusqu'à l'heure de l'audience, les parties peuvent présenter toutes conclusions ou observations écrites.

L'audience commence par le rapport du président et se poursuit par des observations orales de l'étranger ou de son avocat qui peuvent produire des documents à l'appui de leurs conclusions. Si ceux-ci apportent des éléments nouveaux, le magistrat demande à la partie adverse de les examiner et de lui faire part de ses observations à l'audience. L'administration s'est vu conseiller de privilégier l'oral sur l'écrit dans la présentation de ses propres observations (circulaire du 25 janvier 1990 du ministère de l'Intérieur, *JO* 26 janvier 1990 p. 1091).

Une autre particularité réside dans l'absence de conclusions de commissaire du gouvernement lors de l'audience.

Le président doit s'assurer que la garde de l'audience permet d'éviter toute menace de trouble à l'ordre public dès lors que l'étranger est sous mesure de rétention administrative.

4.4.3 Les moyens d'annulation

La jurisprudence intervenue à ce jour permet de fixer les principaux moyens susceptibles d'être invoqués à l'encontre d'un arrêté de reconduite à la frontière.

En ce qui concerne la légalité externe de l'acte, le Conseil d'État a rejeté le moyen fondé sur la violation des dispositions de l'article 8 du décret du 28 novembre 1983, reprises depuis dans la loi du 12 avril 2000, selon lesquelles « sauf urgence ou circonstances exceptionnelles, sous réserve des nécessités de l'ordre public et de la conduite des relations internationales, et exception faite du cas où il est statué sur une demande présentée par l'intéressé lui-même, les décisions qui doivent être motivées en vertu de la loi du 11 juillet 1979 ne peuvent légalement intervenir qu'après que l'intéressé a été mis à même de présenter des observations écrites ».

La Haute Juridiction a donc considéré que l'arrêté de reconduite à la frontière n'avait pas à être précédé de la possibilité pour l'étranger concerné de formuler ses observations écrites (CE sect. 19 avril 1991, Préfet de police de Paris c/ M. Demir, *AJDA* 1991 p. 641 concl. A.-M. Leroy : selon le Conseil d'État l'ensemble des dispositions de l'ordonnance du 2 novembre 1945 organisent les garanties dont bénéficie l'étranger et excluent en conséquence l'application du décret de 1983).

Peut en revanche être invoqué à l'encontre d'un arrêté de reconduite à la frontière le défaut de motivation de cet arrêté, c'est-à-dire l'absence d'indication dans l'arrêté lui-même des éléments de fait le justifiant.

En revanche, sont inopérants les moyens fondés sur l'irrégularité des conditions de rétention de l'étranger (CE 28 septembre 1990, Préfet du Loiret c/ Mlle Bidoumi, req. n° 116556) ou sur les conditions de notification de l'arrêté (CE 20 juillet 1990, M. Zahmouli, req. n° 116606).

En ce qui concerne la légalité interne de l'arrêté de reconduite à la frontière, le Conseil d'État a jugé qu'il appartenait au préfet, sous le contrôle du juge administratif, d'apprécier si la mesure envisagée n'était pas de nature à comporter des conséquences d'une exceptionnelle gravité pour la situation personnelle ou familiale de l'intéressé. Le juge administratif a ainsi le pouvoir de vérifier si l'autorité administrative n'a pas commis une erreur manifeste d'appréciation.

Tel est le cas, par exemple, d'un préfet ayant ordonné la reconduite à la frontière d'un étranger dont la femme, titulaire d'un titre provisoire de séjour, était enceinte et de santé fragile (CE 20 juillet 1990, préfet de la Haute-Savoie c/ Cavdar, *AJDA* 1990 p. 746).

De même, révèle une erreur manifeste d'appréciation un arrêté préfectoral de reconduite à la frontière d'une étrangère qui, au vu d'un certificat médical, ne pouvait, à la date de la décision attaquée, supporter un voyage sans danger en raison de son état de grossesse (CE 28 septembre 1990, Préfet de la Corrèze c/ Mme Ermiser, req. n° 117839).

En revanche, ne traduit pas une telle erreur d'appréciation le fait d'ordonner la reconduite à la frontière d'une étrangère vivant maritalement depuis plusieurs mois avec un ressortissant dont elle attendait un enfant (CE ass. 29 juin 1990, Préfet du Doubs c/ Mme Olmos Quintero, *RFDA* 1990 p. 540).

La même solution a été adoptée plus récemment par le Conseil d'État à propos d'un arrêté concernant un étranger vivant en concubinage avec une ressortissante française enceinte à la date de la décision attaquée, étranger qui avait reconnu par avance l'enfant à naître mais qui ne pouvait être considéré comme « père » de cet enfant de nationalité française au jour de l'arrêté de reconduite à la frontière (CE 14 mars 2001, Préfet du Rhône c/ Ben Zid, *AJDA* 2002, p. 50).

L'intéressé peut également invoquer l'annulation, par un jugement définitif, du refus de renouvellement de sa carte de séjour à l'origine de sa reconduite à la frontière. Le refus de carte de séjour est alors considéré comme n'ayant jamais existé et l'arrêté attaqué se trouve ainsi privé de base légale (CE 28 septembre 1990, Préfet des Hauts-de-Seine c/ Mlle Mbong, req. n° 95592.). À défaut d'une telle annulation d'un refus de titre de séjour, l'étranger ne peut invoquer la prétendue illégalité de ce refus si les délais de recours à l'encontre de ce titre sont expirés (CE 28 septembre 1990, M. Bouti, req. n° 116554).

L'intéressé peut également arguer du fait que, contrairement à ce qu'a décidé le préfet, il ne figurait pas parmi les catégories visées à l'article 22 de l'ordonnance du 2 novembre 1945 énumérant les cas de reconduite à la frontière.

Enfin et surtout l'étranger peut utilement invoquer la violation de l'article 8 de la Convention européenne des droits de l'homme, relatif au respect de la vie privée et familiale et à la limitation de l'ingérence d'une autorité publique en ce domaine (CE ass. 19 avril 1991, M. Belgacem – CE ass. 19 avril 1991, Mme Babas, *RFDA* 1991 p. 497, concl. R. Abraham).

4.4.4 Le jugement

Le jugement est rendu le jour même de l'audience par le président ou son délégué statuant en audience publique devant les parties présentes. Le dispositif du jugement, assorti de la formule exécutoire, est communiqué sur place aux parties présentes qui en accusent réception. Il leur est ensuite notifié dans son intégralité avec nouvel accusé de réception.

Si l'arrêté de reconduite à la frontière est annulé par le juge administratif, il est immédiatement mis fin aux mesures de surveillance dont l'étranger fait l'objet. La préfecture lui délivre sans délai une autorisation provisoire de séjour.

Mais si le magistrat n'a pu se prononcer dans les quarante-huit heures, le requérant reste au tribunal dans le cas où l'audience n'est suspendue que quelques heures, ou bien il regagne le centre où il était retenu antérieurement ou un local plus proche. Le maintien dans ces lieux non pénitentiaires se poursuivra pendant la durée de six jours autorisée par le président du tribunal de grande instance.

Depuis un arrêt de section du 22 février 2002 (M. Dieng, *AJDA* 2002, p. 418), le Conseil d'État reconnaît au président du tribunal administratif statuant en juge unique le pouvoir d'utiliser la procédure d'injonction d'exécution prévue aux articles L. 911-1 et L. 911-2 du code de justice administrative.

Par ce même arrêt, le Conseil d'État précise cependant que l'annulation d'un arrêté de reconduite à la frontière, et non d'un refus de délivrance de carte de séjour temporaire, n'implique pas la délivrance de cette carte de séjour temporaire mais impose au préfet, par application des dispositions de l'article 22 bis III de l'ordonnance du 2 novembre 1945, de munir l'intéressé d'une autorisation provisoire de séjour et de se prononcer sur son droit au séjour, le juge pouvant, en application de l'article L. 911-2 du code de justice administrative, fixer un délai pour ce réexamen de la situation de l'étranger, « au vu de l'ensemble de la situation de droit et de fait existant à la date de ce réexamen ».

4.4.5 L'appel du jugement

L'appel du jugement doit être formé devant le président de la section du contentieux du Conseil d'État, dans le délai d'un mois à compter de la notification complète du jugement. Si le requérant choisit de former une requête sommaire, le mémoire complémentaire devra être déposé dans un délai maximal de deux mois à compter de l'enregistrement de l'appel.

L'appel n'étant pas suspensif, l'étranger peut solliciter du président de la section du contentieux du Conseil d'État la suspension de l'arrêté de reconduite, sous réserve d'invoquer un moyen propre à créer un doute sérieux quant à la légalité de cet arrêté, ou le sursis à exécution du jugement annulant l'arrêté.

4.4.6 Le champ d'application de cette procédure spécifique

La jurisprudence intervenue à ce jour permet de cerner les limites exactes de l'application de cette procédure. Il est tout d'abord admis que si l'étranger défère au juge à la fois l'arrêté de reconduite à la frontière, la décision le plaçant en rétention administrative et celle fixant son pays de destination, le juge peut statuer sur l'ensemble de ces actes selon la procédure d'urgence sans que l'effet suspensif de la requête s'étende à l'arrêté de placement en rétention (CE avis contentieux 26 mai 1995, Mme Yilmaz, Botos et Stein, *Lebon* p. 216 et 218).

Dans le cas contraire, la légalité des décisions autres que l'arrêté de reconduite sera jugée selon la procédure du recours pour excès de pouvoir et l'appel relèvera du Conseil d'État dans sa formation collégiale (CE 12 novembre 1997, Époux Drame, *Lebon* p. 865).

Ce régime spécifique a par ailleurs été jugé non applicable à la contestation des arrêtés de « reconduite d'office » à la frontière pris sur le fondement de l'article 26 bis de l'ordonnance du 2 novembre 1945 en vue d'exécuter un refus d'admission décidé par un des Etats parties à la convention de Schengen du 19 juin 1990.

Seul le recours pour excès de pouvoir, assorti le cas échéant d'une demande de référé-suspension, peut être exercé contre ces arrêtés particuliers.

À l'inverse, un étranger qui n'aurait pas utilisé la procédure spécifique contre un arrêté de reconduite à la frontière dans les délais impartis ne peut, dans le délai de deux mois, utiliser le recours pour excès de pouvoir et le référé-suspension, voire le référé-liberté (CE 21 novembre 2001, M. Zhary, *RFDA* 2002, p. 179).

Enfin, l'on rappellera qu'à l'inverse si l'administration tarde à mettre à exécution un arrêté de reconduite à la frontière, sa tentative d'exécution tardive pourra être analysée comme donnant lieu à un nouvel arrêté de reconduite à la frontière dont la légalité sera appréciée à la date de cette exécution (CE 1er avril 1998, Ministre de l'Intérieur c/ Mme N'Sonde, *Lebon* p. 120).

ANNEXES

ANNEXE 1
Le glossaire du requérant

Les principaux termes juridiques utilisés dans le cadre du contentieux administratif sont expliqués ci-dessous à l'usage des non-initiés.

Acquiescement
Acceptation implicite par l'une des parties à un litige de l'argumentation de l'adversaire, se traduisant par le fait de ne pas répondre à cette argumentation dans le délai qui lui a été imparti par le président d'une juridiction après mise en demeure. L'acquiescement à un jugement ne résulte pas de l'exécution de ce jugement qui est obligatoire pour une partie malgré un appel.

Commissaire du gouvernement
Membre de l'une des juridictions administratives (tribunal administratif, cour administrative d'appel ou Conseil d'État) chargé, selon l'article L. 7 du code de justice administrative, d'exposer publiquement et en toute indépendance son opinion sur les questions que présentent à juger les requêtes et les solutions qu'elles appellent. Il présente oralement à l'audience ses conclusions.

Conclusions
Lorsqu'elles émanent du requérant, les conclusions représentent l'objet de sa demande : il s'agira par exemple de conclusions en excès de pouvoir ou de conclusions en indemnité. Émanant du défendeur, elles sont qualifiées de « reconventionnelles ».

Défaillant
Partie régulièrement mise en cause dans une instance mais qui ne produit pas de mémoire dans cette instance.

Défendeur (défenderesse)
Personne publique ou privée dont l'acte ou l'activité sont incriminés par le ou les requérants devant le tribunal administratif et à qui la requête est transmise en premier lieu par le greffe du tribunal. Ce qualificatif s'applique à la personne morale et non à son représentant ; ainsi une commune ou une société anonyme seront toujours défenderesses, même si le maire ou le PDG sont de sexe masculin.

Déféré
Acte par lequel le préfet transmet un procès-verbal de contravention de grande voirie au tribunal administratif en vue de poursuites contre la personne privée coupable de l'infraction qui se trouve ainsi en situation de défenderesse devant ce tribunal.
Acte qui désigne également le recours d'un préfet devant un tribunal administratif en vue d'obtenir l'annulation ou la suspension d'un acte d'une collectivité locale.

Degré
Niveau de juridiction. Le plus souvent, le requérant dispose d'un double degré de juridiction, c'est-à-dire qu'il peut faire appel d'un jugement devant une juridiction supérieure (cour administrative d'appel ou Conseil d'État), hormis les cas où une juridiction décide en premier et dernier ressort.

Délibéré
Période de durée variable selon les juridictions et l'importance du litige, se situant entre l'audience et la lecture du jugement ; ainsi les arrêts du Conseil d'État comportent toujours la mention de la date de la séance et de celle de la lecture de la décision. Après l'audience, l'affaire est dite « mise en délibéré ». Cette période de délibération se termine lors de la lecture du jugement ou de l'arrêt, c'est-à-dire en réalité à la signature de cette décision de justice.

Désistement
Abandon d'une requête de manière explicite – sous forme de « conclusions » écrites – ou implicite – sous forme de non-dépôt –, dans les délais impartis par les textes ou le président d'une juridiction, d'un mémoire complémentaire.
Si le défendeur a présenté lui-même des conclusions « reconventionnelles », le désistement du requérant ne pourra mettre fin à une instance que si ce désistement est accepté par le défendeur.

Dispositif
Énoncé, sous forme d'articles, du contenu de la décision de la juridiction. La lecture efficace d'un jugement doit d'ailleurs commencer par ce dispositif qui révèle immédiatement aux parties le sens de la décision. L'examen des « motifs » fournira ensuite aux intéressés l'explication de la solution retenue dans le dispositif.

Exception d'illégalité
À l'occasion d'un litige principal devant une juridiction judiciaire ou une juridiction administrative, l'une des parties invoque, en défense ou à l'appui de sa demande, l'illégalité d'un acte administratif.

L'appréciation de cette illégalité, qui conditionne le succès de l'action ou du moyen de défense et donc la solution du litige principal, appartiendra en principe au juge administratif (par exemple : illégalité d'un acte réglementaire sur la base duquel l'acte individuel attaqué a été édicté, illégalité d'un acte individuel ayant justifié une action indemnitaire devant le juge administratif). Invoquée devant le juge civil cette exception devra être renvoyée au juge administratif si elle est considérée pour lui comme une « question préjudicielle » c'est-à-dire comme déterminant pour la solution du procès, alors que le juge pénal peut apprécier la légalité de tous les actes administratifs dont dépend la solution du procès pénal.

Fond
S'oppose traditionnellement à la forme. Dans le contentieux administratif, l'examen d'une requête au fond signifie que le juge va apprécier la pertinence des « moyens » avancés par le requérant à l'appui de sa demande ; celle-ci sera ainsi déclarée, à condition d'être « recevable », bien ou mal fondée.

Incident
Terme qui désigne un acte ou un événement qui intervient à titre accessoire ou accidentel au cours d'une procédure principale. Selon sa nature, cet incident peut simplifier ou compliquer la procédure : un désistement du requérant mettra naturellement fin au litige dans des conditions rapides, tandis que son décès pourra justifier la reprise de l'instance par ses héritiers. De même, un appel incident provoqué par un appel principal compliquera l'examen du litige devant la juridiction supérieure.

Intervention
Acte par lequel une personne qui n'était pas originairement partie à une instance s'y joint aux fins d'appuyer par une requête distincte les conclusions de la requête principale (intervention en demande) ou celles du défendeur (intervention en défense).
Dans ce cas, l'intervenant, qui doit justifier en matière d'excès de pouvoir d'un intérêt à agir et dans le domaine du plein contentieux d'un droit à faire-valoir, se borne à s'associer aux conclusions en demande ou en défense.
L'intervention peut revêtir une autre forme lorsqu'elle résulte, de la part d'une partie au litige, d'une demande d'appel en cause du demandeur, lequel s'aperçoit qu'une personne autre que le défendeur peut être à l'origine de son dommage, ou du défendeur qui a intérêt à être garanti par une autre personne publique ou privée d'une éventuelle condamnation prononcée contre lui. L'intervention sera alors dite forcée.

Intimé
Partie qui se trouve en position de défendeur (ou défenderesse) à la suite de l'appel d'un jugement. Ainsi, le demandeur en première instance qui obtient gain de cause a vocation à se retrouver intimé en appel.

Judiciaire
Terme qualifiant le juge ou la juridiction chargés de connaître des litiges intéressant principalement les particuliers ou les personnes morales de droit privé.

Mémoire
Écrit présenté par les parties qui contient les arguments de fait et de droit justifiant une requête ou un appel, voire une défense. Il est qualifié de complémentaire lorsqu'il développe une requête sommaire et de mémoire en réplique (puis en duplique) lorsqu'il répond à un mémoire en défense (puis à de nouvelles observations en défense).

Motifs
Exposé des raisons justifiant lors d'un jugement ou d'un arrêt la solution retenue par la juridiction dans le « dispositif ».

Moyens
Arguments de fait et de droit invoqués à l'appui des prétentions du demandeur ou du défendeur dans une requête ou en défense. Le juge ne peut soulever d'autres moyens que ceux invoqués par les parties à l'exception des moyens d'ordre public (tels que l'incompétence).

Non-lieu
Décision de la juridiction selon laquelle il n'y a pas lieu à poursuivre en justice. Plus connu en matière pénale, le non-lieu à statuer existe également dans le contentieux administratif quand, par exemple, l'acte soumis au juge administratif pour annulation a été retiré par son auteur avant le jugement sans qu'il ait reçu un commencement d'exécution ou ait été validé par une loi. Dans le domaine particulier de la suspension d'exécution, le juge ne pourra que constater qu'il n'y a plus lieu à statuer lorsque la construction, objet du permis de construire attaqué, aura été entièrement réalisée à la date où il se prononce.

Notification
Transmission par lettre recommandée avec accusé de réception ou par la voie d'un agent de l'administration d'une décision administrative ou d'un jugement à la personne (ou aux personnes) intéressée(s).

Opposition
Voie de recours ouverte à une partie « défaillante » lui permettant de revenir devant la même juridiction.

Ordonnance

Décision prise par le président d'une juridiction administrative ou l'un des conseillers délégué par lui et qui ne porte pas, en principe, sur le « fond » d'un litige (exemples : ordonnance de référé-expertise, ou ordonnance de clôture de l'instruction). Exceptionnellement ces ordonnances peuvent porter sur le fond des litiges lorsqu'ils s'agit d'ordonnances accordant une provision ou statuant sur des requêtes manifestement irrecevables ou ne présentant plus de difficultés particulières au titre de l'article R. 222-1 du code de justice administrative.

Partie

Personne physique ou morale qui participe à un litige devant le juge en qualité soit de requérante, soit de défenderesse. Cette qualité s'étend aux personnes mises en cause par le juge dans cette même instance en qualité d'« intervenant ».

Plein contentieux

Une des branches du contentieux administratif, ainsi qualifiée à cause de la plénitude des pouvoirs du juge en la matière. Le plein contentieux regroupe principalement le contentieux indemnitaire, contractuel, fiscal et électoral ainsi que le contentieux de l'exécution des décisions de justice qu'elles soient intervenues dans ce contentieux ou en matière d'excès de pouvoir.

Question préjudicielle

Question qui se pose, à titre accessoire, à l'occasion d'un litige devant un juge judiciaire ou administratif, relevant en principe de l'autre ordre de juridiction et qui conditionne la solution du litige principal. Cette question sera dite préjudicielle chaque fois que le juge saisi du litige principal devra renvoyer à l'autre ordre de juridiction l'examen de cette question. Il en est ainsi de l'interprétation ou de l'appréciation de légalité de certains actes administratifs devant le juge civil.

À l'inverse, le juge administratif ne devra renvoyer au juge judiciaire toutes les questions relatives au droit de propriété des particuliers (telle l'existence d'une servitude à laquelle une opération de remembrement aurait porté atteinte) ou à leurs libertés fondamentales (telle l'atteinte à l'intimité de la vie privée) que lorsque ces questions présenteront une difficulté sérieuse. Dans le cas contraire, la question n'est que préalable.

Recevabilité

Étape préalable et indispensable que doivent franchir une requête ou l'exposé de moyens avant d'être examinés par le juge sur le fond. Une requête n'est ainsi recevable que si son auteur a respecté les règles de forme, délai, compétence et intérêt pour agir, et si l'acte litigieux est susceptible de faire grief.

Récusation

Technique permettant à une partie de demander le remplacement d'un conseiller d'une juridiction administrative pour l'une des causes énoncées dans le code de procédure civile, à savoir un lien de parenté ou d'alliance avec l'une des parties, l'existence d'un différend sur une question identique, l'existence d'un procès entre le juge et une des parties, un parti pris sur le litige ou une inimitié capitale.

La récusation peut également être volontaire de la part de l'un des membres de la juridiction qui se trouverait dans l'un des cas précités. Ainsi un conseiller de tribunal administratif ne peut pas siéger pour juger une affaire pour laquelle il aurait déjà pris parti soit comme commissaire du gouvernement, soit comme membre d'une commission administrative ayant eu à intervenir dans ce litige.

Un décret du 19 avril 2002 est venu préciser cette procédure de récusation à l'initiative de la juridiction elle-même en prévoyant que « lorsque le président d'un tribunal administratif saisi d'un litige relevant de sa compétence constate qu'un des membres du tribunal est en cause ou estime qu'il existe une raison objective de mettre en cause l'impartialité du tribunal, il transmet le dossier au président de la section du contentieux du Conseil d'État qui en attribue le jugement à la juridiction qu'il désigne » (CJA, art. R. 312-5).

La même procédure a été instituée pour les cours d'appel par l'article R. 322-3 du code justice administrative.

Référé

Procédure organisée devant le président d'une juridiction administrative, et en conséquence plus rapide qu'une procédure présentée devant la juridiction en sa formation collégiale. Le référé ne permet cependant pas d'obtenir l'annulation d'une décision administrative.

Signification

Transmission d'un acte administratif ou d'un jugement à la personne (ou aux personnes) intéressée(s) par voie d'huissier. Cette technique est peu fréquente dans le contentieux administratif.

Tiers

Personne étrangère à un acte ou un litige administratifs.

Validation

Régularisation par une loi d'actes administratifs (comme les concours) dont l'annulation a été ou va être prononcée par le juge administratif.

ANNEXE 2
Modèles de courriers

2.1 Modèle de réclamation préalable indemnitaire

<Nom>, <Prénoms>
<Adresse>

Lettre recommandée avec accusé de réception.

DEMANDE PRÉALABLE EN MATIÈRE DE RESPONSABILITÉ

Monsieur le Ministre de <...> (1)

À la suite du mauvais fonctionnement du service public dont vous avez la charge, résultant notamment du <...> [retard, erreur, faute], j'ai subi un préjudice physique, financier [et/ou moral] que j'évalue, sauf à parfaire, à la somme de <...> euros.

Je vous demande en conséquence par la présente de bien vouloir m'indemniser de ce préjudice faute de quoi j'engagerai à l'encontre de l'État une action en responsabilité devant les tribunaux administratifs.

<Signature>

Pièces jointes : Attestations comptables <et/ou médicales> justifiant de la réalité et de l'importance du préjudice.

(1) Préciser le ministre compétent suivant l'origine du préjudice.

REMARQUE Une lettre identique peut être adressée au maire pour un dommage résultant d'un service public municipal, au président du conseil général pour un service public départemental ou au directeur pour un établissement public (exemples : hôpital, office public d'HLM).

2.2 Demande d'aide juridictionnelle

<Nom>, <Prénoms>
<Adresse>

Monsieur le Président
du Bureau d'aide juridictionnelle
Section administrative
Tribunal de grande instance de <...> (2)

Lettre recommandée avec accusé de réception.

Monsieur le Président,

Je souhaite engager une action en justice devant le Tribunal administratif de <...> à l'encontre d'un arrêté municipal en date du <...> dont vous trouverez copie ci-jointe (3).

Mes ressources ne me permettant pas d'avoir recours directement à un avocat, je vous remercie de bien vouloir m'accorder le bénéfice de l'aide juridictionnelle pour cette action en justice.

Je reste à votre disposition pour vous fournir tous éléments relatifs à ma situation familiale et financière justifiant ma demande.

En cette attente, je vous prie d'agréer, Monsieur le Président, l'expression de mes sentiments les plus respectueux.

<Signature>

Pièce jointe : copie de la décision attaquée.

(2) TGI dont dépend le domicile du demandeur.

(3) Ou [en vue d'obtenir réparation du préjudice subi du fait de telle administration].

REMARQUE Une demande identique peut être adressée au bureau d'aide juridictionnelle établi près du Conseil d'État en y joignant le jugement ou la décision attaqués.

2.3 Lettre de saisine de la Commission d'accès aux documents administratifs

<Nom>, <Prénoms>
<Adresse>

Commission d'accès aux documents administratifs
66, rue de Bellechasse
75700 Paris 07 SP

À <…>, le <…>.

Lettre recommandée avec accusé de réception.

Monsieur le Président,

Par lettre recommandée en date du <...> dont vous trouverez copie ci-jointe, j'ai sollicité de l'administration départementale de l'Équipement la communication d'un document relatif aux conditions d'octroi ou de refus de permis de construire dans des zones dites sensibles.

L'administration ayant refusé de me communiquer ce document [préciser si ce refus est implicite ou explicite, auquel cas il convient de joindre copie de la lettre de refus], je me vois contraint de saisir votre commission en vue d'émettre l'avis que ledit document entre bien dans la catégorie des documents communicables aux administrés en vertu de la loi du 17 juillet 1978 modifiée le 12 avril 2000.

En cette attente, je vous prie d'agréer, Monsieur le Président, l'expression de mes sentiments les plus respectueux.

<Signature>

Pièce jointe : Copie de la demande de communication du document et de la réponse négative de l'administration [cette dernière copie ne peut naturellement être jointe en cas de refus implicite].

ANNEXE 3
Modèles et exemples de recours et mémoires

3.1 Modèle de recours pour excès de pouvoir

À Messieurs les Président et conseillers
composant le Tribunal administratif
de <…>

RECOURS POUR EXCÈS DE POUVOIR

POUR : M<…>, demeurant <…> à <…> [ou l'Association <...> représentée par son président en exercice, domicilié en cette qualité au siège social de l'association, <adresse> à <...>],

Demandeur [Demanderesse].

CONTRE : La décision en date du <...> aux termes de laquelle le maire [préfet, ministre ou toute autre autorité administrative à désigner clairement] a <...> [indiquer ici l'objet de la décision attaquée].

L'exposant[e] défère la susdite décision à la censure de votre Tribunal en tous les chefs qui lui font grief dans les circonstances de fait et par les moyens de droit ci-après développés.

FAITS

I – [Rappeler les circonstances dans lesquelles l'autorité administrative a été amenée à prendre ou refuser de prendre la décision litigieuse.]

[Terminer l'exposé des faits par la mention de la décision attaquée.]

DISCUSSION

II – Sur l'illégalité externe de la décision attaquée :

La décision attaquée est entachée d'un vice de forme car elle :

– n'est pas motivée [voir sur ce point la loi du 11 juillet 1979] ;

– n'a pas été précédée de la consultation, pourtant obligatoire, de [tel organisme].

Par ailleurs, la décision entreprise est entachée d'un vice d'incompétence au motif que son auteur n'avait pas reçu délégation régulière ou en tout cas non publiée pour prendre cette décision.

III – Sur l'illégalité interne de la décision attaquée :

La décision attaquée est entachée de violation de la loi en tant qu'elle est contraire à un texte supérieur ou à un principe général de droit.

Elle repose en outre sur une erreur de fait [exemple : prise en compte d'une situation non conforme à la réalité], sur une erreur de droit [exemple : mauvaise interprétation d'un texte] ou sur une erreur manifeste d'appréciation [exemple : disproportion manifeste entre la gravité de la faute reprochée à un agent public et la sanction prononcée].

La décision attaquée est, enfin, entachée d'un détournement de pouvoir [exemple : décision inspirée par une animosité personnelle de l'autorité administrative vis-à-vis de l'exposant(e), ou par une volonté de favoriser indûment le bénéficiaire de la décision attaquée].

PAR CES MOTIFS, et tous autres à produire, déduire ou suppléer, au besoin d'office, l'exposant(e) conclut qu'il plaise au Tribunal :

– Annuler la décision attaquée.

Fait à <...>, le <...>.

<Signature>

Productions selon bordereau joint :

1. Copie de la décision attaquée.

2. Copie de la délibération autorisant le représentant de la personne morale à agir [le cas échéant, pour les personnes morales].

3.2 Exemple de recours pour excès de pouvoir

À Messieurs les Président et conseillers
composant le Tribunal administratif
de Caen

RECOURS POUR EXCÈS DE POUVOIR

POUR : Monsieur et Madame André G..., demeurant ... à ...,

Demandeurs par Maître ..., Avocat.

CONTRE : La délibération en date du 30 octobre 1997 aux termes de laquelle le conseil municipal de ... a décidé d'exercer son droit de préemption sur une parcelle de terre cadastrée AB 51.

Les exposants défèrent la susdite décision à la censure de votre Tribunal en tous les chefs qui leur font grief dans les circonstances de fait et par les moyens de droit ci-après développés.

FAITS

I – Au cours de l'année 1997, M. et Mme G... ont promis d'acquérir de M. et Mme M... une parcelle de terrain cadastrée AB 51 dite « l'Auberge Neuve » d'une contenance de 43 a 23 ca sur le territoire de la Commune de ....

Par délibération en date du 30 octobre 1997, le conseil municipal a décidé d'exercer son droit de préemption.

C'est la décision attaquée.

DISCUSSION

II – Sur l'illégalité externe de la décision attaquée :

L'on sait qu'aux termes de l'article L. 210-1 alinéa 2 du code de l'urbanisme « toute décision de préemption doit mentionner l'objet pour lequel ce droit est exercé ».

La jurisprudence considère que cette obligation de motivation revêt le caractère d'une formalité substantielle dont la méconnaissance emporte l'annulation de la préemption (cf. en ce sens CE 20 mai 1991, Roucaute, *D.*1991 IR p. 144 ; CE 29 juin 1992, Ville de Grand-Quevilly, *Lebon*, p. 277).

C'est ainsi que le Conseil d'État annule, systématiquement, les décisions de préemption qui omettent d'indiquer l'opération pour laquelle le droit est utilisé ou se contentent d'une référence totalement abstraite (cf. en ce sens CE 29 juin 1992, Ville de Grand-Quevilly, précitée ; TA Caen 11 juillet 1995, SARL Boutin Marine, req n° 94.1461).

En l'espèce, pour exercer son droit de préemption, le Conseil municipal s'est borné à motiver ainsi sa délibération : « droit de préemption urbain : suite à l'acquisition par Monsieur et Madame G... André, de la parcelle de terrain cadastrée AB 51 "l'Auberge-Neuve", d'une contenance de 43 a 23 ca pour la somme de 22 500 F, la commission s'est prononcée favorablement à l'exercice du DPU ;

Le Conseil municipal après en avoir délibéré et à la majorité (14 conseillers pour – 1 conseiller contre), décide de faire valoir le droit de préemption de la Commune pour l'acquisition de la parcelle AB 51 au prix de 22 500 F ».

Force est de constater que cette délibération ne mentionne absolument pas l'objet pour lequel ce droit est exercé.

De ce seul chef, l'annulation est donc certaine.

III – Sur l'illégalité interne de la décision attaquée :

Aux termes des dispositions de l'article L. 210-1 alinéa 1 du code de l'urbanisme « les droits de préemption institués par le présent titre sont exercés en vue de la réalisation dans l'intérêt général, des actions ou opérations répondant aux objets définis à l'article L. 300-1, à l'exception de ceux visant à sauvegarder ou à mettre en valeur des espaces naturels, ou pour constituer des réserves foncières en vue de permettre la réalisation des actions ou opérations d'aménagement ».

Pour l'application de ces dispositions, le juge administratif est amené à vérifier la réalité des projets, qui doivent être précis, en vue desquels la préemption a été exercée.

C'est dans ces conditions que le juge annule les décisions se fondant sur des projets sans réalité précise (cf. en ce sens CE 1er décembre 1993, Commune de Jouars-Pontchartrain, *BJDU* n° 2/1994, p. 103, conclusions Arrighi de Casanova ; CE 4 février 1994, Commune de Levignac-sur-Save c/ Consorts Cortese, req. n° 135.314).

En l'espèce, il apparaît qu'aucun projet précis n'a précédé la délibération querellée et il semble même que l'idée d'exercer ce droit de préemption ne soit née qu'au moment où la commune, et particulièrement son Maire, a du se prononcer précisément sur son exercice.

De ce chef également, l'annulation de la délibération attaquée est inévitable.

PAR CES MOTIFS et tous autres à produire, déduire ou suppléer au besoin d'office, les exposants concluent qu'il plaise au Tribunal administratif :

– Annuler la délibération en date du 30 octobre 1997 ;

– Condamner la Commune de … à leur verser aux exposants la somme de 1 525 euros en application des dispositions de l'article L. 761-1 du code de justice administrative.

Caen, le …

(Signature)

Productions selon bordereau de pièces joint :

1. Délibération attaquée.
2. Déclaration d'intention d'aliéner.

3.3 Modèle de recours de plein contentieux indemnitaire

À Messieurs les Président et Conseillers
composant le Tribunal administratif
de <...>

RECOURS DE PLEIN CONTENTIEUX

POUR : M<...>, demeurant <adresse> à <...>,

Demandeur [Demanderesse].

CONTRE : [Désigner ici soit la décision explicite ou implicite rejetant la réclamation préalable indemnitaire soit, en l'absence de réclamation préalable, la personne publique considérée comme responsable du préjudice subi.]

FAITS

I – [Rappeler les circonstances de l'accident ou des blessures, ainsi que les démarches préalables éventuellement (ou obligatoirement en dehors des dommages de travaux publics) entreprises avant de saisir le juge.]

[Terminer l'exposé des faits en rappelant, le cas échéant, la dernière décision de refus de l'administration de vous indemniser.]

DISCUSSION

II – Sur la responsabilité de l'administration :

Les événements rappelés ci-dessus mettent en évidence la responsabilité de l'administration qui a commis en l'espèce :

– une faute simple [exemples : illégalité d'un acte ayant causé un préjudice, acte de soins ou médical dans un hôpital, renseignement erroné, etc.] ;

– une faute lourde [exemples : service de police, service pénitentiaire ou de contrôle administratif des collectivités locales par le préfet] ;

– un défaut d'entretien de la voie publique [exemple : dommages subis par les usagers de la voie publique].

[ou encore :]

[Les événements relatés ci-dessus suffisent à engager la responsabilité de l'administration sans qu'il soit besoin d'établir une faute en raison de la situation de la victime (qui est par exemple un tiers par rapport à l'ouvrage ou à la voie publique) ou de la nature de l'activité (risque spécial créé pour les tiers par une activité dangereuse de l'administration).]

III – Sur le montant du préjudice :

Le préjudice dont l'exposant[e] demande réparation se décompose comme suit :

Préjudice physique <...>

Préjudice moral <...>

Préjudice financier <...>

Préjudice matériel <...>

Dans la mesure où ce préjudice présente un lien de causalité directe avec l'activité ou l'inactivité de l'administration désignée ci-dessus, l'exposant[e] conclut qu'il plaise à votre Tribunal :

– Condamner l'administration à lui verser une somme de <...> euros avec intérêts de droit à compter <de sa réclamation préalable, du présent recours> [à préciser selon qu'une réclamation préalable a été ou non déposée].

Fait à <...>, le <...>.

<Signature>

Productions selon bordereau de communication joint :

1. Copie de la réclamation préalable [le cas échéant].
2. Justificatifs des divers éléments du préjudice.

3.4 Exemple de recours de plein contentieux indemnitaire

À Messieurs les Président et Conseillers
du Tribunal administratif de Caen

RECOURS DE PLEIN CONTENTIEUX

POUR : Madame C..., demeurant 5, rue de la Joie à Y...,

Demanderesse par Maître X..., Avocat.

CONTRE : La décision implicite de rejet résultant du silence gardé par le Maire de D... sur la réclamation préalable indemnitaire de Mme C... présentée le 24 novembre 2001 et tendant au paiement d'une indemnité de 20 000 F à raison du préjudice résultant pour elle du traitement administratif dont elle fait l'objet depuis la fin de son congé de longue maladie.

FAITS

I – Madame C..., attachée territoriale, exerce les fonctions de secrétaire de la mairie de D... depuis 1968.

À raison de problèmes de santé, Mme C... a été placée en congé de longue maladie à compter du 16 juin 1998 jusqu'au 16 mars 1999 puis a repris ses fonctions à mi-temps thérapeutique à compter du 9 août 1999.

Dès ce retour, Mme C... a constaté qu'elle ne figurait plus sur l'organigramme de la Mairie comme en témoigne la lettre du Maire de D... en date du 21 juin 1999 affichée dans le hall d'accueil de la Mairie et qui réduit les tâches de la secrétaire générale à des travaux de « documentaliste » voire d'« archiviste » et à quelques courriers.

Mieux encore, lorsque Mme C... a repris ses fonctions à temps plein en juin 2000, le Maire a eu l'honnêteté de reconnaître qu'il n'avait pas eu « le temps matériel de revoir la réorganisation du service pour (lui) fournir du travail pour remplir (ses) journées » (sic) et l'a, par ce même courrier du 11 juillet 2000, « assigné à résidence » à son domicile jusqu'au retour du Maire début août !!!

Le climat ne s'est guère amélioré par la suite puisque les tâches de Mme C... ont été toujours aussi limitées malgré ses demandes d'accomplir les tâches relevant des fonctions de secrétaire de mairie (voir en ce sens courrier du 12 décembre 2000) tandis que le Maire a pris prétexte de la renonciation de Mme C... à solliciter un congé de fin d'activité eu égard au résultat du calcul effectué par la CNRACL pour évoquer publiquement avec les conseillers municipaux ce « comportement » de la secrétaire générale.

Non content d'évincer Mme C... de ses fonctions de secrétaire générale, le Maire de D... n'a pas hésité à douter de ses compétences professionnelles et même de son « aptitude » pourtant reconnue par le médecin du travail (voir notamment en ce sens la lettre du Maire en date du 1er octobre 2001).

Mme C... a en conséquence sollicité du Maire, par lettre de son Conseil en date du 19 novembre 2001, la juste réparation de cette décharge à peine déguisée de fonctions.

Elle entend par les présentes contester le refus implicite opposé à cette demande.

DISCUSSION

II – Sur l'existence d'une sanction disciplinaire déguisée :

L'on sait que toute mesure réduisant de manière sensible les responsabilités et avantages liés à la fonction d'un agent public constitue une mesure disciplinaire déguisée justifiant l'annulation d'une telle décision (cf. par exemple CE 21 mars 1986, Ville de Bray-Dunes c/ M. David, req. n° 59110 : changement d'affectation comportant pour l'intéressé une réduction sensible de ses responsabilités et des avantages attachés à sa fonction sans rapport avec la réorganisation des services communaux ; CAA Marseille 30 mars 1999, Commune de Nice, req. n°97MA001860 : nouveau poste ne correspondant pas aux qualifications et au niveau de responsabilités de l'agent ; CAA Lyon 28 février 2000, M. Fernandez, req. n°96LY02218 : agent affecté, à son retour de congé consécutif à un accident du travail, à des tâches subalternes).

Une telle sanction déguisée constitue une faute susceptible d'ouvrir droit à l'agent concerné à des dommages-intérêts pour préjudice moral.

Ainsi, dans une affaire jugée le 16 novembre 2001, la Cour administrative d'appel de Nantes a condamné une commune à verser une indemnité de 10 000,00 F à un agent communal qui avait fait l'objet d'une décharge des fonctions nécessitant le contact avec le public. Cette mesure s'était accompagnée de l'interdiction d'accéder au bureau dans lequel a travaillé cette agent et de son installation dans une pièce isolée à réserver en priorité aux membres du conseil municipal (CAA Nantes 16 novembre 2001, Mme Françoise Durandière, req. n°98NT00370).

C'est précisément ce qui est arrivé, en l'espèce, à Mme C... à son retour de congé de longue maladie.

Il suffit à cet égard de rappeler que le Maire de D... a, dans un premier temps, reconnu qu'il n'avait pas pu réorganiser le service pour trouver du travail de nature à « remplir ses journées » et l'avait en conséquence assignée à domicile (cf. lettre du Maire en date du 11 juillet 2000).

Le courrier du Maire de D... en date du 8 septembre 2000 confirme le caractère de « sanction » de cette « assignation à résidence » puisque le Maire évoque la prétendue « inaptitude » de Mme C... à ses fonctions de secrétaire générale.

Déjà réduites lors de sa reprise à mi-temps thérapeutique, comme le révèle le courrier du Maire de D... en date du 21 juin 1999, les responsabilités de Mme C... l'ont été davantage encore, paradoxalement, depuis la reprise de ses fonctions à plein temps.

L'ordre de mission du Maire de D... en date du 12 février 2001 est à cet égard un modèle du genre.

La secrétaire de Mairie, attachée territoriale de 1re classe se voit en effet confier la mission de se rendre aux archives départementales afin d'y recueillir des informations sur « le passé de la commune dans le but de pouvoir réaliser une revue de presse complète sur le sujet ».

On ne saurait mieux démontrer une « mise au placard » dès lors surtout que cette mission – non « impossible » – se double d'un isolement géographique et humain de Mme C... dans les locaux de la Mairie ; la secrétaire générale de la Mairie de D... n'a en effet plus aucun contact avec le public, même par téléphone, et son bureau n'est pas relié au réseau informatique de la Mairie.

On ne saurait sérieusement admettre que les tâches d'une secrétaire générale de mairie se limitent à des recherches pour une revue de presse et à la frappe de quelques courriers par semaine.

En choisissant de réduire ainsi les responsabilités de Mme C... et de porter atteinte à ses prérogatives, le Maire de D... a commis une faute de nature à engager la responsabilité de la commune.

III – Sur le préjudice subi par Mme C...

La réclamation préalable adressée au Maire de D... n'a pas eu l'effet escompté, bien au contraire, de réintégrer Mme C... dans la plénitude de ses fonctions.

Les vexations se sont accrues à l'encontre de l'intéressée, mise en accusation notamment devant le Maire et les adjoints pour des écrits consignés sur un carnet « personnel », augmentant d'autant son préjudice moral.

L'exposante sollicite en conséquence que l'indemnisation de son préjudice soit portée à la somme de 4 574 euros avec intérêts de droit à compter de sa réclamation préalable.

PAR CES MOTIFS, et tous autres à produire, déduire ou suppléer, au besoin d'office, l'exposante conclut qu'il plaise au Tribunal administratif :

– Condamner la commune de D... à lui verser une indemnité de 4 574 euros avec intérêts de droit à compter du 24 novembre 2001 ;

– Condamner la commune de D... à lui verser une indemnité de 763 euros au titre des dispositions de l'article L. 761-1 du code de justice administrative.

À Caen, le ...

(Signature)

Productions selon bordereau :

1. Réclamation préalable indemnitaire.
2. Lettre du Maire de D... en date du 11 juillet 2000
3. Lettre du Maire de D... en date du 8 septembre 2000
4. Lettre de Mme C... du 12 décembre 2000.
5. Lettre du Maire de D... en date du 21 juin 1999.
6. Ordre de mission du 12 février 2001 et frais de déplacement correspondants.
7. Lettre de Mme C... en date du 7 septembre 2000.
8. Lettre du Maire de D... en date du 11 juillet 2000.
9. Lettre du Maire de D... en date du 1er octobre 2001.

3.5 Modèle de requête sommaire en appel devant une cour administrative d'appel

À Messieurs les Président et conseillers
composant la Cour administrative
d'appel de <…>

REQUÊTE SOMMAIRE

POUR : M<…>, demeurant <adresse> à <…>,

Demandeur [Demanderesse].

CONTRE : Le jugement en date du <…> aux termes duquel le Tribunal administratif de <…> a rejeté la requête de M<…> tendant à la condamnation de <…> [de l'État, du département, de la commune, de l'établissement public, de l'entrepreneur de travaux publics ou de l'architecte] au paiement d'une somme de <…> euros en réparation du préjudice subi par l'exposant[e].

L'exposant[e] défère le susdit jugement à la censure de la Cour administrative d'appel en tous les chefs qui lui font grief pour les motifs de fait et de droit qui seront développés dans un mémoire complémentaire.

Il sera démontré dans ce mémoire que le jugement attaqué encourt l'annulation en raison notamment d'une irrégularité de forme [par exemple, non-respect du principe du contradictoire lors de la communication des mémoires, moyen d'ordre public soulevé d'office par le tribunal sans être soumis à la discussion des parties].

Il sera également établi dans ce mémoire que le Tribunal a rejeté à tort le moyen de l'exposant[e] fondé sur la faute commise par l'administration à l'occasion de l'accident survenu le <...>.

PAR CES MOTIFS, qui seront développés dans un mémoire complémentaire, ceux contenus dans la requête introductive d'instance auxquels il est fait expressément référence et tous autres à produire, déduire ou suppléer, au besoin d'office, l'exposant[e] conclut qu'il plaise à la Cour administrative d'appel :

– Annuler le jugement attaqué ;

– Faire droit aux conclusions de sa requête de première instance.

À <…>, le <…>.

<Signature>

Productions selon bordereau joint :

1. Notification du jugement attaqué.
2. Copie de la requête introductive d'instance.

3.6 Modèle de mémoire complémentaire devant une cour administrative d'appel

Cour administrative d'appel de <…>

MÉMOIRE COMPLÉMENTAIRE

POUR : M<…>, demeurant <adresse> à <…>,

Demandeur [Demanderesse].

CONTRE : [Indiquer ici l'administration ou la personne défenderesse et non plus le jugement attaqué.]

Sur la requête n° <…>

[Ce numéro est celui de l'enregistrement de la requête sommaire par le greffe de la cour administrative d'appel.]

FAITS

[Terminer l'exposé des faits en mentionnant, même sommairement, le contenu du jugement attaqué.]

DISCUSSION

I – Sur l'irrégularité en la forme du jugement attaqué :

[Reprendre ici les moyens évoqués dans la requête sommaire.]

II – Sur l'erreur d'appréciation, de fait ou de droit commise par les premiers juges :

[Expliquer ici les raisons justifiant au fond l'annulation du jugement : mauvaise appréciation de l'illégalité d'une décision ou de la responsabilité de l'administration, etc.]

PAR CES MOTIFS, et tous autres à produire, déduire ou suppléer, au besoin d'office, l'exposant[e] conclut qu'il plaise à la Cour administrative d'appel :

– Annuler le jugement attaqué ;

– Annuler par voie de conséquence, la décision initialement critiquée devant le Tribunal administratif.

[– ou Condamner le Défendeur (ou la Défenderesse) au paiement d'une indemnité de <…> euros.]

[– ou Condamner le Défendeur (ou la Défenderesse) au paiement d'une somme de <…> euros au titre de l'article L. 761-1 du code de justice administrative.]

À <…>, le <…>.

<Signature>

3.7 Modèle de requête et mémoire devant une cour administrative d'appel

Cour administrative d'appel de <...>

REQUÊTE ET MÉMOIRE

POUR : M<...>, demeurant <adresse> à <...>, [ou la commune de <...>, le centre hospitalier de <...>],

Demandeur [Demanderesse].

CONTRE : Le jugement en date du <...> aux termes duquel le Tribunal administratif de <...> a rejeté la requête de l'exposant(e) tendant à <...> [ou condamné l'exposant à verser une indemnité de <...> euros à M<...>].

L'exposant[e] défère le susdit jugement à la censure de la Cour administrative d'appel en tous les chefs qui lui font grief dans les circonstances de fait et par les moyens de droit ci-après développés.

FAITS

[Terminer l'exposé des faits par le résumé du dispositif, c'est-à-dire de la décision contenue dans le jugement attaqué.]

DISCUSSION

I – Sur l'irrégularité en la forme du jugement attaqué :

[Invoquer des moyens relatifs à la procédure suivie devant les premiers juges.]

II – Sur le mal-fondé du jugement attaqué :

[Expliquer les raisons qui justifient au fond l'annulation du jugement : mauvaise appréciation de l'illégalité d'une décision ou de la responsabilité de l'administration, etc.]

PAR CES MOTIFS, et tous autres qui pourraient être invoqués ultérieurement, même d'office, l'exposant(e) conclut qu'il plaise à la Cour administrative d'appel :

– Annuler le jugement attaqué ;

– Annuler par voie de conséquence la décision critiquée devant les premiers juges [ou de rejeter la demande présentée en première instance si l'appelant est la personne publique dont la décision a été annulée en première instance ou a été condamnée en première instance] ;

– Condamner le Défendeur [ou la Défenderesse] au paiement d'une indemnité de <...> euros au titre de l'article L. 761-1 du code de justice administrative.

À <...>, le <...>.

<Signature>

Production selon bordereau joint : Notification du jugement attaqué.

3.8 Exemple de requête en sursis à exécution d'un jugement

À Messieurs les Président et Conseillers
composant la Cour administrative
d'appel de ...

REQUÊTE EN SURSIS À EXÉCUTION D'UN JUGEMENT

POUR : Le Centre hospitalier régional universitaire de ..., représenté par son directeur en exercice, domicilié en cette qualité avenue de ... à ...,

Demandeur.

CONTRE : Le jugement en date du ... aux termes duquel le Tribunal administratif de ... a condamné le CHRU de ... à verser aux époux A..., agissant pour le compte de leur fille L... une rente annuelle de 90 000 francs jusqu'à la majorité de l'enfant, ainsi qu'une allocation provisionnelle de 300 000 francs en réparation des divers préjudices de l'enfant, outre une somme de 172 539,22 francs au profit de la CPAM de ....

Par requête de ce jour, dont copie ci-jointe, le CHRU de ... a demandé à la Cour administrative d'appel de céans l'annulation du jugement susvisé.

Par les présentes, l'exposant sollicite de la Cour administrative d'appel l'application des dispositions de l'article R. 811-16 du code de justice administrative permettant de prononcer le sursis à exécution d'un jugement dont l'exécution risquerait d'exposer l'appelant à la perte définitive d'une somme qui ne devrait pas rester à sa charge dans le cas où ses conclusions d'appel seraient accueillies.

On sait en effet que l'octroi du sursis à exécution intervient notamment en matière de condamnation de centres hospitaliers à verser des indemnités très importantes à une personne privée (CE 4 mars 1988, CHS d'Armentières, MGFA c/ Mme Cheikh et autres, req. n° 81685).

En l'espèce, l'exécution par le CHRU de ... du jugement attaqué, qui le condamne à verser aux époux A... non seulement une allocation provisionnelle de 300 000 francs, mais également une rente annuelle de 90 000 francs, risquerait de l'exposer à la perte définitive de cette somme eu égard à la situation financière des époux A... puisque seul M. A... exerce une profession, à savoir ... .

Dans l'hypothèse où les conclusions d'appel du CHRU seraient accueillies, les époux A... seraient ainsi contraints de rembourser au CHRU de ... une somme minimale de 390 000 francs outre les arrérages échus de la rente depuis le 1er juin 1976 à raison de 90 000 francs par an.

Compte tenu du risque de la perte définitive de cette somme, le CHRU de … sollicite donc de la Cour administrative d'appel l'octroi du sursis à exécution du jugement attaqué.

PAR CES MOTIFS, et tous autres à produire, déduire ou suppléer, au besoin d'office, l'exposant conclut qu'il plaise à la Cour administrative d'appel :

– Prononcer le sursis à exécution du jugement attaqué.

À …, le ….

(Signature)

Productions selon bordereau joint :

1. Jugement attaqué.
2. Copie de la requête en appel.

3.9 Modèle de référé-suspension

À Monsieur le Président
du Tribunal administratif de <...>
statuant en référé

RÉFÉRÉ-SUSPENSION

POUR :
M. et Mme <...> demeurant <adresse>à <...>,

Demandeurs

CONTRE : La décision en date du <...>, aux termes de laquelle le Maire de la commune de <...> a <...> [délivré un permis de construire, refusé telle ou telle autorisation, refusé la réintégration d'un agent public, etc.].

Par requête dont copie ci-jointe, les exposants ont sollicité du Tribunal administratif l'annulation de la décision susvisée.

Ils entendent par les présentes en obtenir d'ores et déjà la suspension sans attendre le jugement d'annulation pour les raisons de droit et de fait ci-après exposées.

FAITS

I – [Rappeler ici les faits qui ont donné lieu à la décision critiquée puis rappeler l'existence de la requête d'ores et déjà déposée auprès du tribunal administratif en vue d'obtenir l'annulation de cette décision.]

DISCUSSION

II – Sur le bien-fondé de la demande de suspension :

L'alinéa 1er de l'article L.521.1 du code de justice administrative prévoit que « quand une décision administrative, même de rejet, fait l'objet d'une requête en annulation ou en réformation, le juge des référés, saisi d'une demande en ce sens, peut ordonner la suspension de l'exécution de cette décision, ou de certains de ses effets, lorsque l'urgence le justifie et qu'il est fait état d'un moyen propre à créer, en l'état de l'instruction, un doute sérieux quant à la légalité de la décision ».

Il ressort de ces dispositions que le prononcé du référé-suspension est subordonné à la réunion de deux conditions :

– d'une part, une condition d'urgence ;

– d'autre part une condition tenant à l'existence d'un doute sérieux quant à la légalité de la décision attaquée.

En l'espèce, ces deux conditions sont à l'évidence réunies.

– **Sur la condition d'urgence :**

On sait que la condition d'urgence à laquelle est subordonné le prononcé d'une mesure de suspension doit être regardée comme remplie lorsque la décision administrative contestée préjudicie de manière suffisamment grave et immédiate à un intérêt public, à la situation du requérant ou aux intérêts qu'il entend défendre.

Il en va ainsi, alors même que cette décision n'aurait un objet ou des répercussions que purement financiers et que, en cas d'annulation, ces effets pourraient être effacés par une réparation pécuniaire.

Il appartient ainsi au juge des référés, saisi d'une demande tendant à la suspension d'une telle décision, d'apprécier, concrètement, compte tenu des justificatifs fournis par le requérant si les effets de celle-ci sur la situation de ce dernier, ou le cas échéant des personnes concernées, sont de nature à caractériser une urgence justifiant que sans attendre le jugement de la requête au fond, l'exécution de la décision soit suspendue.

En l'espèce, cette condition est parfaitement satisfaite.

En effet, les exposants <...> ne sauraient attendre que la construction d'un immeuble à proximité de leur pavillon soit achevée pour obtenir une décision de justice favorable tant il serait difficile par la suite de remettre les lieux en l'état.

– **Sur le doute sérieux quant à la légalité de la décision attaquée :**

Là encore, cette condition est satisfaite par l'ensemble des moyens soulevés par les exposantes au soutien de leur recours pour excès de pouvoir contre la décision attaquée auquel il est fait expressément référence.

Il apparaît notamment que le permis de construire litigieux est en contradiction flagrante avec l'une des règles d'urbanisme applicables dans la zone d'édification de la construction.

PAR CES MOTIFS et tous autres à produire, déduire ou suppléer, au besoin d'office, les exposants concluent qu'il plaise à Monsieur le Président du Tribunal administratif de <...> :

– Ordonner la suspension de la décision attaquée ;

– Condamner la commune de <...> à verser à l'exposante la somme de 1 500 euros en application de l'article L.761-1 du code de justice administrative.

[le cas échéant :]

[– Ordonner à la commune d'instruire, dans un délai maximum de 1 mois à compter de la notification de l'ordonnance à intervenir, la demande des exposants qui avait, à tort, été rejetée, le tout sous astreinte de 500 euros par jour de retard.]

[ou encore :]

[– Ordonner à l'administration de réintégrer l'exposant, en sa qualité d'agent public, compte tenu de l'illégalité manifeste du refus de réintégration opposé alors que cette réintégration était de droit après sa disponibilité eu égard au nombre de vacances de postes, le tout sous astreinte de 500 euros par jour de retard dans un délai de 1 mois à compter de la notification de l'ordonnance à intervenir.]

Productions selon bordereau joint :

1. Décision attaquée.
2. Copie du recours pour excès de pouvoir.

3.10 Modèle de référé-liberté

À Monsieur le Président
du Tribunal administratif de <...>
statuant en référé

RÉFÉRÉ-LIBERTÉ

POUR : M. <...>, domicilié actuellement <...>,

Demandeur.

CONTRE : M. le Préfet du <...>

M. le Maire de <...>

M. le Ministre de <...>

FAITS

I – [Rappeler ici les faits constituant selon vous une atteinte à l'une de vos libertés fondamentales (aller et venir, droit de propriété, liberté d'opinion, etc.).]

[Contrairement aux recours de droit commun et au référé-suspension, vous n'êtes pas tenu de terminer l'exposé des faits par la mention de la décision qui vous fait grief puisqu'un simple comportement de l'administration, même en l'absence de toute décision formalisée, vous ouvre droit à cette procédure d'extrême urgence.]

DISCUSSION

II – Sur l'atteinte grave et manifestement illégale à une liberté fondamentale :

[Rappeler ici les conditions illégales dans lesquelles l'administration a exercé l'un de ses pouvoirs et a, ce faisant, porté une atteinte grave à l'une de vos libertés fondamentales (exemples : hospitalisation d'office sans aucun certificat médical justificatif, refus d'accès au territoire français en zone d'attente d'étrangers en situation irrégulière, licenciement d'un agent public pour un motif tenant à ses opinions religieuses ou politiques.]

III – Sur l'urgence des mesures a prescrire pour sauvegarder cette liberté fondamentale :

[Votre démonstration doit être sur ce point aussi complète et précise que sur le point précédent. L'on sait par exemple que si votre situation d'urgence provient de votre propre retard à réagir pour saisir le juge, votre demande de référé-liberté sera systématiquement rejetée.]

PAR CES MOTIFS, l'exposant conclut qu'il plaise à M. le Président du Tribunal administratif d'enjoindre à l'administration d'autoriser le requérant à [selon le cas] :

– Débarquer sur le territoire français ;

– Regagner librement son domicile ;

– Réintégrer ses fonctions <…> ;

le tout sous astreinte de <…> euros par jour de retard à compter du jour de l'audience de référé à laquelle sera rendue l'ordonnance.

À <…>, le <…>.

<Signature>

3.11 Modèle de référé-expertise

À Monsieur le Président
du Tribunal administratif de <...>
[ou À Monsieur le Président
de la Cour administrative
d'appel de <...>]
[ou À Monsieur le Président
de la section du contentieux
du Conseil d'État]

RÉFÉRÉ-EXPERTISE

POUR : M<...> demeurant à <...>,
Demandeur [Demanderesse]

CONTRE : [Désigner ici la personne publique ou privée (ou les personnes) susceptibles d'être les adversaires.]

FAITS

I – [Rappeler les faits pouvant donner lieu à un litige relevant du juge administratif.]

[Exposer l'utilité de la mesure d'expertise (ou d'instruction) sollicitée.]

DISCUSSION

II – Par application des dispositions de l'article R. 532-1 du code de justice administrative l'exposant[e] conclut qu'il plaise à Monsieur le Président du Tribunal administratif de <...> [ou de la Cour administrative d'appel de <...>, ou de la section du contentieux du Conseil d'État] de bien vouloir :

– Désigner tel expert qu'il lui plaira avec mission de :

- décrire les désordres affectant tel immeuble, en rechercher les causes et évaluer le montant des travaux nécessaires à leur réparation.

[ou :]

- examiner la victime, rechercher les conditions dans lesquelles les soins ou opérations ont été pratiqués dans tel établissement public hospitalier, dire si des manquements aux règles de l'art médical ont été commis à cette occasion et évaluer les différents chefs de préjudice de la victime.

À <...>, le <...>.

<Signature>

REMARQUE Aucune décision n'est à joindre à cette requête en référé qui est recevable même en l'absence de décision préalable.

3.12 Exemple de référé-expertise

À Monsieur le Président
du Tribunal administratif de Caen
statuant en référé

RÉFÉRÉ-EXPERTISE

POUR : la Commune de C..., représentée par son Maire en exercice, domicilié en cette qualité à la Mairie ...,

Demanderesse par Maître X..., avocat.

CONTRE :
La Société H... prise en la personne de son représentant légal domicilié en cette qualité ... (entreprise de couverture), Monsieur D... demeurant ... (maître d'œuvre) ;

La Société S... prise en la personne de son représentant légal, domicilié en cette qualité ... (fabricant de la toiture) ;

Les Établissements L... pris en la personne de leur représentant légal domicilié en cette qualité ... (négociant matériaux),

Défendeurs

FAITS

I – Au cours de l'année 1991, la Commune de C... a fait édifier sur le territoire de sa commune une salle polyvalente.

La maîtrise d'œuvre de cette construction a été confiée à Monsieur D....

L'entreprise H... a réalisé la couverture avec les matériaux réalisés par la Société S..., vendue à l'entreprise C... par les établissements L....

À compter de 1999, d'importantes infiltrations d'eau par temps de pluie se sont produites dans la couverture ainsi que sur les pignons de la salle polyvalente.

La commune de C... s'est alors rapprochée à différentes reprises de la SARL H... afin d'obtenir la disparition de ces désordres.

En vain.

C'est dans ces conditions qu'une expertise amiable a été réalisée au début de l'année 2001 par le Cabinet S....

Ce dernier a conclu que la responsabilité décennale des différents intervenants sur la réalisation de la toiture était engagée et, notamment le maître d'œuvre et l'entreprise de couverture.

C'est pourquoi, l'exposante est bien-fondée à solliciter de Monsieur le Président du Tribunal administratif de céans que soit ordonnée une expertise.

DISCUSSION

II – Sur la mission de l'expert :

Compte tenu des éléments ci-dessus rapportés, il apparaît utile de donner pour mission à l'expert :

– de prendre connaissance des pièces des marchés conclus entre la commune de C… avec le maître d'œuvre et les différentes entreprises étant intervenues pour la réalisation de la couverture de la salle polyvalente, lesquelles seront en tant que de besoin jointes à son rapport ;

– de se rendre à la salle polyvalente de la commune ;

– de décrire les désordres affectant cette salle ;

– d'en rechercher la ou les causes ;

– de donner au Tribunal tous les éléments permettant de déterminer si ces désordres sont de nature à porter atteinte à la solidité de l'ouvrage ou à compromettre sa destination ;

– de préciser la nature des travaux destinés à y remédier et d'en évaluer le coût dans des conditions normales de concurrence ;

– d'évaluer le préjudice subi par la commune du fait des désordres ;

– de manière générale, de fournir toutes informations utiles à la solution de ce litige.

PAR CES MOTIFS et tous autres à produire, déduire ou suppléer, au besoin d'office, l'exposante conclut qu'il plaise à Monsieur le Président du Tribunal administratif de céans :

– Désigner tel expert qu'il lui plaira avec la mission ci-dessus précisée.

Caen, le ….

(Signature)

Productions selon bordereau joint :

1. Rapport expertise
2. Devis descriptif en date du mois de novembre 1990
3. Correspondance du 28 septembre 2000
4. Correspondance du 8 janvier 1991
5. Correspondance du 30 mai 1991
6. Facture du 14 juin 1991

3.13 Modèle de référé-provision

À Monsieur le Président
du Tribunal administratif de <...>
[À Monsieur le Président
de la Cour administrative d'appel de <...>]

RÉFÉRÉ-PROVISION

POUR : M<…>, demeurant <…>,

Demandeur [Demanderesse].

CONTRE : [Désigner ici l'administration ou la personne privée défenderesse dans le litige.]

FAITS

I – [Rappeler ici les faits ayant donné lieu au litige pour lequel est sollicité d'ores et déjà le versement d'une provision.]

DISCUSSION

II – Sur le caractère non sérieusement contestable de l'obligation de réparation :

Les faits rappelés ci-dessus ainsi que les moyens de droit énoncés ci-après [ou dans la requête de plein contentieux indemnitaire déposée au tribunal si une telle requête a été déposée, ce qui n'est plus obligatoire depuis le 1er janvier 2001] démontrent à l'évidence que l'obligation à réparation de l'administration [ou personne privée] défenderesse n'est pas sérieusement contestable. Il convient d'expliquer ici soit qu'aucune faute n'est à démontrer en l'espèce [exemple : dommage subi par un tiers du fait d'un ouvrage public], soit que la faute est manifeste.

Sans attendre la saisine du tribunal au fond [ou un jugement ou un arrêt (4) sur le fond, si une requête a d'ores et déjà été déposée], l'exposant[e] est donc en droit de prétendre, pour les raisons de fait et de droit développées ci-dessus [ou dans la requête formée devant votre juridiction], au versement d'une provision de <…> euros à valoir sur l'indemnisation définitive de son préjudice.

Il [elle] vous demande en conséquence, par application des dispositions de l'article R. 541-1 du code de justice administrative, de bien vouloir condamner d'ores et déjà l'administration [ou la personne privée] défenderesse au paiement d'une indemnité de <…> euros à titre de provision.

À <…>, le <…>.

<Signature>

(4) Il s'agira d'un jugement devant le tribunal administratif et d'un arrêt devant une cour administrative d'appel.

3.14 Exemple de mémoire en défense

À Messieurs les Président et Conseillers
composant le Tribunal administratif
de Caen

MÉMOIRE EN DÉFENSE

POUR : La commune d'A..., représentée par son Maire en exercice, domicilié en cette qualité à l'Hôtel de Ville ...,

Défenderesse par Maître X..., avocat.

CONTRE : Monsieur et Madame P...,

Demandeurs par Maître Y..., avocat.

Sur la requête n° 0001...2

FAITS

I – La commune d'A... a étudié, depuis plus d'un an, la façon d'aménager et de sécuriser la rue Docteur G..., sous forme notamment d'élargissement de cette rue.

Dès le 28 janvier 1999, les époux P... ont manifesté, par l'intermédiaire de leur conseil, leur inquiétude quant aux conséquences de ces travaux, qui nécessitaient l'élargissement de la rue T..., sur leur propriété sise au 2 de cette dernière rue.

Le 26 février 1999, le maire les a informés que ce projet n'était qu'au stade de la réflexion et de l'étude.

Au cours de la séance du conseil municipal du lundi 20 mars 2000, le Maire a été autorisé à constituer un dossier de déclaration d'utilité publique et à engager si besoin une procédure d'expropriation en vue de l'acquisition d'une portion de terrain appartenant aux époux P....

C'est la décision attaquée.

DISCUSSION

II – Sur la recevabilité de la requête :

La requête des époux P... est manifestement irrecevable et ce, à un double titre.

Elle est tout d'abord entachée de forclusion.

Elle est ensuite dirigée contre une décision insusceptible de faire grief.

A. Sur la forclusion de la requête :

L'on a scrupule à rappeler qu'en matière de délibérations d'un conseil municipal qui n'ont pas le caractère d'actes individuels, le point de départ du délai de recours pour les tiers est l'affichage de ces délibérations.

En l'espèce la délibération litigieuse a fait l'objet d'un affichage réglementaire le 22 mars 2000 ouvrant ainsi un délai de deux mois se terminant le 23 mai suivant.

La requête enregistrée le 21 juin 2000 est donc vouée à un rejet certain.

B. Sur la notion d'ace préparatoire :

L'on sait que les actes dits préparatoires sont insusceptibles de faire l'objet d'un recours en tant qu'ils se bornent à annoncer un acte ultérieur.

Il en est ainsi précisément, de toutes les décisions prescrivant ou recommandant l'ouverture d'une enquête publique en vue de l'appréciation de l'utilité publique d'une expropriation (CE 27 octobre 1948, Cazabon, *Lebon* p. 393 ; CE 4 janvier 1964, Sté Fayeton, *Lebon* p. 39 ; CE ass. 23 juillet 1974, Gaulier, *Lebon* p. 453).

Cette irrecevabilité s'est appliquée notamment à la délibération d'un conseil municipal demandant au préfet d'engager une procédure d'expropriation (CE 25 novembre 1988, Commune de Plessis-Feu-Aussous c/ Époux Pérez, *AJDA* 1989 p. 191).

La requête des époux P... est donc irrémédiablement entachée d'irrecevabilité sans même que les intéressés puissent se prévaloir de la jurisprudence, aujourd'hui obsolète, relative aux vices propres de la délibération (CE ass. 15 avril 1996, Syndicat CGT des hospitaliers de Bédarieux, *RFDA* 1996 p. 1169, conclusions Combrexelle).

Force est de rappeler que depuis cet arrêt d'assemblée, seul un déféré préfectoral est de nature à critiquer, pour un vice propre, une telle délibération.

C'est dire qu'en toute hypothèse, les requérants n'auront aucun regret d'avoir introduit tardivement leur demande contre une délibération qui ne pouvait faire l'objet d'aucune critique.

Ils seront néanmoins condamnés à verser à la commune d'A... une indemnité sur le fondement de l'article L. 761-1 du code de justice administrative à raison des frais engagés pour défendre à une action contre un acte insusceptible de tout recours contentieux.

PAR CES MOTIFS et tous autres a produire, déduire ou suppléer, au besoin d'office, l'exposante conclut qu'il plaise au Tribunal administratif :

– Rejeter la requête des Époux P...

– Les condamner à verser à la commune d'A... une indemnité de 1 220 euros sur le fondement des dispositions de l'article L. 761-1 du code de justice administrative.

Caen, le ....

(Signature)

Production selon bordereau joint :

Délibération du conseil municipal autorisant le Maire à défendre à l'action.

3.15 Modèle de mémoire en réplique

Tribunal administratif de <...>

RÉPLIQUE

POUR : M. et Mme <...>,

Demandeurs.

CONTRE : La commune de Y...,

Défenderesse.

Sur la requête n° 02...

Les exposants ont pris connaissance du mémoire en défense déposé par le Maire de la commune de Y...

Ce mémoire appelle de leur part les observations suivantes.

I – Sur la recevabilité de la requête :

Contrairement à ce que prétend la défenderesse, la requête des exposants est parfaitement recevable dès lors que la délibération contestée du conseil municipal n'a fait l'objet d'aucun affichage régulier.

II – Sur le bien-fondé de la requête :

[Il convient ici de démontrer que les moyens opposés par la commune dans son mémoire en défense ne résistent pas à l'examen.]

[Terminer la réplique par la formule :] **PAR CES MOTIFS** et tous autres à produire :

– Déduire ou suppléer, au besoin d'office, les exposants persistent de plus fort dans les conclusions de leur requête.

À <...>, le <...>.

<Signature>

3.16 Modèle de mémoire en désistement

Tribunal administratif de <...>

MÉMOIRE EN DÉSISTEMENT

POUR : La société anonyme <...>,

Demanderesse.

CONTRE : L'État français, pris en la personne de M. le Ministre de <...>

Défendeur.

Sur la requête n° 02...

L'exposante entend par les présentes se désister purement et simplement de sa requête susvisée.

PAR CES MOTIFS, l'exposante conclut qu'il plaise au Tribunal administratif :

– Lui donner acte de son désistement.

À <...>, le <...>.

<Signature>

3.17 Modèle de requête en rectification d'erreur matérielle

À Messieurs les Président et conseillers
composant la Cour administrative
d'appel de <...>

Requête en rectification d'erreur matérielle

POUR : M<...>, demeurant <...> à <...>,

Demandeur.

CONTRE : L'arrêt en date du <...> aux termes duquel la Cour administrative d'appel a condamné l'Etat à lui verser une somme de 9 000 euros au titre du préjudice moral résultant pour lui du décès de son épouse à l'hôpital de <...>.

L'exposant entend par les présentes former un recours en rectification de l'erreur matérielle contenue dans l'arrêt susvisé.

FAITS

I – [Rappeler ici les faits et la procédure ayant donné lieu à l'arrêt critiqué.]

[Rappeler ensuite le contenu de l'arrêt qui permettra de mettre ultérieurement en évidence l'erreur matérielle qu'il contient.]

DISCUSSION

II – Sur la recevabilité de la requête :

L'arrêt critiqué a été notifié à l'exposant par lettre recommandée avec accusé de réception reçue il y a moins de deux mois.

Par ailleurs, l'exposant a intérêt à obtenir la rectification de cet arrêt qui préjudicie à ses droits en minorant la somme à laquelle il pouvait légitimement prétendre.

III – Sur le bien-fondé de la requête :

Alors que la Cour administrative d'appel avait retenu, dans les motifs de son jugement, une somme de 13 000 euros à titre d'indemnisation de la douleur morale subie par l'exposant à la suite du décès de son épouse dans les conditions ci-dessus relatées (cf. rappel des faits), le dispositif de l'arrêt met à la charge de l'hôpital une somme de 9 000 euros.

Cette erreur matérielle devra donc être rectifiée.

PAR CES MOTIFS et tous autres à produire, déduire, ou suppléer, au besoin d'office, l'exposant conclut qu'il plaise à la Cour administrative d'appel :

– Modifier l'article 2 du dispositif de l'arrêt en date du <...> par indication d'une somme de 13 000 euros au titre de douleur morale au lieu d'une somme de 9 000 euros.

À <...>, le <...>.

<Signature>

Production selon bordereau joint : arrêt attaqué.

3.18 Modèle d'opposition

À Messieurs les Président et Conseillers
composant la Cour administrative
d'appel de <…>
[ou composant la section du contentieux
du Conseil d'État]

OPPOSITION

POUR : M<…>,

Demandeur [Demanderesse].

CONTRE : L'arrêt en date du <…> aux termes duquel la Cour administrative d'appel de <...> [ou le Conseil d'État] a décidé de <...> alors que l'exposant n'a pu produire aucune observation ou aucune observation régulière au cours de l'instance ayant abouti à cette décision.

L'exposant[e] forme opposition à cet arrêt dans les circonstances de fait et par les moyens de droit ci-après développés.

FAITS

I – [Rappeler ici les faits et la procédure ayant conduit à l'arrêt à l'encontre duquel l'opposition est formée.]

[Résumer ensuite le contenu de cet arrêt et ajouter : « C'est l'arrêt attaqué. »]

DISCUSSION

II – Sur la recevabilité de l'opposition :

Faute pour l'exposant[e] d'avoir produit des observations dans l'instance qui a donné lieu à l'arrêt attaqué, il [elle] se trouve recevable à former opposition à l'encontre de cet arrêt en qualité de partie « défaillante ».

III – Sur le bien-fondé de l'opposition :

L'arrêt attaqué devra faire l'objet d'une rétractation dès lors qu'il a décidé, à tort, d'annuler la décision administrative en date du <…> [ou de condamner telle personne publique ou privée à payer la somme de <…> euros].

Il apparaît en effet que la Cour administrative d'appel [ou le Conseil d'État] a omis de prendre en considération l'élément de droit [ou de fait] suivant <…>.

PAR CES MOTIFS, l'exposant(e) conclut à ce qu'il plaise à la Cour administrative d'appel [ou au Conseil d'État] :

– Rétracter l'arrêt attaqué et le dire non avenu en tant qu'il a prononcé l'annulation de la décision administrative en date du <...> [ou condamné X... à verser une somme de <...> euros].

[Statuant à nouveau :]

[– Rejeter le recours formé par Y... contre la décision administrative en date du <...>.]

[– ou Rejeter la demande de condamnation de Y... au paiement d'une somme de <...> euros.

À <...>, le <...>.

<Signature>

Production selon bordereau joint : arrêt attaqué.

3.19 Modèle de requête en tierce opposition

À Messieurs les Président et conseillers composant le Tribunal administratif de <...>

TIERCE OPPOSITION

POUR : M<...>,

Demandeur [Demanderesse].

CONTRE : Un jugement rendu le <...> par le Tribunal administratif de <...> au profit de M<...> et portant [soit annulation de telle décision, soit condamnation de X... au paiement d'une somme de <...> euros].

L'exposant[e] forme tierce opposition au jugement susvisé en tous les chefs qui lui font grief dans les circonstances de fait et par les moyens de droit ci-après développés.

FAITS

I – [Rappeler ici les faits ayant donné lieu au jugement attaqué.]

[Rappeler ensuite les conditions dans lesquelles vous avez eu connaissance de ce jugement : soit par notification, soit par signification d'huissier, soit encore à l'occasion d'une autre instance.]

[Terminer l'exposé des faits par le résumé du jugement et ajouter : « C'est le jugement attaqué. »]

DISCUSSION

II – Sur la recevabilité de la tierce opposition :

L'exposant[e] n'a été ni partie ni appelé[e] au jugement attaqué, et il [elle] a un intérêt direct et certain à en obtenir la rétractation en raison du préjudice résultant pour lui de la situation consacrée par ce jugement.

[Exemple : en effet, l'annulation du règlement litigieux prononcée par le jugement attaqué à la demande de Y... a pour conséquence de priver l'exposant[e] du droit d'exercer son activité dans la halle communale.]

III – Sur le bien-fondé de la tierce opposition :

Le Tribunal a fait droit à la demande d'annulation de Y..., alors que sa requête était manifestement irrecevable car présentée après l'expiration des délais de recours contentieux [ou encore en raison du défaut d'intérêt de Y... à obtenir l'annulation du règlement].

À supposer même que cette requête ait été recevable, le Tribunal a commis une erreur d'appréciation des circonstances de fait et de droit en considérant, à tort, que le règlement litigieux était illégal alors qu'il était, en réalité, parfaitement adapté aux circonstances locales.

PAR CES MOTIFS, et tous autres à produire, déduire, ou suppléer, au besoin d'office, l'exposant[e] conclut qu'il plaise au Tribunal administratif :

– Rétracter le jugement en date du <...> et le dire non avenu en tant qu'il a annulé le règlement municipal en date du <...>.

[Statuant à nouveau :]

[– Rejeter le recours formé par Y... contre le règlement municipal du <...>.]

À <...>, le <...>.

<Signature>

Production selon bordereau joint : Jugement dont la tierce opposition est sollicitée.

3.20 Exemple de recours en appréciation de légalité

À Messieurs les Président et Conseillers
composant le Tribunal administratif
de ...

RECOURS EN APPRÉCIATION DE LÉGALITÉ

POUR : M... demeurant ...,

Demandeur [Demanderesse].

CONTRE : Les époux Y...,

Défendeurs.

L'exposant défère à votre Tribunal, par la voie du recours en appréciation de légalité, l'acte en date du .... aux termes duquel le maire de .... a accordé un permis de construire aux époux Y... par application d'un jugement du Tribunal de grande instance de ... en date du ... intervenu dans les circonstances de fait ci-après développées.

FAITS

I – L'exposant est propriétaire d'un lot sis au n° 2, de la rue ... à ... comportant une maison d'habitation et un garage.

Les époux Y... sont propriétaires du lot voisin n° 4 sis dans la même rue.

Sur ce dernier lot qui comprenait déjà une maison et un garage, les époux Y... ont fait édifier une troisième construction destinée à l'habitation en vertu d'un permis de construire délivré par le maire de ....

Estimant que cette construction était contraire à l'arrêté préfectoral qui avait autorisé le lotissement, l'exposant a saisi le TGI de ... d'une action en démolition de cette construction.

Par jugement en date du ... ledit TGI a sursis à statuer au fond et a renvoyé la partie la plus diligente à saisir le juge administratif d'une demande d'appréciation de la légalité du permis de construire délivré « au regard en particulier des dispositions de l'arrêté préfectoral autorisant le lotissement ».

DISCUSSION

II – Sur l'illégalité du permis de construire :

L'arrêté préfectoral autorisant le lotissement prévoit expressément que toute extension de construction à usage d'habitation est interdite de façon à ne pas bouleverser la conception générale du lotissement.

En autorisant les époux Y... à étendre leur habitation, le maire de ... a manifestement violé, par le permis de construire litigieux, l'arrêté préfectoral précité.

PAR CES MOTIFS, et tous autres à produire, déduire, ou suppléer, au besoin d'office, l'exposant conclut qu'il plaise au Tribunal administratif :

– Dire et juger que le permis de construire accordé par le maire de ... le ... aux époux Y... est illégal en tant que contraire à l'arrêté préfectoral autorisant le lotissement.

À ..., le ....

(Signature)

Productions selon bordereau joint :

1. Jugement du TGI de ... en date du ....
2. Permis de construire en date du ....
3. Arrêté préfectoral d'autorisation du lotissement.

3.21 Exemple de recours en interprétation d'un acte administratif

À Messieurs les Président et Conseillers
composant le Tribunal administratif
de <...>
[ou à Monsieur le Président de la section
du contentieux du Conseil d'État]

RECOURS EN INTERPRÉTATION D'UN ACTE ADMINISTRATIF

POUR : La Société immobilière Y...,

Demanderesse.

CONTRE : La décision en date du <...> par laquelle le maire de <...> a accordé le permis de construire à la société exposante.

L'exposante se voit contrainte de saisir le Tribunal administratif de <...> [ou le Conseil d'État dans l'hypothèse où l'acte à interpréter relèverait de la compétence directe du Conseil d'État en premier et dernier ressort] pour connaître le sens qu'il convient de donner au permis de construire précité.

FAITS

I – Le <...>, la Société immobilière Y... a obtenu un permis de construire à l'effet d'édifier un immeuble collectif de 15 logements ainsi que les aménagements extérieurs.

Cette construction ayant été réalisée, l'administration envisage de refuser le certificat de conformité au motif que certaines des prescriptions du permis de construire n'auraient pas été respectées.

Compte tenu de ce litige né et actuel, l'exposante se trouve recevable à solliciter l'interprétation de cet acte administratif.

DISCUSSION

II – Sur la portée des dispositions du permis de construire :

L'exposante soutient que les prescriptions prévues aux articles 2 et 3 du permis de construire qui lui avait été délivré n'imposaient pas l'obligation d'édifier des parkings et des espaces verts en proportion du nombre de logements construits.

Elle ne saurait donc se voir opposer un refus de conformité sur la base de ces dispositions.

L'exposante sollicite en conséquence du Tribunal qu'il déclare que les articles 2 et 3 de l'arrêté de permis de construire n'entraînaient pas pour elle une telle obligation, motif pris de ce que la proportion entre le nombre de logements et la superficie des espaces verts et des parkings n'était pas prévue dans ledit permis.

PAR CES MOTIFS et sous réserve de tous autres à produire, déduire, ou suppléer, au besoin d'office, l'exposante conclut à ce qu'il plaise au Tribunal administratif [ou au Conseil d'État] :

– Dire et juger que par l'interprétation des dispositions des articles 2 et 3 du permis de construire, on ne pouvait imposer à la société exposante la réalisation d'un nombre de parkings et d'une superficie d'espaces verts supérieurs à ceux réalisés.

À <...>, le <...>.

<Signature>

Productions selon bordereau joint :

1. Permis de construire.
2. Dossier de demande de permis de construire.
3. Plans de la construction.
4. État des constructions réalisées.

3.22 Exemple de recours contre un arrêté de reconduite à la frontière

À Monsieur le Président
du Tribunal administratif de ...

RECOURS CONTRE UN ARRÊTÉ DE RECONDUITE À LA FRONTIÈRE

POUR : M. X... demeurant ... chez M. Y...,

Demandeur.

CONTRE : L'arrêté du préfet de ... en date du ... ordonnant la reconduite à la frontière de l'exposant.

FAITS

I – Prenant prétexte du maintien en France de l'exposant pendant plus d'un mois après que lui a été notifiée une décision de refus de séjour, le préfet de ... a pris un arrêté ordonnant sa reconduite à la frontière.

Notifié il y a moins de quarante-huit heures [ou 7 jours si notifié par la poste], cet arrêté ne pourra qu'être annulé.

DISCUSSION

II – Sur l'illégalité de l'arrêté préfectoral :

Il est désormais de jurisprudence constante que, même dans l'hypothèse où un étranger se trouve dans l'un des cas où, en application de l'article 22 de l'ordonnance du 2 novembre 1945 modifiée permettant d'ordonner sa reconduite à la frontière, le préfet doit vérifier si la mesure de reconduite ne comporte pas de conséquences d'une gravité exceptionnelle sur la situation personnelle ou familiale de l'intéressé.

En l'espèce, il est établi par les pièces produites à l'appui de ce recours qu'à la date de la décision attaquée, l'épouse de l'exposant bénéficiait d'un titre de séjour délivré dans l'attente d'une décision sur sa demande d'admission au statut de réfugié.

Les certificats médicaux produits ce jour établissent par ailleurs que l'intéressée était enceinte et de santé fragile.

Ainsi, il est clair qu'en ordonnant dans de telles circonstances et à cette date la reconduite à la frontière de l'exposant, le préfet de ... a commis une erreur manifeste dans l'appréciation des conséquences de ladite mesure.

L'annulation de l'arrêté préfectoral est dans ces conditions inévitable.

PAR CES MOTIFS, et tous autres qui pourraient être produits à l'audience à laquelle l'affaire sera appelée, l'exposant conclut qu'il plaise à Monsieur le Président du Tribunal administratif :

– Annuler l'arrêté préfectoral de reconduite à la frontière en date du … ;

– Enjoindre à l'administration, par application de l'article L. 911-2 du code de justice administrative, de réexaminer le dossier de l'intéressée dans un délai qui ne saurait excéder un mois à compter de la notification du jugement à intervenir.

À …, le ….

(Signature)

Productions selon bordereau joint :

1. Arrêté préfectoral de reconduite à la frontière.
2. Titre de séjour de l'épouse de l'exposant.
3. Certificats médicaux concernant l'épouse de l'exposant.

ANNEXE 4
Dépôt et instruction des requêtes

4.1 Adresses du Conseil d'État, des cours administratives d'appel et des tribunaux administratifs

Savoir où déposer une requête est important lorsque l'on sait par exemple qu'une erreur d'adresse entraînant naturellement un retard dans l'acheminement du courrier vers le greffe peut avoir pour conséquence l'irrecevabilité d'une requête (cf. en ce sens CE 16 octobre 1985, Mme Boivin, Dr. adm. 1985 n° 563).

Le principe est pourtant très clair : l'article R.413-1 du code de justice administrative précise que la requête introductive d'instance doit être déposée au greffe.

Il suffit de connaître l'adresse postale de chacun des tribunaux administratifs français pour savoir où diriger sa requête. Dans tous les cas, un timbre à date sera apposé sur la requête ainsi que sur les pièces jointes, et le requérant pourra obtenir, en fournissant une copie supplémentaire, un exemplaire de sa requête avec le timbre à date (pour son propre dossier).

Conseil d'État

1, place du Palais-Royal 75001 Paris RP
Tél. : 01 40 20 80 00 – Fax : 01 40 20 80 08

Cours administratives d'appel

Bordeaux
17, cours de Verdun 33074 Bordeaux Cedex
Tél. : 05 57 85 42 42 – Fax : 05 57 85 42 40

Ressort territorial : Bordeaux, Limoges, Pau, Poitiers, Toulouse, Basse-Terre, Cayenne, Fort-de-France, Mamouzdou, Saint-Denis de la Réunion, St-Pierre-et-Miquelon

Douai
30, rue de la Comédie 59500 Douai
Tél. : 03 27 08 10 00 – Fax : 03 27 88 20 51

Ressort territorial : Amiens, Lille, Rouen

Lyon
Palais des Juridictions administratives
184, rue Duguesclin 69433 Lyon Cedex
Tél. : 04 78 14 11 11 – Fax : 04 78 71 79 13

Ressort territorial : Clermont-Ferrand, Dijon, Grenoble, Lyon

Marseille
45, boulevard Paul Peytral 13291 Marseille
Tél. : 04 91 04 45 45 – Fax : 04 91 04 45 00

Ressort territorial : Bastia, Marseille, Montpellier, Nice

Nancy
6, rue du Haut-Bourgeois CO 15 54035 Nancy Cedex
Tél. : 03 83 35 05 06 – Fax : 03 83 32 78 32

Ressort territorial : Besançon, Châlons-en-Champagne, Nancy, Strasbourg

Nantes
2, place de l'Édit de Nantes BP 18529 – 44125 Nantes Cedex 04
Tél. : 02 51 84 77 77 – Fax : 02 51 84 77 00

Ressort territorial : Caen, Nantes, Orléans, Rennes

Paris
10, rue Desaix 75015 Paris
Tél. : 01 40 61 51 00 – Fax : 01 40 61 51 74

Ressort territorial : Cergy-Pontoise, Melun, Paris, Versailles, Nouvelle-Calédonie, Papeete

Tribunaux administratifs

Amiens
14, rue Lemerchier 80011 Amiens Cedex 1
Tél. : 03 22 33 61 90 – Fax : 03 22 33 61 71

Bastia
Villa Montepiano 20407 Bastia Cedex
Tél. : 04 95 32 88 66 – Fax : 04 95 32 38 55

Besançon
30, rue Charles Nodier 25000 Besançon
Tél. : 03 81 82 60 00 – Fax : 03 81 82 60 01

Bordeaux
9, rue Tastet BP 947 33063 Bordeaux Cedex
Tél. : 05 56 99 38 00 – Fax : 05 56 24 39 03

Caen
3, rue Arthur Leduc BP 536 – 14036 Caen Cedex
Tél. : 02 31 70 72 72 – Fax : 02 31 52 42 17

Cergy-Pontoise
2-4, boulevard de l'Hautil 95000 Cergy-Pontoise
Tél. : 01 30 17 34 00 – Fax : 01 30 17 34 06

Châlons-en-Champagne
25, rue du lycée 51036 Châlons-en-Champagne Cedex
Tél. : 03 26 66 86 87 – Fax : 03 26 21 01 87

Clermont-Ferrand
6, cours Sablon BP 129 63033 Clermont-Ferrand Cedex
Tél. : 04 73 14 61 00 – Fax : 04 73 14 61 22

Dijon
22, rue d'Assas 21000 Dijon,
Tél. : 03 80 73 91 00 – Fax : 03 80 73 39 89

Grenoble
2, place de Verdun BP 1135 – 38022 Grenoble Cedex
Tél. : 04 76 42 90 00 – Fax : 04 76 51 89 44

Lille
143, rue Jacquemars-Giélée BP 2039 – 59014 Lille Cedex,
Tél. : 03 20 63 13 00 – Fax : 03 20 30 68 40

Limoges
1, cours Vergniaud 87000 Limoges,
Tél. : 05 55 33 91 57 – Fax : 05 55 33 91 57

Lyon
Palais des juridictions administratives
184, rue Duguesclin 69433 Lyon Cedex 3
Tél. : 04 78 14 10 10 – Fax : 04 78 14 10 10

Marseille
22-24, rue de Breteuil 13281 Marseille Cedex 06
Tél. : 04 91 13 48 13 – Fax : 04 91 81 13 89

Melun
43, rue du Général de Gaulle 77000 Melun
Tél. : 01 60 56 66 30 – Fax : 01 60 56 66 10

Montpellier
6, rue Pitot 34063 Montpellier Cedex 2
Tél. : 04 67 54 81 00 – Fax : 04 67 54 74 10

Nancy
5, place de la Carrière CO 38 – 54036 Nancy Cedex
Tél. : 03 83 17 43 43 – Fax : 03 83 17 43 50

Nantes
6, allée de l'Île Gloriette 44041 Nantes Cedex 01
Tél. : 02 40 99 46 00 – Fax : 02 40 99 46 58

Nice
Villa La Côte
33, boulevard Franck-Pilatte BP 179 – 06359 Nice Cedex 4
Tél. : 04 92 04 13 13 – Fax : 04 93 55 78 31

Orléans
28, rue de la Bretonnerie 45057 Orléans Cedex 1
Tél. : 02 38 77 59 00 – Fax : 02 38 53 85 16

Paris
Hôtel d'Aumont
5 et 7, rue de Jouy 75181 Paris Cedex 04
Tél. : 01 44 59 44 00 – Fax : 01 44 59 96 46

Pau
Villa Noulibos
Cours Lyautey 64010 Pau Université Cedex
Tél. : 05 59 84 94 40 – Fax : 05 59 02 61 98

Poitiers
15, rue de Blossac BP 541 – 86020 Poitiers Cedex
Tél. : 05 49 60 79 19 – Fax : 05 49 60 68 09

Rennes
Hôtel de Bizien
3, contour de la Motte 35044 Rennes Cedex
Tél. : 02 99 25 03 65 – Fax : 02 99 63 56 84

Rouen
80, boulevard de l'Yser BP 500 – 76005 Rouen Cedex
Tél. : 02 32 08 12 60 – Fax : 02 32 08 12 71

Strasbourg
31, avenue de la Paix BP 1038 F – 67070 Strasbourg Cedex
Tél. : 03 88 21 23 23 – Fax : 03 88 36 44 66

Toulouse
51, rue Raymond-IV 31000 Toulouse,
Tél. : 05 62 73 57 57 – Fax : 05 62 73 57 40

Versailles
56, avenue de Saint-Cloud 78011 Versailles Cedex
Tél. : 01 39 20 54 00 – Fax : 01 30 21 11 19

Basse-Terre
Palais d'Orléans
Rue Lardenois 97109 Basse-Terre Cedex,
Tél. : 0 590 81 45 38

Cayenne
Place de Grenoble 97307 Cayenne Cedex
Tél. :0 594 30 05 20

Fort-de-France
Croix de Bellevue BP 683 – 97262 Fort-de-France Cedex
Tél. 0 596 71 65 86

Mamouzdou
Les Hauts des Jardins du Collage
97600 Mamouzdou
Tél. : 05 08 41 47 26

Nouméa
34, rue Gallieni BP 202 Nouméa
Tél. : 0 687 27 45 58

Papeete
BP 4522 Papeete
Tél. : 0 689 42 24 82

Saint-Denis
Avenue de la Victoire
97488 Saint-Denis de la Réunion Cedex
Tél. : 0 262 21 86 10

Saint-Pierre-et-Miquelon
975 Saint-Pierre-et-Miquelon
Tél. : 0 508 41 35 01

4.2 Ressort territorial des tribunaux administratifs

Département	Tribunal compétent
01 Ain	Lyon
02 Aisne	Amiens
03 Allier	Clermont-Ferrand
04 Alpes-de-Haute-Provence	Marseille
05 Hautes-Alpes	Marseille
06 Alpes-Maritimes	Nice
07 Ardèche	Lyon
08 Ardennes	Châlons-en-Champagne
09 Ariège	Toulouse
10 Aube	Châlons-en-Champagne
11 Aude	Montpellier
12 Aveyron	Toulouse
13 Bouches-du-Rhône	Marseille
14 Calvados	Caen
15 Cantal	Clermont-Ferrand
16 Charente	Poitiers
17 Charente-Maritime	Poitiers
18 Cher	Orléans
19 Corrèze	Limoges
2A Corse-du-Sud	Bastia
2B Haute-Corse	Bastia
21 Cote-d'Or	Dijon
22 Cotes-d'Armor	Rennes
23 Creuse	Limoges
24 Dordogne	Bordeaux
25 Doubs	Besançon
26 Drôme	Grenoble
27 Eure	Rouen
28 Eure-et-Loir	Orléans
29 Finistère	Rennes
30 Gard	Montpellier
31 Haute-Garonne	Toulouse
32 Gers	Pau
33 Gironde	Bordeaux
34 Hérault	Montpellier
35 Ille-et-Vilaine	Rennes
36 Indre	Limoges
37 Indre-et-Loire	Orléans
38 Isère	Grenoble
39 Jura	Besançon
40 Landes	Pau
41 Loir-Et-Cher	Orléans
42 Loire	Lyon
43 Haute-Loire	Clermont-Ferrand
44 Loire-Atlantique	Nantes
45 Loiret	Orleans
46 Lot	Toulouse
47 Lot-et-Garonne	Bordeaux
48 Lozère	Montpellier
49 Maine-et-Loire	Nantes
50 Manche	Caen
51 Marne	Châlons-en-Champagne
52 Haute-Marne	Châlons-en-Champagne
53 Mayenne	Nantes
54 Meurthe-et-Moselle	Nancy
55 Meuse	Nancy
56 Morbihan	Rennes
57 Moselle	Strasbourg
58 Nièvre	Dijon

Département	Tribunal compétent
59 Nord	Lille
60 Oise	Amiens
61 Orne	Caen
62 Pas-de-Calais	Lille
63 Puy-de-Dôme	Clermont-Ferrand
64 Pyrénées-Atlantiques	Pau
65 Hautes-Pyrénées	Pau
66 Pyrénées-Orientales	Montpellier
67 Bas-Rhin	Strasbourg
68 Haut-Rhin	Strasbourg
69 Rhône	Lyon
70 Haute-Saône	Besançon
71 Saône-et-Loire	Dijon
72 Sarthe	Nantes
73 Savoie	Grenoble
74 Haute-Savoie	Grenoble
75 Paris	Paris
76 Seine-Maritime	Rouen
77 Seine-et-Marne	Melun
78 Yvelines	Versailles
79 Deux-Sèvres	Poitiers
80 Somme	Amiens
81 Tarn	Toulouse
82 Tarn-et-Garonne	Toulouse
83 Var	Nice
84 Vaucluse	Marseille
85 Vendée	Nantes
86 Vienne	Poitiers
87 Haute-Vienne	Limoges
88 Vosges	Nancy
89 Yonne	Dijon
90 Territoire-de-Belfort	Besançon
91 Essonne	Versailles
92 Hauts-de-Seine	Paris
93 Seine-Saint-Denis	Cergy-Pontoise
94 Val-de-Marne	Melun
95 Val-d'Oise	Cergy-Pontoise
971 Guadeloupe	Basse-Terre
972 Martinique	Fort-de-France
973 Guyane	Cayenne
974 Réunion	Saint-Denis
975 St-Pierre-et-Miquelon	Saint-Pierre
976 Mayotte	Mamouzdou
988 Nouvelle-Calédonie	Nouméa
Polynésie française	Papeete
Terres australes et antarctiques françaises	Saint-Denis-de-la-Réunion

REMARQUE

Depuis un décret du 19 avril 2002, complétant sur ce point l'article R. 221-3 du code de justice administrative, le ressort du tribunal administratif de Melun comprend l'intégralité de l'emprise de l'aérodrome de Paris-Orly et celui du tribunal administratif de Cergy-Pontoise l'intégralité de l'emprise de l'aérodrome de Paris-Charles de Gaulle.

4.3 Les suites du dépôt d'une requête

L'informatisation des greffes des juridictions administratives permet d'illustrer les principales correspondances échangées entre un tribunal administratif et un justiciable.

À la suite du dépôt d'une requête, le requérant recevra, dans les jours suivants, l'accusé de réception selon le modèle ci-dessous. L'indication du numéro d'enregistrement de la requête servira de référence pour toute production ultérieure de mémoires ou de pièces, voire pour une demande d'information relative à l'évolution de ce dossier auprès du greffe.

RÉPUBLIQUE FRANÇAISE

TRIBUNAL ADMINISTRATIF DE NANTES
6, Allée de l'Ile Gloriette
44041 Nantes Cedex 01
Téléphone : 02 40 99 46 00
Télécopie : 02 40 99 46 58
Greffe ouvert du lundi au vendredi de
9 h 00 à 12 h 00 – 14 h 00 à 17 h 00

M...
2, rue ...
44000 Nantes

Nantes, le 30 avril 2002

Vos réf. : Référé expertise médicale – R./CH.

Dossier n° : ... (à rappeler)

ACCUSÉ DE RÉCEPTION DE LA REQUÊTE

M...,

J'ai l'honneur d'accuser réception de votre requête et de vous informer qu'elle a été enregistrée le 24 avril 2002, sous le numéro mentionné ci-dessus.

Je saisis cette occasion pour vous adresser les recommandations suivantes :

– afin de permettre le rattachement de vos courriers à votre dossier, veuillez mentionner le numéro d'enregistrement qui figure en tête de la présente lettre sur toutes les pièces ou correspondances relatives à cette affaire ;

– ne manquez pas, jusqu'à l'issue de la procédure, d'informer le greffe du tribunal administratif de vos éventuels changements d'adresse. Par ailleurs, pour permettre de vous joindre plus facilement, en cas de nécessité, vous pouvez communiquer au greffe vos numéros de téléphone et de télécopie ;

– enfin, si vous avez besoin d'explications ou de renseignements complémentaires, vous pouvez écrire au tribunal administratif ou téléphoner au numéro mentionné en tête du présent courrier aux heures indiquées.

Je vous prie de bien vouloir recevoir, M..., l'assurance de ma considération distinguée.

Le Greffier en Chef

L'adversaire recevra, pour sa part, copie de la requête selon le modèle reproduit ci-après.

RÉPUBLIQUE FRANÇAISE

TRIBUNAL ADMINISTRATIF DE ROUEN
80 Boulevard de l'Yser
BP 500
76005 Rouen Cedex 1
Téléphone : 02 32 08 12 70
Télécopie : 02 32 08 12 71
Greffe ouvert du lundi au vendredi de
9 h 00 à l6h30

M. le Maire
Commune de C...
Mairie...
Rue ...

Rouen, le ...

Vos réf. : Recours certificat d'urbanisme retiré n° 166.99 – Épx Z... – Réparation du préjudice subi.

Dossier n : 02002...1 (à rappeler)

Lettre recommandée avec avis de réception

COMMUNICATION DE LA REQUÊTE

M. le Maire,

J'ai l'honneur de vous communiquer une copie de la requête présentée par la partie suivante : M. ou Madame Z... enregistrée sous le numéro mentionné ci-dessus.

Je vous recommande de faire figurer ce numéro dans toutes vos correspondances relatives à cette affaire.

L'original de ce document est accompagné de 8 pièces dont vous trouverez, ci-joint, copies.

Un délai de 30 jours vous est imparti pour présenter votre mémoire. En cas d'inobservation de ce délai, l'instruction pourra, en vertu de l'article R. 611-3 du code de justice administrative, être close sans mise en demeure préalable dans les conditions prévues aux articles R. 613-1 et R. 613-2 dudit code.

Votre mémoire doit être accompagné de copies certifiées conformes en 3 exemplaires (en nombre égal à celui des autres parties en cause, augmenté de deux). Si vous y joignez des pièces elles doivent être numérotées et énumérées sur un bordereau d'accompagnement et, sauf si leur nombre, leur volume ou les caractéristiques y font obstacle, être accompagnées de copies conformes en un même nombre d'exemplaires que votre mémoire.

Je vous prie de bien vouloir recevoir, M. le Maire, l'assurance de ma considération distinguée.

Le Greffier en Chef,

REMARQUES

Il est à noter que le délai mentionné n'est jamais impératif et n'expose à aucune forclusion.

Le défendeur doit cependant s'efforcer de respecter ce délai de façon à ne pas participer lui-même à l'allongement des procédures contentieuses.

Si vous tardez à déposer votre mémoire en défense, vous recevrez une mise en demeure du président du tribunal. Dans ce cas, vous devez impérativement respecter le délai indiqué faute de quoi vous seriez considéré comme acquiesçant aux faits et arguments invoqués par le demandeur, sauf si vous produisez votre mémoire avant la clôture de l'instruction.

RÉPUBLIQUE FRANÇAISE

TRIBUNAL ADMINISTRATIF DE CAEN
3, rue Arthur Le Duc
14036 Caen Cedex
Téléphone : 02 31 70 72 72
Lundi au jeudi de 9 h à 12 h 30-13 h 30 à 17 h 30
Vendredi 9 h à 12 h 30 — 13 h 30 à 16 h 30

M. le Président
Département de ...
Hôtel du département
Rue ...

Caen, le 29 août 2001

Vos réf. : Contentieux/H./Évaluations annuelles 1998 et 1999

Dossier n° : 01 00...2 (à rappeler)

Lettre recommandée avec avis de réception

MISE EN DEMEURE DÉFENDEUR

M. le Président,

J'attire votre attention sur le fait que ....

En application de l'article R. 612-3 du code de justice administrative, vous êtes mis en demeure de produire, dans un délai de 30 jours, vos observations en réponse à la requête susvisée qui vous a été notifiée le 13 avril 2001.

Si, malgré une mise en demeure, la partie défenderesse n'a produit aucun mémoire, elle est réputée avoir acquiescé aux faits exposés dans les mémoires du requérant, en vertu de l'article R. 612-6 du code de justice administrative.

Je vous prie de bien vouloir recevoir, M. le Président, l'assurance de ma considération distinguée.

Le Président de la 2e chambre

REMARQUES

De même, si, en qualité de demandeur, vous déposez une requête sommaire annonçant la production prochaine d'un mémoire complémentaire, le président peut vous mettre en demeure de déposer ce mémoire dans un délai impératif. Le non-respect de ce délai équivaudrait à un désistement comme le préciserait d'ailleurs expressément cette mise en demeure.

Si le président estime que les échanges de mémoires ont été suffisants et qu'il convient de mettre fin rapidement à cet échange, il peut prendre une ordonnance de clôture d'instruction selon le modèle ci-après.

RÉPUBLIQUE FRANÇAISE
TRIBUNAL ADMINISTRATIF DE CAEN

Ordonnance du 22 mars 2002 n° 9900...

CLÔTURE D'INSTRUCTION

Vu, enregistrée au greffe du Tribunal administratif de Caen le 4 juin 1999, sous le numéro susvisé, la requête présentée par la partie suivante : Le...

Vu les autres pièces de la procédure ;

Vu le code de justice administrative ;

Considérant qu'aux termes de l'article R. 613-1 du code de justice administrative : « Le président de la formation de jugement peut, par une ordonnance, fixer la date à partir de laquelle l'instruction sera close. Cette ordonnance n'est pas motivée et ne peut faire l'objet d'aucun recours [...] » et de l'article R. 613-3 dudit code : « Les mémoires produits après la clôture de l'instruction ne donnent pas lieu à communication et ne sont pas examinés par la juridiction » ;

ORDONNE

Article 1 : La clôture de l'instruction de l'affaire susvisée est fixée au 8 avril 2002.

Article 2 : La présente ordonnance sera notifiée conformément à l'article R. 613-1 du code de justice administrative.

Fait à Caen, le 22 mars 2002.

Le Président de la 1re chambre

REMARQUES

Les conséquences de cette ordonnance sont clairement exprimées dans ses visas.

Les parties seront ensuite convoquées à l'audience selon l'avis d'audience formulé comme suit.

RÉPUBLIQUE FRANÇAISE

TRIBUNAL ADMINISTRATIF DE CAEN
3 rue Arthur Le Duc
14036 Caen Cedex
Téléphone. 02 31 70 72 72

Centre hospitalier de
<...>
<...>

Caen, le ...

Vos réf. : Mlle Z./Médecin du travail

Dossier n° : ... (à rappeler)

Lettre recommandée avec avis de réception.

AVIS D'AUDIENCE

Monsieur,

J'ai l'honneur de vous informer que l'affaire enregistrée sous le numéro mentionné ci-dessus est inscrite au rôle de l'audience publique du ... qui se tiendra à ... heures dans la salle des audiences, 3 rue Arthur Le Duc 14036 Caen.

Si une ordonnance de clôture d'instruction n'est pas intervenue dans cette affaire, l'instruction sera close trois jours francs avant la date d'audience indiquée ci-dessus en application de l'article R. 613-2 du code de justice administrative et, en application de l'article R. 613-3 du même code, les mémoires produits après la clôture ne donneront pas lieu à communication et ne seront pas examinés par la juridiction.

La procédure étant essentiellement écrite, les parties ne sont pas tenues d'assister à l'audience. Elles peuvent, si elles le jugent utile, présenter elles-mêmes ou faire présenter par un avocat des observations orales à l'appui de leurs conclusions écrites.

Je vous prie de bien vouloir recevoir, Monsieur, l'assurance de ma considération distinguée.

Le Greffier en Chef,

REMARQUES

Si les parties sont représentées par un avocat, seul ce dernier recevra la convocation à l'audience.

Enfin, le jugement lui-même sera notifié selon la formule ci-après sauf lorsque l'appel relève exclusivement du Conseil d'État comme en matière d'élections municipales ou cantonales.

RÉPUBLIQUE FRANÇAISE
TRIBUNAL ADMINISTRATIF DE CAEN
3, rue Arthur Le Duc
14036 Caen Cedex
Téléphone : 02 31 70 72 72
Télécopie : 02 31 52 42 17
lundi au jeudi 9 h à 12 h 30-l3h30 à 17 h 30
vendredi 9 h à 12 h 30 – 13 h 30 à 16 h 30

Dossier n° : 010...1 (à rappeler)

Vos réf. : ...

NOTIFICATION DE JUGEMENT

Lettre recommandée avec avis de réception.

Monsieur le Directeur,

J'ai l'honneur de vous adresser, sous ce pli, l'expédition du jugement en date du ... rendu dans l'instance enregistrée sous le numéro mentionné ci-dessus.

La présente notification fait courir le délai d'appel qui est de 2 mois.

Si vous estimez devoir faire appel du jugement qui vous est notifié, il vous appartient de saisir la Cour administrative d'appel de Nantes, 2 place de l'Édit de Nantes BP 18529, 44185 Nantes Cedex 04.

À peine d'irrecevabilité, la requête en appel doit être motivée et accompagnée d'une copie du jugement attaqué. En outre, en application des dispositions de l'article R. 811-7 du code de justice administrative ci-dessous reproduit (5), la requête en appel doit, le cas échéant, être présentée par ministère d'avocat.

Je vous prie de bien vouloir recevoir, M. le Directeur, l'assurance de ma considération distinguée.

Le Greffier en Chef,

(5) **CJA, art. R. 811-7** – Les appels ainsi que les mémoires déposés devant la cour administrative d'appel doivent être présentés à peine d'irrecevabilité par l'un des mandataires mentionnés à l'article R. 431 -2 [avocats, avocats au Conseil d'État et à la Cour de cassation, avoués en exercice dans le ressort du tribunal administratif intéressé].
Toutefois, sont dispensés de ministère d'avocat :
1° Les requêtes dirigées contre les décision des tribunaux administratifs statuant sur les excès de pouvoir ;
2° Les litiges en matière d'élections ;
3° Les litiges en matière de contraventions de grande voirie ;
4° Les litiges en matière de contributions directes, de taxes sur le chiffre d'affaires et de taxes assimilées ;
5° Les litiges en matière de pensions, d'aide sociale, d'aide personnalisée au logement. d'emplois réservés et d'indemnisation des rapatriés ;
6° Les demandes d'exécution d'un arrêt de la cour administrative d'appel ou d'un jugement rendu pu un tribunal administratif situé dans le ressort de la cour et frappé d'appel devant celle-ci.

REMARQUE

Dans le seul cas où le jugement rendu vous accorde partiellement ou totalement satisfaction, vous avez la possibilité d'user de la disposition de l'article L. 911-4 du code de justice administrative, aux termes duquel : « En cas d'inexécution d'un jugement définitif, la partie intéressée peut demander [...] au tribunal administratif [...] qui a rendu la décision d'en assurer l'exécution. Toutefois, en cas d'inexécution d'un jugement frappé d'appel, la demande d'exécution est adressée à la juridiction d'appel. » Cette demande, sauf décision explicite du refus d'exécution opposé par l'autorité administrative, ne peut être présentée avant l'expiration d'un délai de 3 mois, à compter de la notification du jugement Toutefois, en ce qui concerne les décisions ordonnant une mesure d'urgence, et notamment un sursis à exécution la demande peut être présentée sans délai. En application de l'article R. 811-5 du code de justice administrative, les délais supplémentaires de distance prévus aux articles 643 et 644 du nouveau code de procédure civile s'ajoutent aux délais prévus ci-dessus.

4.4 Durée moyenne des instances des tribunaux administratifs en 2001

D'après le rapport annuel 2001 des tribunaux administratifs et des cours administratives d'appel.

Ce délai s'obtient en effectuant la moyenne du temps écoulé entre l'enregistrement et la notification de tous les dossiers notifiés au cours de l'année (compte non tenu des référés – procédures d'urgence).

Juridictions	Délai moyen (en jours)
Moyenne générale	**654**
Amiens	713
Bastia	539
Besançon	353
Bordeaux	693
Caen	211
Cergy-Pontoise	330
Châlons-en-Champagne	750
Clermont-Ferrand	383
Dijon	477
Grenoble	512
Lille	482
Limoges	721
Lyon	706
Marseille	767
Melun	490
Montpellier	689
Nancy	291
Nantes	741
Nice	861
Orléans	560
Paris	744
Pau	634
Poitiers	428
Rennes	779
Rouen	661
Strasbourg	454
Toulouse	704
Versailles	1 082
Moyenne métropole	**660**
Basse-Terre	831
Fort-de-France	851
Nouvelle-Calédonie	163
Papeete	314
Saint-Denis de la Réunion	362
Moyenne outre-mer (sauf Cayenne, Mamouzdou et Saint-Pierre-et-Miquelon : juridictions non informatisées)	**437**

ANNEXE 5
Schémas récapitulatifs

5.1 L'arbre du contentieux administratif

Les trois branches	Leurs rameaux	La « sève »	Le « traitement »
Contentieux de l'excès de pouvoir	Recours pour excès de pouvoir	Moyens de légalité externe : - vice d'incompétence - vice de forme ou de procédure	À la base : TA (sauf pour certains actes, dont les décrets et les actes réglementaires à portée nationale ou dont le champ d'application excède le ressort d'un TA) Au-dessus : CAA voire CE en cassation
	Recours en appréciation de légalité	Moyens de légalité interne : - violation de la loi - erreur de fait - erreur de droit - erreur manifeste d'appréciation détournement de pouvoir	
	Recours en déclaration d'inexistence	Illégalité grossière rendant l'acte inexistant	Tous les tribunaux peuvent déclarer « inexistant » un acte administratif
Plein contentieux	Recours en responsabilité : - contractuelle - extra-contractuelle : décennale autre, c'est-à-dire responsabilité des services publics, ouvrages publics ou travaux publics	Non-respect des conditions prévues au contrat Désordres affectant un immeuble et de nature soit à compromettre sa solidité ou sa sécurité, soit le rendre impropre à sa destination Préjudice + lien de causalité + faute simple ou, pour certaines activités de l'administration, faute lourde ou faute présumée voire responsabilité sans faute	TA puis CAA en appel TA puis CAA en appel TA puis CAA en appel
	Recours en matière électorale	Erreurs dans le décompte des bulletins, inéligibilité du candidat, manœuvres ayant altéré la sincérité du scrutin alors que les candidats ou les listes n'ont qu'un faible écart des voix	TA en premier ressort et CE en appel pour les élections municipales et cantonales (le contentieux des régionales et des européennes relève du CE en premier et dernier ressort, celui des législatives et des présidentielles du Cons. constit.

Les trois branches	Leurs rameaux	La « sève »	Le « traitement »
	Recours en matière fiscale	Erreurs dans le décompte de l'impôt ou du redressement en matière d'impôt direct ou de TVA	TA puis CAA en appel
	Recours en annulation en matière de : - installations classées pour la protection de l'environnement	Insuffisance des mesures administratives de protection pour les riverains	TA puis CAA en appel
	- édifices menaçant ruine	Contestation du péril supposé de l'immeuble	TA puis CAA en appel
	- états exécutoires	Contestation de la régularité en la forme de l'acte (ex. : défaut d'indication des bases de liquidation de la créance voire non-respect du contradictoire) ou du bien-fondé de la créance	TA puis CAA en appel (sauf si l'état exécutoire émane d'un SPIC et concerne un usager, auquel cas la compétence est judiciaire)
	- changement de nom	Risque de confusion dommageable entre le nom autorisé et le vôtre	CE en premier et dernier ressort
	Recours en interprétation d'un acte administratif	Justification de l'obscurité de l'acte à interpréter	TA puis CAA en appel (sauf pour les actes relevant en premier et dernier ressort du CE)
	Demande d'exécution d'un jugement ou d'un arrêt	Il faut démontrer que l'administration n'a pas complètement exécuté la décision en cause	TA si le jugement est définitif, c'est-à-dire n'a pas fait l'objet d'un appel. À défaut la CAA doit être saisie de la demande d'exécution de ces jugements ainsi naturellement, de celle de ses propres arrêts
Contentieux répressif	Contraventions de grande voirie	Atteinte au domaine public maritime, ferroviaire, fluvial ou militaire	TA puis CAA en appel
	Contentieux disciplinaire des ordres professionnels	Discussion sur la réalité de la faute disciplinaire	Ces contentieux relèvent, après intervention de l'organe disciplinaire national, du CE par la voie d'un recours en cassation
	Contentieux de la Cour des comptes ou de la cour de discipline budgétaire et financière	Discussion sur le respect ou non des règles comptables	Compétence du CE par la voie d'un recours en cassation

5.2 Les recours contre les décisions rendues en dernier ressort

Recours en :	Décisions prises par :	Textes de référence	Délai et forme du recours	Conditions d'exercice du recours	Effets du recours	Particularités à retenir
Rectification d'erreur matérielle	CE CAA	CJA, art. R. 833-1 et suiv.	2 mois à compter de la notification ou de la signification de l'arrêt	Il faut invoquer une erreur matérielle, non imputable au requérant, susceptible d'avoir influencé la solution du litige	La juridiction saisie rectifie l'erreur matérielle et statue à nouveau en fonction de cette rectification	L'erreur matérielle a souvent une influence non négligeable sur la portée de la solution retenue par la juridiction
Révision	CE Ministère d'avocat au CE obligatoire	CJA, art. R. 834-4	2 mois à compter de la notification de l'arrêt	Il faut établir que l'arrêt a été rendu soit : - sur pièces fausses, alors que des pièces décisives étaient retenues par l'adversaire - ou en violation des règles de procédure	Si l'une des trois conditions d'exercice est établie, le CE juge à nouveau le litige	Cette procédure ne peut être utilisée qu'une seule fois contre une décision contradictoire (CJA, art. R. 834-4)
Opposition	CE CAA	CJA, art. R. 831-1 à R. 831-6	2 mois à compter de la notification (ou signification) de l'arrêt	L'opposant doit avoir été mis en cause lors de l'instance ayant donné lieu à l'arrêt contesté et avoir fait défaut, c'est-à-dire n'avoir pas déposé de mémoire écrit	Si l'opposition est recevable, la juridiction statue à nouveau sur le litige en tenant compte des observations écrites de l'opposant	Cette voie de recours permet utilement de « rattraper » une défaillance en faisant rejuger le litige

Recours en :	Décisions prises par :	Textes de référence	Délai et forme du recours	Conditions d'exercice du recours	Effets du recours	Particularités à retenir
Cassation (hors procédures de référé)	CAA Juridictions spécialisées (ex. : Cour des comptes, instances disciplinaires nationales des ordres professionnels, Commission centrale d'aide sociale)	CJA, art. L. 821-1 et suiv. Ministère d'avocat au CE obligatoire sauf pour les pourvois dirigés contre les décisions de la Commission centrale d'aide sociale ou des juridictions de pension	2 mois à compter de la notification de la décision	Le pourvoi doit se fonder sur des moyens relatifs a la violation des règles de compétence, de forme, à la dénaturation des faits ou à la violation de la loi	Le CE peut renvoyer le jugement de l'affaire à la même juridiction, dans une formation différente (pour les CAA), à une autre juridiction de même nature, ou évoquer et juger lui-même l'affaire (obligatoire s'il s'agit d'un deuxième pourvoi)	Par rapport aux hypothèses précédentes, la juridiction qui est appelée à se prononcer sur la décision contestée n'est pas celle qui a rendu cette décision Le pourvoi en casssation fait l'objet d'une procédure de filtre par une sous-section d'instruction qui écarte les pourvois dont les moyens n'apparaissent pas « sérieux »

5.3 Les quelques conseils aux administrations chargées du contentieux

Sans prétendre à l'exhaustivité, on peut souligner, à destination des services administratifs de l'État, des collectivités locales ou de leurs établissements publics, les points essentiels à vérifier à l'occasion de la préparation d'un mémoire en défense.

L'existence ou non d'une décision attaquable

La première chose à vérifier est l'existence ou non d'une décision ou, à tout le moins, d'une décision « attaquable ».

Ainsi la mesure contestée devant le tribunal peut très bien n'être qu'une mesure préparatoire, un avis ou une circulaire purement interprétative.

Dans le contentieux indemnitaire, force est de vérifier, en dehors des dommages de travaux publics, si une réclamation préalable est digne de ce nom (exemple : une demande d'information sur les circonstances d'un accident ne donnera pas naissance à une décision préalable susceptible de « lier » le contentieux).

Si une telle demande n'a pas été présentée à votre administration, vous devrez soulever ou faire soulever par avocat, ce défaut de décision préalable au début de la discussion de votre mémoire en défense. A défaut, le juge considèrerait que le contentieux est lié par votre discussion au fond.

Les délais de recours

Le respect de cette condition élémentaire dépendra des conditions dans lesquelles votre administration aura préalablement notifié ou publié la décision litigieuse, étant précisé qu'il vous appartiendra dans tous les cas d'en justifier devant le juge en cas de contestation.

Ainsi, la production de l'avis de réception de votre lettre de notification sera indispensable pour déclencher les délais de recours, sous réserve naturellement qu'ils aient été mentionnés intégralement dans ce courrier sans se borner à mentionner la saisine possible dans les deux mois des « juridictions compétentes », ce qui équivaut alors à une absence totale de délais.

À l'inverse, rien ne sert de notifier une fin de non-recevoir, sous forme de LRAR, en matière de dommages de travaux publics précisant que ce rejet de la réclamation peut être contesté dans les deux mois de sa réception devant le tribunal administratif : cette mention n'aura aucun effet si ce n'est de déclencher un nouveau délai de prescription quadriennale à compter du 1er janvier de l'année suivant celle de la réception de votre courrier.

La compétence de la juridiction administrative

Vérifier si la nature de votre service (exemple : SPIC) et la qualité du requérant (exemple : usager ou candidat-usager de ce service) n'impliquent pas en l'espèce la compétence judiciaire.

De même certaines activités administratives relèvent du juge judiciaire si par exemple le dommage trouve sa source dans un véhicule ou si le requérant se plaint d'une atteinte irrégulière à son droit de propriété immobilière.

Les conclusions de la demande

Il vous appartient de vérifier que les conclusions du requérant correspondent bien aux seules conclusions recevables devant une juridiction administrative, à savoir demande d'annulation ou de condamnation pécuniaire.

Beaucoup de demandes d'injonctions à l'encontre de l'administration sont encore présentées à titre principal, c'est-à-dire sans avoir fait l'objet d'une demande antérieure à l'administration ; ainsi, un fonctionnaire ne peut directement demander au juge, quels que soient ses mérites (du fonctionnaire et du juge), qu'il soit enjoint à son administration de l'inscrire au tableau d'avancement. Il doit d'abord solliciter de son administration son inscription puis former un recours pour excès de pouvoir contre le refus en sollicitant, par voie de conséquence de l'annulation qu'il sollicite, qu'il soit enjoint à l'administration, au besoin sous astreinte, de l'inscrire au tableau d'avancement, ce qui ne sera d'ailleurs possible que s'il est démontré que l'administration avait refusé son inscription pour un seul motif jugé illégal.

Les procédures d'urgence

Le conseil essentiel que l'on puisse prodiguer est d'éviter de faire preuve en la matière de morosité, aussi bien dans les écrits que lors des audiences de référé-suspension ou de référé-liberté.

Ces dossiers se traitent, s'instruisent et se jugent à l'audience au vu des pièces produites tant par le justiciable que par l'administration.

Mieux vaut en conséquence se présenter à l'audience en parfaite connaissance des pièces du dossier évoqué par le juge du référé pour dissiper toute suspicion de doute quant à la légalité de la décision attaquée voire à son illégalité manifeste dans le cadre du référé-liberté ou, à défaut, toute prétendue urgence invoquée par le requérant.

La présence à l'audience d'un fonctionnaire ou d'un avocat parfaitement informé du dossier s'impose donc.

5.4 Les dix réflexes et requêtes à éviter

Situation	Réaction	Explication : à éviter car...
Acte administratif ni publié ni notifié	Je vais attaquer cet acte car l'administration n'a pas respecté son obligation de publicité des actes administratifs.	Le défaut de publicité d'un acte n'atteint pas sa légalité.
L'acte administratif qui m'a été notifié ne comporte pas de signature.	Le défaut de signature étant une cause d'irrégularité, je vais demander au juge d'annuler l'acte.	Si l'acte notifié n'est qu'une copie, une « ampliation », le défaut de signature n'est pas un vice. Si l'acte notifié est un original, le juge ne pourra qu'en constater l'inexistence juridique.
L'administration notifie un acte individuel sans indiquer les délais et voies de recours.	Cette absence de mention justifie le dépôt d'une requête.	Elle autorise seulement le dépôt d'une requête à tout moment si, par ailleurs, l'acte en cause comporte une illégalité.
L'administration veut retirer un acte individuel créateur de droits (ex. : nomination ou promotion d'un fonctionnaire).	En vertu du principe du respect des droits acquis, je vais contester cette décision de retrait.	Si l'acte en cause était illégal, l'administration peut le retirer dans un délai de 4 mois à compter de son édiction (CE 26 octobre 2001, M. Ternon).
L'administration me refuse un avantage qu'elle a accordé à mon voisin ou collègue, agent public.	Cette « injustice » justifie le recours à la justice.	Cette circonstance n'autorise pas, à elle seule, une action. Il faut prouver que vous remplissez également les conditions pour obtenir cet avantage.
Le permis de construire accordé à mon voisin me fera de l'ombre.	Cette nuisance à venir m'autorise à contester la légalité du permis de construire.	L'ombre de la future construction laisse apparaître votre intérêt à agir mais ne constitue en aucun cas une cause d'annulation du permis. Il faut invoquer la violation d'une règle de forme ou de fond en matière d'urbanisme.
L'administration m'a averti de son intention de prendre une mesure défavorable à mon encontre.	Je prends les devants en demandant au juge d'annuler cette menace ou cette mise en demeure.	Cet acte, simplement préparatoire, ne fait pas, en principe, directement grief. Il faut attendre la décision annoncée.
L'administration refuse de prendre une mesure en ma faveur.	Une requête au TA me permettra d'obtenir la condamnation de l'administration à prendre cette mesure.	Il faudra demander au juge l'annulation du refus de l'administration de prendre la mesure et, par voie de conséquence, qu'il soit enjoint à l'administration de prendre la mesure refusée (CJA, art. L. 911-1).

Situation	Réaction	Explication : à éviter car…
L'administration a pris une décision défavorable qui préjudicie gravement à mes intérêts.	Une requête en référé-suspension aura pour effet d'y mettre fin, au moins provisoirement.	Si vous ne prenez pas soin de déposer, en même temps, un recours pour excès de pouvoir devant le tribunal administratif. Ce n'est que si la décision en cause est manifestement illégale et porte atteinte à l'une de vos libertés fondamentales que vous pourrez solliciter la suspension sous forme d'un référé-liberté.
J'ai été condamné en première instance à verser une somme d'argent.	L'appel du jugement me permettra d'échapper provisoirement au paiement en l'attente de l'arrêt de la cour administrative d'appel.	L'appel n'est pas suspensif : les sommes auxquelles vous avez été condamné portent intérêt au taux légal dès le prononcé du jugement, taux majoré de 5 points dans un délai de 2 mois à compter de la notification du jugement.

5.5 Que faire le dernier jour du délai de recours ?

Points à vérifier	Moyens de vérifier	Décision à prendre
Est-ce vraiment le dernier jour du délai ?	Si le jour en cause est un samedi, un dimanche ou un jour férié ou chômé, le délai court jusqu'à la fin du prochain jour ouvrable suivant.	Vous pouvez déposer votre requête jusqu'à ce prochain lundi ou jour ouvrable suivant.
La décision individuelle à contester a-t-elle bien été notifiée avec mention des délais et voies de recours ?	Le courrier de notification de l'administration, envoyé par recommandé (à vérifier) doit préciser le délai de 2 mois et la saisine possible du tribunal administratif. Il doit avoir été adressé par LRAR.	Dans l'affirmative, vous devez impérativement faxer votre requête au tribunal compétent. Dans la négative, aucun délai ne vous est opposable. À défaut, vous ne devez, à aucun moment, évoquer ce courrier devant le tribunal.
La décision réglementaire à contester a-t-elle été correctement et complètement publiée ?	S'il s'agit d'une délibération du conseil municipal, l'affichage du texte intégral de la délibération à la mairie déclenchera le délai de 2 mois, sauf pour certaines délibérations en matière d'urbanisme qui supposent par ailleurs une publication dans la presse (ex. : PLU).	En cas de doute, ne pas prendre le risque de demander à l'administration la date exacte de la publication de l'acte ; cette demande ne proroge pas en effet le délai de recours. Mieux vaut déposer ou faxer sa requête sans attendre.
La décision à contester est-elle vraiment illégale ou la responsabilité de l'administration est-elle réellement engagée ?	Sauf si vous disposez d'éléments de référence, vous pouvez, à titre de précaution, invoquer un vice de forme et un vice de fond ou prétendre que l'administration a commis une faute.	Vous devez déposer ou faxer une requête « sommaire » au tribunal administratif territorialement compétent.
Le tribunal a-t-il bien reçu votre requête sommaire ?	Le rapport d'émission de votre télécopieur doit vous confirmer la réception de votre fax mais ne constitue pas une preuve absolue. Le rapport d'émission de votre télécopieur vous indique que votre envoi n'a pas été transmis, le greffe du tribunal ayant, à l'heure de votre envoi, débranché le fax du tribunal.	Si l'heure d'envoi de votre télécopie correspond à celui des horaires d'ouverture du greffe, vous pouvez, dans cette hypothèse d'envoi limite de votre requête, vous assurer de la bonne réception de votre requête. Une simple modification de votre requête sommaire vous permettra, après avoir testé la bonne réception d'un document par l'un quelconque des tribunaux administratifs de conserver votre délai de recours. Il suffit alors de modifier l'en-tête de votre requête et de votre courrier d'accompagnement en y apposant la ville du tribunal administratif dont le télécopieur répond encore et de faxer votre requête sommaire qui sera ultérieurement transmise, en conservant le bénéfice des délais de recours, au tribunal que vous n'aviez pas pu saisir initialement par télécopie.

5.6 Le contentieux des concours et examens

Sont indiqués ci-après les principaux éléments permettant de contester utilement les résultats d'examens ou concours dans l'ordre chronologique du déroulement de ces épreuves.

Organisation et publicité des concours et examens

Un ministre ne peut organiser, par voie de note d'information et d'inscription, un concours interne spécial d'accès à un corps dépendant de son ministère avant la publication du décret instituant ce concours ; sa note est de ce fait entachée d'incompétence et conduit nécessairement à l'annulation des résultats du concours ainsi organisé (CE 30 juin 2000, M. Bricout, req. n° 183855).

L'autorité compétente en vertu des textes pour fixer les règles d'organisation générale des concours de son administration n'a pas le pouvoir de transformer un concours d'accès à un grade supérieur en un examen, en prévoyant notamment la prise en compte dans l'évaluation des candidats de l'appréciation portée sur les agents par leur supérieur hiérarchique à l'occasion de l'entretien annuel d'appréciation (CE 15 juin 2001, Mme Granzotto, req. n° 206180).

Lorsqu'un ministre est autorisé à organiser un concours interne, il doit s'assurer que l'avis de concours a bien été diffusé dans l'ensemble des directions départementales de son ministère ; à défaut l'établissement de la liste des candidats ainsi que les résultats d'un tel concours peuvent être annulés (CE 29 juillet 1983, Mme Soma et autres, req. n° 250002 : non publication d'un avis de concours dans les services de la DDASS du Var).

Un avis de concours ne peut en principe faire l'objet d'un recours en sa qualité d'acte préparatoire ; son illégalité peut en revanche être invoquée à l'occasion d'un recours contre les résultats du concours. Ce n'est que dans l'hypothèse où il contient des dispositions normatives nouvelles ou procède à une interprétation des lois et règlements applicables au concours qui méconnaîtrait la portée des dispositions qu'il se propose d'expliciter qu'il peut faire l'objet d'un recours (voir en ce sens CE 16 novembre 2001, M. Aubry, req. n° 239977).

L'administration est libre de fixer une limite d'âge pour les candidats à un concours sous réserve qu'aucun texte ne lui interdise cette possibilité (voir respectivement pour ces deux hypothèses CE 8 mars 1989, M. Despiau, req. n° 68.369 : légalité de la fixation d'une limite d'âge à 45 ans pour le recrutement d'un médecin vacataire par une DDASS – CE 20 octobre 1989, Noon, *Lebon* p. 25 : illégalité du report par voie de simple circulaire ministérielle de l'âge réglementaire de 40 ans pour se présenter au concours d'agrégation d'anglais).

Les conditions d'inscription aux concours et examen

Les textes autorisent souvent les ministres à définir les modalités pratiques d'inscription aux concours ; si ces modalités ne sont contraires à aucune disposition législative et réglementaire, les candidats doivent s'y conformer faute de voir leur candidature légalement écartée (exemple : CE 28 juillet 2000, M. Le Besco, req. n° 194954 : candidat au CAPES n'ayant pas utilisé le dossier « préimprimé » mis à la disposition des candidats).

En revanche, si un candidat adresse un dossier complet à l'administration qui organise le concours, lui permettant ainsi de participer aux épreuves écrites et orales de ce concours, le défaut de transmission d'une partie des pièces de son dossier au jury, qui conduit ce dernier à lui attribuer les notes de 0 sur 20 et 0 sur 25 pour l'évaluation de ses titres et travaux constitue une erreur de nature à justifier l'annulation de la délibération du jury concernant ce candidat (CE 19 mars 2001, M. Barazi, req. n° 197010 ; il s'agissait en l'espèce du concours de praticien adjoint contractuel dans la spécialité gynécologie-obstétrique. La DRASS n'avait pas transmis au jury les attestations de ses titres et diplômes et des attestations de ses fonctions hospitalières). Dans cette dernière affaire, la procédure d'exécution des décisions de justice de l'article L. 911-1 du code de justice administrative n'a pas permis au candidat qu'il soit enjoint au jury de procéder à son inscription sur la liste des candidats admis dès lors qu'il n'était pas établi avec certitude que le jury l'aurait nécessairement inscrit au vu des pièces manquantes de son dossier. En guise de consolation, le candidat a cependant obtenu une indemnité (sans avoir respecté la règle de la décision préalable mais grâce au ministre qui a défendu au fond en première instance sans soulever ce vice) sur le fondement de la perte de chance sérieuse d'être admis à ce concours ; une indemnité de 100 000 F lui a été allouée, outre 15 000 F au titre de l'article L. 761-1 du code de justice administrative (frais d'avocat).

Le refus illégal d'inscription de candidats à un concours ouvre de la même façon droit à des dommages-intérêts sous réserve de prouver avoir été privé d'une chance sérieuse d'être reçu audit concours et autorise qu'il soit demandé au juge d'enjoindre à l'administration d'inscrire le candidat illégalement refusé au prochain concours, sous réserve que la demande soit présentée dans le délai d'inscription (voir en ce sens CAA Bordeaux, 5 octobre 2000, Ministre de l'Emploi et de la Solidarité, req. n° 00BX00174 ; en l'espèce, les deux agents contractuels de la DRASS de Midi-Pyrénées qui n'avaient pas pu participer à des concours organisés dans le cadre de la résorption de l'emploi précaire au motif qu'elles n'auraient pas été recrutées sur un emploi ou des crédits inscrits au budget de l'État n'ont pas été considérées comme privées d'une chance sérieuse de réussir leur concours).

Enfin, les procédures d'urgence peuvent trouver lieu à s'appliquer en la matière s'il apparaît que l'administration est en voie de refuser illégalement l'inscription de candidats remplissant les conditions pour concourir ; ainsi, dans une affaire jugée le 6 juillet 2001 (Ordonnance du juge des référés du Conseil d'État, Conseil national de l'Ordre de médecins, req. n° 235050), il a été enjoint au ministre de l'Emploi et de la Solidarité, par application de la procédure de référé-suspension de l'article L. 521-1 du code de justice administrative, d'admettre à concourir aux épreuves du concours national de praticien des établissements publics de santé les praticiens qualifiés de spécialistes dans la discipline par la procédure dite de « qualification » et non par l'obtention d'un CES ou d'un DES.

L'intérêt pour agir en matière de concours

En la matière, l'essentiel est de « participer ».

Seuls en principe les candidats à un concours peuvent contester les résultats de ce concours, sans pouvoir étendre leur contestation à des concours voisins (exemple : CE 9 mars 2001, M. Raapoto, req. n° 206663 ; candidat à un concours interne du CAPET qui entendait contester le concours externe de même CAPET).

Exceptionnellement, les candidats à la candidature peuvent contester les résultats d'un concours sous réserve d'établir de manière précise les épreuves auxquelles ils auraient entendu participer (voir en ce sens CE 15 juin 2001, Mme Lauhère et autres, req. n° 1611265 ; l'une des requérantes n'apportait aucune indication permettant de déterminer la nature, le niveau ou le groupe de discipline du ou des concours auxquels elle aurait eu l'intention de participer ; elle ne justifiait pas ainsi d'un intérêt lui donnant qualité pour demander l'annulation des résultats du concours).

À l'inverse, un « citoyen » qui n'a pas participé à un concours, auquel il n'aurait pu de toutes façons participer dès lors qu'il était réservé à des associations et à des collectivités ne justifie d'aucun intérêt lui donnant qualité pour agir contre la délibération du jury du concours « Vélo d'Or » attribuant le premier prix, dans la catégorie « Associations » à la Fédération française des usagers de la bicyclette (CE 29 novembre 1999, M. Guggenheim, req. n° 190411).

Enfin, le juge des référés du Conseil d'État a clairement précisé que ni un syndicat des personnels de l'enseignement supérieur, ni les élèves d'une école à laquelle donne accès un concours, ni une association dont l'objet est la suppression du troisième concours d'accès à cette école ne prévalent d'un intérêt de nature à les rendre recevables à contester les résultats de ce concours (CE ordonnance de référé du 4 octobre 2001, Mlle Djament et autres, req. n° 238515 ; il s'agissait en l'espèce de la contestation des résultats du troisième concours d'accès à l'École normale supérieure session 2001 dans les disciplines scientifiques).

Les délais de recours

Le délai de recours de deux mois commence à courir, pour les participants à un concours, à compter de la notification individuelle des résultats de ce concours à ces candidats, à condition toutefois que cette notification comporte la mention des délais et voies de recours (V. en ce sens pour une notification sans mention des délais et voies de recours CE 15 juin 2001, Mme Granzotto, req. n° 206180).

Pour les non-participants, qui auraient dû concourir, le délai de deux mois court à compter de la publication des résultats du concours, soit dans une revue interne à l'administration pour les concours internes, soit au journal officiel pour les autres concours (V. respectivement CE 16 mars 1998, Mlle Perrier, req. n° 158895 : résultats du concours interne d'inspecteur de la répression des fraudes publiés au bulletin d'information et de documentation de la DGCCRF ; CE 16 juin 1999, M. Le Duvehat, req. n° 194483, n° 195159 : non-publication des résultats des concours auxquels le requérant avait demandé à se présenter au *JO* et absence de notification ou de signification de ces résultats à l'intéressé).

En cas de doute, et conformément au droit commun, il appartient à l'administration de prouver devant le juge que les résultats ont été notifiés aux candidats-requérants plus de deux mois avant le dépôt de leur requête (CE 28 juillet 1999, Mme Dufour, req. n° 200960).

Les procédures d'urgence contre les résultats du concours ou de l'examen

Le référé-suspension est particulièrement adapté à la contestation des résultats d'un concours ou d'un examen compte tenu des délais d'examen du dossier par le tribunal et de la très prochaine affectation des candidats ou étudiants reçus.

Le recours à la procédure plus rapide encore du référé-liberté serait encore plus efficace puisque le juge doit statuer dans les 48 heures.

Cette dernière procédure n'est cependant pas utilisable ainsi qu'en a jugé le juge du référé du Conseil d'État à propos du refus opposé par le Président de l'Université de Paris VIII Vincennes-Saint-Denis à un candidat à un DEA de droit médical (Juge des référés du Conseil d'État 24 janvier 2001, Université Paris VIII Vincennes Saint-Denis, req. n° 229501). Selon le juge des référés, l'accès à une formation de troisième cycle de l'enseignement supérieur ne constitue pas une liberté fondamentale dont la sauvegarde est susceptible de donner lieu au prononcé de mesures sur le fondement de l'article L. 521-2 du code de justice administrative.

Le référé-suspension a en revanche trouvé application à plusieurs reprises en matière de concours.

Ainsi, des requérants justifiant avoir obtenu à un concours de recrutement organisé par un établissement de préparation au diplôme d'État de masseur-kinésithérapeute un classement qui leur aurait permis d'être admis dans cet établissement si celui-ci avait été autorisé à inscrire un ou deux étudiants en sus du quota illégalement fixé ont pu obtenir la suspension d'un arrêté du 3 juillet 2001 en ce que sa mise en œuvre faisait obstacle pour chacun des quinze requérants à son inscription dans l'établissement mentionné pour chacun d'eux dans la demande en référé (Juge des référés du Conseil d'État, 5 octobre 2001, M. Bouvet et autres, req. n° 238238).

De même, dans une affaire jugée le 11 juillet 2001 (Mme Barège, req. n° 235603), le juge des référés du Conseil d'État a suspendu les résultats du concours interne du CAPES proclamés le 6 avril 2001 dans la section éducation musicale et chant choral jusqu'à ce qu'il ait été statué sur la requête tendant à leur annulation, motif pris de la violation du principe d'égalité entre les candidats à un concours ; les trois candidats convoqués à une épreuve de commentaire d'œuvres musicales fixée à Saint-Clotilde (La Réunion) n'ont pu composer, faute pour l'administration d'être à même de distribuer les sujets... qui auraient dû être distribués aux candidats au centre d'examen d'Arcueil (Val-de-Marne) !

5.7 Le contentieux des permis de construire

Cinq points essentiels sont à rappeler ici.

L'intérêt pour agir

Seuls les voisins immédiats de la construction autorisée par le permis de construire peuvent agir en justice s'ils se trouvent dans le cercle d'intérêt pour agir, d'un rayon de 200 mètres (sauf construction particulièrement importante ou particulièrement isolée).

Encore faut-il, dans ce voisinage, n'invoquer que la violation de règles d'urbanisme et non la concurrence commerciale (cf. CE 22 février 2002, SA France Quick c/ SA MacDonald, *Dr. adm.* 2002, n° 78).

Le délai pour agir

Il est de 2 mois à compter du plus tardif des deux affichages du permis, en mairie et sur le terrain.

Si vous construisez, prenez donc soin de faire constater l'affichage de votre permis de construire, visible de la voie publique, par un huissier de justice au début de l'affichage et deux mois plus tard.

Les moyens à ne pas invoquer

Rien ne sert d'invoquer les troubles de voisinage qui résulteront pour vous ou votre pavillon de la proximité de la future construction.

De même la violation par votre voisin de son permis de construire ne rend pas son permis illégal mais le rend « seulement » passible de poursuites correctionnelles pour délit de construction non conforme à un permis de construire.

Le défaut d'affichage du permis ne le rend pas davantage illégal.

Les moyens à invoquer

Ces moyens doivent se fonder sur la violation par le permis d'une règle d'urbanisme locale (exemple : plan local d'urbanisme) ou nationale (exemple : règlement national d'urbanisme, loi littoral).

Ils peuvent à l'inverse se fonder sur l'illégalité de la règle d'urbanisme sur le fondement de laquelle le permis a été accordé (exemple : changement de zonage du PLU opéré à seule fin de faciliter l'opération privée en cause).

Les précautions à prendre

N'oubliez surtout pas de notifier le texte intégral de votre requête à la fois au maire et au bénéficiaire du permis dans les 15 jours du dépôt de votre requête au tribunal sous forme de lettre recommandée avec accusé de réception, la même règle s'appliquant à une demande de référé-suspension et à un éventuel recours gracieux préalable auprès du maire (ce dernier recours devant alors être adressé en copie au bénéficiaire du permis de construire contesté).

Si vous n'obtenez pas gain de cause devant le tribunal, vous devrez également notifier copie de votre appel, dans les 15 jours, à la fois au maire et au bénéficiaire du permis de construire.

5.8 Le contentieux des travaux publics

La particularité de ce contentieux tient à ce qu'il n'est pas soumis à la règle de la décision préalable si bien qu'un piéton ou un automobiliste, voire le propriétaire d'un immeuble endommagé du fait de travaux publics ou leurs assureurs ne sont pas tenus de solliciter préalablement de l'administration, avant la saisine du tribunal, une indemnisation amiable. En pratique, on ne saurait que conseiller d'utiliser cette voie amiable qui ne comporte aucun risque si ce n'est de perdre deux mois à attendre une éventuelle réponse de l'administration compétente.

Votre interlocuteur sera soit la commune si la voie ou l'ouvrage en cause sont communaux, soit le département s'il s'agit par exemple d'une voie départementale soit enfin l'État s'il s'agit d'une route nationale.

Si votre accident est dû à des travaux en cours de réalisation sur une voie publique, choisissez plutôt d'attraire en justice la collectivité propriétaire de la voie que l'entreprise chargée de réaliser les travaux ; vous éviterez ainsi l'écueil d'une éventuelle incompétence de la juridiction si l'entreprise réalisait des travaux « privés » sur la voie publique.

Vous devez engager votre action devant le tribunal dans un délai de quatre ans à compter du 1er janvier de l'année suivant celle de la consolidation de vos blessures ou de la réalisation de votre préjudice matériel dans les autres cas. Le juge compétent sera exceptionnellement le juge judiciaire si les dommages causés à votre propriété l'ont été par des « engins » de travaux publics répondant à la notion de véhicule.

Enfin, votre situation juridique sera plus ou moins « confortable » selon votre qualité au moment du dommage ; si vous étiez usager d'un ouvrage (ex ; piéton, automobiliste), vous bénéficiez d'une présomption de défaut d'entretien de l'ouvrage public. C'est à l'administration d'apporter la preuve qu'elle avait correctement signalé le défaut d'entretien normal de la chaussée ou qu'elle n'a pas eu le temps nécessaire, entre l'apparition de l'obstacle occasionnel sur la chaussée et votre arrivée sur les lieux pour le faire disparaître ou à tout le moins le signaler.

Si vous êtes tiers par rapport à l'ouvrage public, vous bénéficierez d'un régime encore plus favorable puisque la responsabilité de l'administration est engagée sans faute à votre égard sous réserve que vous établissiez le lien de causalité entre votre préjudice et l'ouvrage de l'administration et le caractère anormal et spécial de votre préjudice.

C'est dire que dans les rares cas où le choix vous sera offert, vous devrez opter pour la qualité de tiers (exemple : aquaplanage sur une chaussée départementale du à la présence d'une nappe d'eau provenant d'un ouvrage communal : l'action contre la commune a plus de chances de réussir que celle contre le département).

5.9 Délais des recours indemnitaires en responsabilité

1. Je suis victime en 2002 d'un dommage dû à :	• un défaut de soins ou une erreur médicale, voire un risque exceptionnel dans un hôpital public	• un défaut de signalisation d'un chantier ou un obstacle occasionnel sur la chaussée	• une inondation de mon habitation ou commerce résultant du mauvais fonctionnement d'un ouvrage public
2. Je rassemble le plus vite possible des éléments me permettant d'établir le lien de causalité entre ces défauts ou erreurs et mon préjudice, soit :	• dossier médical demandé à l'établissement hospitalier directement ou par l'intermédiaire d'un médecin	• procès-verbal de gendarmerie, témoignages d'autres automobilistes ou témoins de l'accident, constat d'huissier	• constat d'huissier pour la description des dégâts ; demande des plans du réseau public ; référé-expertise
3. J'évalue au moins provisoirement mon préjudice			
4.	J'adresse une réclamation préalable au directeur de l'hôpital avant le 31 décembre de la dixième année suivant celle de la consolidation de mes blessures	J'ai le choix entre : - saisir directement le TA dont dépend le lieu de l'accident ou la situation de l'immeuble	- ou adresser une réclamation préalable à l'autorité administrative dont dépend la voie publique ou l'ouvrage public (dans les 2 cas, cette demande ou requête doit être déposée au plus tard le 31 décembre 2006)
5.	Le directeur de l'hôpital ou l'administration (dans les autres domaines, tels la police municipale ou des services publics de l'État) rejette explicitement ma réclamation en mentionnant les délais et voies de recours	Le maître de l'ouvrage public en cause rejette explicitement ma réclamation préalable	
5 bis.	Le directeur de l'hôpital ou toute autre administration, qui ont accusé réception de ma requête, ne m'ont toujours pas répondu au bout de deux mois : c'est un rejet implicite de ma demande.		

6.	Je dois impérativement saisir le tribunal administratif, au fond, dans les deux mois, même si je peux parallèlement déposer une requête en référé-expertise devant le juge du référé (le simple dépôt d'un référé-expertise dans ce délai de 2 mois serait à l'inverse « mortel » juridiquement pour la requête au fond déposée au-delà de ce délai) (1)	Ma réclamation préalable, facultative en matière de travaux et ouvrages publics a eu pour effet d'interrompre le cours de la prescription quadriennale. Le seul délai qui s'impose pour saisir le juge est donc le 31 décembre de la 4e année suivant celle de la réception de la réponse de l'administration.	
6 bis.	Le seul délai qui s'impose à moi pour saisir le juge administratif est, en matière hospitalière, de 10 ans à compter du 1er janvier de l'année suivant celle de l'expiration des deux mois de silence (ainsi pour une réclamation adressée au directeur le 15 décembre 2002, le délai de saisine du tribunal expirera le 31 décembre 2013 ; on comprend à cet égard l'intérêt de la mention des délais et voies de recours sous forme de rejet explicite !) et dans les autres domaines de 4 ans à compter du 1er janvier de l'année suivant celle de l'expiration des deux mois de silence.		

(1) On ne peut que conseiller au lecteur concerné par cette question la consultation de notre ouvrage *Pratique de la responsabilité hospitalière publique* (J.-J. Thouroude, L'Harmattan 2000), ouvrage dans lequel tous les aspects contentieux de la responsabilité sont passés au « scanner » juridique.

BIBLIOGRAPHIE

CHABANOL Daniel, *Code de justice administrative*, Éditions du Moniteur 2001.

CHAPUS René, *Droit du contentieux administratif*, 9e édition, Domat Droit public, Montchrestien 2001.

COLLECTIF, *Contentieux administratif*, édition permanente, Dalloz 1983.

Conseil d'État, *La justice administrative en pratique*, La documentation française 1998.

DEBBASCH C. et RICCI J.-C., *Contentieux administratif*, 8e édition, Précis Dalloz 2001.

GABOLDE Christian, *Procédure de tribunaux administratifs et des cours administratives d'appel*, 6e édition, Dalloz 1996.

LOCHAK Danièle, *La justice administrative*, 3e édition, coll. Clefs, Montchrestien 1998.

MICHEL Jean, *Guide méthodologique du traitement des recours contentieux*, Documentation française 1994.

PACTEAU Bernard, *Contentieux administratif*, 6e édition, PUF 2002.

PEISER Gustave, *Contentieux administratif*, 11e édition, Mémento, Dalloz 1999.

INDEX

TABLE DES MATIÈRES

Imprimé en France. - JOUVE, 11, bd de Sébastopol, 75001 PARIS
N° 312430G. - Dépôt légal : Septembre 2002